21世纪通识教育系列教材

21st Century Textbooks of General Education

管理决策实验教程

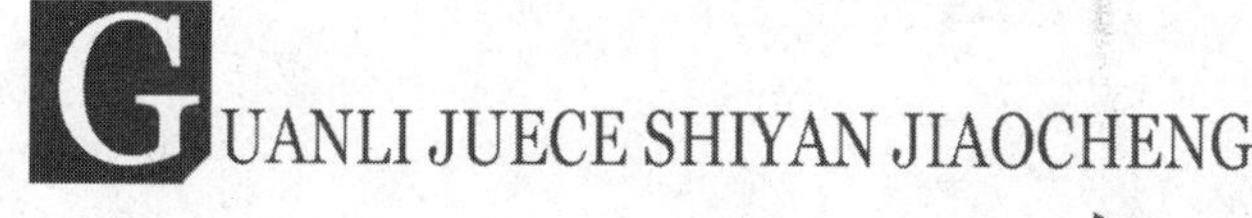

刘艳　梁云 ◎ 主编

中国人民大学出版社

· 北京 ·

前言

“管理是一门实践，其本质不在于‘知’，而在于‘行’，其验证性不在于逻辑，更在于成果。——彼得·德鲁克。”当前，在中国高等教育变革转型时期，积极探索、拓展有效的案例教学、实践教学和实验教学模式已成为各高等院校培养应用型人才的重要途径。

《管理决策实验教程》是一本适合于各财经、管理类应用型本科学生综合实验课程的教材，内容涵盖经济管理原理和定量分析方法及工具应用，主要探讨了如何应用电子表格这一普适化的办公软件对各种经济管理决策问题进行数据处理、模型建立和在此基础上对问题进行分析。现实社会中的经济管理者们可以采用的科学决策方法多种多样，而本书仅侧重于定量方法的介绍。需指出的是，本书不过分关注理论分析及正规的数理推导证明，而是通过针对实际例子的具体分析与对于实现这种建模分析的操作方法的详细说明来实现对案例的探讨。此外，本书力求对有关的重要定量方法做全面均衡的介绍，不是只强调某个领域（比如数理规划或数理统计）而忽略其他定量分析领域，比如，本书将图论、财务管理等内容放进了教学与实验内容设计之中，因此，注重“应用性”、“可操作性”和“综合性”是本书编写体例的特色。

全书按照总论、管理决策的数据分析、管理决策模型的选择与分析三大部分进行构架。第1章是总论，主要介绍了数据、模型和管理决策等概念的内涵、分类及计算机在管理决策中的应用。第2章、第3章和第4章属于管理决策的数据分析部分，其中第2章介绍了管理决策数据的组织与统计分析，这将有助于读者了解如何利用电子表格对数据信息进行处理及其规范显示的方式；第3章和第4章则主要考察了经济管理中常用的统计分析方法，分别介绍了时间序列与回归模型的分析原理及预测方法。第5章至第9章属于管理决策模型的选择与分析部分，其中第5章介绍了不同类型管理决策的方法与技术；第6章介绍了最优化问题及其扩展问题；第7章介绍了图论及网络分析方法、网络计划及其优化；第8章和第9章从财务管理角度分别介绍了成本决策模型和投资决策模型的分析及应用。

本书可作为经济管理类本科学生教材，也可作为有意提高定量决策水平的相关人员学习的参考书。

全书由刘艳组织和统稿。第1章、第2章、第4章、第8章和第9章由刘艳编写，第3章、第5章、第6章和第7章由梁云编写。各章课后习题答案由广东金融学院2007级、2010级工商管理专业学生求解并整理，由刘艳和梁云统一校对。若有不足和疏漏之处，恳请同行、专家和广大读者批评指正。此外，本书中部分例题选自书后所列参考文献并经由编者整理修改，在此，本书编者对参考文献的作者和学者们一并表示最诚挚的感谢!

编　者

2014 年 7 月 20 日

目 录

第一部分 总 论

第二部分 管理决策的数据分析

第三部分　管理决策模型的选择与分析

第一部分

总　论

第1章 总 论

学习目标

- 了解决策的内涵和作用及原则和程序
- 掌握数据的来源和类型
- 了解在本书中将要介绍的一些主要决策类型
- 概念性地了解计算机在经济管理决策中的计算和分析作用
- 了解本书的整体结构

案例：大数据成为经营决策的重要支撑

3/4的企业正使用大数据支持市场营销、公司财务与合规性等工作。行业资深的多领域数据管理解决方案供应商 Stibo Systems 发布了一份调查报告，该报告主要关注企业对大数据的认知与应用。

该报告指出，越来越多的公司认识到大数据逐渐成为战略经营决策的重要支撑手段。大数据已经不再仅仅是简单炒作，当下越来越多的企业真正开始应用大数据，利用大数据分析来增强创新能力、竞争力、客户体验与生产力。3/4的企业称，它们使用大数据支持战略经营决策，65%的财务负责人肯定了大数据这方面的作用。但调查也发现，尽管许多企业部门使用大数据，61%的高级经理表示他们公司的数据保存在企业内部IT部门，仅有7%称数据归属营销部门，9%坦言不清楚自己公司的数据究竟保存在何处。

许多公司利用大数据支持内外部活动，其中半数应用大数据改善客户关系管理，而另一半利用大数据支持市场营销活动与策略。另外，有53%的公司表示，大数据能够有效增强风险管理，48%的公司使用大数据强化企业合规性与履行法律义务。

该调查同时发现，在数据管理中，由于数据不归数据使用者管理，而产生了一系列问题。这意味着企业的数据或由第三方管理，或是没有得到充分利用。能够集中管理大数据的企业较数据管理分散的企业而言，其数据利用率更高。应用主数据管理方案让企业能够将大数据予以的分析结果付诸行动，让来自企业不同部门的数据组合成有效的行为描述。因此，缺少了主数据管理方案，企业可能无法充分发挥大数据的巨大潜力。

研究发现，自我管理数据的企业中，81%已经着手通过大数据分析进一步挖掘现存数据的潜力。

Stibo Systems 电子商务创新部主任 Simon Walker 表示："越来越多的公司开始认真看待、应用大数据，这让人感到欣慰。但鉴于大数据多半用以支持公司市场营销或金融决策，为什么要让 IT 部门管理这些数据，而不是让数据的使用者自我管理？同时，缺乏有效的数据管理程序，也是导致许多公司尚未应用大数据的原因之一。尽管 IT 团队控制数据，但他们不应成为数据的所有者。他们需要与其他部门深化合作与交流，确保提供准确、一致的数据来支持企业领导人做出正确的战略决策。"

资料来源：http：//www.ce.cn，2013-10-23。编者有所删节。

1.1 管理决策

1.1.1 管理决策的内涵及作用

所谓决策，就是泛指做出决定。人们在采取一项行动之前，反复比较和权衡各种方案的优劣，然后做出决定。在现代管理科学中，对决策有两种理解：一种是狭义理解，即认为决策就是做出决定，仅限于对不同行动方案做出最佳选择；另一种是广义理解，即把决策看做是一个过程，为了实现某一特定的预定目标，在占有信息和经验的基础上，根据客观条件，提出各种备选方案，应用科学的理论和方法，进行判断、分析和计算，按照某种准则，从中选出最满意的方案，并对方案的实施进行检查，直到目标实现的全过程。广义理解把决策行为贯穿于管理的全过程，其代表人物是美国著名的经济学家西蒙，他提出"管理就是决策"的著名论断。

管理决策分析这个学科是由两条线展开，最后交叉汇合形成的。一条线是统计决策，决策分析最初是在统计决策理论的基础上发展起来的。从 20 世纪 20 年代开始，统计学家奈曼和皮尔逊提出假设检验理论，利用抽样信息对统计假设做出统计推断，在接受和拒绝两种行动中做出决定；20 世纪 40 年代，冯·诺依曼和摩根斯坦提出现代效用理论；20 世纪 50 年代萨维奇用统计分析方法研究决策问题，建立贝叶斯决策理论；同时代，美国瓦尔德提出决策函数的概念和方法，利用最大期望值准则作为风险决策的标准。另一条线是管理科学。20 世纪 50 年代美国西蒙发表《管理决策新科学》等一系列著作，奠定了现代管理决策的理论基础，对管理科学做出重大贡献。两条线索相互交叉和促进，使该学科在理论和应用方面的研究均取得了长足的进步。此后，许多学者充分吸收系统科学、行为科学、运筹学、统计学和计算机科学的内容和方法，使管理决策分析学科在广度和深度方面都得到充分发展。

制定正确的决策方案，并以正确的方法加以实施，可以取得如下几方面的收益：提高管理水平；提高经济效益；维护社会安定；实现可持续发展；降低风险，减少损失；预防腐败。

1.1.2 管理决策的类型

1. 按管理层次划分

分为高层决策（战略决策）、中层决策（战术决策）、基层决策（作业决策）。

2. 按管理过程划分

管理者在履行管理的几大职能过程中所需制定的决策有：计划决策、组织决策、领导决策、控制决策。

3. 按管理领域划分

分为财务决策、人事决策、生产决策、营销决策、物流管理决策、供应链管理决策、研究与开发决策、设备管理决策等。

4. 按决策方法划分

分为定量决策和定性决策。

定量决策，又称计量决策，是一种根据科学的理论和方法，通过收集数据、分析数据、建立决策数学模型、求解数学模型、建立定量评价指标体系、进行定量评价等一系列决策技术做出决策的决策方法。

定性决策，又称非计量决策，是一种根据决策者或有关专家的经验和知识，以及决策者的决策风格和偏好等，通过定性分析做出决策的决策方法，是决策艺术性的集中体现。

5. 按决策的结构化划分

分为结构化决策（程序化决策）、非结构化决策（非程序化决策）和半结构化决策。

同时满足下面三个条件的决策问题称为结构良好的决策问题，即结构化决策：该问题是重复发生的、常规或例行的问题；决策的处理程序清晰明了，而且决策者熟悉这种处理方法；与该决策问题相关的信息内容获得比较完整。

满足以下条件之一的决策问题称为结构不良的决策，即非结构化决策：该问题初次出现，无先例可循；决策的处理程序不清楚，决策者需要根据具体情况灵活地、创造性地做出决策；与该问题相关的信息难以获得，且不完整。

大多数决策介于结构化和非结构化之间，决策者大概知道如何处理，但又没有十分的把握，这种决策称为半结构化决策。

6. 按决策环境划分

分为确定型决策、风险型决策、不确定型决策、博弈型决策。

确定型决策：决策系统所处的环境是明确的，各自然状态变量的未来取值能够确定，每一个备选方案有且仅有一个结果。

风险型决策：自然状态变量的未来情况不能完全确定，每一个备选方案都有可能遇到不同的状态，出现多种不同的后果，例如好、差、中等。未来究竟得到怎样的结果，决策者事先不能完全确定，只能获得主观概率的信息。

不确定型决策：自然状态变量的未来情况不能完全确定，每一个备选方案都有可能遇到不同的状态，但各种状态出现的概率也无法事先估计。

博弈型决策：决策者面对的环境不是自然状态变量，而是有智能的竞争对手，对于决策者所采取的各种决策，其对手都会采取相应的策略进行应对。这种决策需要运用博弈论加以分析。

7. 按决策目标划分

分为单目标决策和多目标决策。

1.1.3 管理决策的原则

1. 系统分析原则

纵观全局、整体优化是管理决策必须坚持的原则，要以整体目标为核心进行决策分析，局部效果服从整体效果，次要利益服从主要利益，眼前利益服从长远利益，追求整体目标最优。综合平衡，全盘规划，统筹兼顾，才能做出正确的决策。

2. 信息充分原则

信息是决策的基础，决策信息包括决策问题全部构成要素的数据、资料、结构、环境以及内在规律性。有价值的信息必须具有真实性、时效性和全面性。决策人员必须深刻了解决策问题，认真调查研究，建立搜集信息的渠道和网络，建立信息反馈制度。

3. 经济效益原则

决策的最终目的是提高决策部门的经济效益，促进生产发展。在决策过程中，要使效益与规模、效益与速度、经济效益与社会效益相结合。另外，特别要注意决策过程的经济合理性，进行成本效益分析。

4. 定性和定量分析结合原则

在社会经济问题中，存在大量非数量性指标，需用经验分析和主观判断方法做出定性分析；另外，只有在对社会经济系统构成要素和内在规律性做了大量透彻定性分析的基础上，定量分析才是真实有效的。定性分析是定量分析的基础，定量分析是定性分析的深入和补充，二者各有长短、相互依赖。从决策的一般规律看，是由定性分析到定量分析、定性分析到定量分析相结合，循环往复、逐步深化的。

5. 优化原则

优化原则分为两个层次：最优原则和满意原则。从理论上说，优化原则要求人们所选出的决策方案能够使决策目标达到最优值，这就是最优原则。为此，决策者应当树立追求“最优”的理念。因为在实际的决策工作中，许多决策者一旦想出一个比较好的方案，就会放弃继续寻找更好的方案。因而同样的资源投入，却没有获得应有的更高的效益。

决策目标达到最优通常有三种情况：实现决策目标的最大化；实现决策目标的最小化；希望决策目标被控制在某一范围内（例如产品结构比例、原材料库存量、产品技术指标等）。

获得最优方案只是一种理想情况，由于决策系统的复杂性、决策问题的多目标性、决策备选方案的不可穷尽性、决策评价标准的主观性等原因，最优方案通常难以达到，只能退而求其次，寻找方案令人“满意”即可。

6. 民主集中原则

重大社会经济问题决策，仅依靠个人是不行的，要坚持民主集中的科学原则，建立合理的决策机构，实行决策分工体制。在分析论证的基础上，决策者最后选择方案并负决策责任。只有民主与集中结合、个体决策与群体决策结合、集体智慧与首长负责结合，才能保证决策的正确性。

1.1.4 管理决策的程序

决策过程的基础程序可以分为定义问题、确定目标、提出方案、方案评价、方案选择、实施、效果评价与反馈七个步骤（见图1—1）。

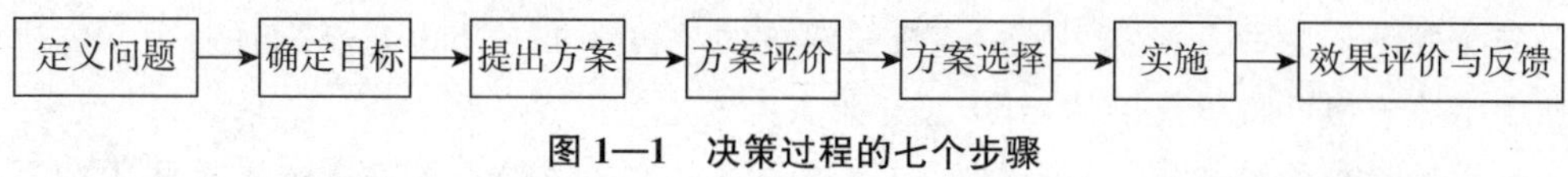

图1—1 决策过程的七个步骤

1. 定义问题

任何真实的情况都掩盖在纷乱复杂的表象之下，要在各种相互关联的数据和现象中明确问题，是决策的第一步骤。调查、经验、感觉、统计学的方法都是常用的手段。但是需说明定义问题不是一个纯粹的技术问题，例如在新产品开发决策中，也可称之为概念探索。这一步骤的关键是，定义问题如果偏离了实际真正的问题所在，那么在这之后的所有决策都是建立在错误的命题之下，最终会导致精力、财力、物力的消耗，而收益甚少或没有收益，更主要的损失还有来自对机会的丧失。

2. 确定目标

不同的目标会引导不同的行为，确定希望得到的结果或希望达到的标准。这可能是一个目标体系，涉及不同的层次，需强调目标的空间一致性和时间的一致性。另外，目标本身可能尚未达到量化的描述，但目标体系中的指标就力求有数量标准。

3. 提出方案

最终决策方案是在这些备选方案中产生的，因而在这个步骤中提出的各种备选方案会从质量上即“最优”性影响到最终方案，所以要求提出的备选方案应具有综合目标的最优化、方案的完备性、多途径和多技术的综合，并且备选方案尽可能齐全。

4. 方案评价

在众多方案中，如果某一方案在达到所有目标上都优于其他方案，就无所谓进行评价。通常情况是一个方案在到达某个目标上有突出的表现，而在其他目标的实现上又不能令人满意，因而对所有的方案要进行评估。一般先从单项评价入手，再到综合评价，例如通过定性和定量的分析方法，对备选方案的近期、中期、远期的效能价值进行评价，最后得到方案的优先顺序。

5. 方案选择

方案的选择涉及几个方面的问题：其一是方案本身，一般要进行可行性（实施难易程度）、可接受性（回报或价值大小）、可靠性（风险性）的甄别；其二是决策者对于风险的认同和偏好，这种偏好有时并不能十分全面地反映在指标中，具有一定的非理性因素。

6. 实施

把决策方案贯彻和执行，这是另一个广阔的研究领域，这里不再赘述。

7. 效果评价与反馈

决策效果的评价与反馈，是总结经验、发现不足，以便修改和完善，也是为新一轮的决策提供有价值的信息。

案例：运输原油方案

美国在阿拉斯加东北部的普拉德霍湾油田向其本土运输原油问题是一个具有典型性的决策现象。

问题背景：油田每天有 200 万吨原油要运回美国本土，油田处于北极圈内，海湾常年处于冰冻状态，最低气温达－50℃。

一开始产生两种方案：第一种方案是由海路用油船运输；第二种方案是用带加温系统的油管运输。

第一种方案，其优点是每单位油运价比较低，存在的问题是油轮需在破冰船的引航下航行，破冰船本身增加了费用，而且可靠性与安全的问题也比较突出（可以想象，万一破冰船出故障，整个船队的困境）；而在起点与终点都要建造大型油库，估算油库规模需达到油田日产量的 10 倍。

第二种方案，其优点是管道输油在技术上已成熟，然而由于特殊的气候环境，加温系统的管理及加温能源的输送又是一些棘手的问题。另外是带加温系统的管道不能直接铺设在冻土里，因为冻土层受热溶化无法固定管道，估算一半管道需用底架支撑，这样架设管道的成本是铺设地下管道的 3 倍。

决策人员面对这种情况做出了相当令人回味的决定：把第二种方案作为参考方案进一步细致研究，并拨经费继续研究竞争方案。

第三种方案出台：把含 10%～20%氯化钠海水加入到原油中，使地下原油与海水的混合物成乳状液态，在低温下仍能在管道畅流，这样就可以避免加温的问题。该方案获得了好评，并申请了专利。就其原理而言，加盐水降低液化点并不新鲜，然而该方案的创造性在综合中得以体现。

马斯登和胡克两人提出的第四种方案成了这一问题的终结者。两位有丰富石油知识的专家注意到石油是油气合一的，这种混合物的熔点很低，他们提出将天然气转换为甲醇，甲醇再与石油混合，以降低混合物的熔点，该方案原理与第三种方案类同，却更加完美。

资料来源：吴广谋等编著：《数据、模型与决策（第二版）》，北京，北京师范大学出版社，2008。

1.2 数据、模型与管理决策

现代企业组织都是以事实作为管理依据，做出决策。因而以搜集数据为前提，在建立有效的模型下进行科学的决策，已经成为企业决策不可缺少的步骤和环节。

统计和数据分析在企业定量决策中历来扮演者重要角色。决策模型在决策者可能做出的决策行为和这种行为所能带来的预期结果建立模型关系，同时决策者可以依据这种模型对企业的长期发展进行预测。

1.2.1 数据与决策

决策离不开信息，信息应是反映事实真相所必需的最低限。信息源于数据分析，而分析是从数据中发掘有意义的信息来支持决策过程。统计是决策工作中最重要的数据分析工具，是收集、组织、分析、解释和表述数据的科学。

很多企业忽略了做出正确决策所需的重要数据，只因有些数据采集困难，为了提高决策的准确性，寻找并获得那些有意义的数据而不管测定有多困难；另外，即使有些企业成功收集到了数据，也有可能解释不清这些数据的真实意义或作用。

1. 数据的来源和类型

用于决策的数据从哪获得？来源有多种，企业内部、企业外部和其他。企业内部数据就是通常从企业会计、营销、生产运行中收集的。这类数据的收集可采用现代技术获得，如条形码、自动交易记录等。外部数据可以来自行业协会、政府数据及一些证券公司公开发布的数据。还有一些数据是为了特定目的收集的，如采用面谈、市场调查、电话访问等获得的数据。

在处理数据时，了解数据的性质或属性是很重要的，因为这涉及统计工具和方法的选择。数据的分类简述如下：

（1）第一种分类方法。

1）数据种类。

截面数据：在相同或近似相同的时点上搜集的数据。例如，表1—1显示的是几家银行的固定利率房贷费率，这一数据统计时间为2009年11月4日。

表1—1　　广州部分银行固定利率房贷费率

银行	3年期	5年期	5年以上	10年期
农行	6.66%	6.84%	—	7.20%
招行	6.39%	6.66%	—	7.11%
建行	—	5.94%	6.12%	—
光大（暂停）	6.63%	6.78%	—	6.93%

资料来源：《南方都市报》，2009-11-05。

时间序列数据：在不同时间上搜集的数据。例如，某公司截至每月月底的销售额。

2）变量个数。

单变量：包含一个变量的数据。

多元变量：包含两个及以上变量的数据。

表1—2显示的是时间序列的多元变量数据。

表1—2　　迪士尼旗下6家主题公园概况

建成时间	国家	城市	占地面积（平方千米）	每年游客人次（万人）
1955年	美国	洛杉矶	2.07	2 000
1971年	美国	奥兰多	122.28	1 600
1983年	日本	东京	2.01	1 730
1992年	法国	巴黎	19.51	1 200
2005年	中国	香港	1.26	450
2014年（预计）	中国	上海	10	未知

资料来源：海通证券研究所。

(2) 第二种分类方法——依据测量尺度分类。

定类数据（类别尺度）：依据属性或性质进行分类。例如：国有企业、民营企业；大学生、中学生、小学生。定类数据之间没有数量关系，计算平均数是没有意义的，一般计算比例或频率。

定序数据（顺数尺度）：按照其某种关系排序或分级。例如，按年薪高低对职员进行排序；按销售水平对地区排序。因为没有固定的测量单位，对定序数据求平均数也是无意义的，也不能对定序数据间的差异做数量分析。

定距数据（间隔尺度）：没有绝对零值，可以使用自然或度量衡单位作为计量尺寸。例如，考试成绩分段统计；摄氏温度可以测量温度的距离（没有绝对零值），不能说50℃是25℃的2倍。在定距数据中可以进行排序、求平均数以及其他统计计算。

定比数据（比率尺度）：有绝对的零值。例如，销售额的统计。大多数商务和经济数据属于定比数据，而且统计方法一般广泛适用于定比数据。

例1—1：下面数据哪些是定类数据？哪些是定序数据？哪些是定距数据？哪些是定比数据？

(1) 满意程度可分为非常满意、比较满意、没有不满、不满意、很不满意几类。(序)

(2) 按照性别将人口分为男、女两类。(类)

(3) 1等星比2等星亮10倍，0等星比1等星亮10倍，—1等星又比0等星亮10倍。(距)

(4) 按肤色分为白种人、黄种人、棕种人、黑种人四类。(类)

(5) 人可以根据年龄分为幼年、少年、青年、中年、壮年、老年等类。(序)

(6) 30℃和20℃之间相差10℃，—30℃和—20℃之间也是相差10℃。(距)

(7) 绝对温度300K（27℃）时理想气体的体积是273K（0℃）时的1.1倍，温度比也是1.1倍。(比)

(8) 按洲别分为亚洲人、欧洲人、美洲人、非洲人、澳洲人五类。(类)

这四类数据之间有高低次序，高一级数据包含下级数据的统计特性。级别越高的数据对管理者的用处越大，但获取定距和定比数据需要花费的费用也较高，这两种数据更适合用于分析。

(3) 第三种分类方法。

离散数据（属性数据）：来自计数的数据型数据。例如，飞机起飞前乘务员要统计坐在飞机舱内的乘客数。

连续数据（变量数据）：表示多少，有时来自于一些工序的测量过程。例如，成本、收益、交货时间等。

例1—2：下面数据哪些是离散数据？哪些是连续数据？

(1) 年销售额。(连)

(2) 软饮料规格（小、中、大）。(离)

(3) 员工类别。(离)

(4) 每股盈余。(连)

(5) 支付方式（现金、支票、信用卡）。(离)

连续型数据总是数值型的，离散数据可能是数值型也可能是非数值型的。我国公民身份证号码表现为数值型的，但其数据仍是离散数据。普通的算术运算只能对连续型数据才有意义，对离散型数据无意义。

2. 总体与样本

在做决策时，我们还有可能遇到另一种数据的分类，即总体和样本数据。总体数据是包括具体决策或调查的全部数据。总体数据的范围即边界问题是可以由我们自己去界定的。例如我们可以称企业全部生产的产品数量为总体，也可称某个品种产品的数量为总体。总体的范围是由决策或调查的范围决定的。

样本是总体的一个子集。有时总体数量是未知的或太过庞大，难以获得全部数据，这就需要用样本数据来推断总体数据。由样本数据推断总体数据的可信度取决于抽样方法、样本特性、样本容量等。虽然人们总是怀疑样本能否代表总体，但这的确是一个既经济又实用的方法。

1.2.2 模型与决策

客观存在的一切事物都称为实体，显而易见实体是多层次、复杂的，难以用简单的方法描述清楚实体的全部。就如一张照片难以说明一个人的外貌及性格。我们建立模型是为了表达实体，但模型也只能对实体的某一方面的特性与运动规律做出简化描述，而不能苛求模型反映实体的全部性质。

把实体某一层次上的特征抽象出来，并以模型的形式表达出来。通常建立模型的目的主要有认识对象的特性、预测变化、控制运行或进行结构设计等。基于不同的目的，即使同类问题，其模型的差异也是本质性的。

1. 模型的概念

模型是对真实想法、系统、概念的抽象概括或陈述。决策模型就是在一定环境中描述各决策间控制变量、不可控制变量以及输出结果间的关系的模型。

2. 模型的类型及应用

可以使用不同的方法对模型进行分类。最简单的分类有形象模型、模拟模型和符号或数学模型。形象模型是规模缩小或放大的由实物制成的模型。模拟模型是用某些性质的简单东西去代替具有另一种性质的复杂东西，这两种不同性质的东西要具有相同的对应关系。符号或数学模型是用符号和数学工具来描述现实系统的一种数学结构。这是目前使用最广泛、作用最大的一种模型。

符号或数学模型又有不同的分类类型，有时间序列模型、回归模型、风险分析模型、决策分析模型、仿真模型和最优模型。本书即以此种分类方式对模型进行分章讲解。仿真模型较难，暂且省略不写。

(1) 时间序列模型：将预测目标的历史数据按照时间的顺序排列成为时间序列，然后分析它随时间的变化趋势，外推预测目标的未来值的模型。

(2) 回归模型：帮助决策者从各种经济现象之间的相互关系出发，通过对与预测现象有联系的现象变动趋势的分析，推算预测对象未来状态数量表现的模型。

(3) 风险分析模型：满足企业在面临不确定性时进行风险评估需求的模型。

(4) 决策分析模型：帮助决策者在可供选择的方案中寻找最佳方案。该模型可以用来决定在哪里建厂、什么时候以及怎样扩大生产规模、开发什么新产品等。

（5）最优模型：帮助决策者在限定资源或其他约束条件下选择最优方案。例如，生产计划选择、产品和工序选择等。

（6）仿真模型：帮助决策者分析那些会有极大不确定性的决策。在阐述企业系统运行时可以使决策者了解与决策相关的那些风险，帮助决策者选择最好的决策方案和系统设计。

1.3 计算机在经济管理决策中的应用

当前，计算机已成为经济管理、商业分析中不缺少的必备工具，尤其是在处理大量数据和建立、分析决策模型时变得更为重要。但是在20世纪90年代之前，国内的经济管理专业课程内容建设中，基本上是按经济管理原理、定量分析方法、信息技术三大主要学科体系进行独立分类、分别独立教学的，经济管理原理内容主要涉及管理理论、经济学理论以及会计方法等；定量分析方法则主要以管理科学方法与工程技术介绍为主，课程涉及经济数学、运筹学、统计学等；而信息技术部分则主要以教授计算机工具的使用为主，如数据库软件、办公自动化软件等。

随着20世纪90年代以来MBA教育在国内外掀起的热潮，经济管理类课程的建设与改革也渐渐遵循着MBA教学中所体现的特色思路，即讲授如何借助于计算机工具、利用数学模型来解决企业实际管理中的问题，并提供一整套解决问题的方法。因此在国外的MBA中诞生了“数学、模型与决策”这一将经济管理原理、定量分析方法和信息技术内容融于一体的新课程。通过这一课程的学习，MBA学生不必了解很复杂的数学知识，也不必掌握很复杂的计算机语言，就能利用现有的计算机工具对管理中遇到的各种问题进行定量分析，进而帮助他们进行科学的管理决策。

从当前的教学模式与课程内容设置来看，在经济、管理类本科生中全面开展这类综合应用式的教学似乎并不多，而在国内，这方面更为落后。而本教材的编写正是旨在帮助学生掌握应用基本的信息技术来解决各种经济管理决策实务问题的方法。内容主要包括：如何利用有效的计算机工具软件对经济、管理决策实务活动中所需要的信息数据进行整理分析；如何能够借助相关的经济、管理原理和实务经验，利用定量与定性分析手段将信息进一步加工与处理成与所遇到的问题直接相关的贴切信息；如何根据经过定量与定性手段进一步分析得到的信息进行正确的决策，并解决实际问题。具体地，本教材内容将涉及的计算机在经济管理决策实务中的应用有：数据的组织与分析、预测与回归分析、决策建模与求解分析和决策模拟分析。

1.3.1 数据的组织与分析

对数据进行组织与分析在经济管理决策中历来都扮演着重要角色，随着电子信息的大量增加，这种重要性日益增加。它能帮助管理者从数据中发现趋势和因果关系并进行预测，同时，它也能发掘数据中蕴涵的其他重要信息。

比如，我们所熟悉的世界500强企业之一的沃尔玛就有一个关于“啤酒和尿布”的经典案例。沃尔玛通过自己的销售数据发现，美国某地区的超市一到周末，啤酒和尿布的销量就比较大。为了弄明白其中的原因，管理人员通过电子数据库系统和调查终于发现，原来一到周末，在美国有孩子的家庭中，太太经常嘱咐丈夫下班后为孩子买尿布，而丈夫们在买完尿布后又会顺手买下啤酒，因此啤酒和尿布一起被购买的机会大增。于是，沃尔玛就将啤酒和尿布的货架放在一起，啤酒和尿布的销量得到了进一步增长。

是什么让沃尔玛发现了尿布和啤酒之间的关系呢？正是商家通过对超市一年多原始交易数字进行详细的分析，才发现了这对神奇的组合。

案例：“回扣餐馆”

美国密歇根州有一家名为“阿汉”的小餐馆有个异常奇特的做法：经常光顾该餐馆的顾客，只要愿意，便可报上自己的常住地址，在客户登记簿上注册，开一个“户头”，以后顾客每次到这里来就餐，餐馆都会如实地在其户头上记下用餐款额。每年的9月30日，餐馆便会按客户登记簿上的记载算出每位顾客自上年9月30日以来在餐馆消费的总额，然后再按餐馆纯利10%的比例算出每位顾客应得的利润，并将其分发给顾客，这样，餐馆自然就常常门庭若市。“阿汉”餐馆给顾客分红的方法虽然损失了一部分纯利，却使顾客感到自己与餐馆的利润息息相关，自己也是餐馆的一员。这样一来，餐馆密切了与消费者的关系，吸引了许多回头客。

这种让食客成为“股东”的做法其实也是一种“组合”式的生意之道，不同的是前者是明显的“物质组合”，而后者是隐蔽的“人员组合”，两者都是因消费者心甘情愿的付出而给老板带来了滚滚利润，而在营销界中，这两个案例就是企业通过数据挖掘，即对数据进行组织与分析后，使市场得到开拓的最好佐证。

再例如，一般来说我们会对企业经营的“销售额”比较关注，但是“销售额”是无法帮助我们分析原因的，因为它只是一个经营结果，而非经营优劣的原因。具体到管理决策实务时，管理人员需要的信息还包括：多类经营项目中，哪些大类的销售占比和以往的销售占比相比偏低，影响这些大类销售降低的原因是哪些；用促销额占比来分析促销力度是否过度以致造成毛利损失，或者促销占比太低结果导致人气不足；用大类项目单价来分析大类商品的价格带是否符合周围消费者的消费能力，如用捆绑来增加订单数和订单价；用某个惊爆价商品资料分析它是否对某类商品的销售起到了带动效应，等等。还有很多数据都可以带给我们意想不到的信息，这些信息提示我们如何决策去改善经营方式。这就是通过计算机技术对大量数据进行组织和分析后可以起到的功效。

具体地，本教材主要介绍的数据组合和分析内容主要有：

（1）数据的筛选、排序、分类查询、汇总查询。

（2）数据的描述统计内容与方式。

（3）数据的显示方式。

1.3.2 预测与回归分析

管理者在做决策时所面临的主要问题之一就是要对问题进行分析，对其后果做出判

断，或者预测未来可能发生的事件，以便做出正确的决策。例如，做财务计划就需要预测银行利率、资源价格以及其他经济指标；计划生产就需要进行销售预测；做长期战略规划就需要预测消费者行为和技术革新等因素，等等。

目前，管理者有大量的预测方法和技术可供选择，普通的方法和途径主要包括定性判断技术、统计时间序列模型和因果模型（回归分析）三种主要预测方法。如何选择取决于待预测问题的特点，如预测的时间范围、可获得的资料等。

定性判断技术依赖于经验和直觉，主要适用于历史数据不可得或需进行长期预测的情况。统计时间序列模型适用于中短期预测，其适用前提是相关信息数据带有时间性特征，随时间变化，而且假设现在的影响因素将一直持续下去，因此，此种预测是将现有数据推断到将来。因果模型是从统计学上寻找和识别因素，用以解释待预测的变量所存在的模式，通常用回归分析来进行。时间序列模型只用时间作为独立变量，而因果模型通常还包括其他因素，较适用于长期预测。

由于定性判断方法不适用于历史数据，或是要求人们具有特别的经验和具体知识，而本教材的内容主要是立足于对数据挖掘的基础上，针对管理决策中的实际问题，借用计算机技术，通过量化分析方式，提供相应解决方案，进行决策，所以，对于定性判断方法和技术，本教材不将其作为重点介绍的内容。此外，就管理数据的时间序列预测和回归分析而言，不可避免地会遇到各种统计概念和数学公式，但本教材将不拘泥于烦琐的数学公式的原理推导，而是充分利用相关的计算机软件中强大的数据分析功能，介绍如何用最简单的工具和方法来进行管理决策实务中所涉及的基本预测和回归分析技术。

图 1—2 显示的是利用对数据整理与分类汇总的方法，得到了某商场的电视月销售额的时间序列值，并在此基础上，对时间序列值进行移动平均分析后得到的结果图。由此，我们可以很清楚地了解到该商场电视销售的变化规律或趋势。

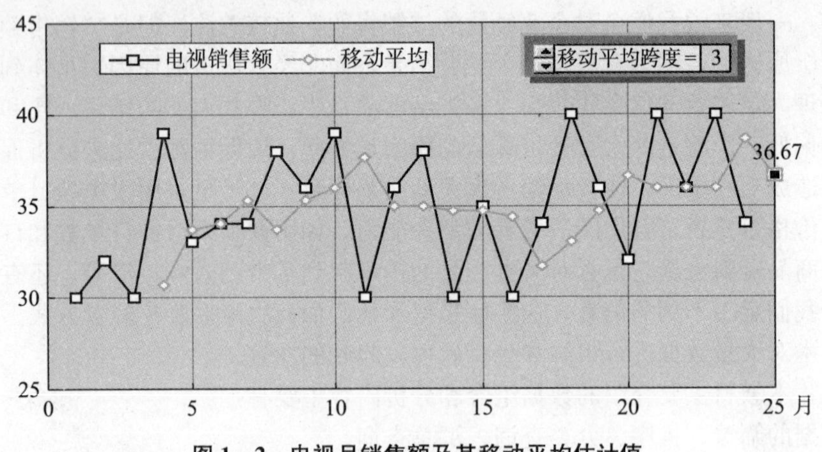

图 1—2　电视月销售额及其移动平均估计值

图 1—3 显示的是利用对数据整理与分类汇总的方法，得到了某商场的电视销售额的时间序列值，并在此基础上，利用回归分析方法，借助 Excel 图形中添加趋势线的方法，得到图中某商场每月电视销售额的线性回归直线。同时，还利用线性趋势线方程进行预

测，得到该商场在下一个月的销售额预测值为 96 458.94 元。

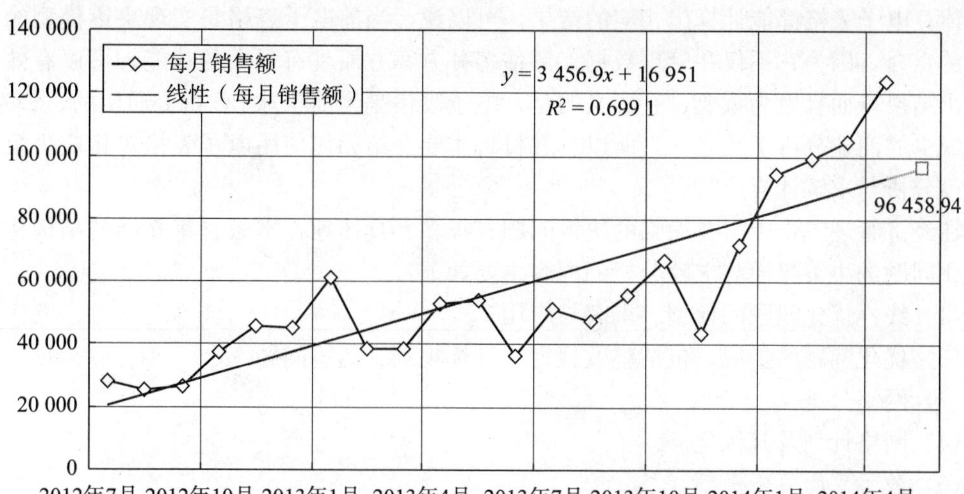

图 1—3 用回归预测模型预测的电视销售图

具体地，本教材将介绍的预测与回归技术内容主要如下：

(1) 时间序列的成分、时间序列的预测步骤。

(2) 移动平均预测、指数平滑预测、有趋势序列的分析与预测方法。

(3) 回归分析的概念与原理。

(4) 回归模型的检验与回归预测的步骤。

(5) 一元线性回归分析方法。

(6) 多元线性回归分析。

(7) 具有非线性项的回归分析。

1.3.3 决策建模与求解分析

由前面的介绍可知，决策模型是为管理决策而建立的模型，即为辅助决策而研制的数学模型。随着运筹学的发展，出现了诸如线性规则、动态规则、对策论、排队论、存贷模型、调度模型等有效的决策分析方法。它们均由计算机予以实现，成为实用的决策手段，即决策方法数学化和模型化。所以，对于重复性的、结构化或半结构化的决策问题，如例行的管理决策，可利用数学模型来编写程序，用计算机实现自动化，以提高效率。当然，对于半结构化决策问题来说，即使通过模型找到了最优解或满意的解，问题也还没完全解决，需要决策者充分分析各种外生参数对这些解的影响，然后根据决策者的经验和直觉，同时参考其他补充信息，最后才可以确定决策问题的解决方案。但是，相对于那些大量存在着非结构化问题的求解和管理决策，由于无法用定量方法解决，必须考虑人在决策中的重要作用，这是无法用数学模型所能描述解决的，其主要涉及的是心理学、社会心理学和行为科学，所以本教材不会将此类问题作为重点介绍与讨论的内容。

结构化或半结构化问题的决策模型在定义输入值与输出结果关系时需要界定假设条

件。我们目前最熟悉的电子表格的假设条件就是输入单元格中的公式，对于任何可接受的输入值，电子表格都能计算出相应的结果。可以说，当前电子表格是实现决策模型的一种理想的媒介，因为它不仅在管理数据、评估多种方案方面具有强大的功能，可以有效地显示输出结果，而且更为重要、有意义的是，电子表格是当前全球PC机上通用的、最基本、不可缺少的商业分析工具之一。所以本教材将主要介绍如何使用电子表格对相应决策问题的建模分析与求解计算。

在经济管理工作中需要面临的决策问题有很多。具体地，本教材将介绍的结构化或半结构化问题的决策建模与求解分析的内容主要如下：

（1）线性优化问题的模型、求解与应用。

（2）优化问题的扩展，包括整数规划、目标规划、运输问题。

（3）网络分析。

（4）网络计划及其优化。

（5）盈亏平衡分析模型。

（6）成本决策分析模型。

（7）库存分析模型。

（8）投资决策模型。

（9）投资决策的风险分析。

本章小结

本章主要介绍了管理决策的概念：狭义理解，决策就是做出决定，仅限于对不同行动方案做出最佳选择；广义理解，即把决策看做是一个过程，根据客观条件，提出各种备选方案，应用科学的理论和方法，进行判断、分析和计算，按照某种准则，选出最满意的方案，并对方案的实施进行检查，直到目标实现的全过程。同时介绍了管理决策分析学科的形成：统计决策和管理科学交叉发展起来。简单介绍了对于决策过程应遵循的原则和程序。本章重点介绍了数据的分类：第一种分类方法，有数据种类（截面数据、时间序列数据）、变量个数（单变量、多元变量）；第二种分类方法，依据测量尺度分类，分为定类数据（类别尺度）、定序数据（顺数尺度）、定距数据（间隔尺度）、定比数据（比率尺度）；第三种分类方法，分为离散数据（属性数据）、连续数据（变量数据）。

本章主要介绍了计算机在模型计算和分析中的应用，并介绍了本教材涉及的模型，即时间序列模型、回归模型、风险分析模型、最优化模型等。这些模型的具体应用会在本教材后面的章节中详细介绍。

复习思考题

1. 多选题：以定距尺度计量的统计数据可以进行（　　）运算。

A. 加　　B. 减　　C. 乘　　D. 除　　E. 比较大小

2. 单选题：将学生成绩分为优、良、中、及格和不及格五类，所采用的计量尺度是（　　）。

A. 定比尺度　　B. 定类尺度　　C. 定序尺度　　D. 定距尺度

3. 一份5个学生的期末分数样本如表1—3所示。下列哪些结论可以接受，哪些不可以接受？

表1—3

学生号	成绩
4—02	72
4—11	65
4—15	82
4—27	90
4—40	76

（1）5个学生的样本期末分数的平均值为77。

（2）所有参加考试的学生的期末平均值是77。

（3）所有参加考试的学生的期末平均值的估计值是77。

（4）参加考试的学生中一半以上成绩在70～85之间。

（5）如果其他5个学生包括在样本中，他们的分数将在65～90之间。

4. 下面的数据是在学校开学第一周从到过书店的学生中搜集的，试判断是定性数据还是定量数据；若是定量数据，请指出是离散数据还是连续数据。

（1）购书的费用。

（2）购买了几本教材。

（3）所学专业。

（4）性别。

（5）对学校书店的服务质量的评价。

（6）是否拥有手机。

（7）是否有个人电脑。

第二部分

管理决策的数据分析

第2章 管理决策数据的组织与统计分析

学习目标

- 掌握 Excel 的数据清单功能，能熟练地对数据进行筛选、排序和分类汇总等整理工作
- 掌握 Excel 中的“数据分析”、PHStat 插件工具对数据进行描述性统计
- 了解各种不同类型图表的应用
- 掌握数据透视表的数据分析功能、数据透视表和数据透视图的灵活性
- 掌握模拟运算表的用法

案例：大数据驱动管理者决策

在传统的企业经营活动中，企业管理者要通过科学的预测来进行决策是很难的事情，随着互联网时代的到来，尤其是社交网络、电子商务与移动互联的繁荣，使传统的决策行为习惯越来越受到挑战，企业管理者要做到所有决策都有精确原因，已经非常艰难。大数据时代，传统的企业经营管理与决策方法无法处理如此大量的“非结构数据”所呈现出的信息。《时代杂志》更是断言：“依靠直觉与经验进行决策的优势急剧下降，在政治领域、商业领域、公共服务领域等，大数据决策的时代已经到来。”在大数据技术的支撑下，科学的决策并非难事，企业管理者的决策方式将不可避免地发生改变。

“2008 年初，阿里巴巴平台上整个买家询盘数急剧下滑，欧美对中国采购在下滑，海关是卖了货出去以后再获得数据；而我们提前半年时间从询盘上就推断出世界贸易发生变化了。”马云对未来的预测，是建立在对用户行为分析的基础上。通常，买家在采购商品前，会比较多家供应商的产品，反映到阿里巴巴网站统计数据中，就是查询点击的数量和购买点击的数量会保持一个相对的数值，综合各个维度的数据可建立用户行为模型。因为数据样本巨大，用户行为模型的准确性有所保证。因此在这个案例中，询盘数据的下降，自然导致买盘的下降。

企业管理者在决策过程中，往往习惯于“找到问题的根本原因”，习惯于问“为什

么”。但企业管理者对原因的执著探索往往不能帮助其弄清楚原因，甚至带领管理者走向错误的方向。大数据时代关注的是全部数据，企业管理者决策的精确性要求下降，管理决策因果关系也不再重要，而是更注重经营决策的相关性分析。这很大程度上改变了企业管理者固有的因果关系思维模式。

事实上，大数据的应用已经遍地开花。在互联网行业，Zynga通过数据分析修改游戏等产品背后的数据；航空业通过大数据进行机票打折和延误的预测；金融行业通过大数据来鉴别个人的信用风险；快递领域通过大数据来确定行驶路线、减少等候时间；纽约市政府通过大数据来找出最容易发生火灾和井盖爆炸的地点；商场通过大数据发现产品之间的关联。这一切都改变着我们决策的行为习惯。

大数据对企业管理者的决策方式的最大转变就是决策思维方式的改变："不要随机样本，而要全部数据"，"不要精确性，而要混杂性"，"不要因果关系，而要相关关系"。凡事不问原因，只看数据所呈现出来的结果，也就是说只要知道"是什么"，而不要知道"为什么"。不必什么都清楚了原因才能做决策，企业管理者通过大数据的相关分析，可以直接明了地得出结论，直接做出判断和决策。由于大数据更多的是依赖于数据的相关性分析，而不是企业业务特性的因果分析，常常关注的是数据敏感性分析。所以，企业管理者甚至可以在对业务完全陌生的情况下，借助于大数据分析，直接发现"是什么"，从而做出正确决策。大数据让企业管理者的决策思维超越了眼前事实。

同时，决策的信息依据也从结构化数据转向非结构化、半结构化和结构化混合的信息。例如，美国海军陆战队真正决策打击地点信息是发自拥有战场数据的陆战队一线队员。再如，Google翻译的进化过程也是典型的分析决策主体的进化过程，有了语言专家参与翻译的准确度和使用率还不如完全采用计算机工程师使用大数据方法的翻译高，这也是Google翻译后来放弃采用语言专家参与的原因。

大数据促使企业管理者的决策方式从"业务经验驱动"向"数据量化驱动"转型。拥有数据的规模、质量以及收集、分析、利用数据的能力，将决定企业的核心竞争力。掌控数据就可以支配市场，意味着巨大的投资回报。据有关数据统计表明：在美国，数据智能化每提高10%，产品和服务质量就会提高14.6%。

大数据还促使企业管理者的决策过程从"事后诸葛"向"事先预测"转变。在大数据时代，原材料、生产设备、顾客和市场等因素越来越不固定，传统决策过程的被动式"事后诸葛"难以适应这一变化。大数据为企业管理者实现事先预测提供了坚实的技术基础和可行性。全球复杂网络专家巴拉巴西认为：93%的人类行为是可以预测的。当我们将生活数字化、公式化以及模型化的时候，我们会发现其实大家都非常相似。生活如此抵触随机运动，渴望朝更安全、更规则的方向发展。人类行为看上去很随意、很偶然，却极其容易被预测。

大数据可以大幅度提高企业管理者制定决策的能力。但是，大数据大部分都是分散存在的，是非结构化数据；一旦集中管理，那么拥有者将会成为无所不能的"资源垄断者"，拥有"垄断决策权"，比如交易数据。互联网上，每天新浪微博用户发微博超过1亿条，百度大约要处理数十亿次搜索请求，淘宝网站的交易达数千万笔，联通的用户上网记录一天达到10TB，而Google、Facebook依靠上亿用户的"数据资产"而获得了千亿级市值。正如《大数据时代》中所说的，它们牢牢占据着“大数据产业链”的最高端，其地位正如同石油时代的洛克菲勒，传统企业却面临着商业命脉落于他人之手的危险。这对于企业管理者来说，对大数据本身的管理仍然是一个重大挑战。

资料来源：张才明：《大数据驱动管理者决策》，载《企业管理》，2013（12）。编者有所删节。

在日常的经营管理活动中，企业或公司会将大量反映生产、销售等日常经营情况的信息或数据保存在数据库中，当需要了解当前或历史经营情况，并以此为据对未来的战略制定或计划部署做出进一步决断时，管理者们会要求相关的信息操作人员从数据库中查询出满足特定条件的信息或数据，这些信息或数据往往是非常具体而又零散的，比如每一批订单的生产数量和成本、每一笔销售业务的销售量或价格、客户或员工的姓名等个人情况等。

对于管理者而言，对这种信息的查询与了解是必要的，但是，更为重要的是能从数据库的大量信息中了解汇总信息，找到并提炼出有关企业各项业务的规律、未来发展趋势和变化模式，从而发现问题、抓住机会。也就是说，对已经搜集得到的信息——数据库里的数据进行组织与统计分析可以为管理人员提供大量有价值的信息。

本章将举例说明如何通过对数据进行组织与分析后可以获得有价值的信息。

2.1　数据的整理

对大量零散的信息数据进行整理主要是根据管理决策者的需要对信息数据进行筛选、排序和分类汇总等工作。下面将通过一个例子来说明其具体操作方法，实例数据库来源于 Microsoft Excel 2007 自带的“销售报表”示例模板（见附录 1）。原始数据文件的截图如图 2—1 所示。

	A	B	C	D	E	F	G	H
1	产品	客户	第 1 季度	第 2 季度	第 3 季度	第 4 季度		
2	蒙古大草原绿色羊肉	ANTON	￥ -	￥ 702.00	￥ -	￥ -		
3	蒙古大草原绿色羊肉	BERGS	￥ 312.00	￥ -	￥ -	￥ -		
4	蒙古大草原绿色羊肉	BOLID	￥ -	￥ -	￥ -	￥1,170.00		
5	蒙古大草原绿色羊肉	BOTTM	￥1,170.00	￥ -	￥ -	￥ -		
6	蒙古大草原绿色羊肉	ERNSH	￥1,123.20	￥ -	￥ -	￥2,607.15		
8	蒙古大草原绿色羊肉	HUNGC	￥ 62.40	￥ -	￥ -	￥ -		
9	蒙古大草原绿色羊肉	PICCO	￥ -	￥1,560.00	￥ 936.00	￥ -		
10	蒙古大草原绿色羊肉	RATTC	￥ -	￥ 592.80	￥ -	￥ -		
11	蒙古大草原绿色羊肉	REGGC	￥ -	￥ -	￥ -	￥ 741.00		
262	茶点巧克力软饼	WELLI	￥ -	￥ -	￥ -	￥ 209.76		
264	莱阳御贡干梨	BSBEV	￥ 720.00	￥ -	￥ -	￥ -		
265	莱阳御贡干梨	FOLIG	￥ -	￥ -	￥1,050.00	￥ -		
266	莱阳御贡干梨	GOURL	￥ -	￥ -	￥ -	￥ 76.50		
267	莱阳御贡干梨	OTTIK	￥ -	￥ -	￥ -	￥1,050.00		
268	莱阳御贡干梨	QUICK	￥ -	￥ -	￥ -	￥2,700.00		
269	莱阳御贡干梨	SAVEA	￥ -	￥ -	￥1,350.00	￥ -		
270	莱阳御贡干梨	VAFFE	￥ -	￥ -	￥ 300.00	￥ -		
271	莱阳御贡干梨	VICTE	￥ 364.80	￥ 300.00	￥ -	￥ -		
272	蔬菜煎饼	ALFKI	￥ -	￥ -	￥ -	￥ 878.00		
273	蔬菜煎饼	ERNSH	￥2,281.50	￥ -	￥ -	￥ -		
274	蔬菜煎饼	FOLIG	￥ -	￥ -	￥ -	￥1,317.00		
275	蔬菜煎饼	HUNGO	￥ 921.37	￥ -	￥ -	￥ -		
276	蔬菜煎饼	MORGK	￥ -	￥ 263.40	￥ -	￥ -		
277	蔬菜煎饼	PICCO	￥ -	￥ -	￥ -	￥ 395.10		
278	蔬菜煎饼	WHITC	￥ -	￥ -	￥ 842.88	￥ -		
279								

源数据

就绪　100%

图 2—1　销售报表原始数据文件截图

2.1.1　数据的筛选

数据的筛选就是在电子表格中通过设定条件，把满足条件的信息记录挑选出来。筛选过的数据仅显示那些满足指定条件的行，并隐藏那些不希望显示的行。筛选数据之后，对于筛选过的数据的子集，不需要重新排列或移动就可以复制、查找、编辑、设置格式、制作图表和打印。此外，还可以按多个列进行筛选。筛选器是累加的，这意味着每个追加的筛选器都基于当前筛选器，从而进一步减少了数据的子集。

电子表格的数据筛选分为自动筛选和高级筛选。

1. 自动筛选

使用自动筛选可以创建三种筛选类型：按列表值、按格式或按条件。对于每个单元格区域或列表来说，这三种筛选类型是互斥的。例如，不能既按单元格颜色又按数字列表进行筛选，只能在两者中任选其一；不能既按图标又按自定义筛选进行筛选，只能在两者中任选其一。为了获得最佳效果，请不要在同一列中使用混合的存储格式（如：文本和数字，或数字和日期），因为每一列只有一种类型的筛选命令可用。如果使用了混合的存储格式，则显示的命令将是出现次数最多的存储格式。例如，如果该列包含作为数字存储的三个值和作为文本存储的四个值，则显示的筛选命令是“文本筛选”。

具体操作如下：

（1）选择数据清单电子表中的任意一个单元格。

（2）在“数据”选项卡上的“排序和筛选”组合中，单击“筛选”命令，随后便在数据清单的各个字段名处出现了下拉式列表框。

（3）根据需要，选择一个字段，在其下拉式列表框中便会出现所有可供选择的“文本筛选”项目，选中需要设定的条件后，电子表格就将数据清单中符合条件的记录（行）显示出来，而将其他记录隐藏起来。例如，此例选定“客户”字段，操作如图 2—2 所示，就可按需要进行条件设定，显示所要查询的该客户的购买情况。

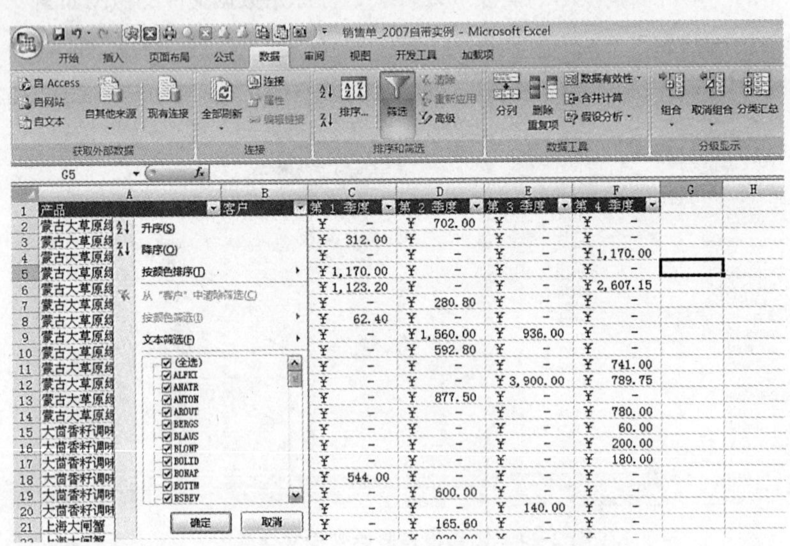

图 2—2　按“客户”字段进行条件设定与筛选示例

2. 高级筛选

若要通过复杂的条件（即为限制查询结果集中包含的记录而指定的条件）来筛选单元格区域，则需要使用“数据”选项卡上“排序和筛选”组中的“高级”命令。“高级”命令的工作方式与“筛选”命令的重要不同之处在于，首先要建立一个筛选的条件区域，即一组包含筛选条件的单元格区域，Excel 会将“高级筛选”对话框中的单独条件区域用作高级条件的源。条件区域首行是字段名，以下各行是字段的值。

例 2—1：要在“销售报表”中查询第一季度销售给客户为“BOTTM”而且销售额大于或等于 500 元的记录，如何操作？

具体操作如下：

(1) 先建立如图 2—3 所示的条件区域。

	B	C	D	E	F	G	H	I	J
1	客户	第 1 季度	第 2 季度	第 3 季度	第 4 季度		条件区域		
2	ANTON	¥ -	¥ 702.00	¥ -	¥ -				
3	BERGS	¥ 312.00	¥ -	¥ -	¥ -		客户	第 1 季度	
4	BOLID	¥ -	¥ -	¥ -	¥1,170.00		BOTTM	>=500	
5	BOTTM	¥1,170.00	¥ -	¥ -	¥ -				
6	ERNSH	¥1,123.20	¥ -	¥ -	¥2,607.15				
7	GODOS	¥ -	¥ 280.80	¥ -	¥ -				
8	HUNGC	¥ 62.40	¥ -	¥ -	¥ -				
9	PICCO	¥ -	¥1,560.00	¥ 936.00	¥ -				
10	RATTC	¥ -	¥ 592.80	¥ -	¥ -				
11	REGGC	¥ -	¥ -	¥ -	¥ 741.00				

图 2—3　条件区域设定示例

(2) 然后点击“数据”选项卡上“排序和筛选”组中的“高级”命令，在出现的“高级筛选”对话框中的“列表区域”（即原始数据清单所有区域）、“条件区域”进行规定，并选中“在原有区域显示筛选结果”，如图 2—4 所示，就可以把字段名为“客户”、值是“BOTTM”，并且“第一季度销售额”大于或等于 500 元的所有记录筛选出来，显示在原有数据清单所在区域，而且把其他记录隐藏起来。

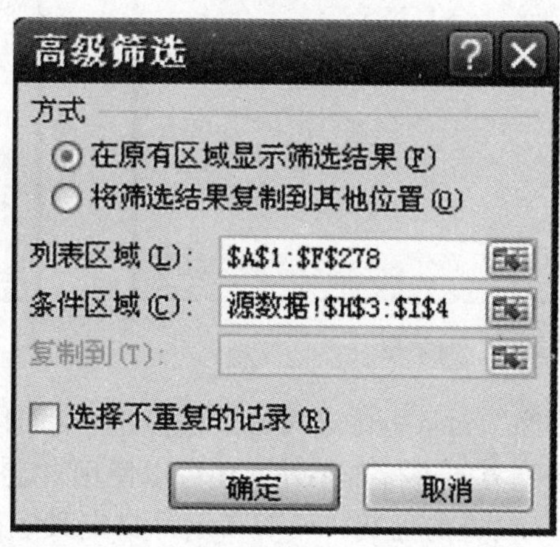

图 2—4　条件区域设定示例

若要通过将符合条件的数据行复制到工作表的其他位置来筛选区域，可单击“将筛选结果复制到其他位置”，然后在“复制到”编辑框中单击鼠标左键，再单击要在该处粘贴行的区域的左上角。这样，筛选出的结果将不显示在原来数据清单区域，而显示在其他位置。应注意的是，Excel 规定只能显示在数据清单所在的工作表中。

2.1.2　数据的排序

对数据进行排序是数据分析不可缺少的组成部分。如根据查询或对数据的整理需要，我们可能需要将名称列表按字母顺序排列；或者按从高到低的顺序编制产品存货水平列表；或者按数值大小对销售额或成本值进行排序。对数据进行排序有助于快速直观地显示并更好地理解数据，有助于组织并查找所需数据，有助于最终做出更有效的决策。需注意的是，若要查找某个单元格区域或某个表中的上限或下限值（如前 10 名或后 5 名销售额），可以使用自动筛选或条件格式。

在 Excel 中可以对一列或多列中的数据按文本（升序或降序）、数字（升序或降序）以及日期和时间（升序或降序）进行排序，还可以按自定义序列（如大、中和小）或格式（包括单元格颜色、字体颜色或图标集）进行排序。大多数排序操作都是针对列进行的，但是也可以针对行进行。

同样的，以“销售报表”中的原始数据源为例，若要对销售产品进行排序，具体操作如下：

(1) 选择待排序的数据清单中任一个单元格，在“数据”选项卡中的“排序与筛选”组中，单击“排序”命令。

(2) 在出现的“排序”对话框中，依次按列的“主要关键字”为“产品”，“排序依据”为“数值”，“次序”为“升序”进行规定，如图 2—5 所示。由于在该对话框中的“选项”里默认设置如图 2—6 所示，所以，点击“确定”后，即可得到按产品“字母排序”销售清单表，如图 2—7 所示。

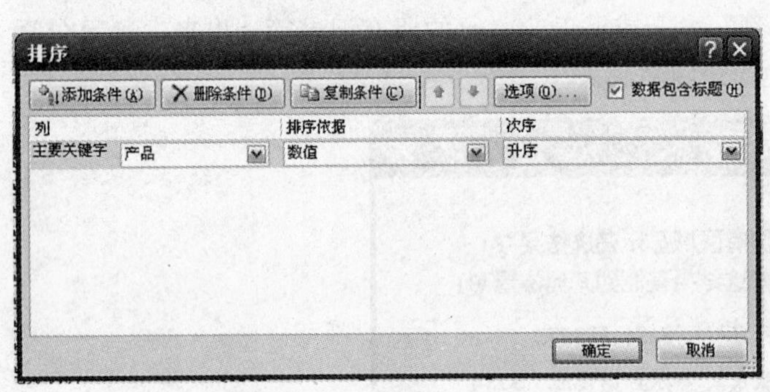

图 2—5 “排序”对话框

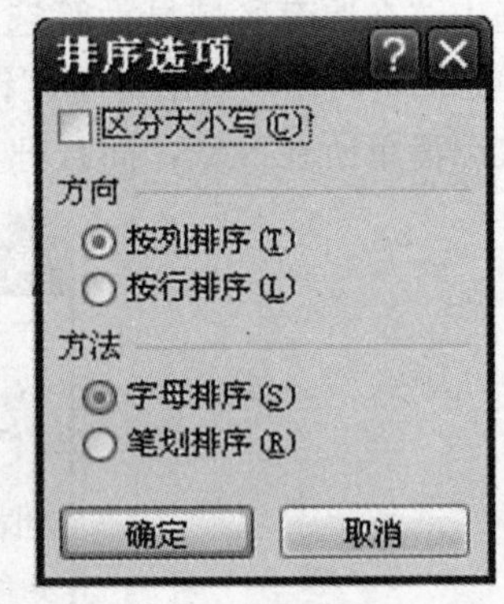

图 2—6 “排序选项”对话框

(3) 根据需要，在“排序”对话框中还可以通过点击“添加条件”增加排序的组合条件。除了按照系统已有的序列方式进行排序外，还可以使用自定义序列按用户定义的顺序进行排序。Excel 已经提供了内置的星期、日期和年月自定义序列，我们还可以根据具体需要创建自己的自定义序列。具体操作是：单击表格页面左上角处的“Microsoft Office 按钮”后，单击“Excel 选项”，单击“常用”类别，然后在“使用 Excel 时采用的首选项”下单击“编辑自定义列表”，即可在“自定义序列”对话框中，用“输入”或“导入”的方式进行创建，如图 2—8 所示。需注意的是只能基于值（文本、数字和日期或时间）创建自定义序列，而不能基于格式（单元格颜色、字体颜色和图标）创建自定义序列。

排序条件随工作簿一起保存，这样，每当打开工作簿时，都会对 Excel 表（而不是单元格区域）重新应用排序。如果希望保存排序条件，以便在打开工作簿时可以定期重新应用排序，最好使用表。这对于多列排序或花费很长时间创建的排序尤其重要。

	A	B	C	D	E	F
1	产品	客户	第 1 季度	第 2 季度	第 3 季度	第 4 季度
2	茶点巧克力软饼	FAMIA	¥ 124.83	¥ -	¥ -	¥ -
3	茶点巧克力软饼	FRANK	¥ -	¥ -	¥ 124.20	¥ -
4	茶点巧克力软饼	FRANS	¥ -	¥ -	¥ -	¥ 46.00
5	茶点巧克力软饼	GODOS	¥ -	¥ 92.00	¥ -	¥ -
6	茶点巧克力软饼	GREAL	¥ -	¥ -	¥ 248.40	¥ -
8	茶点巧克力软饼	ISLAT	¥ -	¥ -	¥ 46.00	¥ -
9	茶点巧克力软饼	LINOD	¥ -	¥ -	¥ -	¥ 48.30
10	茶点巧克力软饼	QUEDE	¥ 24.82	¥ -	¥ 276.00	¥ -
11	茶点巧克力软饼	QUEEN	¥ 36.50	¥ -	¥ -	¥ -
12	茶点巧克力软饼	QUICK	¥ -	¥ -	¥ -	¥ 437.00
13	茶点巧克力软饼	RICAR	¥ 292.00	¥ -	¥ -	¥ -
14	茶点巧克力软饼	SAVEA	¥ -	¥ 257.60	¥ -	¥ 110.40
15	茶点巧克力软饼	SUPRD	¥ 153.30	¥ -	¥ -	¥ -
16	茶点巧克力软饼	TOMSP	¥ 166.44	¥ -	¥ -	¥ -
17	茶点巧克力软饼	TORTU	¥ -	¥ -	¥ 64.40	¥ -
18	茶点巧克力软饼	WANDK	¥ -	¥ -	¥ 82.80	¥ -
19	茶点巧克力软饼	WARTH	¥ 146.00	¥ -	¥ -	¥ -
20	茶点巧克力软饼	WELLI	¥ -	¥ -	¥ -	¥ 209.76
21	长寿豆腐	FRANS	¥ -	¥ -	¥ -	¥ 50.00
22	长寿豆腐	HILAA	¥ 128.00	¥ -	¥ -	¥ -
23	长寿豆腐	MEREP	¥ 240.00	¥ -	¥ -	¥ -
24	长寿豆腐	QUICK	¥ 120.00	¥ -	¥ -	¥ -
25	长寿豆腐	VICTE	¥ -	¥ -	¥ -	¥ 112.50
26	长寿豆腐	WARTH	¥ -	¥ -	¥ -	¥ 350.00
27	大茴香籽调味汁	ALFKI	¥ -	¥ -	¥ -	¥ 60.00
28	大茴香籽调味汁	BOTTM	¥ -	¥ -	¥ -	¥ 200.00

图 2—7　按对销售产品进行排序的结果表

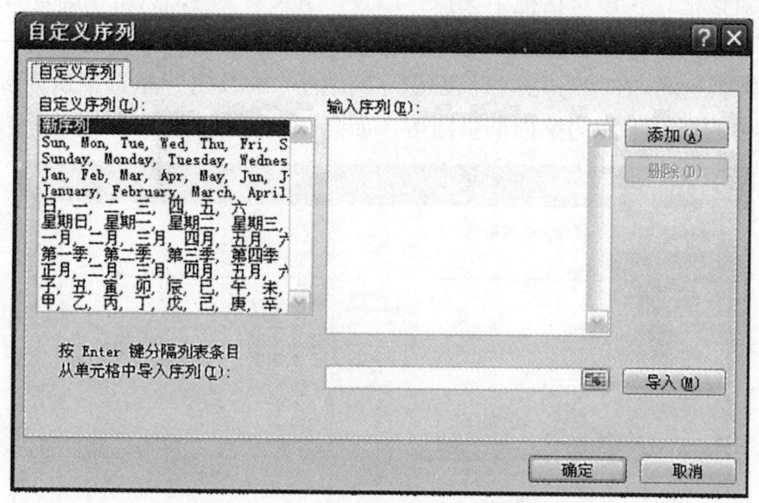

图 2—8　“自定义序列”对话框

2.1.3　数据的分类汇总

通过使用 Excel 中“数据”选项卡的“分级显示”组中的“分类汇总”命令，可以自动计算列表中的分类汇总和总计。列表是指包含相关数据的一系列行，或使用“创建列表”命令作为数据表指定给函数的一系列行。

事实上，分类汇总是通过利用汇总函数 SUBTOTAL 计算得到的。总计是从明细数据派生的，而不是从分类汇总中的值派生的。明细数据是指在自动分类汇总和工作表分级显示中，由汇总数据汇总的分类汇总行或列（明细数据通常与汇总数据相邻，并位于其上方或左侧）。例如，如果使用 AVERAGE 汇总函数，则总计行将显示列表中所有明细行的平均值，而不是分类汇总行中的值的平均值。

如果将工作簿设置为自动计算公式，则在编辑明细数据时，“分类汇总”命令将自动重新计算分类汇总和总计值。“分类汇总”命令还会分级显示列表，以便显示和隐藏每个分类汇总的明细行。分级显示可汇总整个工作表或其中的一部分。

下面，具体介绍利用 Excel 对数据清单进行分类汇总的一般步骤。

例 2—2：要求对现有的“销售报表”中的销售数据按照商品类别汇总出每季度的销售额总计值，如何操作？

一般的操作步骤如下：

1. 获取数据清单，设定筛选条件，对经过筛选的数据进行排序

(1) 首先查询并调取“销售报表”中包括“产品”、“第 1 季度”、“第 2 季度”、“第 3 季度”、“第 4 季度”字段的数据。这一步骤可以在原报表中进行，但为了进一步说明有关 Excel 中 Query 的功能，这里我们利用新建的工作表单进行。

即新建一个新的工作表，选择单元格 A1 为当前单元格，选择“数据”选项卡中“获取外部数据”，点击“来自其他来源”中的“来自 Microsoft Query”，即会出现一个“选择数据源”的对话框，在该对话框中选择“Excel Files＊”后，点击“确定”，即会出现对数据源的设定，当找到“销售报表”电子表格所在位置确定后，即会出现一个“查询向导-选择列”的对话框，在“可用的表和列”下面的“源数据”里选中所需要的字段名放进“查询结果中的列”下面的空白框里即可，如图 2—9 所示。

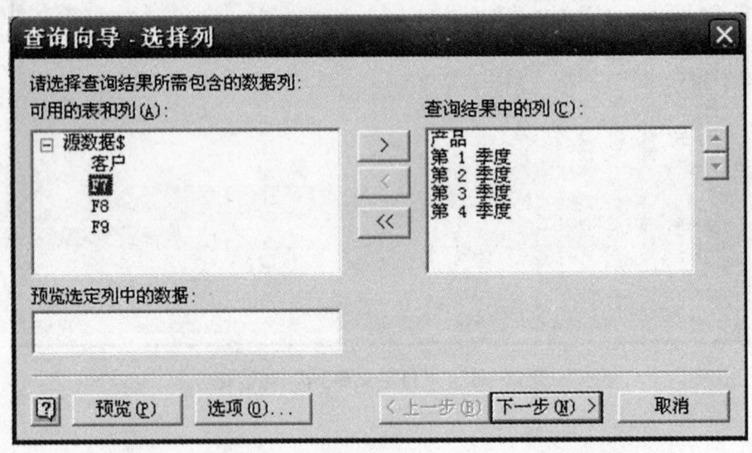

图 2—9　获取外部数据的“查询向导-选择列”对话框

(2) 点击“下一步”后，可在出现的“查询向导-筛选数据”对话框中设置筛选条件，功能同前述“2.1.1 数据的筛选”中的内容。由于此例没有限定额外的条件，故直接进行“下一步”的操作，将出现“查询向导-排序顺序”的对话框，其功能同前述“2.1.2 数据的排序”中的内容。由于此例要对销售产品按类别进行汇总，所以我们对产品先进行排序，如图 2—10 所示。

(3) 最后，在“查询向导-完成”的对话框中，选择“将数据返回 Microsoft Office Excel”选项，点击“完成”，如图 2—11 所示。数据将存入当前新建工作表单元格 A1 中，将该工作表命名为“销售额统计”。

查询向导 - 排序顺序

请指定数据的排序方式。
如果无需对数据排序，请单击“下一步”。

主要关键字
产品
升序
降序
次要关键字
升序
降序
第三关键字
升序
降序

< 上一步(B) 下一步(N) > 取消

图 2—10 “查询向导-排序顺序”对话框

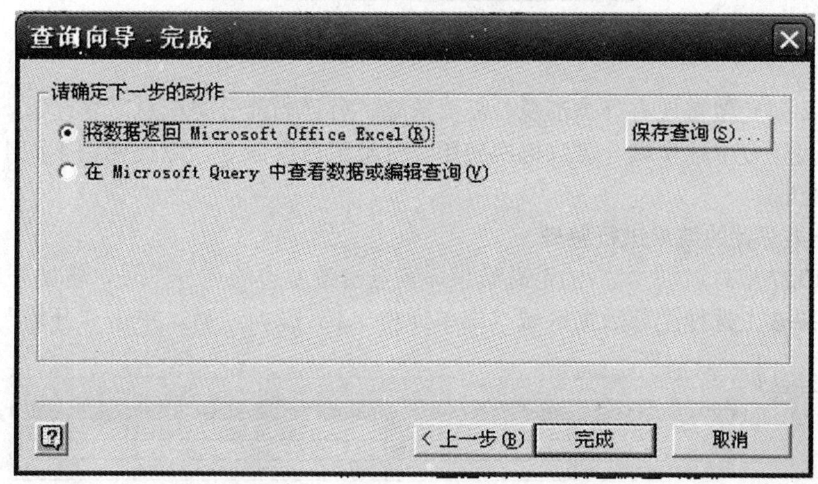

图 2—11 “查询向导-完成”对话框

2. 对排序过的数据清单进行分类汇总

在经过排序后的数据清单中选中任一单元格，然后在“数据”选项卡上的“分级显示”组中，单击“分类汇总”，将显示“分类汇总”对话框，如图 2—12 所示。

(1) 在“分类字段”框中，单击要计算分类汇总的列。在此示例中，应当选择“产品”。

(2) 在“汇总方式”框中，单击要用来计算分类汇总的汇总函数。在此示例中，应当选择“求和”。

(3) 在“选定汇总项”框中，对于包含要计算分类汇总的值的每个列，选中其复选框。在此示例中，应当选择“第 1 季度”、“第 2 季度”、“第 3 季度”和“第 4 季度”。

(4) 如果想按每个分类汇总自动分页，应选中“每组数据分页”复选框。

(5) 若要指定汇总行位于明细行的上面，需清除“汇总结果显示在数据下方”复选框。若要指定汇总行位于明细行的下面，应选中“汇总结果显示在数据下方”复选框。在此示例中，应当清除该复选框。

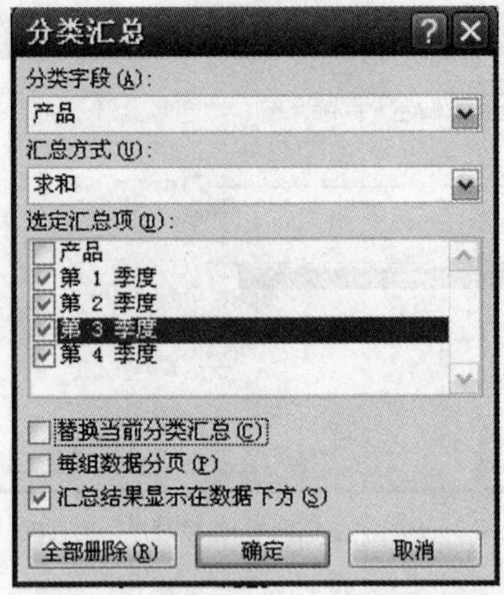

图 2—12 “分类汇总”对话框

(6) 若要避免覆盖现有分类汇总，需要清除“替换当前分类汇总”复选框。

(7) 通过重复上述步骤，可以再次使用“分类汇总”命令，以便使用不同汇总函数添加更多分类汇总。

3. 对分类总计的结果进行整理

图 2—13 是汇总级别“2”的汇总结果，若点击最左边的“+”号，将展开所有数据。在该汇总结果表上选择全部数据区域（即单元格 A1：E304）后，单击“开始”选项卡中

	A	B	C	D	E
1	产品	第 1 季度	第 2 季度	第 3 季度	第 4 季度
20	茶点巧克力软饼 汇总	943.89	349.6	841.8	851.46
27	长寿豆腐 汇总	488	0	0	512.5
34	大茴香籽调味汁 汇总	544	600	140	440
39	德国慕尼黑啤酒 汇总	0	518	350	42
59	法国卡门贝干酪 汇总	3182.4	4683.5	9579.5	3060
74	馄饨皮 汇总	187.6	742	289.8	904.75
90	金刚烈性黑啤酒 汇总	1310.4	1368	1323	1273.5
100	莱阳御贡千梨 汇总	1084.8	1575	2700	3826.5
103	老奶奶波森梅奶油 汇总	0	0	1750	750
108	罗德尼橘子果酱 汇总	0	4252.5	3061.8	0
130	罗德尼烤饼 汇总	1462	644	1733	1434
144	蒙古大草原绿色羊肉 汇总	2667.6	4013.1	4836	6087.9
147	秋葵汤 汇总	0	0	288.22	85.4
166	上海大闸蟹 汇总	1768.41	1978	4412.32	1656
174	蔬菜煎饼 汇总	3202.87	263.4	842.88	2590.1
185	王守义十三香 汇总	225.28	2970	1337.6	682
201	味道美辣椒沙司 汇总	1347.36	2750.69	1375.62	3899.51
208	味道美五香秋葵荚 汇总	1509.6	530.4	68	850
217	味鲜美馄饨 汇总	499.2	282.75	390	984.75
236	新英格兰杰克杂烩 汇总	385	1325.03	1582.6	1664.62
243	野人麦芽酒 汇总	551.6	665	0	890.4
255	怡保咖啡 汇总	1398.4	4496.5	1196	3979
272	意大利白干酪 汇总	1390	4488.2	3027.6	2697
297	意大利羊乳干酪 汇总	464.5	3639.37	515	2681.87
303	猪肉酸果曼沙司 汇总	0	1300	0	2960
304	总计	24612.91	43435.04	41640.74	44803.26

Sheet1 Sheet2 Sheet3

图 2—13 对不同类别产品的销售额进行分类汇总的结果

的“编辑”组，在“查找和选择”中找到“定位条件”项，然后在出现的“定位条件”对话框中选中“可见单元格”，如图 2—14 所示。然后按“复制”按钮，在另一张工作表中的空白区域按“粘贴”按钮，进行格式调整后，即可形成如图 2—15 所示的不同类别产品在每一季度的销售额汇总表，该图表与图 2—13 的不同之处在于，该表中的数据内容仅仅包括产品汇总值。

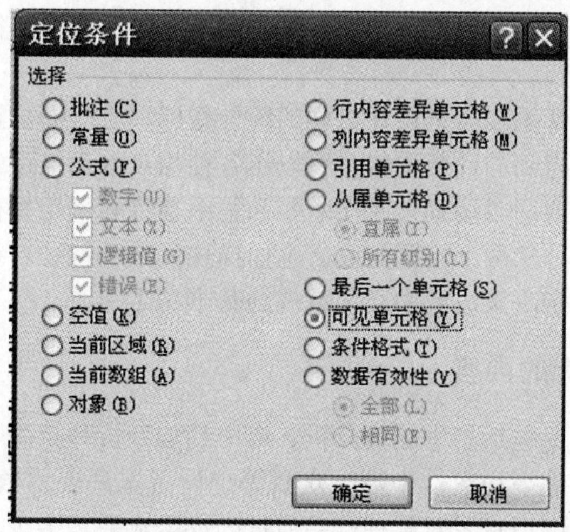

图 2—14　“定位条件”对话框

	A	B	C	D	E
1	产品	第 1 季度	第 2 季度	第 3 季度	第 4 季度
2	茶点巧克力软饼 汇总	943.89	349.6	841.8	851.46
3	长寿豆腐 汇总	488	0	0	512.5
4	大茴香籽调味汁 汇总	544	600	140	440
5	德国慕尼黑啤酒 汇总	0	518	350	42
6	法国卡门贝干酪 汇总	3182.4	4683.5	9579.5	3060
7	馄饨皮 汇总	187.6	742	289.8	904.75
8	金刚烈性黑啤酒 汇总	1310.4	1368	1323	1273.5
9	莱阳御贡干梨 汇总	1084.8	1575	2700	3826.5
10	老奶奶波森梅奶油 汇总	0	0	1750	750
11	罗德尼橘子果酱 汇总	0	4252.5	3061.8	0
12	罗德尼烤饼 汇总	1462	644	1733	1434
13	蒙古大草原绿色羊肉 汇总	2667.6	4013.1	4836	6087.9
14	秋葵汤 汇总	0	0	288.22	85.4
15	上海大闸蟹 汇总	1768.41	1978	4412.32	1656
16	蔬菜煎饼 汇总	3202.87	263.4	842.88	2590.1
17	王守义十三香 汇总	225.28	2970	1337.6	682
18	味道美辣椒沙司 汇总	1347.36	2750.69	1375.62	3899.51
19	味道美五香秋葵荚 汇总	1509.6	530.4	68	850
20	味鲜美馄饨 汇总	499.2	282.75	390	984.75
21	新英格兰杰克杂烩 汇总	385	1325.03	1582.6	1664.62
22	野人麦芽酒 汇总	551.6	665	0	890.4
23	怡保咖啡 汇总	1398.4	4496.5	1196	3979
24	意大利白干酪 汇总	1390	4488.2	3027.6	2697
25	意大利羊乳干酪 汇总	464.5	3639.37	515	2681.87
26	猪肉酸果曼沙司 汇总	0	1300	0	2960

Sheet1　Sheet2　Sheet9

图 2—15　不同类别产品在每一季度的销售额汇总表

4. 删除分类汇总

删除分类汇总时，Excel 还将删除与分类汇总一起插入列表中的分级显示和任何分页符。具体操作是：在图 2—13 所示的分类汇总表中单击列表中包含分类汇总的单元格，在“数据”选项卡的“分级显示”组中，单击“分类汇总”，并在“分类汇总”对话框中单击

“全部删除”，即可取消原表中的分类汇总显示。

2.2 数据的描述统计

描述统计是指运用各种统计学手段（如统计表、统计图、统计指标等）对经过整理后的数据进行综合概括与分析，得出反映其客观现象的规律性数量特征，是描述数据的方法和定量分析工具的集合。

究竟采用何种统计学手段、选用什么样的统计指标，应根据数据指标本身的性质来决定。例如，对定性观测得到的计数资料，可以用各种相对数来描述其数量特征；对定量测定获得的计量资料，则要同时用描述平均水平和集中趋势的平均指标，以及描述离散程度和变异大小的变异指标，从两个不同角度去全面描述其数量特征。正确地理解并选择统计描述手段和指标是在制定决策过程中必须掌握的基本功之一。

2.2.1 描述统计的内容

描述统计的内容主要包括集中趋势分析、离中趋势分析和相关分析三大部分。

集中趋势分析主要靠平均数、中数、众数等统计指标来表示数据的集中趋势。例如，在市场调查中，需要了解消费者对某种产品质量的评定水平是多少，是正偏分布还是负偏分布。

离中趋势分析主要靠全距、四分差、平均差、方差、标准差等统计指标来研究数据的离中趋势。例如，企业想知道新出的两种产品在某地区市场上所得到的评价得分的差异、哪种产品质量水平得分情况分布更分散，就可以用两种产品的四分差或百分点来比较。

相关分析是探讨数据之间是否具有统计学上的关联性。这种关系既包括两个数据之间的单一相关关系，如产品质量与人工成本之间的关系，也包括多个数据之间的多重相关关系，如产品质量、人工成本、出勤率、组织管理幅度之间的关系；既可以是变量 A 大 B 就大（小）、A 小 B 就小（大）的直线相关关系，也可以是复杂相关关系（$A=Y-B\times X$）；既可以是 A、B 同时增大的正相关关系，也可以是 A 增大时 B 减小的负相关关系，还包括两个变量共同变化的紧密程度，即相关系数。实际上，相关关系唯一不研究的数据关系，就是数据协同变化的内在根据，即因果关系。获得相关系数有什么用呢？简而言之，有了相关系数，就可以根据回归方程，进行变量 A 到 B 的估算，这就是所谓的回归分析。因此，相关分析是一种完整的统计研究方法，它贯穿于提出假设、数据研究、数据分析、数据研究的始终。

由上可以看出，对数据进行描述统计可以为决策提供较为精确的定量信息。现代电子科技比较发达，这使得数据的收集、计算、传输变得非常容易，电子表格所自动生成的曲线图和平面图已成为一种简便的交流工具，管理者、企业董事甚至一线员工在不需要掌握复杂的统计公式推理及数据计算方法的情况下，就可以参与到数据的收集和总结工作中来。因此，如何借用现代化手段以简洁的方式对收集、整理后的信息数据进行描述、分析和展示，使决策者及执行者都容易理解并为之所用，是本部分要重点介绍的内容。

2.2.2　Excel 中的统计函数与分析工具

在 Excel 中，对数据进行描述统计可以通过以下三种途径：

(1) 使用“统计”函数。既可以直接将函数手工输入工作表的单元格中，也可以通过电子表格中的“公式”选项卡中“函数库”组里的“插入函数”功能进行应用。

(2) 使用电子表格中附加的“数据分析”工具进行基本的统计运算。

(3) 使用附加的 Prentice-Hall Statistics（即 PHStat 插件）执行 Excel 中未涉及的一些较为复杂的分析。表 2—1 总结了一些基本而且常用的描述统计函数和工具。有关 Excel 表中的统计函数在此不再一一列出，其详解可具体参见软件中有关函数的使用帮助详解。下面将主要介绍“数据分析”工具与 PHStat 插件在数据描述统计中的具体应用。

表 2—1　　**Excel 中的统计函数和工具**

Excel 函数	描述
平均数（数据组）	计算一组数据的平均值（算术平均数）
中位数	计算一组数据的中位数（处于数据组中间位置的数据）
众数	计算一组数据的众数（出现频数最高的数据）
样本方差	计算一组数据的样本方差
总体方差	计算总体方差
样本标准差	计算一组数据的样本标准差
总体标准差	计算总体的标准差
偏态	计算偏态（它是对数据分布对称性的测度）
百分位数	计算数据的百分位数
四分位数	计算数据的四分位数
相关系数	计算两数据的相关系数
分析工具	描述
描述统计	提供基本统计方法
直方图	对一组数据创建频数分布和直方图
排序和百分位数	对一组数据排序和计算百分位数
相关性	计算两组数据的相关系数
PHStat	描述
箱线图	对一组数据创建箱线图
茎叶图	对一组数据创建茎叶图
点式直方图	对一组数据创建点式直方图
频数分布	创建一张包含频数和频数分布的表
直方图和多边形图	创建频数分布、直方图以及选择性频数多边图

资料来源：[美] 詹姆斯·R·埃文斯、戴维·L·奥尔森著，杜文峰译：《数据、模型与决策（第 2 版）》，北京，中国人民大学出版社，2006。

1. Excel 中的数据分析工具

Excel 提供了有用的基础数据分析工具，可以通过菜单栏中“数据”选项卡中“分析”组中的“数据分析”功能进行应用。需要注意的是该功能属于 Excel 的扩展功能，如果电脑中已有的 Excel 中尚未安装数据分析，单击表格页面左上角处的“Microsoft Office 按钮”后，点击“Excel 选项”，点击“加载项”类别，然后在左下角的“管理”中选择“Excel 加载项”（此项一般为系统默认项），然后点击“转到”按钮，如图 2—16 所示。在出现的“加载宏”对话框中勾选中“分析工具库”条目，然后点击“确定”，如图 2—17 所示。加载成功后，则可以在“数据”选项卡中“分析”组看到“数据分析”功能显现。

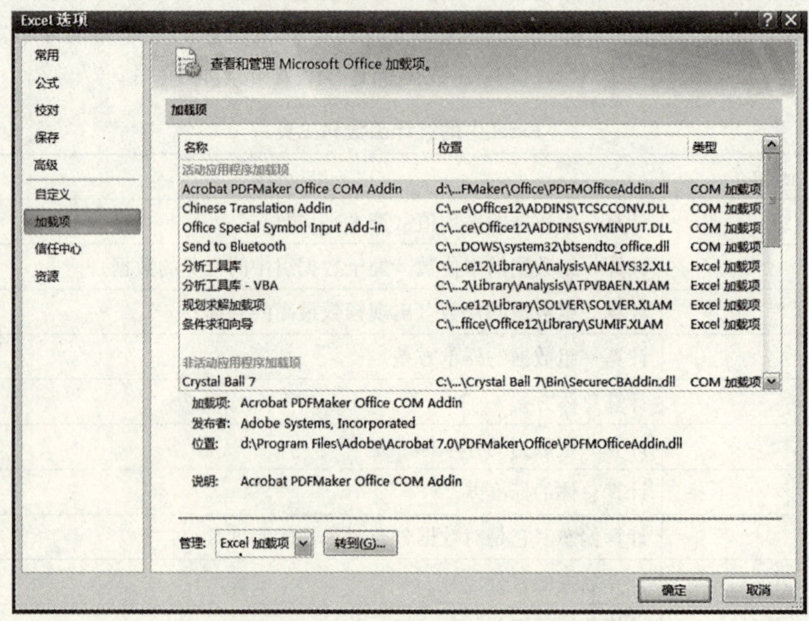

图 2—16　“Excel 选项”对话框

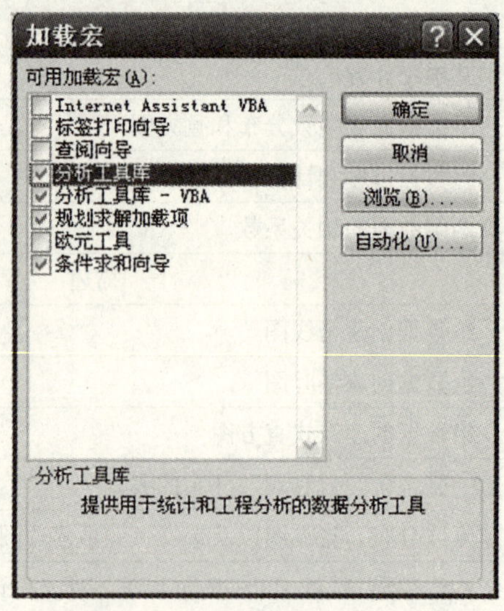

图 2—17　“加载宏”对话框

在 Excel 自带的"数据分析"功能里可以完成很多专业软件才有的数据统计、分析，这其中包括直方图、相关系数、协方差、各种概率分布、抽样与动态模拟、总体均值判断、均值推断、线性、非线性回归、多元回归分析、时间序列等内容。为了阐明该统计工具的效用，下面将以一具体案例对最常用的描述统计、直方图、排位与百分比排位的内容做一功能应用介绍。

例 2—3：某家公司要对企业的绩效评价与薪资制度进行改革，在新制度实施前对公司内 100 名雇员目前的工资水平、起始工资、雇用时的工作经验、受教育年限等信息进行了调查，并将收集到的数据进行了整理。请对这些数据进行基本分析（数据信息请详见附录 2）。

（1）"描述统计"应用的具体操作步骤。

1）打开原始数据表格，制作本例的原始数据无特殊要求，只要满足行或列中为同一属性数值即可。

2）选择"数据"选项卡中"分析"组中的"数据分析"后，在出现的对话框里选中"描述统计"，再点击"确定"后，会出现属性设置框，如图 2—18 所示，依次选择：

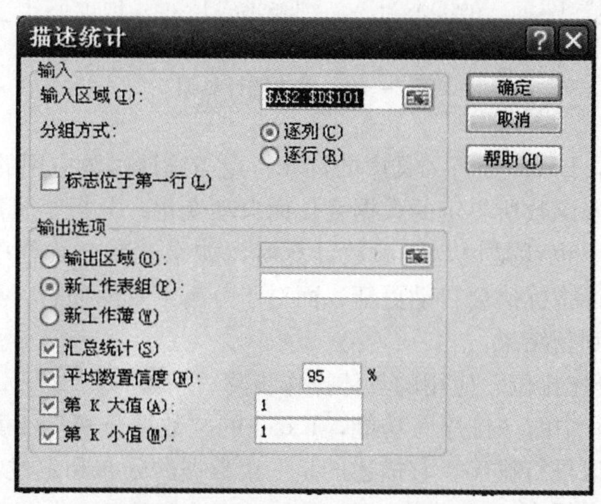

图 2—18 "描述统计"对话框

a. 输入区域：原始数据区域，可以选中多个行或列，这里根据原始数据分组的属性特点选择相应的"分组方式"—"列"或"行"。

b. 如果数据有标志，注意勾选"标志位于第一行"；如果输入区域没有标志项，该复选框将被清除，Excel 将在输出表中生成适宜的数据标志。

c. 输出区域：可以选择本表、新工作表或是新工作簿。

d. 汇总统计：包括有平均值、标准误差（相对于平均值）、中值、众数、标准偏差、方差、峰值、偏斜度、极差、最小值、最大值、总和、总个数、第 K 大（小）值和平均数置信度等相关项目。其中，中值是指排序后位于中间的数据的值；众数是指出现次数最多的值；峰值是指衡量数据分布起伏变化的指标，以正态分布为基准，比其平缓时值为正，反之则为负；偏斜度是指衡量数据峰值偏移的指数，根据峰值在均值左侧或者右侧分别为正值或负值；极差是指最大值与最小值的差；第 K 大（小）值是指输出表的某一行中包含每个数据区域中的第 K 个最大（小）值；平均数置信度是指数值 95%可用来计算在显著性水平为 5%时的平均值置信度。

结果示例如图 2—19 所示（本实例演示了四列数据的描述统计结果）。

	A	B	C	D	E	F	G	H
1	目前的工资水平		起始工资		雇用时的工作经验		受教育年限(年)	
2								
3	平均	33632.6	平均	16938.6	平均	95.61	平均	13.22
4	标准误差	1728.955	标准误差	834.7829	标准误差	10.54774	标准误差	0.271762
5	中位数	27825	中位数	14250	中位数	60.5	中位数	12
6	众数	19650	众数	11250	众数	0	众数	12
7	标准差	17289.55	标准差	8347.829	标准差	105.4774	标准差	2.717619
8	方差	2.99E+08	方差	69686251	方差	11125.47	方差	7.385455
9	峰度	5.993005	峰度	8.797945	峰度	2.361187	峰度	-0.19661
10	偏度	2.307841	偏度	2.71386	偏度	1.602499	偏度	-0.11998
11	区域	87400	区域	50250	区域	460	区域	11
12	最小值	16350	最小值	9750	最小值	0	最小值	8
13	最大值	103750	最大值	60000	最大值	460	最大值	19
14	求和	3363260	求和	1693860	求和	9561	求和	1322
15	观测数	100	观测数	100	观测数	100	观测数	100
16	最大(1)	103750	最大(1)	60000	最大(1)	460	最大(1)	19
17	最小(1)	16350	最小(1)	9750	最小(1)	0	最小(1)	8
18	置信度(95.0%)	3430.622	置信度(95.0%)	1656.39	置信度(95.0%)	20.929	置信度(95.0%)	0.539235
19								

图 2—19　描述统计结果

这里要说明的是，Excel 分析工具库的计算特点与统计函数应用的不同之处在于 Excel 函数计算的结果会随着函数所界定的数据变化而自动变化；分析工具库的计算结果不会随着数据的变化而变化。也就是说，用函数计算时，如果改变公式栏中函数数据区域的数值，那么计算出的统计指标值会自动更新，而对于分析工具库而言，则需要重新操作一遍统计各步骤，才能得到新结果。

(2)“排位与百分比排位”应用的具体操作步骤。

前面介绍过 Excel 中的“排序”功能，Excel 的“数据分析”工具中的“排位与百分比排位”功能同样可以进行排序，它描述的是一组数据的分布和定位情况，并且可以使排序工作简化，直接输出报表。

a. 打开原始数据表格，制作本实例的原始数据无特殊要求，只要满足行或列中为同一属性数值即可。

b. 选择“数据”选项卡中“分析”组中的“数据分析”，在出现的对话框里选中“排位与百分比排位”，点击“确定”后，会出现属性设置框，如图 2—20 所示，依次选择：

输入区域：原始数据区域，可以选中多个行或列，这里根据原始数据分组的属性特点选择相应的“分组方式”—“列”或“行”。

如果数据有标志，注意勾选“标志位于第一行”；如果输入区域没有标志项，该复选框将被清除，Excel 将在输出表中生成适宜的数据标志。

输出区域：可以选择本表、新工作表或是新工作簿。

c. 点击“确定”即可生成一个四列的新表格，如图 2—21 所示，其中“点”是指排序后原数据的序数，在本实例中对应与“目前的工资水平”所对应的原样本的编号位置，这也是很实用的一个序列；“排位”采取重复数据占用同一位置的统计方法（即有重复排位，

	A	B	C	D
1	目前的工资水平	起始工资	雇用时的工作经验(月)	受教育年限(年)
2	$57,000	$27,000	144	15
3	$40,200	$18,750	36	16
4	$21,450	$12,000	381	12
5	$21,900	$13,200	190	8
6	$45,000	$21,000	138	15
7	$32,100	$13,500	67	15
8	$36,000	$18,750	114	15
9	$21,900	$9,750	0	12
10	$27,900	$12,750	115	15
11	$24,000			2
12	$30,300			6
13	$28,350			8
14	$27,750			5
15	$35,100			5
16	$27,300			2
17	$40,800			2
18	$46,000			5
19	$103,750			6
20	$23,700			5
21	$26,550			5
22	$27,600			2
23	$25,800			2
24	$42,300	$26,250	126	16
25	$30,750	$15,000	451	8
26	$26,700	$12,900	18	12
27	$20,850	$12,000	163	12
28	$35,250	$15,000	54	15
29	$26,700	$15,000	56	15

排位与百分比排位

输入

输入区域(I): $A$1:$D$101

分组方式: ⦿ 列(C) ○ 行(R)

□ 标志位于第一行(L)

输出选项

○ 输出区域(O):

⦿ 新工作表组(P):

○ 新工作薄(W)

确定 取消 帮助(H)

图 2—20 "排位与百分比排位"对话框

如"受教育年限"第 1 位有 4 个);"百分比"是按照降序排列的,指的是百分位数,它界定的是以某一数值为基准,样本数据中等于或低于该数值的比例为多少。

	A	B	C	D	E	F	G	H	I	J	K	L	M	N	O	P
1	点	目前的工资水平	排位	百分比	点	起始工资	排位	百分比	点	雇用时的工作经验	排位	百分比	点	受教育年限(年)	排位	百分比
2	18	¥103,750	1	100.00%	62	¥60,000	1	100.00%	46	¥460	1	100.00%	47	¥19	1	96.90%
3	62	¥103,500	2	98.90%	32	¥47,490	2	98.90%	24	¥451	2	98.90%	48	¥19	1	96.90%
4	97	¥100,000	3	97.90%	97	¥44,100	3	97.90%	3	¥381	3	97.90%	80	¥19	1	96.90%
5	100	¥70,000	4	96.90%	48	¥36,750	4	96.90%	68	¥375	4	96.90%	81	¥19	1	96.90%
6	45	¥68,125	5	95.90%	60	¥33,750	5	95.90%	19	¥359	5	95.90%	45	¥18	5	95.90%
7	32	¥66,000	6	94.90%	80	¥33,000	6	94.90%	82	¥344	6	94.90%	68	¥17	6	93.90%
8	48	¥61,875	7	93.90%	45	¥32,490	7	92.90%	59	¥318	7	93.90%	78	¥17	6	93.90%
9	80	¥61,250	8	92.90%	78	¥32,490	7	92.90%	60	¥272	8	92.90%	2	¥16	8	79.70%
10	78	¥60,000	9	91.90%	67	¥30,000	9	91.90%	88	¥264	9	91.90%	11	¥16	8	79.70%
11	60	¥59,400	10	90.90%	18	¥27,510	10	90.90%	10	¥244	10	90.90%	18	¥16	8	79.70%
12	1	¥57,000	11	89.80%	47	¥27,480	11	89.80%	66	¥228	11	88.80%	23	¥16	8	79.70%
13	67	¥56,750	12	88.80%	1	¥27,000	12	88.80%	94	¥228	11	88.80%	31	¥16	8	79.70%
14	33	¥52,650	13	87.80%	23	¥26,250	13	87.80%	47	¥221	13	87.80%	32	¥16	8	79.70%
15	47	¥52,125	14	86.80%	34	¥23,250	14	86.80%	48	¥199	14	86.80%	33	¥16	8	79.70%
16	98	¥49,000	15	85.80%	100	¥21,750	15	85.80%	4	¥190	15	85.80%	34	¥16	8	79.70%
17	17	¥46,000	16	84.80%	5	¥21,000	16	84.80%	26	¥163	16	83.80%	57	¥16	8	79.70%
18	34	¥45,625	17	83.80%	98	¥20,550	17	83.80%	99	¥163	16	83.80%	62	¥16	8	79.70%
19	5	¥45,000	18	82.80%	85	¥20,250	18	82.80%	71	¥159	18	82.80%	67	¥16	8	79.70%
20	23	¥42,300	19	81.80%	33	¥19,500	19	80.80%	72	¥155	19	81.80%	85	¥16	8	79.70%
21	16	¥40,800	20	80.80%	81	¥19,500	19	80.80%	73	¥154	20	80.80%	97	¥16	8	79.70%
22	86	¥40,350	21	79.70%	2	¥18,750	21	77.70%	32	¥150	21	78.70%	100	¥16	8	79.70%
23	2	¥40,200	22	78.70%	7	¥18,750	21	77.70%	62	¥150	21	78.70%	1	¥15	22	57.50%
24	69	¥37,650	23	77.70%	82	¥18,750	21	77.70%	1	¥144	23	77.70%	5	¥15	22	57.50%
25	7	¥36,000	24	75.70%	57	¥17,250	24	76.70%	11	¥143	24	75.70%	6	¥15	22	57.50%
26	81	¥36,000	24	75.70%	14	¥16,800	25	75.70%	22	¥143	24	75.70%	7	¥15	22	57.50%
27	63	¥35,700	26	74.70%	11	¥16,500	26	69.60%	5	¥138	26	74.70%	9	¥15	22	57.50%
28	27	¥35,250	27	73.70%	36	¥16,500	26	69.60%	14	¥137	27	73.70%	13	¥15	22	57.50%

图 2—21 调整后的排位与百分比排位结果表

(3)"直方图"应用的具体操作步骤。

在进行数据分析时,有必要对数据建立频数分布,即以表格形式表现各类别及其数据的频数或频率。而直方图是以柱形图的形式描述数据的频数分布情况,表现更为直观简洁。假如本例中需要描述企业员工“雇用时的工作经验”的频数分布情况，则操作如下：

a. 打开原始数据表格，制作本实例的原始数据要求单列，确认数据的范围及分组的依据。如果样本数据不多，可以用观察法确定，如果样本数据很多，则可以使用 Excel 中的 min 和 max 函数确定样本数据中的最大值和最小值，从而确定边界范围（0～460）。然后，在数据清单旁输入所谓的“数据接受序列”，就是分段统计的数据间隔或分组标准，本例为在单元格 I2：I15 里依次输入 0，36，…，468（这里以 3 年，即 36 个月为间隔），这些值应当按升序排列，如图 2—22 所示。

G2 =MAX(C2:C101)

	A	B	C	D	E	F	G	H	I	J
1	目前的工资水平	起始工资	雇用时的工作经验(月)	受教育年限(年)					分组标准	
2	$57,000	$27,000	144	15		max	460		0	
3	$40,200	$18,750	36	16		min	0		36	
4	$21,450	$12,000	381	12					72	
5	$21,900	$13,200	190	8					108	
6	$45,000	$21,000	138	15					144	
7	$32,100	$13,500	67	15					180	
8	$36,000	$18,750	114	15					216	
9	$21,900	$9,750	0	12					252	
10	$27,900	$12,750	115	15					288	
11	$24,000	$13,500	244	12					324	
12	$30,300	$16,500	143	16					360	
13	$28,350	$12,000	26	8					396	
14	$27,750	$14,250	34	15					432	
15	$35,100	$16,800	137	15					468	
16	$27,300	$13,500	66	12						
17	$40,800	$15,000	24	12						
18	$46,000	$14,250	48	15						
19	$103,750	$27,510	70	16						
20	$23,700	$13,500	359	15						
21	$26,550	$14,250	61	15						
22	$27,600	$15,000	75	12						
23	$25,800	$15,000	143	12						
24	$42,300	$26,250	126	16						
25	$30,750	$15,000	451	8						
26	$26,700	$12,900	18	12						
27	$20,850	$12,000	163	12						
28	$35,250	$15,000	54	15						
29	$26,700	$15,000	56	15						

图 2—22　确定数据范围和分组依据示意图

b. 选择“数据”选项卡中“分析”组中的“数据分析”后，在出现的对话框里选中“直方图”，再点击“确定”后，会出现属性设置框，如图 2—23 所示，依次选择：

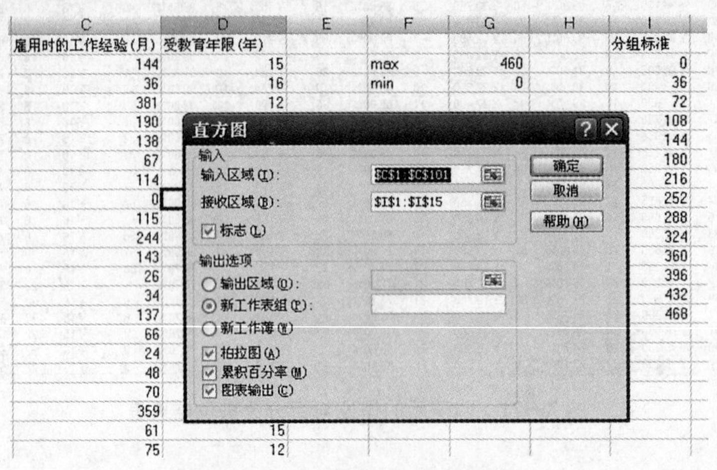

图 2—23　“直方图”对话框

输入区域：原始数据区域，此例为单元格 C1：C101，即字段“雇用时的工作经验”

所在的区域。

接收区域：数据接收序列，此例为单元格 I1：I15。

标志：若输入区域的第一行为字段名，而不是具体的待统计数据，则需勾选。

输出选项：如果选择“输出区域”，则新对象直接插入当前表格中，此例选择“新工作表组”。

选择“柏拉图”，则可在输出表中按降序来显示数据。

选择“累计百分率”，则会在直方图上叠加累计频率曲线。

选择“图表输出”，则可立即生成相应的直方图。

c. 点击“确定”，即完成操作，输出结果如图 2—24 所示。

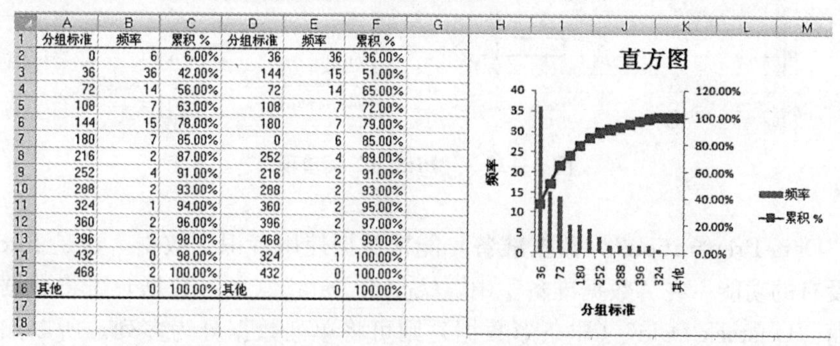

分组标准	频率	累积 %	分组标准	频率	累积 %
0	6	6.00%	36	36	36.00%
36	36	42.00%	144	15	51.00%
72	14	56.00%	72	14	65.00%
108	7	63.00%	108	7	72.00%
144	15	78.00%	180	7	79.00%
180	7	85.00%	0	6	85.00%
216	2	87.00%	252	4	89.00%
252	4	91.00%	216	2	91.00%
288	2	93.00%	288	2	93.00%
324	1	94.00%	360	2	95.00%
360	2	96.00%	396	2	97.00%
396	2	98.00%	468	2	99.00%
432	0	98.00%	324	1	100.00%
468	2	100.00%	432	0	100.00%
其他	0	100.00%	其他	0	100.00%

图 2—24 利用直方图工具统计不同“雇用时工作经验”的频数分布结果

在输出结果图中，我们可以看到，区域 A1：C16 中所显示的是按原分组标准列示出各数组段的频数和累积频率，如大于或等于 0 而小于 36 个月的有 6 个样本，而大于或等于 36 而小于 72 个月的有 36 个样本……以此类推。区域 D1：F16 中所显示的是按照频数分布的降序来列示出各组段的频数和累积频率，若在之前“直方图”对话框（见图 2—23）中没有选中“柏拉图”，则不会出现 D1：F16 区域的结果值。

这里值得一提的是，Excel 直方图的最大缺点是它没有和数据关联起来，即如果改变任一数据，就意味着要重新创建图表和频数分布这一过程。要弥补这一缺陷的做法就是使用 Excel 中的频数分布函数和图表向导。首先，利用界定数据范围和边界值（或分组标准）；然后，在工作表的空白单元格区域对应选中输出区域后，输入公式“＝FREQUENCY（数据区域，边界值）”；最后，同时按下 Ctrl＋Shift＋Enter，这样就可以创建频数分布表，并且可利用柱形图表向导创建直方图。这样即使改变数据，频数分布表和直方图也会自动更新。

2. Excel 中的 PHStat 插件工具的使用

除了前述的统计分析工具库为统计资料的数据分析提供了强大的运算支持以外，Excel 还具备一个 PHStat 插件工具，它向 Excel 提供了额外的统计支持，它不包含在一般的 Excel 中，需要附加安装，一旦安装启用后，就会在 Excel 的菜单栏中出现。这里需要说明的是，PHStat 插件是作为一个统计功能窗口出现在 Excel 中的，并不是商业统计包，而且其统计功能也无法与 SAS 或 SPSS 等专业统计软件相媲美，然而，它的确是一种便于日常实际操作的非常有用的基础统计工具。本部分将对其使用步骤和基本应用做一介绍。

统计功能窗口一旦被安装，Excel 菜单栏会出现“PHStat”菜单项，如图 2—25 所示，打开其下拉菜单将会看到比较齐全的各种统计功能选项。

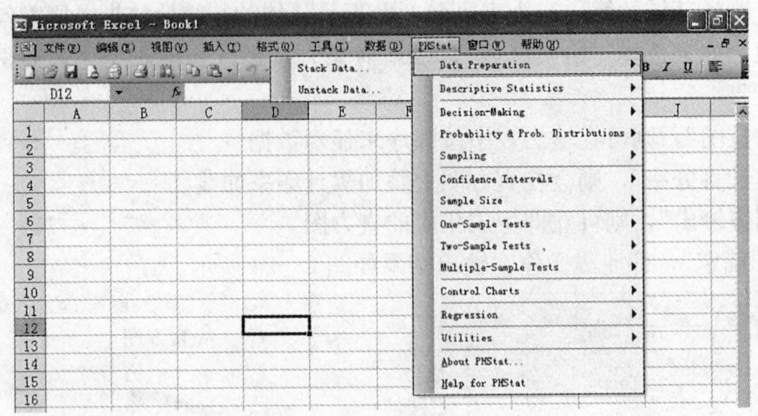

图 2—25　“PHStat”菜单项

其中“Data Preparation”（数据准备）能帮数据使用者识别数据，这是 Excel 分析工具库里所没有的功能。在“数据准备”中，“Stack Data”（条形数据）可将数据由多列变为单列；而“Unstack Data”（非条形数据）则可将单列数据分为多列。所以如果需要把数据分为不同组时，该功能提供了很多方便。

其他诸如“Data Statistics”（描述统计）、“Decision-Making”（决策分析）、“Probability & Prob. Distributions”（概率分布）等各选项的使用，本书将在各后续章节的案例中有相应介绍，此处不一一举例说明。

2.3　数据的显示①

2.3.1　显示方式（图、表种类及特点）

使用图表显示数据是信息交流时最常用的一种简便工具和有效手段。常用的图表有条形图、柱形图、曲线图、饼图、面积图、散点图、三维图以及其他类型的数据分析展示工具。由于本书以介绍如何结合现代化手段的应用进行经济管理决策原理为主，而且 Excel 图表向导提供了较为详细的创建图表的简便方法，所以，本书不会对每个图表的应用都给予一一说明，仅对实务中常用的一些主要图表种类及其应用特点加以介绍。

1. 柱形图与条形图

在 Excel 中，垂直条形图一般被称为柱形图（见图 2—26）；水平条形图则被称为条形图（见图 2—27）。条形图在表现数据信息时与柱形图的形式相似，只是用水平图形代替了垂直图形而已。条形图连贯地展示多重数据而不是将一组图表简单地联系起来。

① 本部分所示图表样例均取自 Microsoft Excel 2007 自带图表示例库。

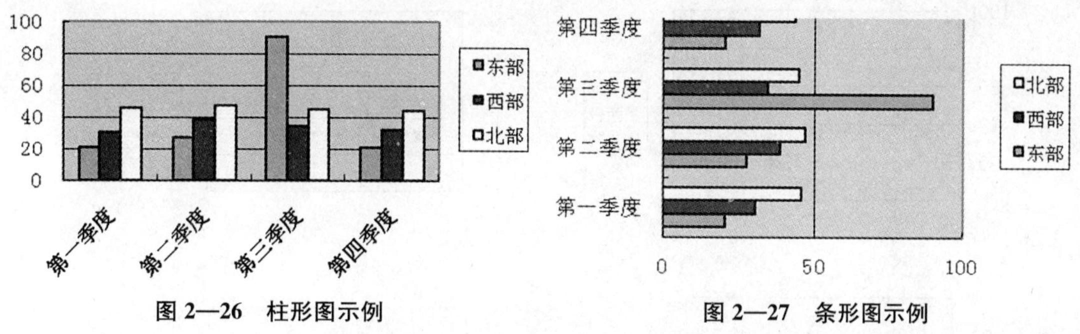

图 2—26　柱形图示例　　图 2—27　条形图示例

2. 折线图

折线图是一种展示时间数列的好方式。但是当数据间差异过大时，利用折线图就很难作为解释，所以在这种情况下，一般会将数据分组创建图表（见图 2—28）。

3. 饼图

在很多时候，面对多种类型或多组数据进行数据分析时，一般需要了解每组数据相对于总体的比重情况，这时就可用饼图来表示，它可以明显地反映出各类别数据之间的差异（见图 2—29）。

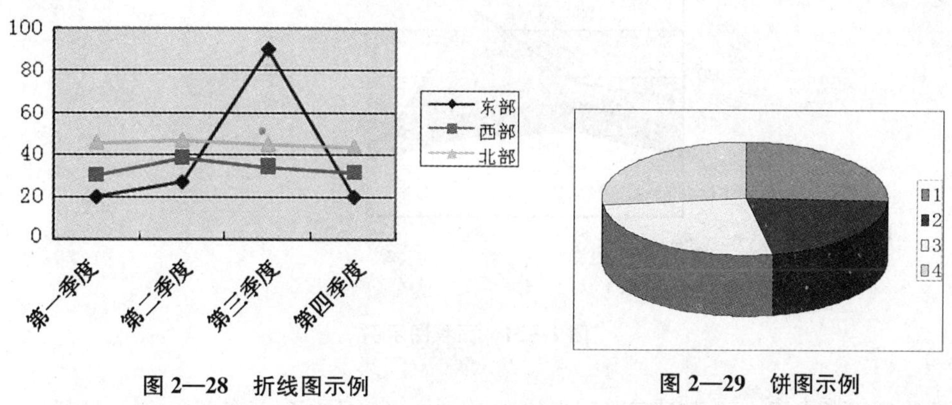

图 2—28　折线图示例　　图 2—29　饼图示例

4. 散点图

散点图显示的是两个变量间的关系，它将两个变量结合起来考虑，表示一个变量的值相对另一个变量值的变化而变化。散点图具体有点状图、连线散点图（包括折线和平滑曲线）等形式（见图 2—30）。

5. 面积图

面积图将饼图和折线图的特性结合起来，它提供的信息要比饼图和折线图单独使用时提供的信息多，但是容易产生视觉判断上的混乱，因此在使用时需要仔细些（见图 2—31）。

6. 其他 Excel 自带图表

Excel 还有一些用于特殊用途的图表，如圆环图类似于饼图，但与饼图不同的是圆环图可以反映多个数据序列；雷达图（也称为蛛网图）是可以显示多个变量的图形；气泡图是散点图的一种，其中数据的大小是由第三个变量的取值决定的，因此它可以创建含有三

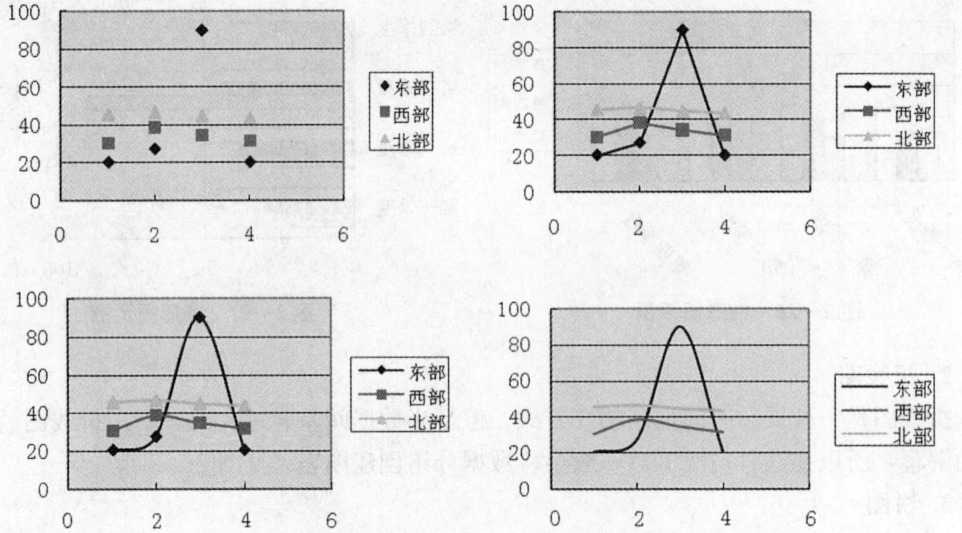

图 2—30　各式散点图示例

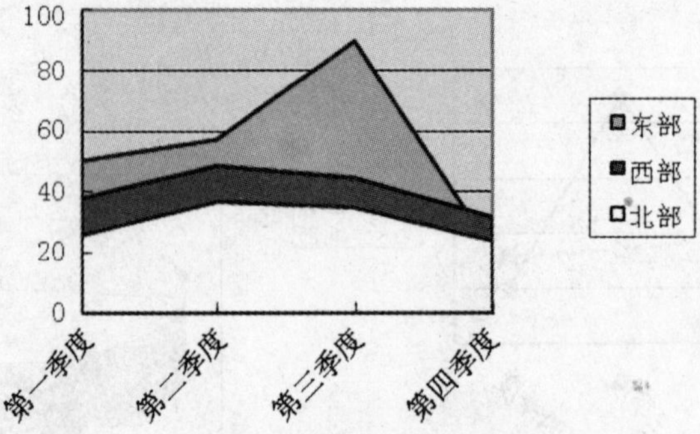

图 2—31　面积图示例

个变量的二维散点图；股价图可以用来绘制股票价格，比如每天的最高价、最低价、收盘价格等，同时，它还可以用来描绘科学数据，如温度的变化等。

7. 具有描述统计功能的辅助图表

除了上述 Excel 自带图表外，还有三种有用的图表工具——箱线图、茎叶图和点式直方图，可以用来展示统计数据的离散程度。这些工具从 Excel 附加的 PHStat 插件中获得，只要安装了 PHStat 插件，在 Excel 菜单中会自动出现"PHStat"菜单项，点击该菜单项的选择项即可。下面对这三种图形的应用做示例介绍。

(1) 箱线图。

箱线图可以图形方式展示一组数据的五个统计特征：最小值、第一四分位数、中位数、第三四分位数和最大值。它清楚地展示了数据分布形态和奇异值。同样以例 2—3 中"雇员薪资情况"的数据库为例，具体操作如下：

从"PHStat"菜单项中选择"描述统计—箱线图"，出现如图 2—32 所示的对话框，进行如下属性设置：

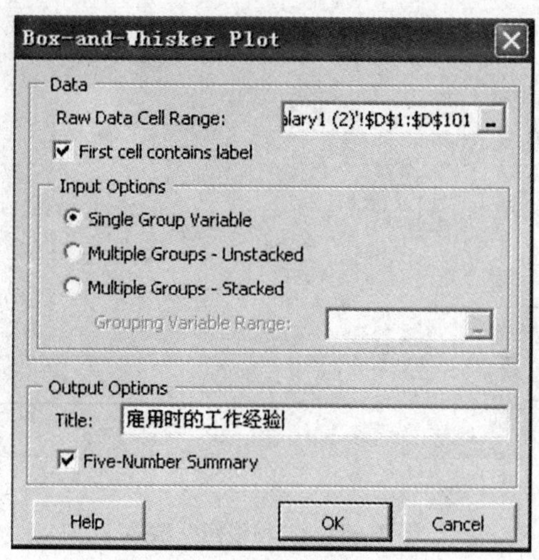

图 2—32　“箱线图”创建向导对话框

a. “行数据单元格区域”：框中输入选取的数据区域，此例我们选择“雇用时的工作经验”字段下的数据列；

b. “第一个单元格包含标签”：如果输入的数据区域有行字段标签名，则需要点击该选项；

c. “输入选项”：对于单个数据集，需勾选“单组变量”按钮，如果是多组数据，则勾选相应的按钮“多组条形数据变量”或“多组非条形数据变量”；

d. “输出选项”：可以输入图标的名称或标题；

e. “五项描述统计”：选中此框，工作表会列示箱线图数据的最大值、四分位数、中位数、最小值。

点击“确定”后，在新工作表中分别出现如图 2—33、图 2—34 所示的结果。

A1　　*fx*　Box-and-whisker Plot

	A	B	C	D	E
1	Box-and-whisker Plot				
2					
3	Five-number Summary				
4	Minimum	0			
5	First Quartile	17			
6	Median	60.5			
7	Third Quartile	143			
8	Maximum	460			
9					
10					
11					

图 2—33　“箱线图”中五项描述统计结果

图 2—34 是“雇用时的工作经验”的数据箱线图。其中，两条虚线表示的是最大值和最小值，中间的箱形是由 1/4 位数（Q1）和 3/4（Q3）位数围住的，箱形中间竖线代表中位数（Xm）。

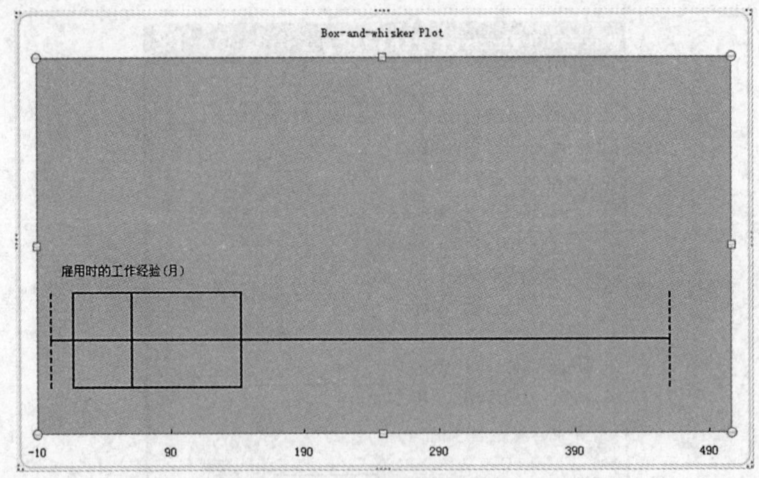

图 2—34 "箱线图"结果

根据统计学原理，在 Q3＋1.5IQR（四分位距）和 Q1－1.5IQR 处画两条与中位线一样的线段，这两条线段为异常值截断点，称其为内限；在 F＋3IQR 和 F－3IQR 处画两条线段，称其为外限。处于内限以外位置的点表示的数据都是异常值，其中在内限与外限之间的异常值为温和的异常值（Mild Outliers），在外限以外的为极端的异常值（Extreme Outliers）。在异常值之外最靠近上边缘和下边缘的两个值处画横线，作为箱线图的触须；在超出四分位数差 3 倍距离的异常值处，用实心点表示极端异常值；处于 1.5～3 倍四分位数差之间的异常值处，用空心点表示较为温和的异常值。因此，从图形中可判断该图形出现有奇异值。而且，箱线图的中位数偏离上下四分位数的中心位置，分布偏态性显示较强；而且异常值集中在较大值一侧，所以分布呈现的是右偏态（若异常值集中在较小值一侧，则分布呈现的是左偏态）。

综上可以看出，箱线图作为描述统计的工具之一，其功能有独特之处：可以直观明了地识别数据批中的异常值；判断数据批的偏态和尾重；比较几批数据的形状。因此，箱线图经常被应用于质量管理、人事测评、探索性数据分析等统计分析活动中，有助于使分析过程简便快捷。但是箱线图的美中不足之处在于：它不能提供关于数据分布偏态和尾重程度的精确度量；对于批量较大的数据批，箱线图反映的形状信息更加模糊；用中位数代表总体平均水平有一定的局限性，等等。所以，应用箱线图最好结合其他描述统计工具，如均值、标准差、偏度、分布函数等，来描述数据批的分布形状。

(2) 茎叶图。

茎叶图的基本单元集合程度由茎决定，先将数据分类到不同的基本单元，这样每个数据都有两部分组成：x | y，其中 x 代表茎，y 代表叶；茎代表基本单元，而叶是基本单元里的值。例如，考虑 114、118、126、129 等几个数据，我们将茎界定为数据的前两位（即 10 分位），则每个数据表示如下：

数据	茎 | 叶
114	11 | 4
118	11 | 8

123	12 | 3
126	12 | 6
129	12 | 9

将相同茎和叶合并起来，如：

11 | 48

12 | 369

茎的取值单位越高，茎叶图对数据的集合程度就越大。当茎的单位取 1 时，茎叶图实际上就是每个数的直方图；而取 0 值就表示每个茎上有多少片叶子。将茎叶图横置就类似于直方图。

以例 2—3 中“雇员薪资情况”的数据库创建茎叶图的具体操作如下：从“PHStat”菜单项中选择“描述统计—茎叶图”，出现如图 2—35 所示的对话框，进行如下属性设置：

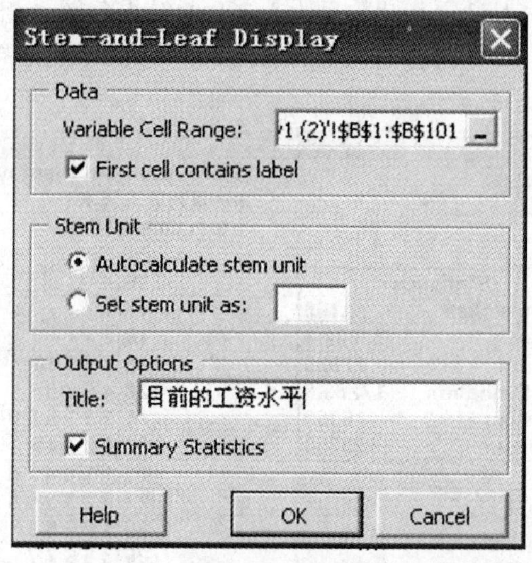

图 2—35 “茎叶图”创建向导对话框

a. “变量单元格区域”：框中输入选取的数据区域，此例选择“目前的工资水平”字段下的数据列；

b. “第一个单元格包含标签”：如果输入的数据区域有行字段标签名，则需要点击该选项；

c. “茎的单位”：可以自己设置，也可以由系统自动设置；

d. “输出选项”：可以输入图标的名称或标题；

e. “统计数据概括”：选中此框，工作表会列示样本数、平均值、最小值、最大值、中位数和标准差。

点击“确定”后，在新工作表中分别出现如图 2—36、图 2—37 所示的结果。

图 2—36 是由系统自动设置茎叶数目为 10 000 的结果，相对于茎的叶子就是数据的后 4 位。例如，在 50 000 的取值范围内有 52 125、52 650、56 750、57 000 和 59 400 五个数，每个叶子数值都取整为 1 000 的倍数值，即：2 125 为 2，2 650 化为 36 750 化为 7，7 000 化为 79 400 化为 9，最终结果为 5 | 2 3 7 7 9。由此可看出，从茎叶图上有

时是不能准确地得出数据的，只能估计其原数值分别为：52 000、53 000、57 000、57 000和59 000。

A	B	C	D	E
			目前的工资水平	
			for 目前的工资水平	
			Stem unit:	10000
Statistics			1	6 7 8 10 10 10 10
Sample Size	100		2	0 1 1 1 1 1 1 1 2 2 2 2 2 2 2 2 3 3 3 3 4 4 4 4 4 4 4 4 5 5 5 6 6 6 6 7 7 7 7 7 8 8 8 8 8 8 8 8 9 9 9 10
Mean	33632.6		3	0 0 0 1 1 1 1 1 2 2 4 5 5 5 5 6 6 6 8
Median	27825		4	0 0 1 2 5 6 6 9
Std. Deviation	17289.6		5	2 3 7 7 9
Minimum	16350		6	0 1 2 6 8
Maximum	103750		7	0
			8	
			9	
			10	0 4 4

图 2—36　“茎叶图”展示全图（茎的单位由系统自动设置为 10 000）

图 2—37 给出的是手工设置茎叶数目为 1 000 的结果截图，相对于茎的叶子就是数据的后 3 位。与图 2—36 比较可以看出，茎的取值单位变小以后，茎叶图对数据的离散程度变大了。

	A	B	C	D	E	F
1				Stem-and-Leaf Display		
2				for 目前的工资水平		
3				Stem unit:	1000	
4						
5	Statistics			16	4	
6	Sample Size	100		17	1	
7	Mean	33632.6		18	2	
8	Median	27825		19	7 7 7 10	
9	Std. Deviation	17289.6		20	4 6 7 9	
10	Minimum	16350		21	2 3 3 5 6 8 9 9	
11	Maximum	103750		22	1 2 4 10	
12				23	1 1 4 4 7 9	
13				24	0 2 3 3 5 5 9	
14				25	1 2 5 5 8	
15				26	3 6 6 7 7	
16				27	3 6 8 8 9 9	
17				28	1 2 4 5	
18				29	1 4 7	
19				30	3 3 3 6 8 8 9	
20				31	2	
21				32	1 4	
22				33	5	
23				34	5 10	
24				35	1 3 7	
25				36	0 0	

图 2—37　“茎叶图”展示截图（茎的单位由手工设置为 1 000）

综上可以看出，茎叶图是一个与直方图相类似的特殊工具，但又与直方图不同，直方图失去了原始资料的讯息，但茎叶图保留了原始资料的资讯。将茎叶图的茎和叶逆时针方向旋转 90°，实际上就是一个直方图，可以从中统计出次数，计算出各数据段的频率或百分比，从而可以看出分布是否与正态分布或单峰偏态分布逼近。茎叶图在质量管理上用途与直方图差不多，但它通常是作为更细致的分析阶段使用。

用茎叶图表示数据有两个优点：一是在统计图上没有原始数据信息的损失，所有数据信息都可以从茎叶图中得到；二是茎叶图中的数据可以随时记录、随时添加，方便记录与表示。其缺点在于：茎叶图只便于记录两组的数据，两个以上的数据虽然能够记录，但是没有表示两个记录那么直观、清晰，反映原始数据较为模糊。

（3）点式直方图。

点式直方图展示了数据平均数、中位数、第一位数、第三位数以及均值±1、2、3 个标准差范围内的分布情况（见图 2—38、图 2—39）。

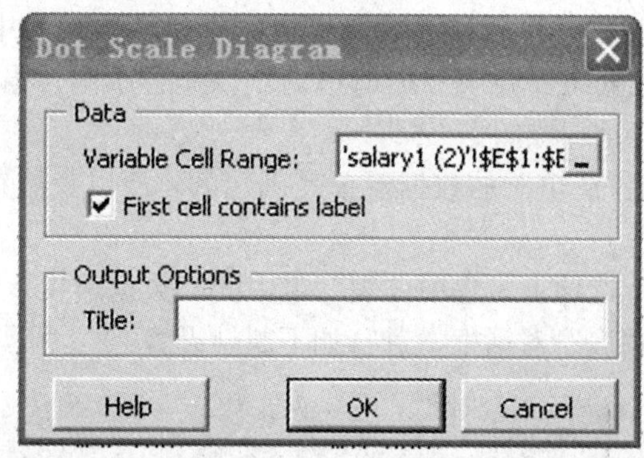

图 2—38　“点式直方图”创建向导对话框

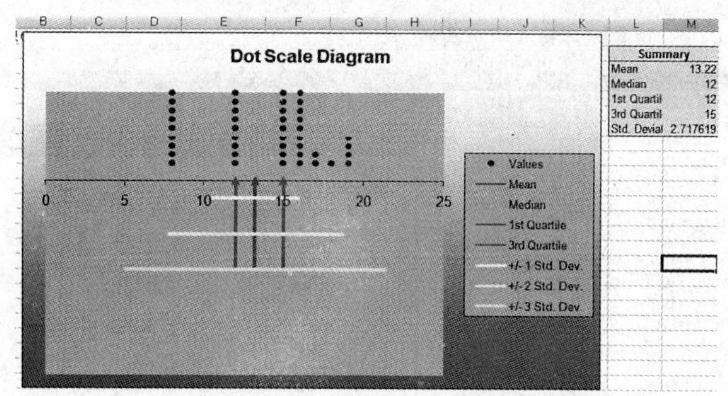

图 2—39　“点式直方图”展示结果

点式直方图相对于箱线图和茎叶图更能通过图形和重要的统计度量提供数据信息。如果数据在中心线两侧分布平衡，那么平均数就是该组数据的平衡支点。

综前所述，Excel 图表存在的共同点在于：它们很直观，但都无法对数据进行定量概括。而 PHStat 插件所提供的箱形图、茎叶图和点式直方图不仅能提供完全的数据展示，而且可以为决策的制定传递一些有用的统计信息。一般地，在进行其他统计分析之前，这三种图形是探索数据特性非常有用的工具。

2.3.2　数据透视表和数据透视图

1. 数据透视表

数据透视表是用于快速汇总大量数据的交互式表格，是 Excel 中功能强大的工具，它能从庞杂的数据中提取有用的信息，并且对数据中的关键信息创建常规的图表和概括。

数据透视表可以从不同“角度”查看，按照不同方式对数据进行汇总：求和、计数、平均值、最大值、最小值和乘积等，也可以筛选数据，或显示合计值的明细数据。

下面仍利用例 2—1 中的“销售清单”数据库对数据透视表（图）的创建及其应用做具体操作介绍：

(1) 利用数据透视表进行分类汇总。

有两种方法可以完成此功能：一种是先将数据导入 Excel 成为数据清单，在清单上利用数据透视表进行汇总；另一种是利用数据透视表直接从数据库中查询数据，并汇总数据。这两种方法的不同之处主要在于数据清单的获取途径不同。当数据清单确定下来后，其他创建工作和应用功能是一样的。

由于在本例中，“销售清单”的数据清单是确定的，所以我们直接从创建数据透视表开始。

a. 点击菜单“插入”选项卡，选中“表”组中的“数据透视表”选项，出现如图 2—40 所示的“创建数据透视表”对话框，进行如下属性设置：

图 2—40 “创建数据透视表”对话框

选择一个表或区域：利用现有的数据清单创建数据透视表；

使用外部数据源：从外部数据库中确定需要的字段及查询数据；

选择放置数据透视表的位置：此例选择新工作表。

b. 点击“确定”后，就可以建立一个空的数据透视表，并同时显示“数据透视表”工具栏和“数据透视表字段列表”对话框，如图 2—41 所示。

在新工作表上生成的一个包含 4 个区域的透视表框架中，中间部分是被汇总数据区域（简称“数据域”），其上方是汇总的列分类字段区域（简称“列域”），左边是汇总的行分类字段区域（简称“行域”），左上角是页分类字段区域（简称“页域”）。在该工作表

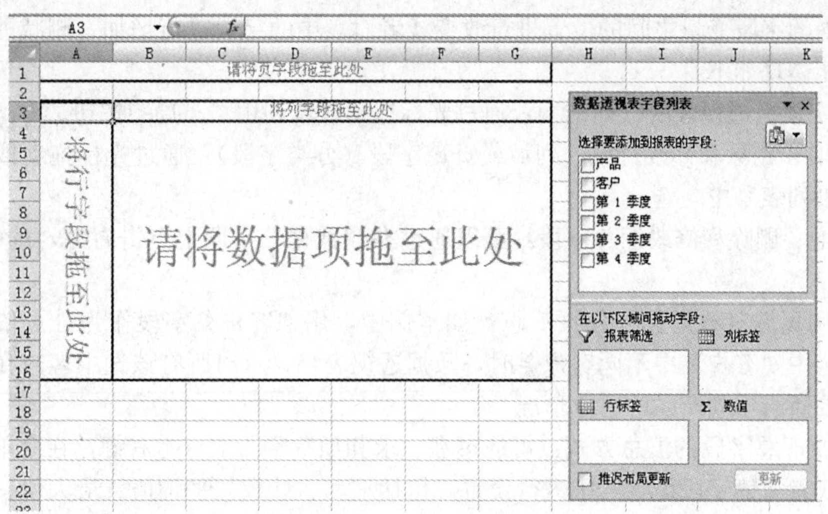

图 2—41 数据透视表框架

出现的数据透视表工具条里包括了对数据透视表进行各种操作的菜单项，下方有一个数据透视字段列表。在任何时候只要光标停留在数据透视表中（包括数据域、列域、行域和页域），都会出现该浮动的工具条。

在“数据透视表字段列表”中，选中字段“产品”，按住左键不放，将其拖至行域，选中字段“客户”拖至页域，选中“第 1 季度”、“第 2 季度”、“第 3 季度”和“第 4 季度”字段拖至数据域。此时，就会在数据域汇总出各客户不同类别产品的各个季度的销售额总计值。此外，在“数据透视表字段列表”中右上角的“分局”向导的下拉菜单中还可以对报表的排版格式进行设置，如图 2—42 所示。

	A	B	C
1	客户	(全部)	
2			
3	产品	数据	汇总
4	茶点巧克力软饼	求和项:第 1 季度	943.89
5		求和项:第 2 季度	349.6
6		求和项:第 3 季度	841.8
7		求和项:第 4 季度	851.46
8	长寿豆腐	求和项:第 1 季度	488
9		求和项:第 2 季度	0
10		求和项:第 3 季度	0
11		求和项:第 4 季度	512.5
12	大茴香籽调味汁	求和项:第 1 季度	544
13		求和项:第 2 季度	600
14		求和项:第 3 季度	140
15		求和项:第 4 季度	440
16	德国慕尼黑啤酒	求和项:第 1 季度	0
17		求和项:第 2 季度	518
18		求和项:第 3 季度	350
19		求和项:第 4 季度	42
20	法国卡门贝干酪	求和项:第 1 季度	3182.4
21		求和项:第 2 季度	4683.5
22		求和项:第 3 季度	9579.5
23		求和项:第 4 季度	3060
24	混沌皮	求和项:第 1 季度	187.6
25		求和项:第 2 季度	742
26		求和项:第 3 季度	289.8

数据透视表字段列表
选择要添加到报表的字段:
产品
客户
第 1 季度
第 2 季度
第 3 季度
第 4 季度
报表筛选
客户
行标签
产品
Σ 数值
列标签
Σ 数值
求和项:…
求和项:…
求和项:…
推…
更新
字段节和区域节层叠
字段节和区域节并排
仅字段节
仅 2 x 2 区域节
仅 1 x 4 区域节

图 2—42 数据透视表设计示例图

（2）利用数据透视表进行数据显示与分析的其他功能。

从上述创建过程可以看出，数据透视表具有非常强的灵活性，如果想改变分析时，只需要将表中的字段变量之间的位置进行改变或者对表中的字段进行增加、删减即可。主要的常用功能体现如下：

a. 改变数据透视表的行列结构：通过光标拖动或者利用“布局”按钮。

b. 新增、删除和修改行域、列域或页域字段（分类字段）：通过光标拖动或在“数据透视表字段列表”中勾选。

c. 新增、删除和修改汇总字段：可以通过在“数据”字段上点击右键，选中“删除”项进行。

d. 利用页域对数据进行分页汇总：如本例中，用“客户”字段作为分页依据，这样一来，当选中“客户”中不同客户名时，数据透视表会显示出所有该选中客户在不同季度中所购买的所有不同产品的总值情况。

e. 改变汇总字段的汇总方式：可通过在“求和项”字段上点击右键，在菜单“数据汇总依据”或者“值字段设置”中进行设置，包括求和、计数、平均值、最大值、最小值和乘积等形式。

f. 改变分类字段值的位置：通过数据透视表中的“组合”功能把某分类字段下的几个值合并在一起，使组合在工作表中显示为“数据组合 1”、“数据组合 2”……然后对这些数据组合编辑新的字段名。这里需注意的是，“组合”功能只能在“行域”中完成，无法在“页域”中进行。

g. 利用数据透视表生成时间序列：Excel 允许按照“分”、“小时”、“月”、“季”和“年”等字段类型为日期型的数据作为分组依据，从而形成时间序列。

h. 统计频数与频率分布：可以完成与直方图同样的功能。具体说明如下例：

首先利用已有的“雇员薪资情况”数据清单，在新工作表中创建一个数据透视表框架，将数据透视表字段列表中的“雇用时的工作经验”分别拖至行域和数据域，双击数据域中“求和项”所在单元格，将汇总方式设置为“计数”。

然后选择“雇用时的工作经验”所在行域的任一数据，单击右键，在出现的菜单中选中“组合”选项，在弹出的对话框里，设定分组的依据（即间隔）为 36（个月），如图 2—43 所示。点击“确定”后即会出现频数发生结果，如图 2—44 所示。

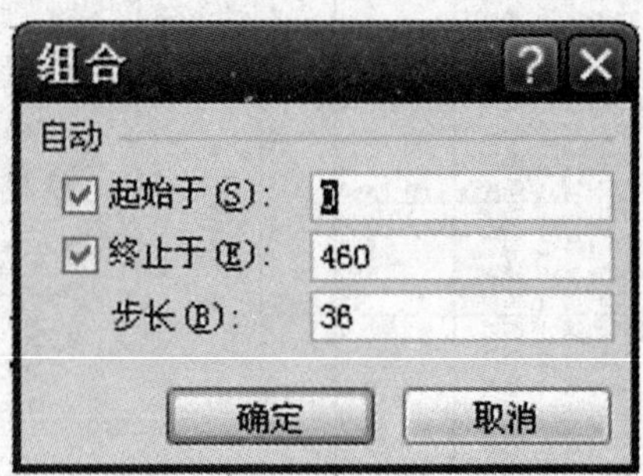

图 2—43　按“雇用时的工作经验”分组

若需要进一步统计分析频数分布，则右键单击“计数项：雇用时的工作经验”所在单元格，在出现的菜单中选中“值字段设置”，随后在弹出的“值字段设置”对话框中进行

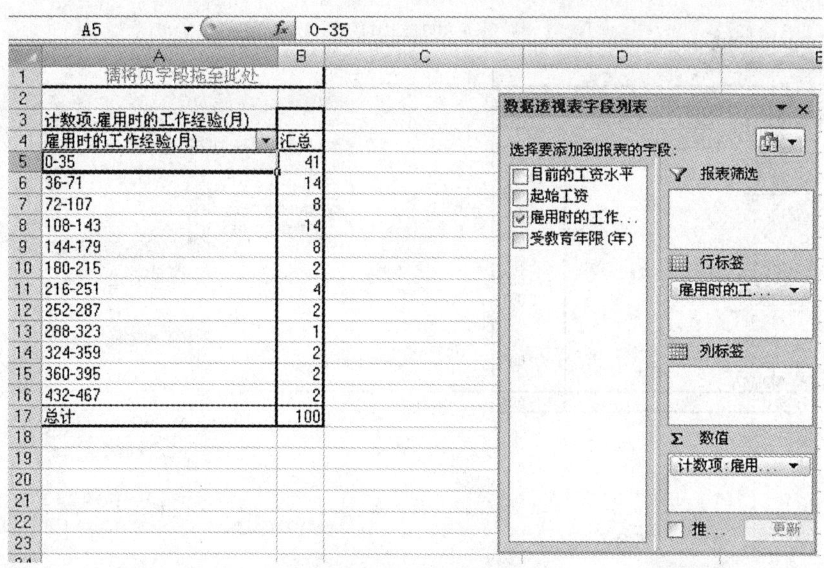

图 2—44 按“雇用时的工作经验”分组后的频次计数结果

“值显示方式”的设置，选择“占同列数据总和的百分比”后点击“确定”（见图 2—45），就可以计算出不同工作经验时间段在总的发生次数中所占的比例，即频率分布，如图 2—46所示。

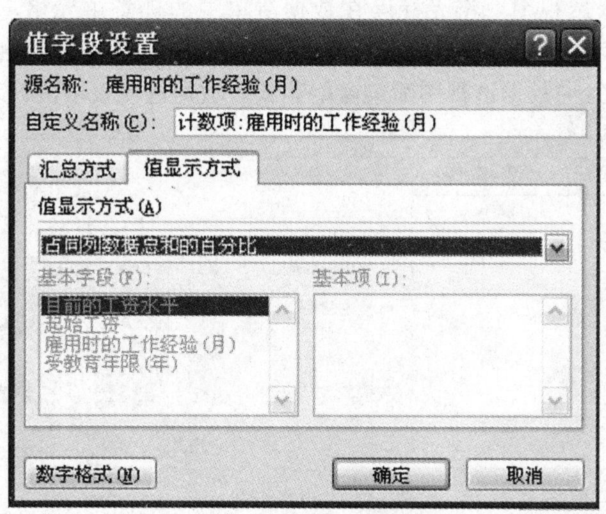

图 2—45 “值字段设置”对话框

在这里，可以将数据透视表统计的频数分布结果与前述利用直方图工具所统计出的频数分布结果（见图 2—24）做一比较，虽然数据都以 0 值为起点，分组依据（即数据间隔）同为 36，但是由于两种工具在分组标准的边界上存在差别，导致频率分布结果出现了差异，如在直方图统计中分组标准分别是“（−∞，0]、(0，36]、(36，72]、…、(432，468]”，而数据透视图的分组标准分别是“[0−35]、[36−71]、…、[432−467]”。

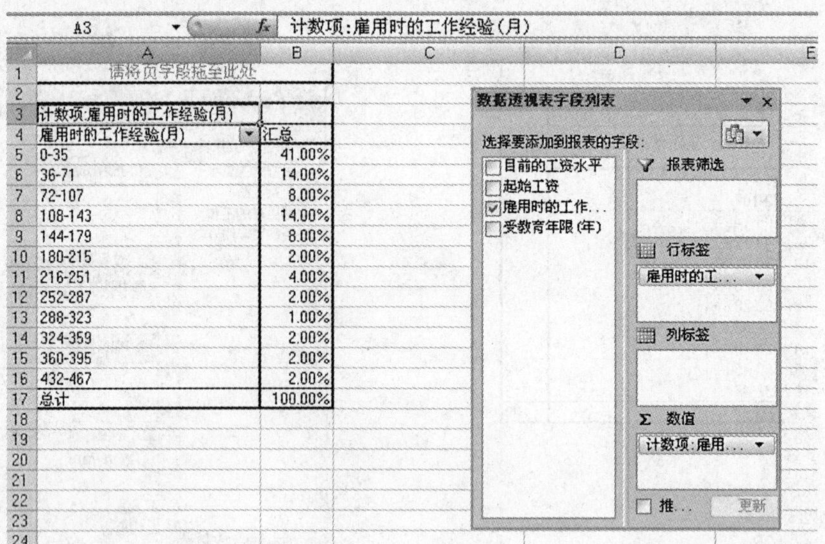

	A	B
1	请将页字段拖至此处	
2		
3	计数项:雇用时的工作经验(月)	
4	雇用时的工作经验(月)	汇总
5	0-35	41.00%
6	36-71	14.00%
7	72-107	8.00%
8	108-143	14.00%
9	144-179	8.00%
10	180-215	2.00%
11	216-251	4.00%
12	252-287	2.00%
13	288-323	1.00%
14	324-359	2.00%
15	360-395	2.00%
16	432-467	2.00%
17	总计	100.00%

图 2—46 利用数据透视表统计不同“雇用时工作经验”的频数分布结果

2. 数据透视图

制作数据透视图也有两种方法：一种方法是首先利用数据透视表功能生成分类汇总数据，然后通过工具栏中的图表向导，或者选择菜单中的“插入”—“图表”完成。另一种方法是直接建立数据透视图，将光标停在数据清单中的任意单元格，选择菜单中的“插入”—“数据透视表”—“数据透视图”，即会在新的空白工作表中出现数据透视表框架和两个浮动的工具栏：“数据透视图筛选窗格”和“数据透视表字段列表”（见图 2—47）。

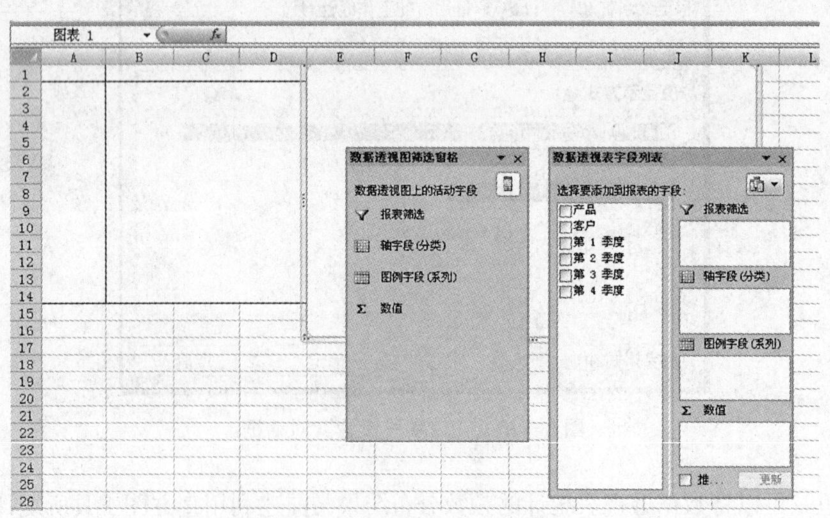

图 2—47 数据透视图创建向导

在对数据透视表进行设计的过程中（步骤同前述数据透视表的应用介绍），数据透视图将同步进行，形式如图 2—48 所示（为了便于与前述的统计分析做对比，此处以例 2—1“销售清单”数据表为例进行介绍）。

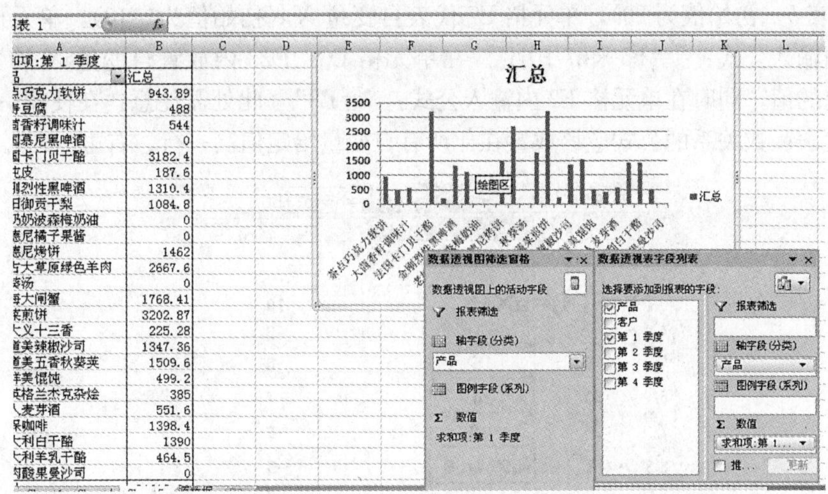

图 2—48　数据透视图与数据透视表同步创建结果

在操作过程中，同样可以发现数据透视图具有很强的灵活性，在对分类字段的选择、新增、删除、显示及改变汇总方式的操作上，都具有灵活而方便的特点，这是一般的图表创建所不具备的。

2.4　模拟运算表

敏感分析，又称假设分析或“What-it”分析，是管理经济学中一项不可或缺的重要分析手段。它主要是基于现有的计算模型，在最终影响结果的诸多因素中进行测算与分析，以寻求最接近目标的方案。Excel 携带了一个模拟运算表工具，该工具可以对数据清单进行数据分析，即主要适用于进行数据的敏感分析或假设分析。当我们在工作表中输入公式后（已知函数关系），如果想查看当改变公式中的某些数值将如何影响其结果时，模拟运算表就提供了体现这一操作会产生的所有变化的捷径。

模拟运算表是一个单元格区域，它可显示一个或多个公式中替换不同值时的结果。有两种类型的模拟运算表：一维模拟运算表和二维模拟运算表。一维模拟运算表中，用户可以对一个变量键入不同的值，从而查看它对一个或多个公式的影响；二维模拟运算表中，用户可以对两个变量输入不同值，从而查看它对一个公式的影响。

2.4.1　一维模拟运算表

当对公式中的一个变量以不同值替换时，这一过程将生成一个显示其结果的数据表格。下面举例说明：

例 2—4： 已知函数关系式 $Y=F(X)=aX+b$，其中 a 和 b 的初始值为 15 和 20，现要求分析自变量 X 的值从 -10 到 10 变化时对 Y 值的影响如何。

其操作步骤如下：

(1) 在 Excel 表中建立模型如图 2—49 所示，其中单元格 B5 代表 a（初始值为 15），单元格 B6 代表 b（初始值为 20），单元格 B7 代表自变量 X（初始值为－10），单元格 B8 代表函数，格内输入公式："＝b5 * b7＋b6"。在单元格 D3：D23 内放置自变量 X 的变化范围，即各种给定的值，同时在单元格 E2 内输入公式："＝B8"（此处需注意：在使用一维模拟运算表时，代表函数关系的公式应该放置在比所有自变量给定值高一行、右边一列）。

FREQUENCY　=b5*b7+b6

	A	B	C	D	E
1					
2					0
3	Y=F(X)=	aX+b		-10	
4				-9	
5	a	15		-8	
6	b	20		-7	
7	X	-10		-6	
8	Y	=b5*b7+b6		-5	
9				-4	
10				-3	
11				-2	
12				-1	
13				0	
14				1	
15				2	
16				3	
17				4	
18				5	
19				6	
20				7	
21				8	
22				9	
23				10	

图 2—49　一维模拟运算表的函数关系

（2）选定包含公式和替换值序列的矩形区域 D2：E23（这里一定要从空白格 D2 开始选择），然后选择"数据"—"数据工具"—"假设分析"—"数据表"，弹出如图 2—50 所示的对话框。此时，首先需要判断自变量的一系列给定值是放在同一行还是同一列，在本例中自变量 X 的给定值放在同一列，所以应该单击"输入引入列的单元格"后面的输入框；然后判断单元格 E2 中的函数关系涉及的所有单元格中（E2 引用单元格是 B8，而 B8＝b5 * b7＋b6，所以函数涉及的单元格为 B5、B6 和 B7）哪一个是自变量，单元格 B7 代表自变量 X，所以在工作表中单击单元格 B7。

（3）点击"确定"后，Excel 就会自动将给定值的单元格中的数值替换，输入代表自变量的单元格 B7 中，并且计算单元格 E2 对应的函数值，把结果显示在每一个给定值的右侧，即 E3：E23 区域，结果如图 2—51 所示。

上例是使用面向列的模拟运算表，同样也可以使用面向行的模拟运算表，过程同上，不同之处在于创建模型关系和放置自变量给定值的位置要同行放置。如果要观察一个输入值的变化对多个公式的影响，可以在已存在的数据单元格中增加一个或多个公式。其操作步骤是在包含已存在公式的行或列中输入新公式，然后选定包含公式和输入值的区域，最后执行"模拟运算表"命令。

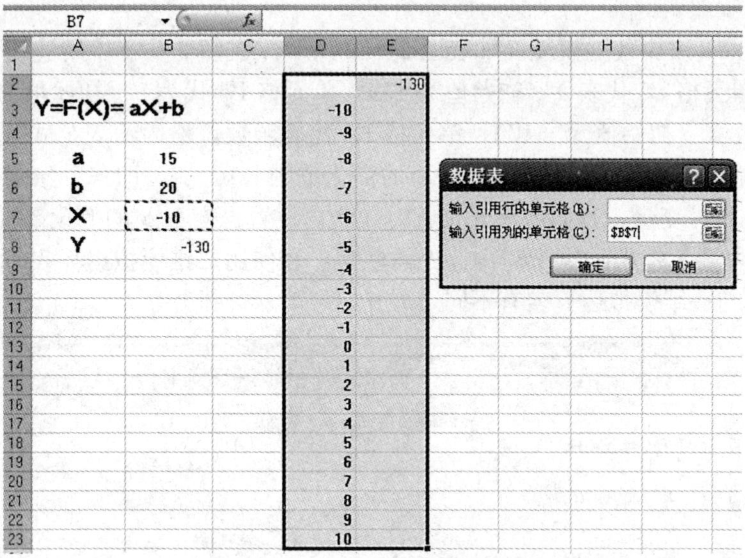

	A	B	C	D	E
1					
2					-130
3	Y=F(X)=	aX+b		-10	
4				-9	
5	a	15		-8	
6	b	20		-7	
7	X	-10		-6	
8	Y	-130		-5	
9				-4	
10				-3	
11				-2	
12				-1	
13				0	
14				1	
15				2	
16				3	
17				4	
18				5	
19				6	
20				7	
21				8	
22				9	
23				10	

数据表
输入引用行的单元格（R）：
输入引用列的单元格（C）：$B$7
确定　取消

图 2—50　一维模拟运算表的创建

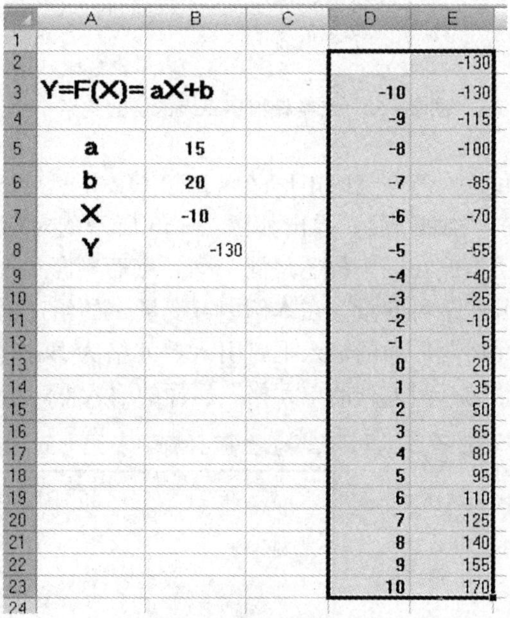

	A	B	C	D	E
1					
2					-130
3	Y=F(X)=	aX+b		-10	-130
4				-9	-115
5	a	15		-8	-100
6	b	20		-7	-85
7	X	-10		-6	-70
8	Y	-130		-5	-55
9				-4	-40
10				-3	-25
11				-2	-10
12				-1	5
13				0	20
14				1	35
15				2	50
16				3	65
17				4	80
18				5	95
19				6	110
20				7	125
21				8	140
22				9	155
23				10	170

图 2—51　一维模拟运算表结果

2.4.2　二维模拟运算表

有时候对于复杂的情况，我们还可以使用两个变量对各种情况进行模拟运算。例如，上例中的 a 值修改为可变数值时，想了解 X 在不同情况下 Y 的取值应该如何变化，即当以不同的值替换公式中的两个变量时，这一过程将生成一个显示其结果的数据表格。

其操作步骤如下：

(1) 在 Excel 表中建立模型，如表图 2—52 所示（在图 2—49 中所建模型的基础上做调整），其中单元格 B5 代表 a（初始值为 15），单元格 B6 代表 b（初始值为 20），单元格 B7 代表自变量 X（初始值为－10），单元格 B8 代表函数，格内输入公式：“＝b5 * b7＋b6”。在单元格 D3：D13 内放置自变量 X 的变化范围－10～0，即各种给定的值。由于此例假定 a 值也是可变量，我们在单元格 E2：O2 内放置自变量 a 的变化范围 5～15；同时在单元格 D2 内输入公式：“＝B8”（此处需注意：在使用二维模拟运算表时，代表函数关系的公式位置与一维模拟运算表有不同）。

B8 =B5*B7+B6

	A	B	C	D	E	F	G	H	I	J	K	L	M	N	O
1															
2				-130	5	6	7	8	9	10	11	12	13	14	15
3	Y=F(X)= aX+b			-10											
4				-9											
5	a	15		-8											
6	b	20		-7											
7	X	-10		-6											
8	Y	-130		-5											
9				-4											
10				-3											
11				-2											
12				-1											
13				0											
14															

图 2—52　二维模拟运算表的函数关系

(2) 选定包含公式和替换值序列的矩形区域 D2：O13，然后选择“数据”—“数据工作组”—“假设分析”—“数据表”，弹出如图 2—53 所示的对话框。此时，首先需要判断各变量的一系列给定值是放在同一行还是同一列，然后判断单元格 D2 公式中的函数关系涉及的所有单元格中哪些是可变量。在本例中可变量 a 的给定值放在同一行，所以应该单击“输入引入行的单元格”后面的输入框，引入单元格为 B5；可变量 X 的给定值放在同一列，所以应该单击“输入引入列的单元格”后面的输入框，引入单元格为 B7。

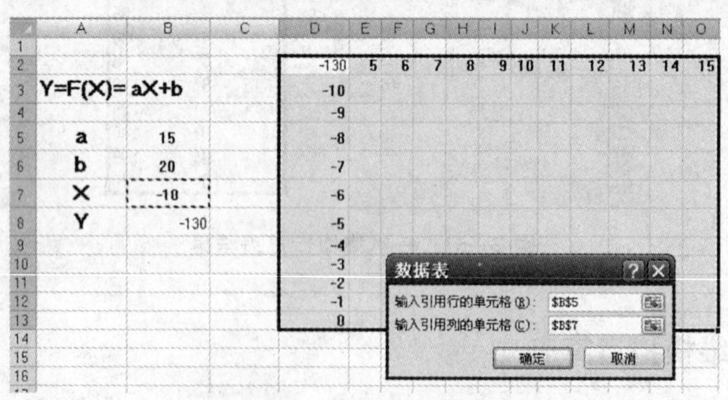

图 2—53　二维模拟运算表的创建

(3) 点击“确定”后，Excel 就会自动将给定值的单元格中数值替换，输入代表自变量的单元格 B7 中，并且计算单元格 D2 对应的函数值，把结果显示在每一个给定值的右侧 E3：O13 区域，结果如图 2—54 所示。

	A	B	C	D	E	F	G	H	I	J	K	L	M	N	O
1															
2				-130	5	6	7	8	9	10	11	12	13	14	15
3	Y=F(X)= aX+b			-10	-30	-40	-50	-60	-70	-80	-90	-100	-110	-120	-130
4				-9	-25	-34	-43	-52	-61	-70	-79	-88	-97	-106	-115
5	a	15		-8	-20	-28	-36	-44	-52	-60	-68	-76	-84	-92	-100
6	b	20		-7	-15	-22	-29	-36	-43	-50	-57	-64	-71	-78	-85
7	X	-10		-6	-10	-16	-22	-28	-34	-40	-46	-52	-58	-64	-70
8	Y	-130		-5	-5	-10	-15	-20	-25	-30	-35	-40	-45	-50	-55
9				-4	0	-4	-8	-12	-16	-20	-24	-28	-32	-36	-40
10				-3	5	2	-1	-4	-7	-10	-13	-16	-19	-22	-25
11				-2	10	8	6	4	2	0	-2	-4	-6	-8	-10
12				-1	15	14	13	12	11	10	9	8	7	6	5
13				0	20	20	20	20	20	20	20	20	20	20	20

图 2—54 二维模拟运算表结果

这里，可以对比图 2—51 和图 2—54 中的运算结果，当 a 取值 15、X 取值−10 时，结果确实为−130。

在应用模拟运算表分析问题时，需要注意的是，模拟运算表的计算结果不能部分删除或修改，如需改变给定值，需要提供新值来替换工作表中原来输入的值，重新操作。

对于不再需要的运算结果，可以将它们从工作表中清除。由于运算结果是在数组中，所以我们不能清除单个值，而必须清除所有的值。还应注意不能选定公式和输入值，否则 Excel 将清除包括公式和输入值在内的整个表。

本章小结

现代社会科技发达，使得收集、传输数据已变得非常容易，从高层次管理者到基层管理者，甚至一线员工都可参与其中。由此，如何尽可能地以简洁的方式来收集、总结数据至关重要。本章主要针对该问题介绍了如何有效地利用定量方法进行整理、组织和展示数据，从而获得有用的管理决策信息。

具体地，Excel 的数据清单功能对原始而又具体的业务数据进行筛选、排序和分类汇总，从而可以反映企业总体经营状况、经营活动规律和未来发展趋势；数据分析和 PHStat 插件工具可以对数据进行描述性统计，进行初步的统计分析，从而了解各经济量之间的相关性；数据透视表使用最方便、灵活，可以从不同的角度对数据进行查询、筛选、合并，而且还可方便地生成时间序列及频率分布汇总等，这些组织后列示的数据信息往往是企业做预测和决策时经常使用的。另外，数据透视表还可以直接表现为数据透视图的形式，以图形形式直观地显示汇总结果，图形类型的选择和 Excel 自带的插入图表功能相同。数据表（模拟运算表）的自动计算能力配合 Excel 的内建函数，可以为企业做预测和敏感性分析提供有力的支持，及时了解到企业管理决策中最为关键的经济变量变化所带来的系列影响。

本章所介绍的有关数据组织和统计分析技术在以后的章节中还会反复使用，并且是后续章节展开的基础，希望读者能够熟练掌握。

复习思考题

1. 利用位于文件夹"\ Program Files \ Microsoft Office \ Office \ Samples"中的Northwind数据库中3年的销售数据，在不导入数据的情况下，汇总出销往地区1996—1998年各季度的销售额的数据透视表，如图2—55所示。

年	1997年			
求和项:销售额	订购年			
地区	第一季	第二季	第三季	第四季
东北	xxxxx.xx	xxxxx.xx	xxxxx.xx	xxxxx.xx
华北	xxxxx.xx	xxxxx.xx	xxxxx.xx	xxxxx.xx
华东	xxxxx.xx	xxxxx.xx	xxxxx.xx	xxxxx.xx
华南	xxxxx.xx	xxxxx.xx	xxxxx.xx	xxxxx.xx
西北	xxxxx.xx	xxxxx.xx	xxxxx.xx	xxxxx.xx
西南	xxxxx.xx	xxxxx.xx	xxxxx.xx	xxxxx.xx

图2—55

2. 利用位于文件夹"\ Program Files \ Microsoft Office \ Office \ Samples"中的Northwind数据库，在本工作表中生成一个如图2—56所示的数据透视表，其中显示1997年各季度由位于华北、华东和华南的客户所订购的产品的总销售金额。

总销售金额	地区		
订购日期	华北	华东	华南
第一季			
第二季			
第三季			
第四季			

图2—56

3. 利用位于文件夹"\ Program Files \ Microsoft Office \ Office \ Samples"中的Northwind数据库，在本工作表中生成一个如图2—57所示的数据透视表，其中显示1996年、1997年第三、四季度由各运货商承运的产品的总数量。

总销售数量		公司名称		
年	季度	急速快递	联邦货运	统一包裹
1996年	第三季			
	第四季			
1997年	第三季			
	第四季			

图2—57

4. 利用位于文件夹"\ Program Files \ Microsoft Office \ Office \ Samples"中的Northwind数据库，在本工作表中生成一个如图2—58所示的数据透视表，其中显示雇员"李芳"、"孙林"、"王伟"和"张颖"在1996—1998年所负责的订单的总金额。

总金额	姓名			
订购日期	李芳	孙林	王伟	张颖
1996年				
1997年				
1998年				

图2—58

第3章 管理决策数据的时间序列分析与预测

学习目标

- 理解时间序列中四种成分的概念
- 掌握时间序列的预测步骤、Excel中回归分析的相关内建函数、规划求解和回归分析报告等回归分析工具的使用方法
- 掌握移动平均、指数平滑法对平稳时间序列的预测方法及Excel求解分析
- 掌握含有趋势成分和季节成分的有趋势序列的预测方法及Excel求解分析

案例：该怎样选择

小艳和小夏是一对30岁的夫妇，在广州番禺拥有一套住宅。两人都在广州市区上班，小夏每天朝九晚五，小艳因是大学教师，每周大约有三天要返回位于广州市内的学校。虽然番禺小区有较为方便的楼巴，但毕竟到达市区某地大多数仍要换乘另外的交通工具才能抵达。苦于每日上班的奔波，两个人开始考虑解决办法，小夏提议买车，方便快捷；小艳提议在广州市区买房，一劳永逸。两人各有各的理由，一时意见无法统一，为此，两个人都搜集了一些资料以便驳倒对方。

表3—1是小艳找到的近几年93＃汽油的价格变动情况。

表3—1　93＃汽油价格变动情况表

日期	调整后价格（元/升）	调整幅度（元/升）
2009-07-29	6.19	−0.18
2009-09-01	6.43	0.24
2009-09-29	6.28	−0.15
2009-11-09	6.66	0.38

续前表

日期	调整后价格（元/升）	调整幅度（元/升）
2010-04-14	6.92	0.26
2010-06-01	6.74	−0.18
2010-10-26	6.92	0.18
2010-12-22	7.17	0.25
2011-02-20	7.45	0.28
2011-04-07	7.85	0.4
2011-10-09	7.63	−0.22

资料来源：http://economy.china.com.cn。

表3—2是小夏搜集的广州市2013年二手房挂牌均价变动情况。

表3—2　　广州市2013年1—12月的二手房均价

月份	价格（元/每平方米）	月份	价格（元/每平方米）
1月	16 455	7月	18 834
2月	17 005	8月	18 996
3月	17 234	9月	19 158
4月	17 074	10月	18 901
5月	17 800	11月	18 638
6月	18 479	12月	19 143

资料来源：http://gz.centanet.com。

他们都需要从这些表中获取一些信息，例如今后的汽油价格走势和房价来支持自己的观点。

3.1　时间序列预测概述

要建立预测模型，要找到影响预测目标变化的主要因素，研究不同变量之间的线性相关关系的预测方法是回归模型，将在下章中介绍。现实中的经济现象是错综复杂的，有时要想找到影响预测目标变化的主要因素是相当困难的；有时即使找到了，在缺乏必要的统计数据时，也不能用回归分析模型，这时可以考虑使用时间序列预测模型。时间序列模型是将预测目标的历史数据按照时间的顺序排列成为时间序列，然后分析它随时间的变化趋势，外推预测目标的未来值。因此就把影响预测目标变化的一切因素由“时间”综合起来描述了。

3.1.1 时间序列的成分

在时间序列中，每个时期变量数值大小，都受到许多因素的影响。要想把各种因素加以细分，测定其作用的大小，是很困难的。因此时间序列分析通常对各种可能发生影响的因素按性质不同分成四大成分：趋势成分、循环成分、季节成分、不规则成分。

本章只对相等的时间间隔的统计数据的时间序列进行探讨，不等时间间隔的时间序列不在本书范围内讨论。

1. 趋势成分

尽管时间序列的数据一般呈现随机起伏的形态，但在较长的时间内，仍能表征出逐渐增加或逐渐减少的变化特点，我们把这种逐渐转变称为时间序列的趋势。一般来说趋势的表现归结为长期因素影响的结果。通过在 Excel 表中绘制时间序列观测值随时间变化的曲线图，再添加趋势线，即可判定该时间序列是否存在趋势成分，是线性的还是非线性的。

下面给出几种时间序列可能的趋势图形，如图 3—1 所示。

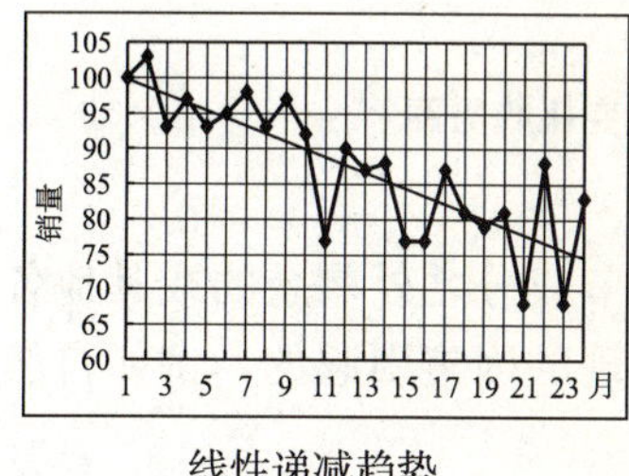

线性递减趋势

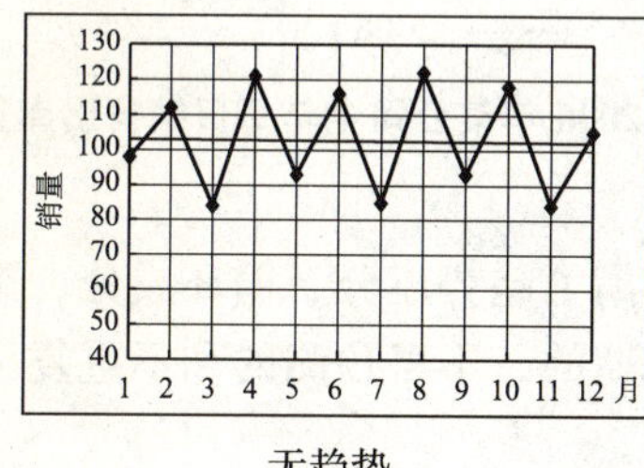

无趋势

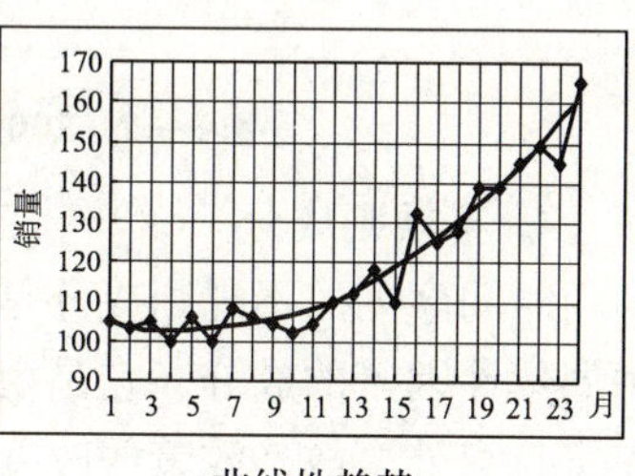

非线性趋势

图 3—1 时间序列可能的趋势图形

2. 循环成分

循环成分是以数年为周期的周期变动表征的。它与趋势成分不同，数据不是朝一个单一方向持续发展，一个时间序列可以显示长期趋势，但时间序列的所有未来值不可能准确地落在趋势线上。事实上，有时时间序列常呈现环绕趋势线上、下的波动，这个波动时间较长，变动周期长短不一，短则一年以上，长则数年、数十年，上次出现以后下次何时出现，难以预料。

循环成分的表征，一般说来是由于经济中多年循环运动引起的。任何时间间隔超过一年的环绕趋势的上下波动都可归结为时间序列的循环成分。

3. 季节成分

季节成分是指由于自然条件和社会条件的影响，时间序列在一年内随着季节的转变而引起的周期变动。季节变动的周期性比较稳定，一般是以一年为周期变动，当然也有不到一年的周期变动。例如，每天交通的客流量就显示出不同的“季节”状况。这种成分的表征可以是自然方面的影响也可以是人为的影响。要确定季节成分，至少需要两个周期的数据，而且时间序列观测值的时间间隔必须小于一年，例如季度、月、周或天。为了更好地观察季节成分，一般把两年的数据以两条曲线的方式绘制在以一年为时间轴的图中。

图 3—2 显示的是某公司对销售人员的周期性考评及激励政策造成的需求扭曲的现象。对销售人员实行一个月的周期销售业绩考核，当月的前半期销售人员不积极工作，到后半

期感觉完不成，于是积极工作，销售量提升，每月惯性如此。

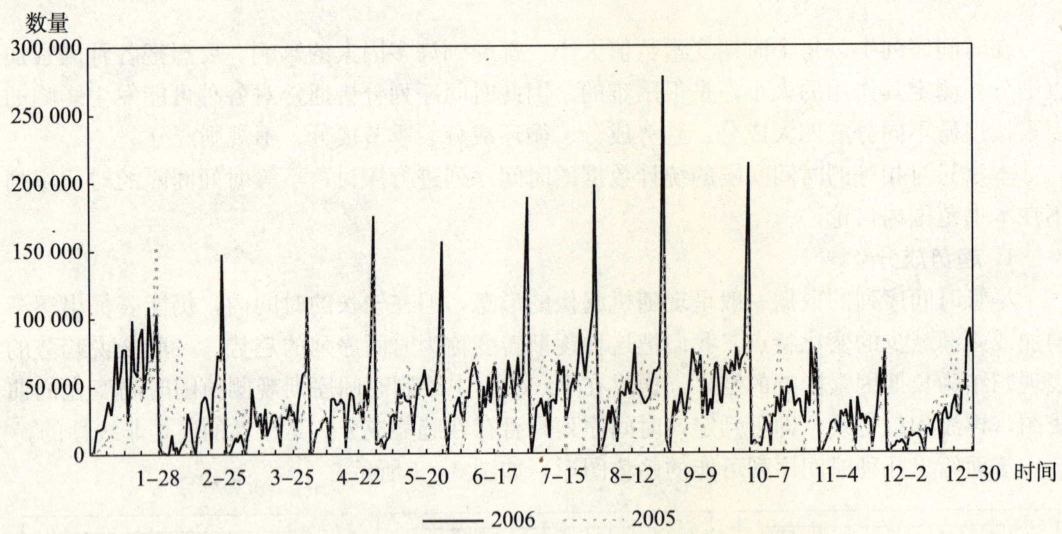

图 3—2 2005、2006 年某公司全年每日销售出库量变化趋势图

4. 不规则成分

时间序列的不规则成分是剥离了趋势成分、循环成分、季节成分之外剩余的或其他各种偶然性因素的成分。它是由短期的、不可预测的和不重复出现的因素引起的，例如自然灾害、意外事故、政策的改变等。

因为不规则成分说明时间序列中的随机变动，无法预测，所以不能预测它对时间序列的影响。

3.1.2 时间序列的预测步骤

第一步：分析时间序列包含的成分，确定时间序列的类型。

时间序列的类型是由它所包含的成分决定的。所有的时间序列都包含不规则成分，而循环成分过于复杂，不在本书讨论范围内，故只要确定季节成分和趋势成分。

第二步：找出适合此类型的时间序列预测方法，在 Excel 表中建立模型。

对于无趋势的时间序列，即平稳的序列的预测，可以选择移动平均法和指数平滑法；含有趋势成分的时间序列采用趋势预测法；含有季节成分的时间序列采用季节指数法来预测。

第三步：确定最优模型参数。

在不同的预测模型中，都会存在一些参数，这些参数选择的不同，直接会影响到预测的准确性。如何判断选择的参数是否合适，一般常用均方误差（*MSE*）来判定，即选择均方误差尽可能小的参数为预测模型所用参数。*MSE* 的公式如下：

$$MSE=\frac{\sum_{i=1}^{n}(Y_t-\hat{Y}_t)^2}{n}$$

式中，Y_t 是第 t 期的观测值；$\hat{Y}_t$ 是第 t 期的预测值；n 是观测值个数。

第四步：在最优模型参数的基础上计算出预测值。

3.2　平稳序列的预测

一个时间序列既没有趋势成分、循环成分，也没有季节成分时，我们称之为无趋势或平稳的时间序列，一般可以用移动平均和指数平滑预测模型。

3.2.1　移动平均预测模型及 Excel 求解

移动平均预测模型假设未来情况与过去相似，它有两个基本模型：简单移动平均模型和加权移动平均模型。

1. 简单移动平均模型

原理：用时间序列中的平均随机波动来预测时间序列的变化的基本方向。下一个时期的预测值是求最近 n 个时期的观测值的平均数。n 为简单移动平均模型的参数，n 值的取值个数越大，预测结果受以往数据的影响越大；n 值的取值个数越小，预测结果越能反映时间序列的变化快慢。这个模型只适合做近期预测。预测值的计算公式为：

$$\hat{Y}_{t+1} = \frac{1}{n}\sum_{i=1}^{n} Y_{t-i+1}$$

例 3—1：广州某汽车配件销售公司 2013 年 1—12 月的化油器销售量如表 3—3 所示，请预测 2014 年 1 月的销售量。

表 3—3　　**2013 年 1—12 月化油器的销售量**　　单位：个

月份	1	2	3	4	5	6	7	8	9	10	11	12
实际销售量	423	358	434	445	527	429	426	502	480	384	427	446

解：第一种方法：线性规划法。

第一步，分析时间序列包含的成分，确定时间序列的类型。

（1）将数据输入 Excel 表。

（2）选中 A2：B13 区域，点击“插入”菜单，选择“图表”，选择“折线图”。

（3）选中折线图形，点击“布局”菜单，寻找“分析”子菜单中的趋势线，在下拉菜单中选择“线性趋势线”，在弹出的对话框中点击“系列二”，点击“确定”。趋势线添加如图 3—3 所示。

从图 3—3 看出趋势线几乎是水平的，说明化油器时间序列不包含趋势成分，是围绕一个稳定的水平上下波动，因此采用简单移动平均模型预测。

第二步：在 Excel 表中建立模型（见图 3—4）。

在 G1 单元格中假定移动平均跨度为 3，在 G2 单元格中输入“＝AVERAGE（E2：E13）”，在 C5 单元格中输入“＝IF（A4＜＄G＄1，“”，AVERAGE（OFFSET（C5，－＄G＄1，－1，＄G＄1，1）））”，在 D5 单元格中输入“＝IF（C5＝“”，“”，B5－

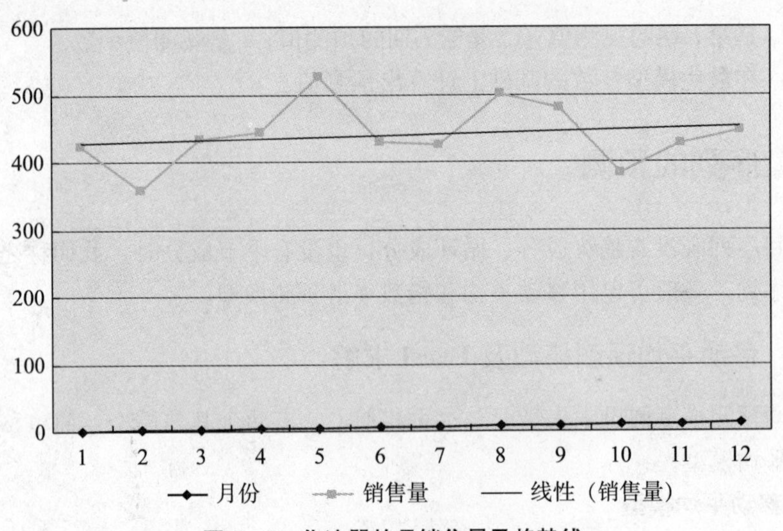

图 3—3　化油器的月销售量及趋势线

C5）”，在 E5 单元格中输入“=IF（C5= “”，“”，D5^2）”。

	A	B	C	D	E	F	G
1	月份	销售量	移动平均预测值	预测误差	误差平方	移动平均跨度	3
2	1	423				MSE	=AVERAGE(E2:E13)
3	2	358					
4	3	434					
5	4	445	=IF(A4<$G$1,"",AVERAGE(OFFSET(C5,-$G$1,-1,$G$1,1)))	=IF(C5="","",B5-C5)	=IF(C5="","",D5^2)		
6	5	527					
7	6	429					
8	7	426					
9	8	502					
10	9	480					
11	10	384					
12	11	427					
13	12	446					

图 3—4　建立 Excel 简单移动平均预测模型

公式解释：

C5 单元格公式：用 IF 函数判断 A4（月次）是否小于 G1（平均移动跨度），如果是，则 C5 单元格为空，本月没有预测值；如果不是，C5 应有预测值，预测值为 AVERAGE 函数计算值，因为 G1 值是可变的，所以计算平均值的区域也是可变的。用 OFFSET 函数将可变区域与 G1 的变化联动，求出不同的 G1 不同的求平均的区域。

OFFSET 函数的功能是以指定的范围为参照系，通过给定偏移量得到新的范围。返回（求出）的范围可以为一个单元格或单元格区域，并可以指定返回的行数或列数。它需要 5 个参数，第一个参数是作为参照系的基准位置；第二个参数是相对于这个基准位置向上（用负数表示）或向下（用正数表示）偏移的行数；第三个参数是相对于这个基准位置向左（用负数表示）或向右（用正数表示）偏移的列数；第四个参数是要返回数据范围的行数；第五个参数是要返回数据范围的列数。前 3 个参数指定了要返回数据范围的起始单元格。本例中这样解释公式，以 C5 单元格为起点，向上偏移 3 行，再向左偏移 1 列，得到 B2 单元格，从此开始的 3 行 1 列的一个范围（即单元格 B2：B4），即前 3 周的观测值。当 G1 单元格的值改为 4 时，这个范围会变成 B2：B5。这正是移动平均模型的估计公式所要求的观测值。

D5 和 E5 单元格公式：如果 C5 单元格（即预测值）是空白，那么 D5 和 E5 单元格也是空白；反之，D5 和 E5 单元格分别计算预测误差和误差平方。

将 C5、D5、E5 公式分别下拉到 C13、D13、E13。

第三步：确定最优模型参数。

直接利用均方误差极小化的原理进行计算分析。首先假定移动平均跨度值，用它求出移动平均模型各观测值相应的预测值，并计算出预测值与观测值之间的均方误差。然后利用 Excel 的规划求解工具找到均方差极值所对应的移动平均跨度的取值。

(1) 点击“数据”菜单，选择“分析”子菜单中的“规划求解”命令，在弹出的对话框中进行如下操作：

a. 在“设置目标单元格”方块中拖入 G2，此处为 *MSE* 值。

b. “等于”选择“最小值”选项。

c. 在“可变单元格”方块中拖入 G1，此处为移动平均 n 的取值。

d. “约束”栏的右侧点击“添加”按钮，在“单元格引用位置”处拖入 G1，在“符号”处选择“$\leqslant$”，在“约束值”里输入 12。

(2) 点击“添加”按钮，在“单元格引用位置”处拖入 G1，在“符号”处选择“int”，如图 3—5 所示。

图 3—5　添加约束条件对话框

(3) 点击“添加”按钮，在“单元格引用位置”处拖入 G1 单元格，在“符号”处选择“$\geqslant$”，在“约束值”里输入“1”，点击“确定”，输入结果如图 3—6 所示。

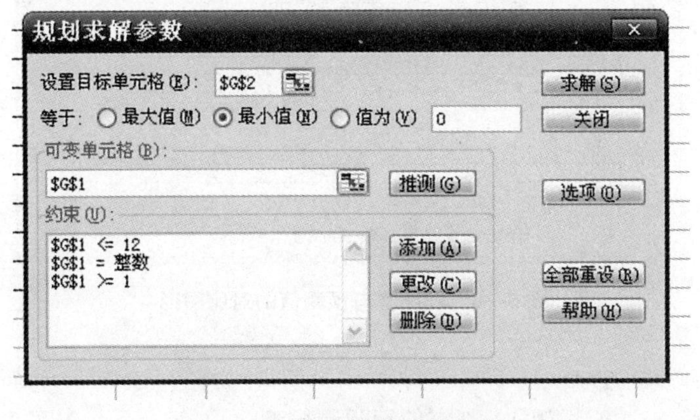

图 3—6　“规划求解参数”输入

(4) 点击求解，选择“确定”即得出最优参数为 5。

第四步：在最优模型参数的基础上计算出预测值。

将鼠标选定 C13 单元格，下拉到 C14 单元格，即得到第 13 周的预测值，如图 3—7 所示。

Microsoft Excel - 移动平均预测

文件(F) 编辑(E) 视图(V) 插入(I) 格式(O) 工具(T) 数据(D) 窗口(W) 帮助(H)

I14

	A	B	C	D	E	F	G
1	月份	销售量	移动平均预测值	预测误差	误差平方	移动平均跨度	5
2	1	423				MSE	1585.3
3	2	358					
4	3	434					
5	4	445					
6	5	527					
7	6	429	437.4	-8.4	70.56		
8	7	426	438.6	-12.6	158.76		
9	8	502	452.2	49.8	2480.04		
10	9	480	465.8	14.2	201.64		
11	10	384	472.8	-88.8	7885.44		
12	11	427	444.2	-17.2	295.84		
13	12	446	443.8	2.2	4.84		
14			447.8				
15							
16							

图 3—7　预测结果显示

第五步，画图显示动态的不同平均移动跨度的预测值。

在 A15 单元格输入“=“平均移动跨度=”&ROUND（G1，0）”。选择 A2：B13 区域，插入散点图，选择“带直线和数据标记的散点图”。再选中 A2：A13 区域，按 Ctrl 键的同时选中 C2：C13 区域，复制，点击刚做的图形，选择“选择性粘贴”，在弹出的对话框中选中“新建系列”。最后进行必要的纵坐标修订，将预测值与观测值在同一图表中显示，如图 3—8 所示。进行控件设计，最小值为 2，最大值为 11，步长为 1。

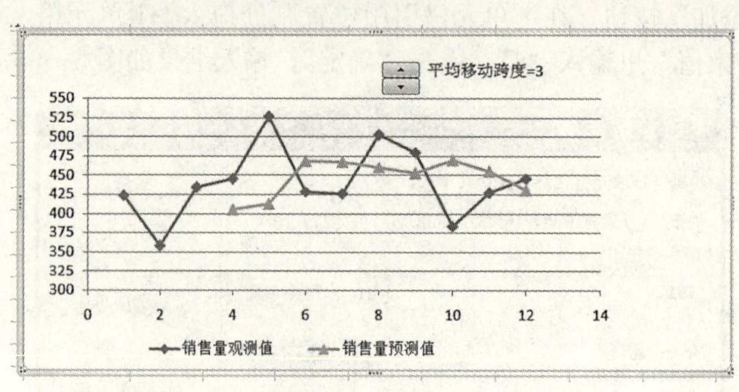

图 3—8　观测值与预测值的对比图形

第二种方法：

第一步，与第一种方法相同，判定使用预测模型。

第二步，在工作表中选择一个空的单元格，点击“数据”菜单，选择“分析”子菜单中的“数据分析”命令，寻找“移动平均”模型，在弹出的对话框中输入相关参数，如图 3—9 所示。

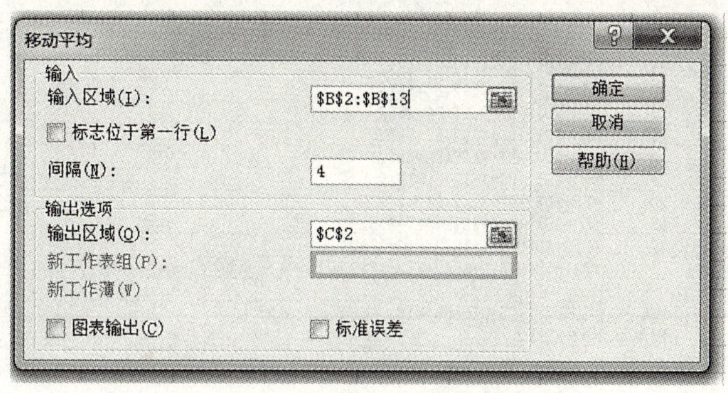

图 3—9　“移动平均”参数输入

第三步，如第一种方法的作图法，可以做出确定平均移动步长的预测值与观测值的对比图形。

2. 加权移动平均模型

原理：从上面的例子中可以看出，使用简单移动平均模型中的数据权重是相等的，数据不分时间是长久或是接近预测时期。当时间序列变化快的时候，近期数据包含着更多的关于未来的情况信息，因而可以使用加权移动平均模型，把各期数据赋予不同的权重，近期数据权重大，远期数据权重偏小，显示近期数据对预测值的影响程度更大。

加权移动平均预测模型一般形式为：

$$\hat{Y}_{t+1} = w_1 Y_t + w_2 Y_{t-1} + \cdots + w_n Y_{t-n+1}$$

$$0 \leqslant w_i \leqslant 1, \text{且} \sum_{i=1}^{n} w_i = 1$$

例 3—2：广州某汽车加油站某段时间每周 93＃汽油的销售量如表 3—4 所示，观测值数量 n 取 3，最近期观测值的权数为最远期的 3 倍，中间期观测值的权数是最远期的 2 倍。请用加权移动平均模型预测第 13 周的销售量。

表 3—4　　**每周 93＃汽油的销售量**　　单位：升

周数	1	2	3	4	5	6	7	8	9	10	11	12
销售量	17	21	19	23	18	16	20	18	22	20	15	22

解：第一步，经计算 $w_1=0.5$，$w_2=0.34$，$w_3=0.16$。

第二步，按照图 3—10 输入数据及公式，选中 C5 单元格，下拉到 C14 单元格，得到如图 3—11 的结果。第 13 周的预测值为 19.3。

在加权移动平均模型中权重和移动平均跨度都需要确定，一般给定 n 值后，用规划求解求出均方误差（*MSE*）最小的权重值。

规划求解参数如图 3—12 所示，结果如图 3—13 所示，权重发生变化了。

F20

	A	B	C	D	E	F
1	周数	销售量	n=3	远期权重	中期权重	近期权重
2	1	17		0.16	0.34	0.5
3	2	21				
4	3	19				
5	4	23	=B2*$D$2+B3*$E$2+B4*$F$2			
6	5	18	=B3*$D$2+B4*$E$2+B5*$F$2			
7	6	16	=B4*$D$2+B5*$E$2+B6*$F$2			
8	7	20	=B5*$D$2+B6*$E$2+B7*$F$2			
9	8	18	=B6*$D$2+B7*$E$2+B8*$F$2			
10	9	22	=B7*$D$2+B8*$E$2+B9*$F$2			
11	10	20	=B8*$D$2+B9*$E$2+B10*$F$2			
12	11	15	=B9*$D$2+B10*$E$2+B11*$F$2			
13	12	22	=B10*$D$2+B11*$E$2+B12*$F$2			
14			=B11*$D$2+B12*$E$2+B13*$F$2			
15						
16		MSE	=SUMXMY2(C5:C13,B5:B13)/COUNT(C5:C13)			
17		权重和	=D2+E2+F2			
18						

图 3—10　加权移动平均预测模型 Excel 公式

Microsoft Excel - 加权移动平均

文件(F)　编辑(E)　视图(V)　插入(I)　格式(O)　工具(T)　数据(D)　窗口

F18

	A	B	C	D	E	F
1	周数	销售量	n=3	远期权重	中期权重	近期权重
2	1	17		0.16	0.34	0.5
3	2	21				
4	3	19				
5	4	23	19.36			
6	5	18	21.32			
7	6	16	19.86			
8	7	20	17.8			
9	8	18	18.32			
10	9	22	18.36			
11	10	20	20.32			
12	11	15	20.36			
13	12	22	17.82			
14			19.3			
15						
16		MSE	11.5187			
17		权重和	1			

图 3—11　加权移动平均预测模型预测值显示

图 3—12　“规划求解参数”输入

	A	B	C	D	E	F
1	周数	销售量	n=3	远期权重	中期权重	近期权重
2	1	17		0.5139664	0.3603352	0.12569838
3	2	21				
4	3	19				
5	4	23	18.69274			
6	5	18	20.53073			
7	6	16	20.31564			
8	7	20	20.31844			
9	8	18	17.53073			
10	9	22	17.69274			
11	10	20	19.53073			
12	11	15	19.69274			
13	12	22	20.39944			
14	13					
15						
16		MSE	9.695531			
17		权重和	1			

图 3—13 权重计算结果显示

3.2.2 指数平滑预测模型及 Excel 求解

指数平滑模型是移动平均模型的改进和发展，它显著克服了移动平均模型的两个不足之处：一是存储数据量较大；二是对所有数据只是使用最近期的数据，对 m 期以前的数据完全不考虑。指数平滑模型用过去时间序列值的加权平均数作为预测值，是加权移动平均模型的一种特殊情形。

最基本的简单指数平滑模型是：

$$\hat{Y}_{t+1}=(1-\alpha)\hat{Y}_t+\alpha Y_t \tag{3—1}$$

$$=\hat{Y}_t+\alpha(Y_t-\hat{Y}_t) \tag{3—2}$$

式中，$\hat{Y}_{t+1}$ 是 $t+1$ 期的预测值；$\hat{Y}_t$ 是 t 期的预测值；Y_t 是 t 期的观测值；α 是 0～1 之间的常数，称为平滑指数。

从公式（3—1）看出，$\hat{Y}_{t+1}$ 是 t 期预测值 $\hat{Y}_t$ 和 Y_t 的加权平均；从公式 3—2 看出，$\hat{Y}_{t+1}$ 等于 $\hat{Y}_t$ 加上 t 期预测误差 $Y_t-\hat{Y}_t$ 的 α 倍。因此一旦确定了 α，只要知道前一期的预测值和观测值，就能对下一时期进行指数平滑预测。

现有包含三个时期资料的时间序列：Y_1、Y_2 和 Y_3，要预测 $\hat{Y}_4$。令 $\hat{Y}_1=Y_1$，则：

$$\hat{Y}_2=\alpha Y_1+(1-\alpha)\hat{Y}_1=\alpha Y_1+(1-\alpha)Y_1=Y_1$$

$$\hat{Y}_3=\alpha Y_2+(1-\alpha)\hat{Y}_2=\alpha Y_2+(1-\alpha)Y_1$$

$$\begin{aligned}\hat{Y}_4&=\alpha Y_3+(1-\alpha)\hat{Y}_3=\alpha Y_3+(1-\alpha)[\alpha Y_2+(1-\alpha)Y_1]\\&=\alpha Y_3+\alpha(1-\alpha)Y_2+(1-\alpha)^2Y_1\end{aligned}$$

从上面的推导可以得出一个结论：$\hat{Y}_{t+1}$ 是对所有过去时期数据的加权平均，时间越远权重越小。

例 3—3： 某地服装市场 14 个月的销售平均价格资料如表 3—5 所示，预测第 15 个月的平均价格。

表 3—5 **某地服装市场 14 个月的销售平均价格** 单位：元

月份序号	1	2	3	4	5	6	7	8	9	10	11	12	13	14
平均单价	96	98	95	100	103	98	94	96	102	92	105	100	106	108

解：第一步，分析时间序列包含的成分，确定时间序列的类型。

将数据输入 Excel 表，做折线图步骤如例 3—1，得到如图 3—14 所示的图形。

从图 3—14 中看出趋势线几乎是水平的，说明服装销售价格的时间序列不包含趋势成分，而是围绕一个稳定的水平上下波动，因此可采用指数平滑模型预测。

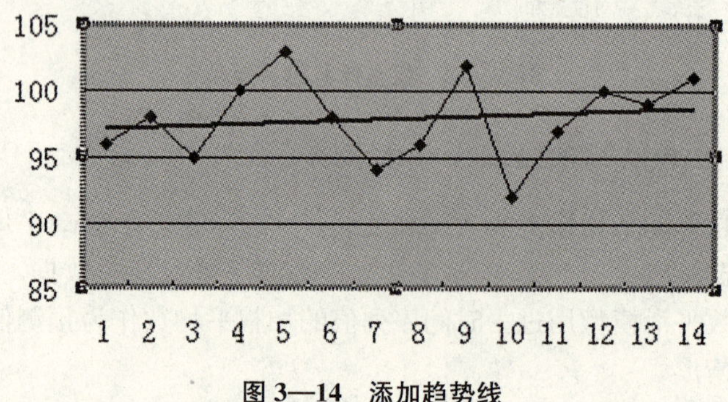

图 3—14 添加趋势线

第二步，在 Excel 表中建立模型，对于给定 α 值（如 $\alpha=0.4$）可以通过以下步骤得出预测值：

点击“数据”菜单，选择“分析”中的“数据分析”命令，找到并双击“指数平滑”，弹出对话框。按图 3—15 输入数据，阻尼系数是 $1-\alpha$。

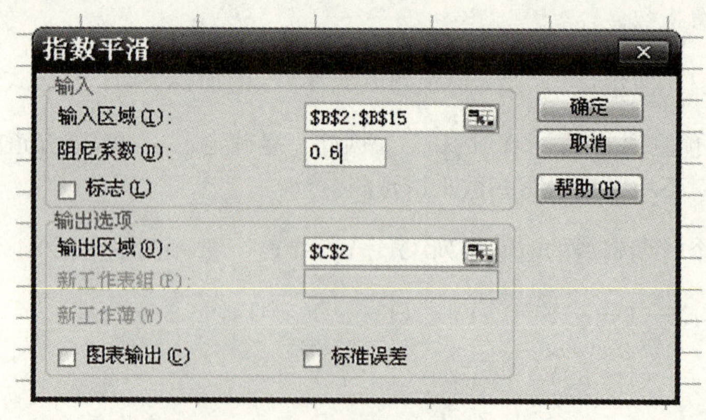

图 3—15 “指数平滑”属性设置对话框

点击“确定”，在 C2 单元格输入 96，选中 C15 单元格，下拉，即得到第 15 个月的预测值，如图 3—16 所示。

Microsoft Excel - 指数平滑

文件(F)　编辑(E)　视图(V)　插入(I)　格式(O)　工具

F17

	A	B	C
1	月份	平均单价	α=0.4预测值
2	1	96	96
3	2	98	96
4	3	95	96.8
5	4	100	96.08
6	5	103	97.648
7	6	98	99.7888
8	7	94	99.07328
9	8	96	97.043968
10	9	102	96.6263808
11	10	92	98.77582848
12	11	105	96.06549709
13	12	100	99.63929825
14	13	106	99.78357895
15	14	108	102.2701474
16	15		104.5620884

图 3—16　指数平滑预测值

对于没有给定 α 值，需在电子表格中建立预测模型，如图 3—17 所示，在 C3 和 F2 单元格分别输入公式，假定 α =0.3（这里的 α 值可以随意设置，只要 0< α <1）。

D21

	A	B	C	D	E	F
1	月份	平均单价	预测值		平滑指数	0.3
2	1	96	96		MSE	=SUMXMY2(C2:C15,B2:B15)/COUNT(C2:C15)
3	2	98	=C2+$F$1*(B2-C2)			
4	3	95				
5	4	100				
6	5	103				
7	6	98				
8	7	94				
9	8	96				
10	9	102				
11	10	92				
12	11	105				
13	12	100				
14	13	106				
15	14	108				
16	15					

图 3—17　单元格输入公式显示

在 C3 单元格中输入的公式为："=C2+F1×（B2−C2）"，选中 C3 单元格并下拉到 C15 单元格。

第三步：确定最优模型参数。

进行线性规划求解，解出使均方误差最小的最优参数，即最优指数平滑系数值。在规划求解参数对话框中，输入如图 3—18 所示的数据。点击"求解"，选择"确定"，即得出最优 α 为 0.359。

第四步：在最优模型参数的基础上计算出预测值。

选定 C15 单元格，下拉到 C16 单元格，即得到第 15 个月的预测值，如图 3—19 所示。

关于 α 的取值：

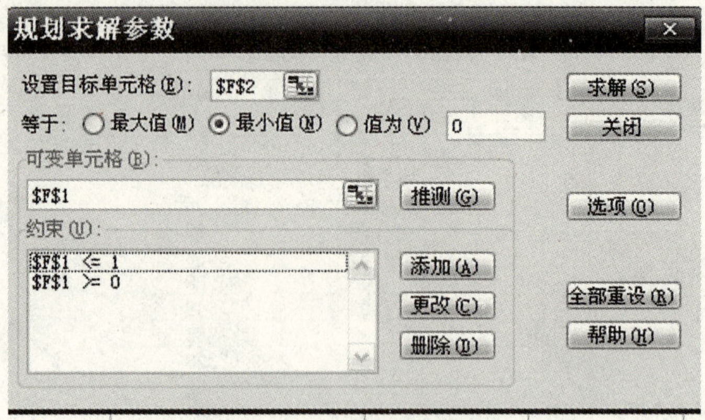

图 3—18 α 的“规划求解参数”输入

Microsoft Excel - 指数平滑

	A	B	C	D	E	F
1	月份	平均单价	预测值		平滑指数	0.358594575
2	1	96	96		MSE	21.9164947
3	2	98	96			
4	3	95	96.71718915			
5	4	100	96.10141444			
6	5	103	97.49942607			
7	6	98	99.47190204			
8	7	94	98.94408595			
9	8	96	97.17116355			
10	9	102	96.75119066			
11	10	92	98.63338521			
12	11	105	96.25468926			
13	12	100	99.39071025			
14	13	106	99.60919825			
15	14	108	101.9009051			
16	15		104.0880074			
17						

图 3—19 最优 α 值的预测值

$\alpha=0$ 时，$\hat{Y}_{t+1}=\hat{Y}_t$，下一期预测值等于原先时期的预测值，远、近期不变。

$\alpha=1$ 时，$\hat{Y}_{t+1}=Y_t$，下一期预测值等于本期的观测值，预测值等于初始期观测值。

α 取值大时，对时间序列真实值的修正幅度小，系数 $(1-\alpha)^t$ 的趋小速度快，原预测值对下期预测值影响小。

α 取值小时，对各期真实值变动的修正幅度大，系数 $(1-\alpha)^t$ 的趋小速度慢，前期预测值对后期预测值的影响大。

3.3 有趋势序列的分析与预测

本节介绍含有趋势成分和季节成分的时间序列预测模型。

3.3.1　线性趋势预测模型及 Excel 求解

含有线性趋势成分的时间序列，预测变量随时间的推移递增或递减，可以将预测变量的每一个时期的值 Y_i 和其对应时期 X_i 之间的线性依赖关系表示为：

$$Y_i = a + bX_i + \varepsilon_i$$

式中，X_i 是对应时期顺序数；ε_i 是随机因素。

由于其不可预测，线性趋势预测模型表示为：

$$\hat{Y} = a + bX$$

在此模型中只要确定了截距 a 和斜率 b，对于每一个 X_i 就能求出对应的预测值 $\hat{Y}_i$。

模型参数截距 a 和斜率 b 的确定依旧由最小均方误差最小值获得。

例 3—4：我国 1965—1985 年的发电量如表 3—6 所示，预测 1986 年和 1987 年的发电总量。

表 3—6　　**我国 1965—1985 年的发电量**　　单位：亿度

年份	1965	1966	1967	1968	1969	1970	1971	1972	1973	1974	1975
发电量	676	825	774	716	940	1 159	1 384	1 524	1 668	1 688	1 958
年份	1976	1977	1978	1979	1980	1981	1982	1983	1984	1985	
发电量	2 031	2 234	2 566	2 820	3 006	3 093	3 277	3 514	3 770	4 107	

资料来源：根据国家统计局网站数据整理。

解：方法一：第一步，分析时间序列包含的成分，确定时间序列的类型。

输入数据，做折线图。添加趋势线，点击在“添加趋势线”命令，在弹出的对话框中的“类型”选项卡上选择“线性”，在“选项”选项卡上选择“显示公式”、“显示平方值”两个复选框，点击“确定”。如图 3—20 所示，看出图形呈线性递增的趋势，说明发电量时间序列包含趋势成分，且 R^2 大于 0.9，趋势方程直线拟合得较好，可以采用线性趋势预测模型。

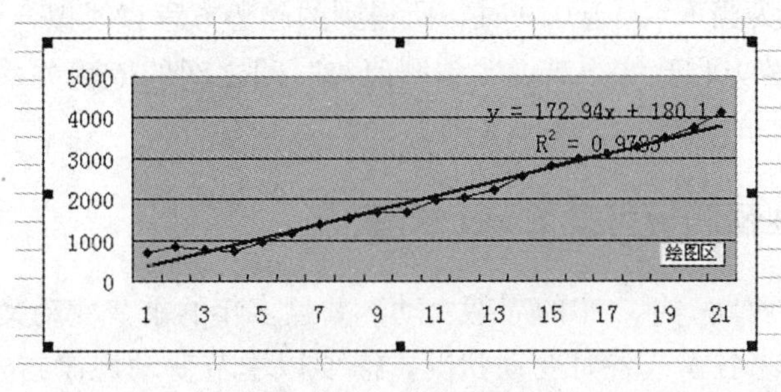

图 3—20　添加趋势线

第二步，在 Excel 表中建立模型，在最优模型参数的基础上计算出预测值。

如图 3—21 所示，在 A23、A24 单元格输入 22 和 23 序号，在 B23 和 B24 单元格输入

1985 和 1986，在 D2 单元格输入计算公式，并下拉到 D24 单元格，得到预测值，如图 3—22所示。

Microsoft Excel - 趋势预测

文件(F) 编辑(E) 视图(V) 插入(I) 格式(O) 工具(T) 数据(D)

SUM ▾ ✕ ✓ fx =$F$1+$F$2*A2

	A	B	C	D	E	F
1	t	年	发电量	预测值	截距a	180.1
2	1	1965	676	=$F$1+$F$2*A2	斜率b	172.94
3	2	1966	825			
4	3	1967	774			
5	4	1968	716			
6	5	1969	940			
7	6	1970	1159			
8	7	1971	1384			
9	8	1972	1524			
10	9	1973	1668			
11	10	1974	1688			
14	13	1977	2234			
15	14	1978	2566			
16	15	1979	2820			
17	16	1980	3006			
18	17	1981	3093			
19	18	1982	3277			
20	19	1983	3514			
21	20	1984	3770			
22	21	1985	4107			
23	*22*	*1986*				
24	*23*	*1987*				

图 3—21　输入的数据和公式

方法二：第一步，与方法一相同，判定使用预测模型。

第二步，选中 D23 单元格。

第三步，点击插入函数“ fx ”图标。在对话框中选择“统计”函数类别，再选择“FORECAST”函数，如图 3—23 所示。

第四步，在弹出的对话框中填写参数，点击“确定”，得出预测值，如图3—24 所示。

说明：通常可认为当 R^2 大于 0.9 时，所得到的趋势方程直线拟合得较好；当 R^2 小于 0.5 时，所得到的趋势方程直线很难说明预测值与时间之间的依赖关系，不宜用趋势方程预测。更多的关于 R^2 的解释请见 4.1.3 节。

3.3.2　季节性预测模型及 Excel 求解

季节变动是经济现象一年之中的周期变动，并且多年的季节变动又呈现出一定的规律性。预测市场现象未来各季或各月变动状况，需要以季节变动规律结合变动趋势来确定。收集到数据可能按一定的时间顺序排列，有水平趋势或升降趋势，因而季节变动预测法也分为季节指数水平法和季节指数趋势法。

1. 季节指数水平法

此方法适用于存在季节波动的市场现象，但各年同季、同月水平波动不大，即没有趋

Microsoft Excel - 趋势预测

文件(F)　编辑(E)　视图(V)　插入(I)　格式(O)　工具(T)　数据(D)

H25

	A	B	C	D	E	F
1	t	年	发电量	预测值	截距a	180.1
2	1	1965	676	353.04	斜率b	172.94
3	2	1966	825	525.98		
4	3	1967	774	698.92		
5	4	1968	716	871.86		
6	5	1969	940	1044.8		
7	6	1970	1159	1217.74		
8	7	1971	1384	1390.68		
9	8	1972	1524	1563.62		
10	9	1973	1668	1736.56		
11	10	1974	1688	1909.5		
14	13	1977	2234	2428.32		
15	14	1978	2566	2601.26		
16	15	1979	2820	2774.2		
17	16	1980	3006	2947.14		
18	17	1981	3093	3120.08		
19	18	1982	3277	3293.02		
20	19	1983	3514	3465.96		
21	20	1984	3770	3638.9		
22	21	1985	4107	3811.84		
23	*22*	*1986*		3984.78		
24	*23*	*1987*		4157.72		

Sheet1　Sheet2　Sheet3

图 3—22　预测值显示

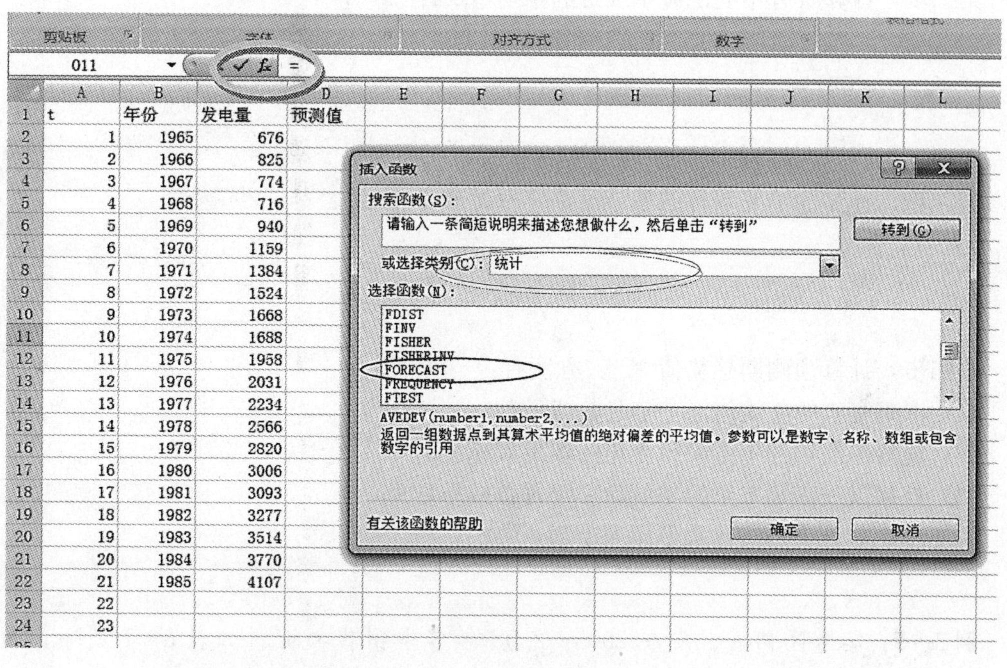

	A	B	C	D
1	t	年份	发电量	预测值
2	1	1965	676	
3	2	1966	825	
4	3	1967	774	
5	4	1968	716	
6	5	1969	940	
7	6	1970	1159	
8	7	1971	1384	
9	8	1972	1524	
10	9	1973	1668	
11	10	1974	1688	
12	11	1975	1958	
13	12	1976	2031	
14	13	1977	2234	
15	14	1978	2566	
16	15	1979	2820	
17	16	1980	3006	
18	17	1981	3093	
19	18	1982	3277	
20	19	1983	3514	
21	20	1984	3770	
22	21	1985	4107	
23	22			
24	23			

图 3—23　插入函数图示

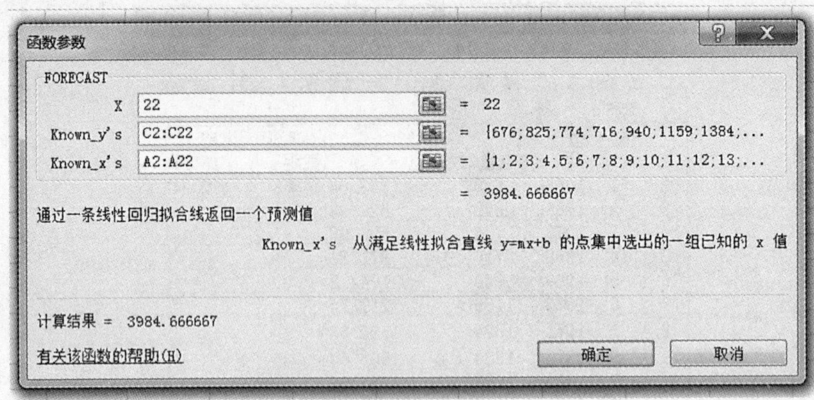

图 3—24　函数参数输入显示

势成分的数据预测。

预测步骤：第一步，计算各年同季或同月的平均值 $\bar{Y}_i$ ：

$$\bar{Y}_i=\frac{\sum_{i=1}^{n}Y_i}{n}$$

式中，Y_i 是各年各月或同季观察值；n 是年数。

第二步，计算所有年度说有季或月的平均值 $\bar{Y}_0$：

$$\bar{Y}_0=\frac{\sum_{i=1}^{n}\bar{Y}_i}{n}$$

式中，n 是一年季数或月数。

第三步，计算各季或各月的季节比率 f_i（即季节指数）：

$$f_i=\frac{\bar{Y}_i}{\bar{Y}_0}$$

第四步，计算预测期趋势值 $\hat{X}_t$ ，方法有：

（1）以观察年的年均值除一年月数或季数。

（2）观察年末年的年值乘预测年的年发展速度。

（3）直接以观察年末年的年值除一年月数或季数。

第五步，建立季节指数水平预测模型：

$$\hat{Y}_t=\hat{X}_t\times f_i$$

例 3—5：某地区棉衣、皮衣 2005—2008 年各季销售额资料如表 3—7 所示，预测 2009 年各季的销售额。

表 3—7 **2005—2008 年各季棉衣、皮衣的销售额** 单位：万元

季别	各年销售额			
	2005 年	2006 年	2007 年	2008 年
第一季	148	138	150	145
第二季	62	64	58	66
第三季	76	80	72	78
第四季	164	172	180	173

解：将表 3—7 的数据输入 Excel 表格，按照上面介绍的步骤计算，计算公式如图 3—24 所示。本例中计算 $\hat{X}_t$ ，使用第三种方法（见图 3—25）。

	A	B	C	D	E	F	G	H	I	J
1		各年销售额				各年同季均值 $\overline{Y}_i$	4年季均值 $\overline{Y}_0$	季节指数 f_i	预测年的季趋势值 $\hat{X}_t$	2009年各季预测值
2	季别	2005	2006	2007	2008					
3	1	148	138	150	145	=AVERAGE(B3:E3)		=F3/$G$6		=H3*$I$6
4	2	62	64	58	66	=AVERAGE(B4:E4)		=F4/$G$6		=H4*$I$6
5	3	76	80	72	78	=AVERAGE(B5:E5)		=F5/$G$6		=H5*$I$6
6	4	164	172	180	173	=AVERAGE(B6:E6)	=AVERAGE(F3:F6)	=F6/$G$6	=AVERAGE(E3:E6)	=H6*$I$6

图 3—25 季节指数水平法公式输入

计算结果如图 3—26 所示。

	A	B	C	D	E	F	G	H	I	J
1		各年销售额				各年同季均值 $\overline{Y}_i$	4年季均值 $\overline{Y}_0$	季节指数 f_i	预测年的季趋势值 $\hat{X}_t$	2009年各季预测值
2	季	2005	2006	2007	2008					
3	1	148	138	150	145	145.25		1.3		147.0
4	2	62	64	58	66	62.5		0.5		63.3
5	3	76	80	72	78	76.5		0.7		77.4
6	4	164	172	180	173	172.25	114.125	1.5	115.5	174.3

图 3—26 预测结果显示

2. 季节指数趋势法

很多时间序列既有趋势又有季节性，也就是说时间序列存在季节波动，但各年同月、同季水平呈上升或下降趋势，这样就不能使用季节指数水平法，而要使用季节指数趋势法。

方法：首先将时间序列的长期线性趋势删除，分析其季节变化规律。然后依据原序列的长期趋势特点，预测原时间序列的未来趋势值。最后按分析的季节变动指数调整趋势值，得出含有长期趋势、季节变动成分的预测值。

预测步骤：

第一步，以一年的季节数 4 或一年的月数 12 为 N ，对观察值的时间序列进行 N 项移动平均。由于 N 是偶数，对相邻两期移动的平均值再平均后对正，形成新的序列 M_t（称为中心化的移动平均数），以此为长期趋势。

第二步，将各期观察值除去同期移动均值为季节比率 f_t ，即 $f_t = Y_t \div M_t$（季节不规则值，以此消除趋势）。

第三步，将各年同季或同月的季节比率平均，得季节指数 F_i，消除不规则变动。i 表示季别或月别。

第四步，计算时间序列线性趋势预测值 $\hat{X}_t$，方法有：

(1) 二次移动平均法。

(2) 二次指数平滑法。

第五步，建立季节指数趋势预测模型：

$$\hat{Y}_t = \hat{X}_t \times F_i$$

例 3—6： 某工厂 2005—2008 年电视机的销量如表 3—8 所示，预测 2009 年各季的销售量。

解：操作：将表 3—8 的数据输入 Excel 表格。

表 3—8　　2005—2008 年各季电视机的销售量　　单位：千台

季别	各年销售额			
	2005 年	2006 年	2007 年	2008 年
第一季	4.8	5.8	6	6.3
第二季	4.1	5.2	5.6	5.9
第三季	6	6.8	7.5	8
第四季	6.5	7.4	7.8	8.4

第一步，绘制电视机销量变化带折线的散点图，如图 3—27 所示。选中 B2：C5 区域，选择“插入”—“图表”—“散点图”—“带折线的散点图”。选中 B6：C9 区域，复制，点中刚做的图形，选择“粘贴”菜单中的“选择性粘贴”，弹出对话框，选中“新建系列”。同理作 2007 年和 2008 年图形。选中图形，右键单击，在下拉菜单中选择“选择数据”进行图形线条的命名。

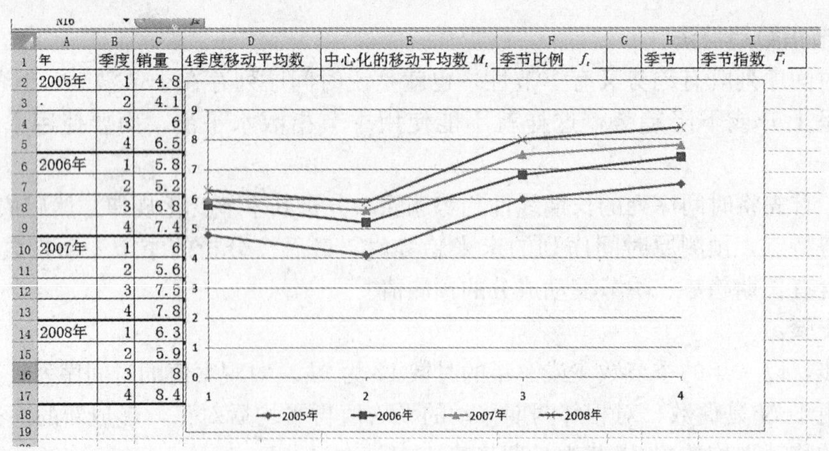

图 3—27　2005—2008 年电视机销量图

从图3—27中可以看出数据呈现季节性变动规律，是否有趋势变动，需要等消除季节变动影响后，才能得出结论。

第二步，计算季节指数。

(1) 计算4季度移动平均数（步长为4）：在D4单元格内输入公式“=AVERAGE（C2：C5）”，并下拉到D16单元格。

说明：每一个移动平均数应对应在每4个季度的中间位置，但步长为4，是偶数，没有间值，故计算所得平均值放在E4单元格位置。计算这一步是为了消除不规则成分。

(2) 获得M_t序列：在E4单元格内输入公式“=AVERAGE（D4：D5）”，并下拉到E15单元格。

说明：计算得出的移动平均数不能直接对应时间序列的季度，用它们的中间值替代，即用第一个和第二个移动平均数的均值作为第一年第三季度的移动平均数，以此类推。

(3) 利用C2：C17和E2：17区域绘制折线图。

a. 选中C2：C17区域，插入制作“带有数据标记的折线图”。

b. 选中图形的X轴，右键单击，选中“设置坐标轴格式”。如图3—28所示，在“格式代码”中将“月”改为“季度”，按“添加”按钮。

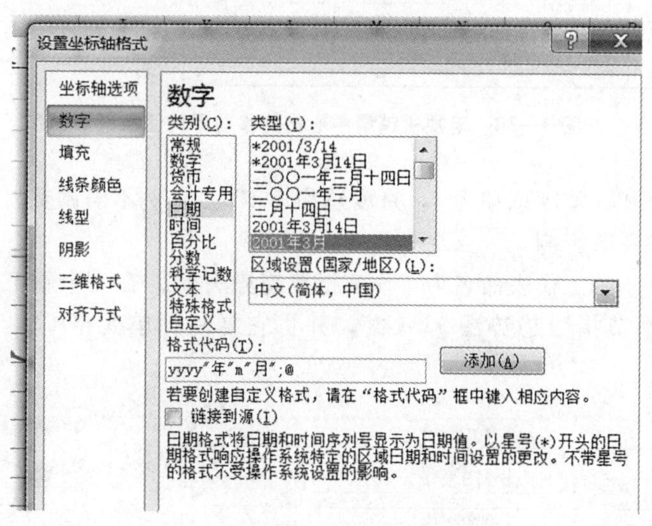

图3—28 修改图形X轴坐标显示图（一）

c. 选择图形，点击鼠标右键，选中“选择数据”，在对话框中选择“编辑”，如图3—29所示。在弹出的对话框中“轴标签区域”输入“A2：B17”，点击“确定”。

d. 添加其中心化的移动平均值图形，如图3—30所示。

(4) 计算季节比率f_t：在F4单元格内输入公式“=C4/E4”，并下拉到F15单元格。

(5) 季节指数F_i：在I2单元格内输入公式“=AVERAGE（F2，F6，F10，F14）”，并下拉到I5单元格。

说明：乘法模型需要季节指数等于1，因此4个季度的季节指数总和必须等于4。如果不等于4，则应对季节指数进行调整。方法是用每一个季节指数除以未调整的季节指数

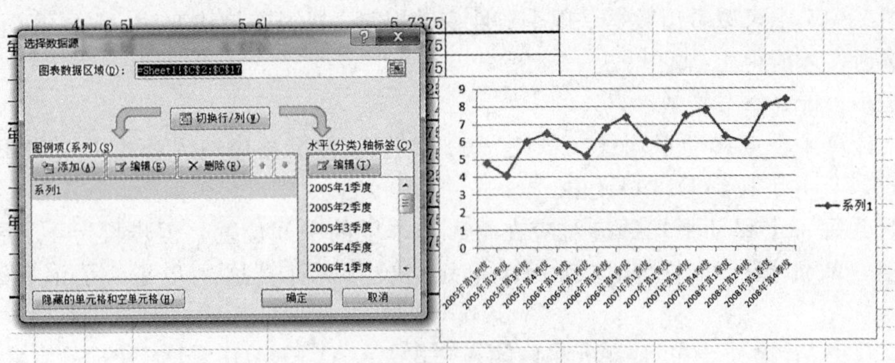

图 3—29　修改图形 X 轴坐标显示图（二）

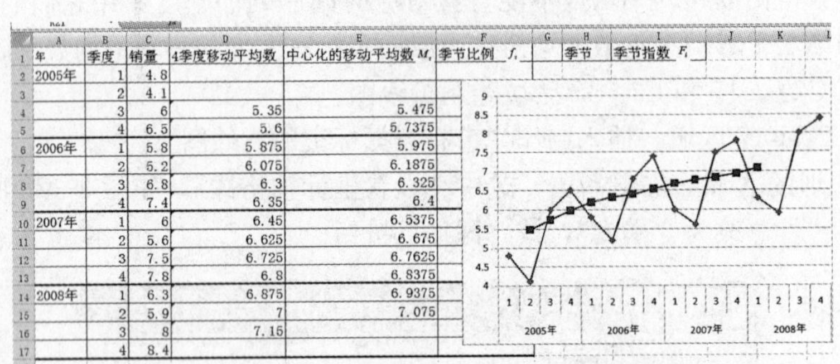

年	季度	销量	4季度移动平均数	中心化的移动平均数 M_t	季节比例 f_t		季节	季节指数 F_t
2005年	1	4.8						
	2	4.1						
	3	6	5.35	5.475				
	4	6.5	5.6	5.7375				
2006年	1	5.8	5.875	5.975				
	2	5.2	6.075	6.1875				
	3	6.8	6.3	6.325				
	4	7.4	6.35	6.4				
2007年	1	6	6.45	6.5375				
	2	5.6	6.625	6.675				
	3	7.5	6.725	6.7625				
	4	7.8	6.8	6.8375				
2008年	1	6.3	6.875	6.9375				
	2	5.9	7	7.075				
	3	8	7.15					
	4	8.4						

图 3—30　电视机销量中心化的移动平均值及图形

之和再乘以季度总和（季度总和为 4，月度总和为 12）。本例不需调整。

第三步，消除季节影响。

将图 3—27 所示的工作表命名为“季节指数趋势法 1”。在一个新工作表的 C2 单元格中输入公式“＝季节指数趋势法 1！C2”，并将它复制到单元格 C3：C17，如图 3—31 所示。

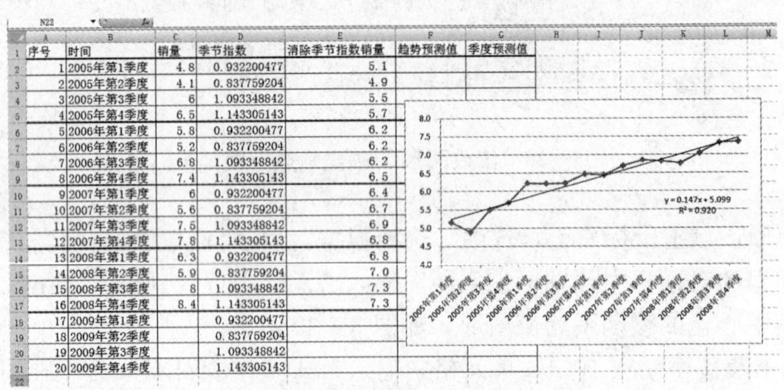

序号	时间	销量	季节指数	消除季节指数销量	趋势预测值	季度预测值
1	2005年第1季度	4.8	0.932200477	5.1		
2	2005年第2季度	4.1	0.837759204	4.9		
3	2005年第3季度	6	1.093348842	5.5		
4	2005年第4季度	6.5	1.143305143	5.7		
5	2006年第1季度	5.8	0.932200477	6.2		
6	2006年第2季度	5.2	0.837759204	6.2		
7	2006年第3季度	6.8	1.093348842	6.2		
8	2006年第4季度	7.4	1.143305143	6.5		
9	2007年第1季度	6	0.932200477	6.4		
10	2007年第2季度	5.6	0.837759204	6.7		
11	2007年第3季度	7.5	1.093348842	6.9		
12	2007年第4季度	7.8	1.143305143	6.8		
13	2008年第1季度	6.3	0.932200477	6.8		
14	2008年第2季度	5.9	0.837759204	7.0		
15	2008年第3季度	8	1.093348842	7.3		
16	2008年第4季度	8.4	1.143305143	7.3		
17	2009年第1季度		0.932200477			
18	2009年第2季度		0.837759204			
19	2009年第3季度		1.093348842			
20	2009年第4季度		1.143305143			

图 3—31　消除季节影响的电视机销量图

在 D2 单元格中输入公式“＝季节指数趋势法 1！$I$2”，在 D3 单元格中输入公式

“＝季节指数趋势法 1！＄I＄3”，在 D4 单元格中输入公式“＝季节指数趋势法 1！＄I＄4”，在 D5 单元格中输入公式“＝季节指数趋势法 1！＄I＄5”，并复制到 D6：D21 区域。

计算消除季节影响的销量：在 E2 单元格内输入公式“＝C2/D2”，并下拉到 E17 单元格。

选择 B2：B17 及 E2：E17 区域，插入折线图，显示消除季节影响后的电视机销量，是线性增长趋势。如图 3—30 所示。

第四步，计算趋势预测值 $\hat{X}_t$。

在 F2 单元格中输入公式“＝FORECASE（A2，＄E＄2：＄E＄17，＄A＄2：＄A＄17）”，并下拉到 F21 单元格。在 G2 单元格中输入公式“＝F2＊D2”，并下拉到 G21 单元格，如图 3—32 所示。

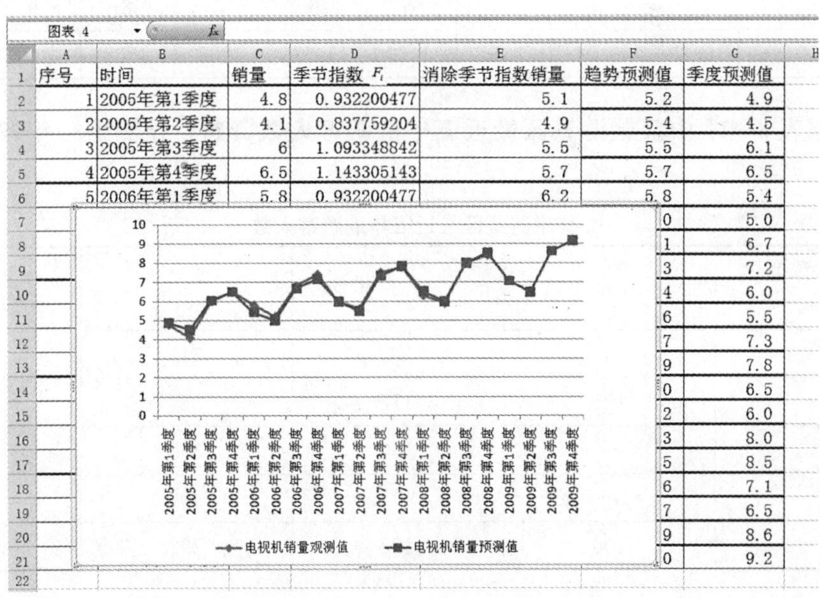

序号	时间	销量	季节指数 F_t	消除季节指数销量	趋势预测值	季度预测值
1	2005年第1季度	4.8	0.932200477	5.1	5.2	4.9
2	2005年第2季度	4.1	0.837759204	4.9	5.4	4.5
3	2005年第3季度	6	1.093348842	5.5	5.5	6.1
4	2005年第4季度	6.5	1.143305143	5.7	5.7	6.5
5	2006年第1季度	5.8	0.932200477	6.2	5.8	5.4
					0	5.0
					1	6.7
					3	7.2
					4	6.0
					6	5.5
					7	7.3
					9	7.8
					0	6.5
					2	6.0
					3	8.0
					5	8.5
					6	7.1
					7	6.5
					9	8.6
					0	9.2

图 3—32 预测值与观测值的对比图

本章小结

本章介绍了时间序列的所含的四种成分：趋势成分、季节成分、循环成分和不规则成分。含有循环成分的时间序列过于复杂，本书不做介绍。本章针对无趋势、有趋势成分和含有季节成分的时间序列的预测模型进行了介绍，并提供了 Excel 求解方法和用线性规划求 *MSE* 最小化的模型参数求解方法。

在平稳时间序列中介绍了移动平均、加权平均和指数平滑预测模型 Excel 求解及模型最有参数的求解方法。在有趋势成分的趋势预测模型中解释了模型 Excel 求解及模型最优参数求解方法。最后介绍了含有季节和趋势成分的时间序列预测步骤和实例。

复习思考题

1. 某公司历年收入资料如表3—9所示，试用简单移动平均模型（3期）、加权移动平均模型（3期），权重由近及远分别取0.5、0.3、0.2，用指数平滑模型分别预测2010年的收入，并选取预测误差最小的预测值。

表3—9　　某公司历年收入资料　　单位：万元

年份	2000	2001	2002	2003	2004	2005	2006	2007	2008	2009
收入	360	340	400	380	380	370	390	410	380	390

2. 某公司近10年间的股票收益如表3—10所示。预测下一年的收益。

表3—10　　单位：万元

年份	1	2	3	4	5	6	7	8	9	10
收益	0.64	0.73	0.94	1.14	1.33	1.53	1.67	1.68	2.10	2.50

3. 根据表3—11中某旅游景区最近五年的游客人数资料，预测下一年各季的旅游人数。

表3—11　　某旅游景区最近五年的游客人数　　单位：人

季度 年份	1	2	3	4
一	95	185	341	89
二	101	172	367	100
三	82	160	353	125
四	71	141	407	81
五	106	152	292	160

4. 某县2006—2009年各季度鲜蛋销售数据如表3—12所示。请预测2010年各季度的销售量。

表3—12　　单位：万千克

年度	一季度	二季度	三季度	四季度
2006	13.1	13.9	7.9	8.6
2007	10.8	11.5	9.7	11.0
2008	14.6	17.5	16.0	18.2
2009	18.4	20.0	16.9	18.0

第4章 管理决策数据的回归分析

学习目标

- 理解回归分析模型及其统计检验的基本原理
- 掌握Excel中回归分析的相关内建函数、规划求解和回归分析报告等回归分析工具的使用方法
- 掌握一元线性回归、多元线性回归问题的各种分析方法
- 掌握利用数据分析工具解决一般非线性回归问题的基本步骤

案例：运输原油方案

梁玉的儿子博兮2014年8月就10岁了，可是身高只有1.39米，在同学里属于中等偏矮。梁玉每天一件重要的事情就是督促博兮喝牛奶，为此博兮有很多抱怨。由于梁玉与先生都不高，当然不希望儿子也不高。一天，博兮兴冲冲从学校回来，大声说："你们不要再强迫我喝那么多牛奶了，小孩的身高是由父母的身高遗传决定的，我已经知道我将来会长多高。听我读一份资料，这是科学课上老师教我们查资料查来的：'湖北省体育科研所于1983—1984年对1 821名男女青年及其父母的身高进行了调查统计后，计算出的身高预测公式比用国外的公式预测误差小，在我国运动员选材和青少年体质评定中运用效果较好。身高预测公式如下（单位：厘米）：

男孩身高＝59.699＋0.419×父亲身高＋0.265×母亲身高

女孩身高＝43.089＋0.306×父亲身高＋0.431×母亲身高'。"

梁玉听了，觉得要想一个办法说服博兮，说明除了遗传的因素外，其他因素如睡眠、营养、运动量与身高也有关系。

4.1 回归分析方法概述

管理决策通常是建立在两个或多个决策变量之间的依赖关系的基础上的。例如，企业

对员工的绩效评定主要是根据员工工作表现及所做出的贡献来进行判定的，而这种表现和贡献是由许多自变量指标来解释的，如工作量、出勤率、品质等。再如，公司要对某一产品进行改良之前，需要调查客户对该产品的具体满意度情况，这就可能需要具体到对产品质量、样式、功能、价格等多个自变量的调查。回归分析（Regression Analysis）就是通过刻画因变量和一个或多个自变量之间相互依赖的定量关系，从而构建统计模型的一种统计分析方法、一种工具。

在商业决策中有以下两种广泛使用的回归模型：

(1) 时间序列数据的回归模型。自变量是时间或时间的函数，主要用于预测。第 3 章所介绍的时间序列分析和预测方法是通过寻找时间序列观测值的变化模式或趋势，将这些模式或趋势外推来确定在未来时间点上的预测值。

(2) 横截面数据的回归模型。变量是数值型的函数，主要是采用统计方法根据变量的观测值来确定描述变量间函数关系，多采用的是因果关系法。

本章将主要介绍基于截面数据的回归模型，具体分析回归分析的基本原理，构建对于回归模型假设的基本理解，解释与回归结果有关的统计问题，以及如何结合电子表格应用回归模型作为制定和评估决策工具。

4.1.1 回归分析的意义与类型

在统计上研究相关关系可以运用回归分析和相关分析（Correlation Analysis）。当自变量为非随机变量、因变量为随机变量时，分析它们的关系称为回归分析；当两者都是随机变量时，称为相关分析。回归分析和相关分析往往不加区分。从广义上说，相关分析包括回归分析，但严格地说，两者是有区别的。相关分析研究的是现象之间是否相关、相关的方向和密切程度，一般不区别自变量或因变量；而回归分析则分析现象之间相关的具体形式，确定其因果关系，并用数学模型来表现其具体关系。比如说，从相关分析中我们可以得知“质量”和“用户满意度”变量密切相关，但是这两个变量之间到底是哪个变量受哪个变量的影响、影响程度如何，则需要通过回归分析方法来确定。

从两者之间的联系来看，它们互为补充、密切联系，相关是前提，回归是结果，相关分析需要回归分析来表明数量关系的具体形式，而回归分析一定要建立在相关分析的基础上，依靠相关分析所表明现象具有密切关系后，建立回归方程才有意义。它们之间的区别也是很明显的，如表 4—1 所示。

表 4—1　　相关分析与回归分析的区别

	作用	条件	结果	变量特点
相关分析	不能进行推算	无须确定自变量与因变量	改变 X、Y 的地位，不影响相关关系（即相关系数大小不变）	X、Y 都是随机变量，都受随机因素的影响
回归分析	可由已知量推算未知量	研究因果关系必须确定自变量与因变量	改变 X、Y 的地位，回归的意义就不同，会影响回归关系（不允许由因变量推算自变量）	因变量是随机变量；自变量是可控制的解释变量，不是随机变量

通过回归分析可以解决以下问题：

（1）判别自变量是否能解释因变量的显著变化——关系是否存在；

（2）判别自变量能够在多大程度上解释因变量——关系的强度；

（3）判别关系的结构或形式——反映因变量和自变量之间相关的数学表达式；

（4）预测自变量的值；

（5）当评价一个特殊变量或一组变量对因变量的贡献时，对自变量进行控制。

回归分析实质上是一类数学模型。通常，我们在研究一个或多个随机变量 Y_1，Y_2，…，Y_i 与另一些变量 X_1，X_2，…，X_k 之间的关系时，通常称 Y_1，Y_2，…，Y_i 为因变量，X_1，X_2，…，X_k 为自变量。特别当因变量和自变量为线性关系时，它是一种特殊的线性模型。最简单的情形是一个自变量和一个因变量，且它们大体上有线性关系，这叫一元线性回归，模型为 $Y=a+bX+\varepsilon$，这里 X 是自变量，Y 是因变量，ε 是随机误差，通常假定随机误差的均值为 0，方差为 σ^2（σ^2 大于 0），σ^2 与 X 的值无关。若进一步假定随机误差遵从正态分布，就叫做正态线性模型。一般的情形，若有 k 个自变量和一个因变量，因变量的值可以分解为两部分：一部分是由自变量的影响，即表示为自变量的函数，其中函数形式已知，但含一些未知参数；另一部分是由其他未被考虑的因素和随机性的影响，即随机误差。

当函数形式为未知参数的线性函数时，称为线性回归分析模型；当函数形式为未知参数的非线性函数时，称为非线性回归分析模型。当自变量的个数大于 1 时称为多元回归；当因变量个数大于 1 时称为多重回归。

4.1.2　回归分析原理简介

一般来说，回归分析是通过规定因变量和自变量来确定变量之间的因果关系，建立回归模型，并根据实测数据来求解模型的各个参数，然后评价回归模型是否能够很好地拟合实测数据；如果能够很好地拟合，则可以根据自变量做进一步预测。

建立回归模型进行评价分析的具体思路是：

现在考虑最简单的一种情况，即问题只涉及两个统计变量，只有一个自变量 X 和一个因变量 Y 的问题，且两个变量之间存在着线性相关关系。这时可用一条直线来表示 X 和 Y 之间的关系，即：

$$Y=a+bX \tag{4—1}$$

公式（4—1）就是回归直线方程，其中 a 为截距，b 为相关系数。现可以用它针对自变量 X 的任何一个观测值 X_i 计算对应的因变量预测值 $\hat{Y}_i$，即：

$$\hat{Y}_i=a+bX_i \tag{4—2}$$

这个预测值 $\hat{Y}_i$ 通常会与原来的观测值 Y_i 不完全一样。所以我们希望公式（4—1）中的 a、b 的取值能够使 $\hat{Y}_i$ 和 Y_i 两者之间的均方误差 MSE 达到极小，即：

$$MSE=\frac{1}{n}\sum_{i=1}^{n}(\hat{Y}_i-Y_i)^2=\frac{1}{n}\sum_{i=1}^{n}(a+bX_i-Y_i)^2 \tag{4—3}$$

由公式（4—2）可看到，均方误差 MSE 是 a 、b 的函数，所以，要使它达到极小，就等于 MSE 对于 a 、b 的偏导数分别等于零。把这样获得的两个以 a 、b 为变量的方程联立求解，就可以求出 a 、b 的取值：

$$a=\overline{Y}-b\overline{X} \tag{4—4}$$

$$b=\frac{\sum_{i=1}^{n}(Y_i-\overline{Y})(X_i-\overline{X})}{\sum_{i=1}^{n}(X_i-\overline{X})^2} \tag{4—5}$$

公式（4—4）和（4—5）中 $\overline{X}$ 和 $\overline{Y}$ 分别为自变量 X 和因变量 Y 的平均值。

这种通过使因变量估计值与观测值之间的均方误差达到极小来确定回归直线系数的方法称为最小二乘法（Method of Least Squares）。

对于多元线性回归，它是简单线性回归的推广，指的是多个因变量对多个自变量的回归。其中最常用的是只限于一个因变量但有多个自变量的情况，一般形式如下：

$$Y=a+b_1X_1+b_2X_2+\cdots+b_nX_m \tag{4—6}$$

其中，a 为截距，b_1，b_2，…，b_n 为偏回归系数。

多元线性回归一般采用逐步回归法进行分析，基本思想是：

对全部的自变量 X_1，X_2，…，X_m，按它们对 Y 贡献的大小进行比较，并通过 F 检验法，选择偏回归平方和显著的变量引入回归方程，每一步只引入一个变量，同时建立一个偏回归方程。当一个变量被引入后，对原已引入回归方程的变量，逐个检验它们的偏回归平方和。如果由于引入新的变量而使得已进入方程的变量变为不显著时，则及时从偏回归方程中剔除。在引入了两个自变量以后，便开始考虑是否有需要剔除的变量。只有当回归方程中的所有自变量对 Y 都有显著影响而不需要剔除时，再考虑从未引入方程的自变量中，挑选对 Y 有显著影响的新的变量引入方程。不论引入还是剔除一个变量都称为一步。不断重复这一过程，直至无法剔除已引入的变量，也无法再引入新的自变量时，逐步回归过程结束。

在统计学上，应用和研究得最多的就是线性回归模型，其理想假定包括有：方差齐性、线性关系、效应累加、变量无测量误差、变量服从多元正态分布、观察独立、模型完整（没有包含不该引入的变量，也没有漏掉应该引入的变量）、误差项独立且服从（0，1）正态分布。但是，现实数据常常不能完全符合上述假定。因此，统计学家研究出许多回归模型来解决线性回归模型假定过程的约束。对于非线性模型，也采用了相应的曲线估计方法，构建相应的线性回归方程（见表 4—2）。

表 4—2　不同模型的表示（曲线估计）

模型名称	回归方程	相应的线性回归方程
Linear（线性）	$Y=b_0+b_1t$	
Quadratic（二次）	$Y=b_0+b_1t+b_2t^2$	
Compound（复合）	$Y=b_0(b_1^{\,t})$	Ln（Y）＝ln（b_0）＋ln（b_1）t
Growth（生长）	$Y=e^{b_0+b_1t}$	Ln（Y）＝b_0+b_1t
Logarithmic（对数）	$Y=b_0+b_1\ln(t)$	

续前表

模型名称	回归方程	相应的线性回归方程
Cubic（三次）	$Y=b_0+b_1t+b_2t^2+b_3t^3$	
S	$Y=e^{b_0+b_1/t}$	Ln（Y）$=b_0+b_1/t$
Exponential（指数）	$Y=b_0\times e^{b1t}$	Ln（Y）=ln（b_0）$+b_1t$
Inverse（逆）	$Y=b_0+b_1/t$	
Power（幂）	$Y=b_0(t^{b_1})$	Ln（Y）=ln（b_0）$+b_1$ln（t）
Logistic（逻辑）	$Y=1/(1/u+b_0b_1{}^t)$	Ln（1/Y−1/u）=ln（b_0+ln（b_1）t）

4.1.3　回归模型的检验

对于多个变量，建立了回归模型，或者说找到了一条回归线以后，还需要判断这条回归线是否能够解释因变量的变化，因变量 Y 和任一自变量 X_K 之间究竟有没有真正的因果关系，自变量全体是否可以起到有效解释因变量的作用。回归模型的检验就是要回答这些问题。

1. 模型拟合优度的评价——判定系数 R^2

如前述，对于单自变量的问题，我们用最小平方法求得的回归直线方程确定了 X 和 Y 的具体变动关系，但是实际值是不是紧密分布在其两侧？其紧密程度如何？这关系到回归模型的应用值。因此，对回归直线的拟合优度必须加以测定。判定系数 R^2 便是测定直线回归模型拟合优度的一个重要指标，它表示方程中变量 X 对 Y 的解释程度。

如图 4—1 所示，变量 Y 的任一观测值 Y_j，Y_j 到平均值 $\overline{Y}$ 的总离差即（$Y_j-\overline{Y}$）被回归直线分割成两部分：一部分是回归离差（$\hat{Y}-\overline{Y}$），其变动可以由回归线解释；另一部分是残差（$Y_j-\hat{Y}$），这部分变差是回归线无法解释的部分。

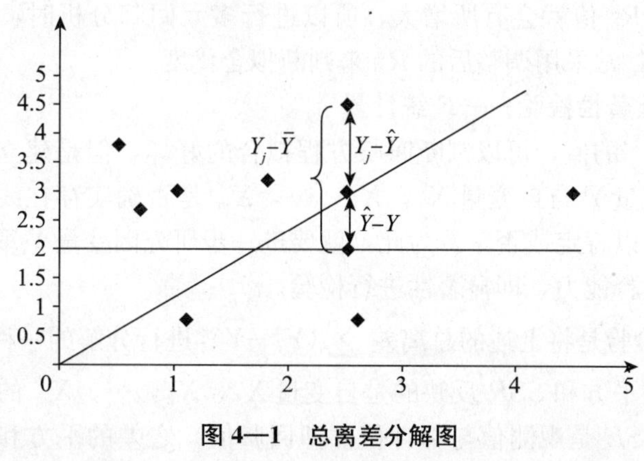

图 4—1　总离差分解图

对于所有观测值 Y_j 可用它们的离差平方和表示，对于线性关系，数学上可以证明：

总离差平方和（SST）＝回归离差平方和（SSR）＋残差平方和（SSE）

即：

$$\sum (Y_j - \bar{Y})^2 = \sum (\hat{Y} - \bar{Y})^2 + \sum (Y_j - \hat{Y})^2 \tag{4—7}$$

公式（4—7）说明在总偏差一定时，回归偏差越大，剩余偏差就越小；反之，回归离差越小，残差就越大。由此可见，如果实际值紧密分布在回归直线两侧，残差很小，说明 X 和 Y 的依存关系很强。当 X 与 Y 两变量依存关系很密切，乃至 Y 的变化完全由 X 引起，X 与 Y 为确定的函数关系，剩余误差也称未被解释的误差为零。判定系数 R^2 便是以回归离差占总离差的比率来表示回归模型拟合优度的评价指标，其计算公式为：

$$R^2 = \frac{SSR}{SST} = \frac{\sum (\hat{Y} - \bar{Y})^2}{\sum (Y_j - \bar{Y})^2}$$

或

$$R^2 = 1 - \frac{SSE}{SST} = 1 - \frac{\sum (Y_j - \hat{Y})^2}{\sum (Y_j - \bar{Y})^2} \tag{4—8}$$

所以，$0 \leqslant R^2 \leqslant 1$。

由此可见，当 X 和 Y 不存在线性依存关系，即 Y 的变化与 X 无关时，回归误差等于 0，$R^2=0$；当 X 和 Y 两变量依存关系很密切，乃至 Y 的变化完全由 X 引起时，X 和 Y 为确定的函数关系，剩余误差为 0，$R^2=1$。尽管在数值上没有严格的规定，但通常可认为当 R^2 大于 0.9 时，所得到的回归直线拟合得较好；当 R^2 小于 0.5 时，所得到的回归直线很难说明变量之间的依赖关系。而且，从判定系数 R^2 意义的解释中可以看出，判定系数 R^2 同相关系数 r 具有一致性，R 也称为复相关系数。因为对于多元方程，回归平方和实际上是反映回归方程中全部自变量的“方差贡献”。可以证明，一元线性回归的判定系数 R^2 的平方根 R 就是简单线性相关的相关系数 r。

而对于多元回归问题，由于 R^2 的大小与回归方程中自变量数目以及样本数目有关，每增加一个自变量，R^2 值就会有所增大，所以进行多元回归分析时，为了消除自变量数目不同对 R^2 的影响，常采用调整后的 R^2 来判断拟合优度。

2. 回归方程的显著性检验——*F* 统计量

通过判定系数 R^2 的值，可以判断回归方程拟合的好坏，但是建立回归方程以后，回归效果如何呢？因变量 Y 与自变量 X_1，X_2，…，X_m 是否确实存在线性关系呢？这需要进行统计检验才能加以肯定或否定，为此，就要进一步研究因变量 Y 取值的变化规律，需要对回归方程式的解释能力，即显著性进行检验。

回归模型的 F 检验是将上述的总离差 $\sum (Y_j - \overline{Y})^2$ 进行分解的一种检验方法。由前文所述可知，回归离差平方和 SSR 反映的是自变量 X_1，X_2，…，X_m 的变化所引起的 Y 的波动；残差平方和 SSE 是观测值与估计值（即回归值）之差的平方和，它是由试验误差及其他因素引起的，总离差 SST 等于回归偏差与剩余偏差之和，即如公式（4—7）所示。根据统计学原理，各种离差都有一个自由度相联系。总离差的自由度为 $n-1$，因为在计算 $\sum (Y_j - \overline{Y})^2$ 时消失了一个自由度；回归离差的自由度为 m（即为自变量的个数），因

为对于有 m 个自变量的多元线性回归模型来说，有 m 个自变量同因变量对应；剩余离差的自由度为 $n-m-1$（假设 n 为观测的次数），这三种离差的自由度存在关系：$(n-1)=m+(n-m-1)$。将回归离差和残差各自除以它们的自由度后加以比较，便得到检验统计量 F，即：

$$F=\frac{\sum\frac{(\hat{Y}-\bar{Y})^2}{m}}{\sum\frac{(Y_j-\hat{Y})^2}{n-m-1}} \tag{4—9}$$

根 R^2 与 F 的定义，可以导出 R^2 与 F 的以下关系：

$$F=\frac{R^2/m}{\frac{1-R^2}{(n-m-1)}}=\frac{R^2(n-m-1)}{R^2\times m} \tag{4—10}$$

对回归方程的显著性检验，实际上就是对总体回归系数 $b=0$ 的假设检验，是在给定显著性水平 α 的条件下，将计算的 F 值与查 F 表（自由度为 1，$n-m-1$）所得到的临界值进行比较，若 $F>F_\alpha$（1，$n-m-1$），就拒绝原假设；若 $F<F_\alpha$（1，$n-m-1$），则接受原假设。根据公式（4—10），利用 F 与 R^2 的关系式同样也可以解决 R^2 值多大时回归效果才算是显著的问题。因为对给定的检验水平 α，由 F 分布表可查出 F 的临界值 F_α，然后由 F_α 即可求出 R 的临界值 R_α，当 $R>R_\alpha$（1，$n-m-1$）时，则认为回归效果显著。

利用 F 检验对回归方程进行显著性检验的方法也称为方差分析。综合上面对回归效果的讨论可归结于一个方差分析表中，如表 4—3 所示。

表 4—3　　方差分析表

来源	平方和	自由度	方差	方差比
回归离差	$SSR=\sum(\hat{Y}-\bar{Y})^2$	m	SSR/m	
残差	$SSE=\sum(Y_j-\hat{Y})^2$	$n-m-1$	$SSE/(n-m-1)$	F
总离差	$SST=\sum(Y_j-\bar{Y})^2=\sum(\hat{Y}-\bar{Y})^2+\sum(Y_j-\hat{Y})^2$	$n-1$		

在实际应用中，F 检验是通过方差分析表输出的，通过显著性水平（Significant Level）检验回归方程的线性关系是否显著，主要是通过 F 统计量的 P 值来进行判断的（由软件自动输出，可见 4.2 节示例）。一般来说，显著性水平在 0.05 以下，均有意义。当 F 检验通过时，意味着方程中至少有一个回归系数是显著的，但是并不一定所有的回归系数都是显著的，这样就需要通过 t 检验来验证回归系数的显著性。

3. 回归系数的显著性检验——*t* 检验

前面讨论了回归方程中全部自变量的总体回归效果，但总体回归效果显著并不说明每个自变量 X_1，X_2，…，X_m 对因变量 Y 都是重要的，即可能有某个自变量 X_i 对 Y 并不起作用或者能被其他的 X_K 的作用所代替，因此对这种自变量我们希望从回归方程中剔除，这样可以建立更简单的回归方程。显然某个自变量如果对 Y 的作用不显著，则它的系数 b_i 就应取值为 0，回归系数 b_i 是决定 X 与 Y 变量依存关系形式的重要参数。因此要评价单个自变量对因变量的解释能力，就是检验自变量 X 与 Y 变量之间是否有线性关系，即检验回归系数 b_i 的显著性。

对回归系数 $b_i=0$ 的假设检验可以用 t 统计量检验，同上 F 检验一样，对于给定的检验水平 σ，从 t 分布表中可查出与 σ 对应的临界值 t_α。如果有 $|t_i|>t_\alpha$，则拒绝假设，即认为 b_i 与 0 有显著差异，这说明 X_i 对 Y 有重要作用，不应剔除；如果有 $|t_i|\leqslant t_\alpha$，则接受假设，即认为 $b_i=0$ 成立，这说明 X_i 对 Y 不起作用，应予剔除。

在实际应用中，t 检验也是通过 T 统计量的 P 值来进行判断的（由软件自动输出，可见 4.2 节示例）。一般来说，显著性水平在 0.05 以下，均有意义。这里需要说明一点的是，在一元线性回归分析中，对同一线性回归模型采用 t 检验和 F 检验的结论是一致的，二者取其一即可；但在多元回归分析中，它们是不等价的，t 检验是检验模型中各个参数的显著性，F 检验是检验整个回归关系的显著性。

4.1.4 回归预测的步骤

建立了回归模型，并且通过各项检验后就可以用它来进行预测了。其回归预测步骤和方法如下：

(1) 初步挑选出模型涉及的变量，构建变量指标体系，获得自变量和因变量的观测值。此步骤中应该考虑到回归分析的目的是什么（4.1.1 中介绍了有关回归分析的意义和应用范围）；如果最终目的是进行预测，则要注意所选取的自变量应该是可以控制的，可以获得观测值的，或者预先有明确取值的量。变量指标体系的构建、观测值（数据的收集）是回归分析的基础，但鉴于篇幅限制，这方面内容将不作为本书重点解决的主要问题，有关原理与技巧可参考相关统计原理等理论书籍，因此，在后续内容中，我们都假定模型的变量已经确定，并且各变量的历史数据或者观测值是已知的基础上做进一步的分析。

(2) 绘制观测值的 X、Y 散点图。对于只有一个自变量的一元问题，只需绘制一个以自变量为横坐标、因为量为纵坐标的散点图。如果涉及多个自变量，则须分别针对每一个自变量绘制 X、Y 散点图。

(3) 通过散点图初步判断自变量与因变量间的函数关系类型，写出带未知参数的回归方程。

(4) 最小均方误差原则，确定回归方程中参数的数值，从而得到回归方程。

(5) 判断回归方程的拟合优度。

(6) 用所得到的回归方程和给定的自变量值计算因变量的预测值，或者，对于因变量的目标值，利用回归方程求自变量的值。

本章的后续部分，主要以电子表格软件为工具来完成上述步骤，进行回归分析和预测。

4.2 一元线性回归分析

一元线性回归是回归分析的基础，要解决的主要问题是如何确定回归直线的系数问题，即构建回归模型，同时对拟合优度进行评价，给出残差等分析数据。

Excel 提供了回归分析的工具，可以通过菜单栏中“数据”选项卡中“分析”组中的“数据分析”功能进行应用。如前所述，该功能属于 Excel 的扩展功能，如果电脑中已有的 Excel 中尚未安装数据分析，单击表格页面左上角处的“Microsoft Office 按钮”后，单击“Excel 选项”，单击“加载项”类别，然后在右下角的“管理”中选择“Excel 加载项”(此项一般为系统默认项)，然后点击“转到”按钮，在出现的“加载宏”对话框中勾选中“分析工具库”条目，加载成功后，则可以在“数据”选项卡中“分析”组看到“数据分析”功能显现。

例 4—1：某房产评估公司想了解有关房产定价与特定因素间的关系，就对某一沿街区域房屋的年限、建筑面积以及目前的市场价值做了随机市场调查，得到了 44 家样本数据(详见附录 3)。要求：根据房屋建筑面积和目前市场价值数据建立回归模型，然后根据回归方程预测一个建筑面积为 250 平方米的房屋的市场价值。

解：(1) 输入数据并绘制自变量与因变量关系图。此例中，自变量 X 是“房屋建筑面积”，因变量 Y 是“市场价值”，在表格中选取数据区域后选择“插入—散点图”，并在图中添加趋势线后得到如图 4—2 所示的散点图。从图中可以看出两变量之间存在着大体上的线性依赖关系。

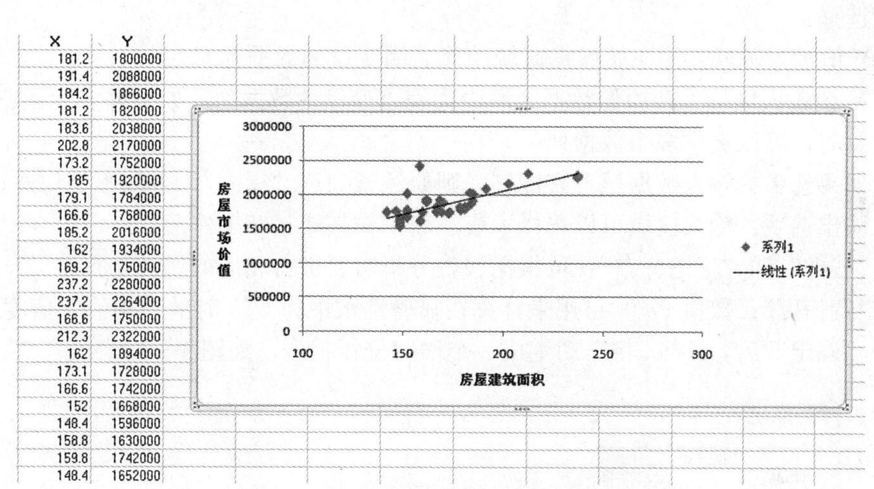

图 4—2 房屋建筑面积与市场价值散点图

因此可以判定要解决的是一个线性回归问题，回归方程的形式为：

$$Y=a+bX$$

(2) 求出回归系数 a、b 的取值，计算判定系数 R^2，并进行预测。

Excel 提供了几种不同的工具可供选择完成这一步骤，主要包括回归分析报告、规划求解工具、在散点图中添加趋势线和趋势方程以及内建函数等方法，下面分别做介绍。

4.2.1 方法一：直接用回归分析报告完成

选择“数据”选项卡中“分析”组中的“数据分析”后，在出现的对话框里选中“回归”，点击“确定”后，会出现参数设置对话框，如图 4—3 所示。

	N	X	Y
3	1357	181.2	1800000
4	1358	191.4	2088000
5	1361	184.2	1866000
6	1362	181.2	1820000
7	1365	183.6	2038000
8	1366	202.8	2170000
9	1369	173.2	1752000
10	1370	185	1920000
11	1373	179.1	1784000
12	1374	166.6	1768000
13	1377	185.2	2016000
14	1378	162	1934000
15	1381	169.2	1750000
16	1382	237.2	2280000
17	1385	237.2	2264000
18	1386	166.6	1750000
19	1389	212.3	2322000
20	1390	162	1894000
21	1393	173.1	1728000
22	1394	166.6	1742000

图 4—3 “回归”分析参数设置

依次选择：

(1) Y 值输入区域：即原始数据区域中代表因变量的数据列 C3；

(2) X 值输入区域：即原始数据区域中代表自变量的数据列，如果是多元回归，即有多个自变量时，可以选中多个数据列；

(3) 如果选中的输入数据域含有标签，则要注意勾选“标志”，否则不要勾选；

(4) 输出选项：输入区域可以选择本表、新工作表或是新工作簿；

(5)“残差”和“正态分布”：可根据报告分析需要进行相应的属性选择；

(6)“置信度”：数值 95% 可用来计算在显著性水平为 5% 时的平均值置信度。

点击“确定”后，Excel 将自动生成一个回归分析报告，如图 4—4 所示。

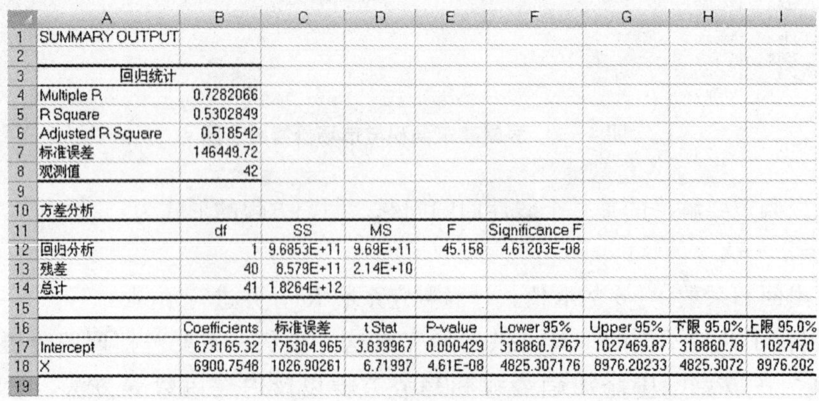

	A	B	C	D	E	F	G	H	I
1	SUMMARY OUTPUT								
2									
3	回归统计								
4	Multiple R	0.7282066							
5	R Square	0.5302849							
6	Adjusted R Square	0.518542							
7	标准误差	146449.72							
8	观测值	42							
9									
10	方差分析								
11		df	SS	MS	F	Significance F			
12	回归分析	1	9.6853E+11	9.69E+11	45.158	4.61203E-08			
13	残差	40	8.579E+11	2.14E+10					
14	总计	41	1.8264E+12						
15									
16		Coefficients	标准误差	t Stat	P-value	Lower 95%	Upper 95%	下限 95.0%	上限 95.0%
17	Intercept	673165.32	175304.965	3.839967	0.000429	318860.7767	1027469.87	318860.78	1027470
18	X	6900.7548	1026.90261	6.71997	4.61E-08	4825.307176	8976.20233	4825.3072	8976.202
19									

图 4—4 回归分析报告

回归分析报告中所包含的主要统计信息简单说明如下：

(1) R^2 (R Square)：判定系数值，用来判断回归方程的拟合优度。此例中，该系数值为 0.53，稍大于 0.5，说明该回归方程可以说明变量间的依赖关系，但是拟合度并不是很好。

(2) 调整后 R^2 (Adjusted R Square)：这个参数用于对几个自变量个数不同的回归方程进行比较时代替 R^2 来判断拟合优度，对一元回归问题意义不大。

(3) 标准误差 S_e：单元格 B7 中的标准误差为因变量的估计值与观测值之间的标准误差，其计算公式为：

$$S_e = \sqrt{\frac{\sum (Y - \hat{Y})^2}{n - 2}} \tag{4—11}$$

式中，n 为观测点的个数，此例为 42，在单元格 B8 中显示出来。

(4) F 统计量：此例中 F 统计量为 45.158，其代表显著性的 P 值 (Significance F) 为 4.612×10^{-8}，远远小于显著水平 0.05（显著水平＝1－置信度），说明回归方程有效；

(5) t 统计量：对于自变量 X 的 t 统计量为 6.71 997，其代表显著性的 P 值 (P-Value) 为 4.61×10^{-8}（注意：对于单变量回归方程，t 统计量值与 F 统计量值的显著性结论是一致的），表明自变量系数 b 的真实值为 0 的可能性只有 0.000 000 461%，远远小于显著水平 0.05，说明该自变量与因变量是相关的，回归方程有效。

事实上，对于一元回归问题，只需考察 F 统计量即可。

(6) 方程的未知参数 a 和 b 分别在单元格 B17 和 B18 中列示出来，即：a＝673 165.32，b＝6 900.754 8。

根据分析报告中得到的参数值，就可直接进行预测建筑面积为 250 平方米的房屋的市场价值了，如图 4—5 所示。

C10 =B4+B5*C9

	A	B	C	D
1				
2	由回归分析报告得：			
3				
4	a（截距）	673165.3244		
5	b（斜率）	6900.754754		
6	R Square	0.530284865		
7				
8				
9	建筑面积		250	
10	房屋市场价值预测值		2398354	
11				

图 4—5 利用回归分析结果进行预测计算

(7) 残差图 (X Residual Plot) 是有关于观测值与预测值之间差距的图表，如果残差图中的散点在中轴上下两侧零乱分布，那么拟合直线 (X Line Fit Plot) 就是合理的，否则就需要重新处理（见图 4—6）。

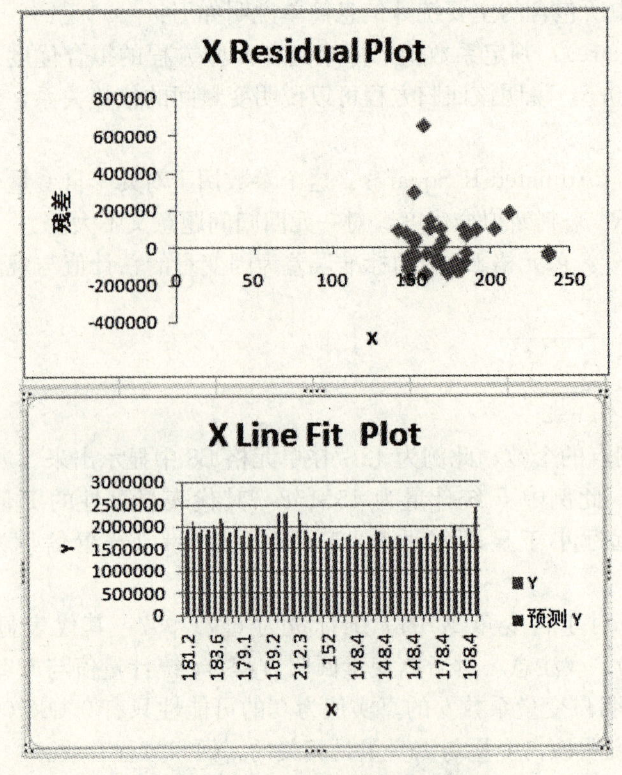

图 4—6　残差图和拟合直线图

4.2.2　方法二：运用规划求解工具确定回归系数

此方法直接利用均方误差极小化的原理进行计算分析。首先假定回归系数的值，用假定系数的回归直线方程对自变量的各观测值求出相应的因变量估计值，并计算出因变量估计值与观测值之间的均方差误差。最后利用 Excel 的规划求解工具找到均方差极值所对应的回归系数的取值。具体过程为：

如图 4—7 中的左上图所示，首先假定两个回归参数的初始值为 1 并输入到单元格 G3 和 G4 中，分别作为回归直线方程中的 a 和 b；然后利用一元线性回归方程的公式（4—1）在单元格 D3 中输入公式“＝＄G＄3＋＄G＄4＊B3”，将此公式复制到 D3：D44 中，得到房屋市场价值的估计值；在单元格 G7 中计算预测值和观测值之间的均方误差 MSE，即在 G7 中输入公式“＝SUMXMY2（C3：C44，D3：D44）/COUNT（C3：C44）”；启动“数据—规划求解”工具，如图 4—8 所示，在“规划求解参数”对话框中将目标单元格设置为＄G＄7，使其等于极小值，将可变单元格设置为＄G＄3：＄G＄4，无须设置任何约束条件即可直接求解，保存规划求解结果。

规划求解完成后，即得到使单元格 G7 中均方误差达到极小的两个回归系数的值，即回归直线方程的截距 a 和斜率 b 的值分别为 673 180.283 和 6 900.668（四舍五入后的结果，见图 4—7 中的右下图），即回归方程为：

$$Y = 673\ 180.283 + 6\ 900.668X$$

图 4—7　用“规划求解”工具对回归参数求解前后的工作表

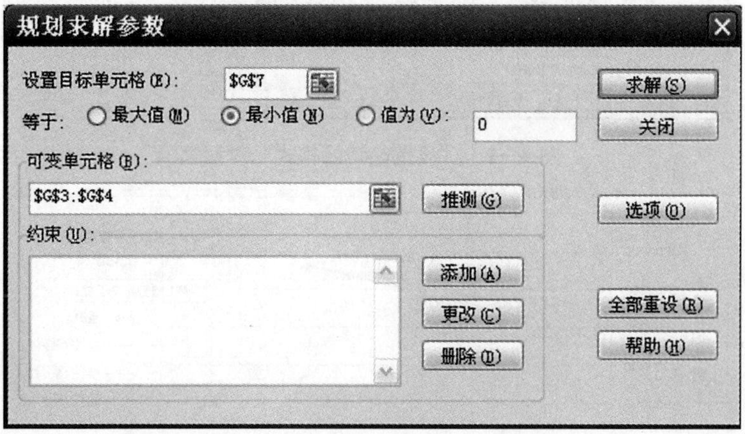

图 4—8　“规划求解参数”对话框

接着需要计算判定系数 R^2 的值来评价该回归方程的拟合程度。在单元格 G16 输入函数公式“=RSQ（C3：C44，B3：B44）”，即可得到 R^2 的值约为 0.53，这表示该回归方程可以反映变量间的依赖关系，但是拟合优度并不是很好。

对于建筑面积为 250 平方米的房屋市场价值的预测仍在表格中通过公式来解决，在单元格 G12 中输入公式“= $G$3+ $G$4 * $G$11”，就可以计算出预测值为 2 398 347.20元（见图 4—7 右下图）。

4.2.3　方法三：在散点图上直接显示出回归直线及其方程

在绘制出自变量和因变量散点图以后，选择“图表工具”中的“布局”选项卡，在“分析”中点击“趋势线”命令卡，打开“其他趋势线选项”命令菜单，就可以在弹出的“设置趋势线格式”对话框中进行设置，如图 4—9 所示，选中“线性”类型，并且勾选

“显示公式”和“显示 R 的平方值”，点击“确定”后，这样就在散点图上添加了回归直线，并且显示出回归直线方程和 R^2 值，同前面介绍的方法获得的结果一样，如图 4—10 所示。

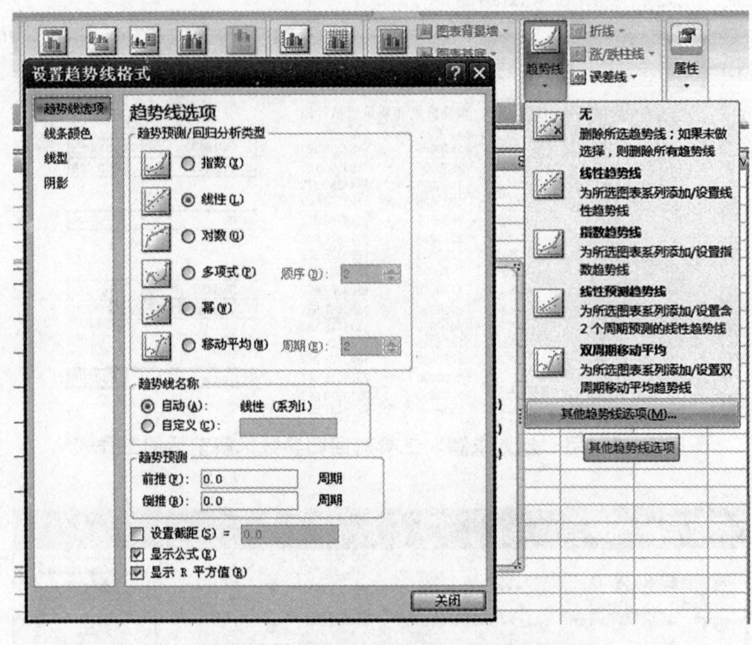

图 4—9 “设置趋势线格式”对话框

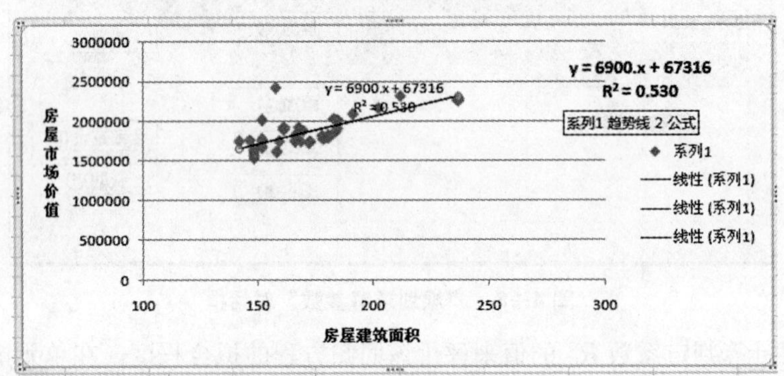

图 4—10 用添加趋势线方法获得回归直线和参数值

4.2.4 方法四：利用 PHStat 插件进行简单线性回归分析

同前介绍，在 Excel 安装了 PHStat 插件后，可以从 PHStat 的菜单项中选择 Regression 和 Simple Linear Regression（见图 4—11），出现如图 4—12 所示的对话框。在 Data 部分，可以给出自变量和因变量的范围，结果选项包括回归统计量和 ANOVA、残差表（该工具不计算标准化残差）以及残差图（类似于前面介绍的方法所列出的结果）。PHStat 还会提供数据的散点图、德宾—沃森检验统计量以及给定具体自变量的置信和预测区间。

综上所介绍的四种方法进行回归分析各有优劣。相比较而言，规划求解法的应用面较

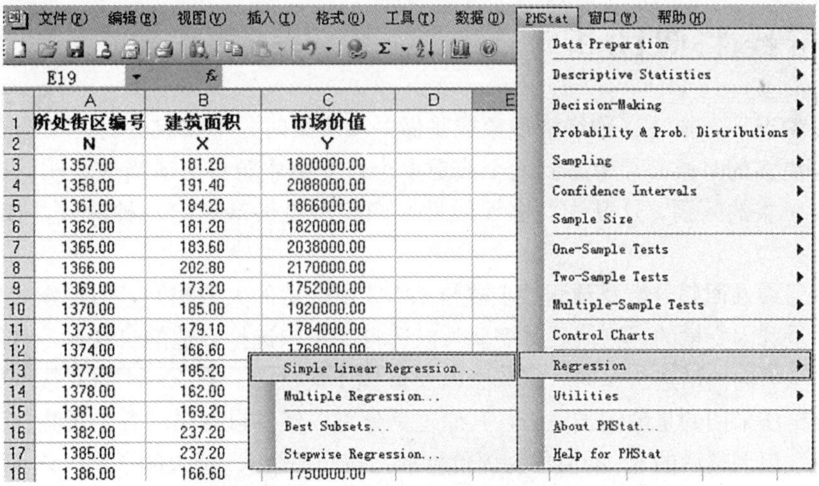

图 4—11　PHStat 功能菜单中 Regression 选项

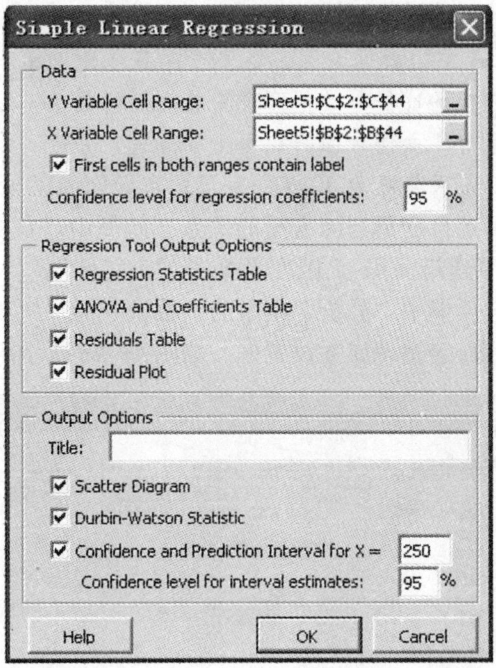

图 4—12　PHStat 简单线性回归分析对话框

广，它不局限于线性问题，也不局限于一元问题，但除了可以直观看到拟合结果外，无法进行深入的统计分析；用添加趋势线求回归方程参数和判定系数的方法简便易行，多数情况下完全可以满足回归分析和预测的要求，而且在“添加趋势线”中提供了许多函数形式供选择，可以通过多种形式函数比较拟合的情况；而要得到较为全面的回归分析结果，则采用数据分析工具自动生成回归分析报告或者利用 PHStat 插件工具的方式更为可取。

4.3 多元线性回归分析

在很多情况下，描述一种经济现象或是做一项决策时并不仅仅针对一个自变量的影响进行研究，更多的时候必须考虑到两个或更多个自变量才能够更适当地说明问题，这就是多元回归要解决的问题。这其中，多元线性回归模型是最基本的一种形式，如公式（4—6）所示。

进行多元线性回归分析及预测的步骤与 4.1.4 所介绍的大致相同，但特殊之处有：在获得候选自变量和因变量的观测值后，需要从候选自变量中选择合适的自变量，常用的方法包括：步回归法、向前增选法、向后删减法以及最优子集法等。在 Excel 的“数据分析”中所用的回归分析法采用的是最优子集法，其原理是分别以候选自变量的各个子集作为自变量进行回归分析，以调整后的 R^2 的值作为评价标准，找到那个 R^2 最大的子集，该子集中所包含的变量就作为该多元线性回归分析的变量。采用最优子集法进行自变量选择后，回归方程系数和拟合优度也同时确定下来了，最后就可以根据得到的回归方程进行预测了。

下面通过一个简单的例子说明具体操作步骤。

例 4—2：仍以例 4—1 中的数据为例，要求根据房屋建筑面积、房屋使用年限和目前市场价值的数据找到目前市场价值与其他两个变量之间的关系，以便进行未来房屋价值的预测；试根据这些数据分析建立何种回归模型比较合适，并进一步根据回归方程预测一个建筑面积为 250 平方米、使用年限为 30 年的房屋的市场价值。

解：(1) 输入数据确定自变量与因变量的关系。此例中，自变量 X_1 是“房屋使用年限”，自变量 X_2 是“房屋建筑面积”，因变量 Y 是“市场价值”。

(2) 选择“数据”选项卡中“分析”组中的“数据分析”后，在出现的对话框里选中“回归”，点击“确定”后，会出现属性设置框，如图 4—13 所示。

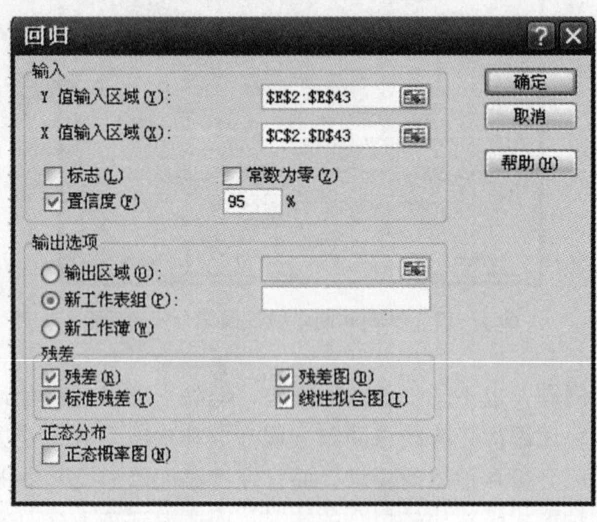

图 4—13 “回归”对话框

依次选择：

1）Y 值输入区域：即原始数据区域中代表因变量的数据列 E2：E43；

2）X 值输入区域：即原始数据区域中代表自变量的数据列，因为有两个自变量，是多元回归，所以选中多个数据列，此例为 C2：D43；

3）如果选中的输入数据域含有标签，则要注意勾选“标志”，否则不要勾选；

4）输出选项：输入区域可以选择本表、新工作表或是新工作簿；

5）“残差”和“正态分布”：可根据报告分析需要进行相应的属性选择；

6）“置信度”：数值 95% 可用来计算在显著性水平为 5% 时的平均值置信度。

点击“确定”后，Excel 将自动生成一个回归分析报告，如图 4—14 所示。

	A	B	C	D	E	F	G	H	I
1	SUMMARY OUTPUT								
2									
3	回归统计								
4	Multiple R	0.742244394							
5	R Square	0.55092674							
6	Adjusted R Square	0.527897343							
7	标准误差	145019.8866							
8	观测值	42							
9									
10	方差分析								
11		df	SS	MS	F	ignificance F			
12	回归分析	2	1.01E+12	5.03E+11	23.92276	1.66E-07			
13	残差	39	8.2E+11	2.1E+10					
14	总计	41	1.83E+12						
15									
16		Coefficients	标准误差	t Stat	P-value	Lower 95%	Jpper 95%	下限 95.0%	上限 95.0%
17	Intercept	966108.7051	279294.6	3.459102	0.001326	401182	1531035	401182	1531035
18	X Variable 1	-16371.1171	12227.28	-1.3389	0.188355	-41103.1	8360.901	-41103.1	8360.901
19	X Variable 2	8055.364072	1333.303	6.041661	4.53E-07	5358.504	10752.22	5358.504	10752.22

图 4—14 房屋使用年限和房屋建筑面积对市场价值影响的回归分析报告

（3）由生成的回归分析报告可以得出回归系数，并确定回归预测模型：

$$Y = 966\ 108.705 - 16\ 371.117X_1 + 8\ 055.364X_2$$

对于建筑面积为 250 平方米、使用年限为 30 年的房屋市场价值的预测仍在表格中通过公式来解决，如图 4—15 所示，在单元格 C13 中输入公式“＝B4＋B5×C11＋B6×C12”，就可以计算出预测值为2 488 816.21元。

C13 　 f_x =B4+B5*C11+B6*C12

	A	B	C	D
1				
2	由回归分析报告得：			
3				
4	a（截距）	966108.705		
5	b1（偏相关系数）	-16371.1171		
6	b2（偏相关系数）	8055.36407		
7				
8	R Square	0.55092674		
9	Adjusted R Square	0.52789734		
10				
11	房屋使用年限		30	
12	建筑面积		250	
13	房屋市场价值预测值		2488816.21	
14				
15				

图 4—15 市场价值预测结果

4.4 具有非线性项的回归分析

在实际问题中，有很多情况是因变量与自变量间无法简单地用一条直线来拟合的线性依赖关系，而是表现出一种非线性关系，这时就必须用非线性回归分析方法来解决，即用一条曲线来拟合因变量对于自变量的依赖关系。根据问题的性质，拟合曲线可以是指数曲线、对数曲线、平方根曲线以及多项式曲线等。具体采用何种曲线，主要由两方面的因素决定：一方面是自变量与因变量之间本来就存在着一种内在函数依赖关系，而这种依赖关系是分析者根据自己的知识背景和经验已经了解的；另一方面是可根据自变量与因变量的观测值绘出散点图，从而看出它们之间的依赖模式。

下面可通过一个简单的例子来说明一下具有非线性项的回归分析方法。

例 4—3：表 4—4 中列出了连续 15 年对某种消费品年销售额的统计数据。试根据这些资料建立适当的模型，并预测第 16 年的销售额。

表 4—4 **销售额数据** 单位：万元

年序号	年销售额	年序号	年销售额	年序号	年销售额
1	4	6	14.2	11	82.3
2	5.2	7	20.4	12	108.6
3	6.6	8	29.1	13	123.5
4	7.8	9	42.0	14	168.9
5	10.6	10	58.7	15	182.4

解：将数据输入到 Excel 中，并利用这些数据绘制散点图，如图 4—16 所示。观察散点图可以发现，随着年序号的增大，销售额先缓慢增长，然后急剧增长。

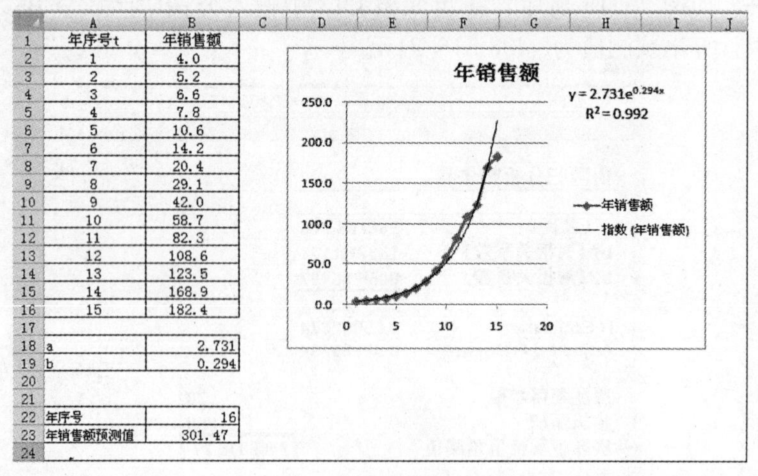

图 4—16 年销售额散点图

在该图中添加趋势线。选择“图表工具”中的“布局”选项卡，在“分析”中点击“趋势线”命令卡，打开“其他趋势线选项”命令菜单，就可以在弹出的“设置趋势线格式”对话框中进行设置，选中“指数”类型，并且勾选“显示公式”和“显示 R 平方值”，点击“确定”后，这样就在散点图上添加了回归直线，并且显示出回归直线方程和 R^2 值。

从图 4—15 中可发现，R^2 的值达到 0.992，因此选择指数型的函数作为拟合函数是可行的。此时，只需将 $X=16$ 代入回归方程 $Y=2.731e^{0.334x}$ 中即可预测出第 16 年的销售额为 301.47 万元。

本章小结

在决策实务中，决策制定者经常会通过一个或更多的自变量的值来预测分析因变量的值。回归分析就是一种用于刻画因变量和一个或一个以上自变量的相互关系，从而构建统计模型的工具。本章主要讲述了有关回归模型的基本原理与方法，解释有关回归结果的统计问题，具体包括一元线性回归、多元线性回归和具有非线性项的回归模型的构建步骤和分析方法。

复习思考题

1. 某产品在过去 10 周的广告投入额与销售量数据如图 4—17 所示。要求：

（1）制作散点图，寻找合适的拟合曲线；

（2）求出模型中的参数及 R^2 值；

（3）根据回归方程计算当广告投入为 45 万元时的销售量；

（4）用变换法计算当广告投入为 45 万元时的销售量。

	A	B
1	广告投入(万元)	销售量
2	61	960
3	54	800
4	50	700
5	43	500
6	38	350
7	36	300
8	28	220
9	23	190
10	19	165
11	33	250

图 4—17 某产品的广告投入额与销售量

2. 某产品的产量与收益如表 4—5 所示。要求：

（1）制作散点图，寻找合适的拟合曲线；

（2）求出模型中的参数及 R^2 值；

（3）根据回归方程计算当产量为 1 500 时的收益值；

（4）用变换法计算当产量为 1 500 时的收益值。

表 4—5　　某产品的产量与收益数据

序号	产量	收益	序号	产量	收益	序号	产量	收益
1	473	1.47	9	1 024	19.61	17	1 499	31.22
2	561	9.48	10	1 132	22.51	18	1 771	32.54
3	639	10.78	11	1 075	22.53	19	1 837	35.54
4	741	13.78	12	1 253	27.93	20	1 973	36.34
5	824	16.77	13	1 366	27.01	21	2 066	36.14
6	874	18.76	14	1 403	29.8	22	2 178	38.5
7	939	17.85	15	1 242	25.26	23	2 305	41.24
8	972	18.93	16	1 607	33.01	24	2 235	36.49

3. 某企业过去 13 年的年销售额数据如图 4—18 所示。要求：

(1) 利用散点图，寻找合适的拟合曲线；

(2) 求出模型中的参数及 R^2 值；

(3) 根据回归方程计算该企业第 14 年的销售额；

(4) 用变换法计算该企业第 14 年的销售额。

	A	B
1	年序号t	年销售额Y
2	1	3.0
3	2	9.8
4	3	13.5
5	4	20.3
6	5	27.8
7	6	33.5
8	7	45.6
9	8	56.7
10	9	66.8
11	10	78.1
12	11	99.4
13	12	118.6
14	13	163.9

图 4—18　某企业过去 13 年的销售额数据

4. 某企业过去 24 个月的收入数据如表 4—6 所示。要求：

(1) 用三次多项式进行拟合；

(2) 求出模型中的参数 a 和 b_1、b_2、b_3 及 R^2 值；

(3) 根据回归方程计算下个月的收入值；

(4) 用变换法计算下个月的收入值。

表 4—6　　某企业过去 24 个月的收入数据

月份	收入	月份	收入	月份	收入	月份	收入	月份	收入
1	2 786	6	4 524	11	5 378	16	6 675	21	10 490
2	2 549	7	6 126	12	3 636	17	4 353	22	12 380
3	2 638	8	3 848	13	5 102	18	7 140	23	13 658
4	3 752	9	3 855	14	4 729	19	9 423	24	14 983
5	4 560	10	5 303	15	5 563	20	9 942		

第三部分

管理决策模型的选择与分析

第 5 章　决策分析

学习目标

- ◎ 理解依据自然状态的概率发生知晓情况对决策分析的分类
- ◎ 掌握确定型决策分析方法
- ◎ 掌握不确定型决策分析方法
- ◎ 掌握风险型决策分析方法中完全信息价值、决策树和效用函数的决策方法

案例：零售商的进货决策

制造商生产的产品按 122 元/件批发给零售商，该产品的市场零售价格为 180 元/件。如果零售商订货过多，每一件没有卖出去的产品只能按 18 元/件的残值价格处理掉。制造商的生产成本为 44 元/件。市场对该产品的需求分布如表 5—1 所示。请决策零售商应该进多少产品。

表 5—1　　市场需求概率分布

需求量（件）	需求概率密度	需求量（件）	需求概率密度
300	0.00	900	0.22
400	0.01	1 000	0.12
500	0.04	1 100	0.05
600	0.10	1 200	0.01
700	0.20	1 300	0.00
800	0.25		

资料来源：彭代武等主编：《市场调查·商情预测·经营决策》，北京，经济管理出版社，2002。

5.1　管理决策的方法与技术

尽管决策问题的模型化有助于洞察决策问题的本质和对问题的理解，但是进行决策还是一件令人头痛的事，最主要的两个原因是未来的不确定性以及价值或目标的相互冲突。

虽然不可能把所有的决策问题描述成一个统一的形式，但决策问题还是具有一些共同的特征的。例如，决策至少包括两个解决问题的备选方案；每个备选方案都是解决问题的一套行动；可以按照一定的决策标准来评估备选方案；每一种备选方案下不同的决策标准所给出的价值取决于可能发生的自然状态，等等。性质不同的备选方案有着不同的评估标准，并不是所有的标准都可以用货币来衡量，这无形中增加了比较备选方案的难度。对于自然状态，在决策分析中我们常使用相对比较少的、间断的、具有代表性的自然状态来概括所有可能发生的未来状态。

概括来说，决策分析有六要素：决策者、决策目标、状态（或称自然状态）、多个备选方案、状态和方案相结合的产物与结果、对方案的评价。

本书介绍的决策分析技术主要是按照对自然状态的知与不知，以及对发生各种自然状态的概率的知与不知，分成确定型决策、不确定型决策及风险型决策，在下面各节中将做详细介绍。

不论用哪种分析技术解决决策问题，最常用的办法就是构造一个收益矩阵。所谓收益矩阵就是一个所有备选方案在每一种可能的自然状态下最终结果的总结表。要想构造收益矩阵，就要确定每个备选方案和每种可能的自然状态，如表 5—2 所示。

表 5—2　　一张收益矩阵

收益 \ 方案	自然状态	
	A	B
1	36	45
2	27	54

5.2　确定型决策

确定型决策也称确定情况下的决策，是指决策者面临的自然状态是确定的，决策者对自然状态的了解是充分的、完全的，所要做的决策方案是在事先已经规定的某种状态下确定的。

例 5—1[①]：某零售店接到两个不同经销商送来的两种类似商品的报价清单，A 商品进货成本 10 元，最低进货量 1 500 个，预计销售价格 18 元/个；B 商品进货成本 12 元，最低进货量 1 200 个，预计销售价格 22 元/个。经过市场调查，发现 A 商品的潜在销售量为 2 000 个左右，B 商品的潜在销售量为 1 500 个左右。零售主应当选择销售哪种商品？

解：将已知数据录入 Excel 表格。

A 商品的潜在销售量为 2 000 个>最低进货量 1 500 个。

B 商品的潜在销售量为 1 500 个>最低进货量 1 200 个。

① 参见彭代武等主编：《市场调查·商情预测·经营决策》，北京，经济管理出版社，2002。

按照图 5—1 计算可知 A 商品的预计利润为 1 600 元，B 商品的预计利润为 1 500 元，零售主应选择售卖 A 商品。

F2　　f_x =(C2-B2)*D2

	A	B	C	D	E	F
1		成本	销售价	销售量	最低进货量	利润
2	A商品	10	18	2 000	1 500	=(C2-B2)*D2
3	B商品	12	22	1 500	1 200	

图 5—1　确定型决策的输入公式显示

5.3　不确定型决策

对于存在两个或两个以上自然状态的决策问题，每一个行动方案对应着多个结果，即每一个行动方案的结果值是一个随机变量，它们的概率分布也是未知的，这类决策问题为不确定型决策。

5.3.1　"好中求好"决策方法

"好中求好"即乐观准则，假设每个行动方案总是出现最好的条件结果，条件收益值最大或条件损失值最小，那么最满意的行动方案就是所有条件中最大收益中的最大收益值(或最小损失值)。

步骤：

第一步，根据决策矩阵选出每个方案的最优结果。

第二步，在这些最优结果中选择一个最优结果，该结果对应的方案即最优方案。

例 5—2①：一个新建的购物中心要决定"五一"黄金周的供应水平，以便满足顾客前来购买商品的需求。由于该购物中心开业不久，不知道假日的确切顾客数，但估计会有四种可能情况：第一种情况是来的顾客较少，日均 20 000 人；第二种情况是日均 25 000 人；第三种情况是日均 30 000 人；第四种情况是日均 35 000 人。这些情况出现的概率未知。假设有四种供货方案 A_1、A_2、A_3、A_4。如果以成本最低为决策目标，供应过剩或供不应求都将使成本增大，具体成本数据如表 5—3 所示，求最满意方案。

表 5—3　　不同供货方案的成本数据

自然状态 / 成本 / 备选方案	第一种情况 20 000 人	第二种情况 25 000 人	第三种情况 30 000 人	第四种情况 35 000 人
A_1	5	10	18	24
A_2	8	7	8	23
A_3	20	18	12	21
A_4	30	22	19	15

① 参见彭代武等主编：《市场调查·商情预测·经营决策》，北京，经济管理出版社，2002。

解：将表 5—3 转化成收益值表输入 Excel 表格。用“好中求好”决策方法决策。

按图 5—2 在 F2 单元格输入公式，按回车，并下拉到 F5 单元格，得出各方案的最大收益值。

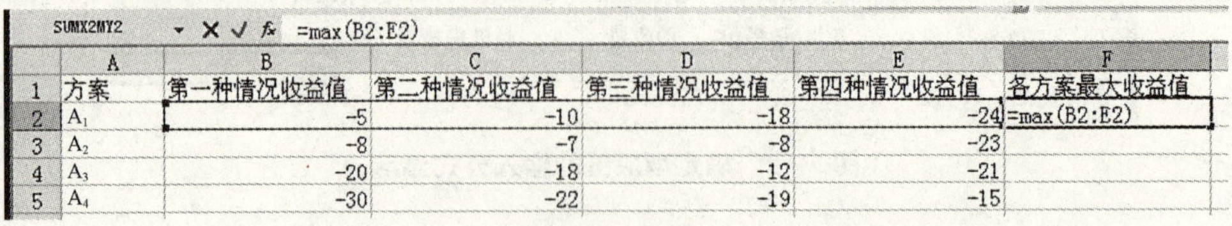

SUMX2MY2 =max(B2:E2)

	A	B	C	D	E	F
1	方案	第一种情况收益值	第二种情况收益值	第三种情况收益值	第四种情况收益值	各方案最大收益值
2	A_1	-5	-10	-18	-24	=max(B2:E2)
3	A_2	-8	-7	-8	-23	
4	A_3	-20	-18	-12	-21	
5	A_4	-30	-22	-19	-15	

图 5—2　“好中求好”决策方法的各方案最大收益值计算公式

按图 5—3 在 F7 单元格输入公式，按回车，得出－5，对应的最满意方案是 A_1。

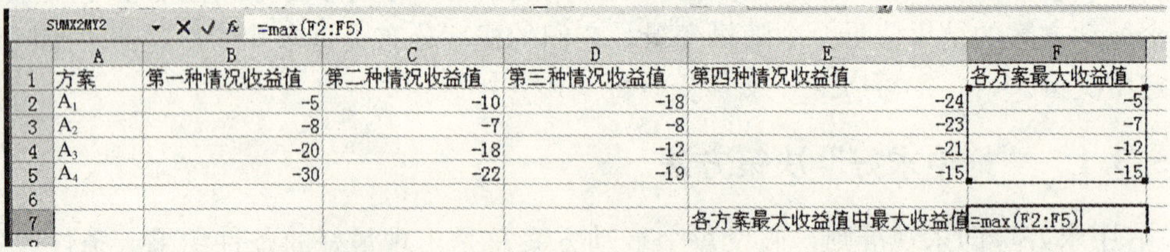

SUMX2MY2 =max(F2:F5)

	A	B	C	D	E	F
1	方案	第一种情况收益值	第二种情况收益值	第三种情况收益值	第四种情况收益值	各方案最大收益值
2	A_1	-5	-10	-18	-24	-5
3	A_2	-8	-7	-8	-23	-7
4	A_3	-20	-18	-12	-21	-12
5	A_4	-30	-22	-19	-15	-15
6						
7					各方案最大收益值中最大收益值	=max(F2:F5)

图 5—3　“好中求好”决策方法的各方案最大收益值中最大收益值的选择计算公式

有些情况下使用“好中求好”决策方法会导致决策失误，如表 5—4 所示。

表 5—4　　反例收益矩阵（一）

收益 方案	自然状态		
	A	B	最大值
1	30	－10 000	30
2	29	29	29

按照“好中求好”决策方法，人们应该选择方案 1，但是实际上人们通常会选择方案 2，因为方案 2 确保了仅比最大收益稍低的收益水平，并且避免了由于 B 自然状态出现而引起的巨大损失。

5.3.2　“坏中求好”决策方法

“坏中求好”决策方法即悲观准则，假设每个行动方案总是出现最坏的条件结果，那么最满意的行动方案就是所有条件中最坏收益中选取最好收益（或最小损失值）对应的方案。

步骤：

第一步，根据决策矩阵选出每个方案的最小结果值。

第二步，在这些最小结果中选择一个最优结果，该结果对应的方案即最优方案。

例 5—3①：依然以例 5—2 为背景，应用“坏中求好”决策方法选取最满意方案。

① 参见彭代武等主编：《市场调查·商情预测·经营决策》，北京，经济管理出版社，2002。

解：按图 5—4 在 F2 单元格输入公式，按回车，并下拉到 F5 单元格，得出各方案的最小收益值。

SUMX2MY2　=MIN(B2:E2)

	A	B	C	D	E	F
1	方案	第一种情况收益值	第二种情况收益值	第三种情况收益值	第四种情况收益值	各方案最小收益值
2	A_1	-5	-10	-18	-24	=MIN(B2:E2)
3	A_2	-8	-7	-8	-23	
4	A_3	-20	-18	-12	-21	
5	A_4	-30	-22	-19	-15	
6						

图 5—4　“坏中求好”决策方法的各方案最小收益值计算公式

按图 5—5 在 F7 单元格输入公式，按回车，得出－21，对应的最满意方案是 A_3。

SUMX2MY2　=max(F2:F5)

	A	B	C	D	E	F
1	方案	第一种情况收益值	第二种情况收益值	第三种情况收益值	第四种情况收益值	各方案最小收益值
2	A_1	-5	-10	-18	-24	-24
3	A_2	-8	-7	-8	-23	-23
4	A_3	-20	-18	-12	-21	-21
5	A_4	-30	-22	-19	-15	-30
6						
7						
8					各方案最小收益值中最大收益值	=max(F2:F5)
9						

图 5—5　“坏中求好”决策方法的各方案最小收益值中最大收益值的选择计算公式

有些情况下使用“坏中求好”决策方法也会导致决策失误，如表 5—5 所示。

表 5—5　反例收益矩阵（二）

方案＼收益	自然状态		
	A	B	最小值
1	1 000	28	28
2	29	29	29

按照“好中求好”决策方法，人们应该选择方案 2，但是实际上人们通常会选择方案 1，因为方案 1 最坏的结果仅比 29 小一点，而且方案 1 还会因为自然状态 A 发生有一个巨大的潜在收益。

5.3.3　“最小最大后悔值”决策方法

“最小最大后悔值”决策方法即遗憾准则，通常人们在选择方案后，事实出现的情况并不是所选方案，人们就会感到后悔，应该选择另一个方案。“最小最大后悔值”决策方法就是寻找如果选择某一方案，对应别的方案产生的后悔值为最小的那个方案。所谓后悔值，就是在一定自然状态下没有取到最好的方案而带来的机会损失。那么最满意的行动方案就是所有后悔值中最大值中选最小值的对应方案。

步骤：

第一步，计算各方案在每种状态下的后悔值，即机会损失值。

第二步，找出各方案的最大后悔值。

第三步，在各方案的最大后悔值中取最小后悔值，该结果对应的方案即最优方案。

例 5—4[①]：依然以例 5—2 为背景，应用“最小最大后悔值”决策方法选取最满意方案。

解：第一步，计算各方案在每种状态下的后悔值，即机会损失值。

在 B7 按图 5—6 输入公式，即用最大收益值分别减去各方案第一种情况收益值，下拉到 B10。

SUMX2MY2 =MAX($B$2:$B$5)-B2

	A	B	C	D	E
1	方案	第一种情况收益值	第二种情况收益值	第三种情况收益值	第四种情况收益值
2	A_1	-5	-10	-18	-24
3	A_2	-8	-7	-8	-23
4	A_3	-20	-18	-12	-21
5	A_4	-30	-22	-19	-15
6					
7					
8	每种状态的后悔值				
9	A_1	=MAX($B$2:$B$5)-B2		10	9
10	A_2	3	0	0	8
11	A_3	15	11	4	6
12	A_4	25	15	11	0

图 5—6　“最小最大后悔值”决策方法各方案每种状态的后悔值计算公式

在 C7 单元格输入“＝MAX（$C$2：$C$5）－C2”，按回车，下拉到 C10 单元格；同理计算出各方案每种状态的后悔值。

第二步，找出各方案的最大后悔值。按图 5—7 在 B12 单元格按输入公式，按回车，横拉到 E12。

SUMX2MY2 =MAX(B9:B12)

	A	B	C	D	E
1	方案	第一种情况收益值	第二种情况收益值	第三种情况收益值	第四种情况收益值
2	A_1	-5	-10	-18	-24
3	A_2	-8	-7	-8	-23
4	A_3	-20	-18	-12	-21
5	A_4	-30	-22	-19	-15
6					
7					
8	每种状态的后悔值				
9	A_1	0	3	10	9
10	A_2	3	0	0	8
11	A_3	15	11	4	6
12	A_4	25	15	11	0
13					
14	每种状态的最大后悔值	=MAX(B9:B12)	15	11	9

图 5—7　“最小最大后悔值”决策方法各方案每种状态最大后悔值计算公式

第三步，在各方案的最大后悔值中取最小后悔值。按图 5—8 在 F15 单元格输入公式，得到最小后悔值是 9，对应的满意方案是 A_1。

SUMX2MY2 =MIN(B13:E13)

	A	B	C	D	E	F
1	方案	第一种情况收益值	第二种情况收益值	第三种情况收益值	第四种情况收益值	
2	A_1	-5	-10	-18	-24	
3	A_2	-8	-7	-8	-23	
4	A_3	-20	-18	-12	-21	
5	A_4	-30	-22	-19	-15	
6						
7	每种状态的后悔值					
8	A_1	0	3	10	9	
9	A_2	3	0	0	8	
10	A_3	15	11	4	6	
11	A_4	25	15	11	0	
12						
13	每种状态的最大后悔值	25	15	11	9	
14						
15					最小最大后悔值	=MIN(B13:E13)

图 5—8　“最小最大后悔值”决策方法最小最大后悔值计算公式

① 参见彭代武等主编：《市场调查·商情预测·经营决策》，北京，经济管理出版社，2002。

有些情况下使用“最小最大后悔值”决策方法也会导致决策失误，如表5—6所示。

表5—6　　反例收益矩阵（三）

收益＼方案	自然状态	
	A	B
1	9	2
2	4	6

转化为后悔值矩阵，如表5—7所示。

表5—7　　反例收益矩阵（三）后悔值矩阵

收益＼方案	自然状态		
	A	B	同一决策中最大后悔值
1	0	4	4
2	5	0	5

因此，按照最大后悔值的最小化决策原则应选择方案1。现在假定还有一个备选方案3，如表5—8所示。

表5—8　　反例收益矩阵（四）

收益＼方案	自然状态	
	A	B
1	9	2
2	4	6
3	3	9

转化为后悔值矩阵，如表5—9所示。

表5—9　　反例收益矩阵（四）后悔值矩阵

收益＼方案	自然状态		
	A	B	同一决策中最大后悔值
1	0	7	7
2	5	3	5
3	6	0	6

按照最大后悔值的最小化决策原则应选择方案2。奇怪的现象是，决策程序没有错误，但增加了一个备选方案后，虽然新的备选方案没有被选中，却改变了原有方案的偏好顺序，这种偏好的倒置是其自然属性。

5.3.4 α 系数决策方法

在决策过程中，人们有时觉得"好中求好"过于乐观和冒险，而"坏中求好"又过于保守和悲观，于是产生了赫威斯准则。这种准则主张折中平衡，既不乐观也不悲观，以 α 系数代表乐观度，来进行综合决策。

步骤：

第一步，选择乐观系数 α，$0 \leqslant \alpha \leqslant 1$。决策者对状态估计越乐观，α 越接近 1；越悲观，α 越接近 0。

第二步，计算收益期望值，公式为：

$$\hat{Y}_0 = \alpha \times (\text{最大收益值}) + (1-\alpha) \times (\text{最小收益值})$$

第三步，选择收益期望值最大的方案为最满意方案。

例 5—5[①]：依然以例 5—2 为背景，应用 α 系数决策方法选取最满意方案。

解：第一步，设 α =0.7，将表 5—3 的成本数据添加负号，变成收益值数据录入Excel。

第二步，计算现实估计收益值，按图 5—9 在 G2 单元格录入公式，按回车，并下拉到 G5 单元格。

	A	B	C	D	E	F	G
1	方案	第一种情况收益值	第二种情况收益值	第三种情况收益值	第四种情况收益值	α 取值	收益期望值
2	A_1	-5	-10	-18	-24	0.7	=MAX(B2:E2)*$F$2+(1-$F$2)*MIN(B2:E2)
3	A_2	-8	-7	-8	-23		
4	A_3	-20	-18	-12	-21		
5	A_4	-30	-22	-19	-15		

图 5—9　α 系数决策方法输入的公式显示

第三步，选择收益期望值最大的方案为最满意方案，按图 5—10 在 H6 单元格输入公式，选择出最大收益值，即－10.7，对应的 A_1 方案为最满意方案。

FORECAST　=MAX(G2:G5)

	A	B	C	D	E	F	G	H
1	方案	第一种情况收益值	第二种情况收益值	第三种情况收益值	第四种情况收益值	α 取值	收益期望值	最大收益值
2	A_1	-5	-10	-18	-24	0.7	-10.7	
3	A_2	-8	-7	-8	-23		-11.8	
4	A_3	-20	-18	-12	-21		-14.7	
5	A_4	-30	-22	-19	-15		-19.5	
6								=MAX(G2:G5)

图 5—10　α 系数决策方法选择最大收益期望值

5.3.5 等概率决策方法

既然不确定型决策对各个状态出现的概率是未知的，那就人为地认定各种状态出现的概率是相等的，在这个假设前提下，计算各个方案的收益期望值，比较大小，选择最大收

① 参见彭代武等主编：《市场调查・商情预测・经营决策》，北京，经济管理出版社，2002。

益期望值对应的方案即为最满意方案。

步骤：

第一步，确定状态出现概率，各种状态概率之和为 1。

第二步，计算各个方案的收益期望值。

第三步，选择收益期望值最大的方案为最满意方案。

例 5—6[①]**：** 以例 5—2 为背景，采用等概率决策方法选取最满意方案。

解：第一步，确定状态出现概率，因为是四种状态，故每个状态出现的概率为 1÷4=0.25。

第二步，计算各个方案的收益期望值，按图 5—11 在 G2 单元格录入公式，按回车，并下拉到 G5 单元格。

SUMX2MY2　=B2*$F$2+C2*$F$2+D2*$F$2+E2*$F$2

	A	B	C	D	E	F	G	H	I
1	方案	第一种情	第二种情况收益值	第三种情况收益值	第四种情况收益值	概率	收益期望值		
2	A_1	-5	-10	-18	-24	0.25	=B2*$F$2+C2*$F$2+D2*$F$2+E2*$F$2		
3	A_2	-8	-7	-8	-23				
4	A_3	-20	-18	-12	-21				
5	A_4	-30	-22	-19	-15				

图 5—11　等概率决策方法输入的公式显示

第三步，选择收益期望值最大的方案为最满意方案，按图 5—12 在 H6 单元格输入公式，按回车，选择出最大收益期望值。最大收益期望值为－11.5，即方案 A_2 为最满意方案。

SUMX2MY2　=max(G2:G5)

	A	B	C	D	E	F	G	H
1	方案	第一种情	第二种情况收益值	第三种情况收益值	第四种情况收益值	概率	收益期望值	最大收益期望值
2	A_1	-5	-10	-18	-24	0.25	-14.25	
3	A_2	-8	-7	-8	-23		-11.5	
4	A_3	-20	-18	-12	-21		-17.75	
5	A_4	-30	-22	-19	-15		-21.5	
6								=max(G2:G5)

图 5—12　等概率决策方法选择最大收益期望值

5.3.6　各种决策方法的比较和选择

1. “好中求好”决策方法

这种决策方法带有冒险性质，如果决策者在决策时盲目乐观，会对企业造成很大损失。使用该种决策方法一定要有一个前提：最好状态出现，恰好如愿；最坏状态出现，损失不重。下列情况下可以试用此决策方法：

(1) 高值激励：决策者采用有可能实现的高期望值的行动方案，激励调动人们的积极性。实际结果并不重要，关键是为实现目标而产生的激励作用。

(2) 绝处求生：企业处于绝境，采用其他稳妥的办法难以使企业摆脱困境，不如采用获得收益最大的方案，就此全力拼搏，以获得一线生机，总比坐以待毙好。

① 参见彭代武等主编：《市场调查·商情预测·经营决策》，北京，经济管理出版社，2002。

(3) 竞争对手评估：在激烈的竞争环境中，竞争对手所达到的乐观状态是决策的参照物。

(4) 前景光明：决策者对前景充满信心，理应采取乐观方案，否则会贻误时机。

(5) 实力雄厚：企业规模大、资金充足，采用过于保守的方案容易削弱企业的力量及竞争地位。企业就如斜坡上的球，不进则退，不如凭借其强大的风险抵御能力勇于开拓，积极发展。

2. “坏中求好”决策方法

从表面看，“坏中求好”决策方法是对不确定型问题的决策，但因决策者在决策问题时，将立足点置于最坏状态，即不论发生何种情况，收益值只会增加或相等，而绝不会减少。因此实际上是把最小收益的自然状态假定为必然出现的自然状态。这种方法虽然带有保守性质，却留有余地，稳妥可靠。在企业规模小、资金薄弱，或认为最坏状态发生的可能性较大的情况下一般采用这种比较稳妥的决策方法。但也应注意该种方法也会引导决策者丧失进取心、不愿冒风险而错失企业发展的好机会。

3. “最小最大后悔值”决策方法

这种方法也是从坏处着眼，因此也具有悲观保守倾向，与“坏中求好”决策方法类似。但是这一方法不是从收益角度看问题，而是从损失考虑，一定程度上也避免了过于保守的选择。这种决策方法一般适用于有一定基础的中小企业，这种企业有一个特性，即能承担一定程度的风险，但风险过大又力不从心，因而是稳中求发展的一种决策方法。竞争实力相当的企业在决策中也可采用此决策方法。竞争者之间已有一定实力，必须以此为基础进一步开拓，不可丧失机会，但又不宜过激。

4. α 系数决策方法

这是一种指数平均法。它是介于最小收益值和最大收益值之间的评选标准，乐观系数在其中起到了折中的作用，是属于既稳妥又积极的一种决策方法。

α 系数决策方法有两个缺点：

(1) 乐观系数不宜确定。乐观系数取值不同会影响到现实估计收益值的计算结果，进而影响到选择的方案不同。乐观系数不易确定反映了不确定型决策的本质。乐观系数的取值不同代表了决策者的风险偏好，增强决策的灵活性，也使决策有更强的主观性，客观性降低。

(2) α 系数决策方法在理论上克服了“好中求好”和“坏中求好”两个决策方法的两种极端倾向，即只注意到最好或最坏两种状态，而没有涉及其他中间状态，这样必然会影响到决策结果。

5. 等概率决策方法

严格来说等概率决策方法是将不确定型决策演变成风险型决策，将状态发生未知的概率人为地设定为一个等值。该决策方法继承了 α 系数决策方法对有关系数的调整，又克服了 α 系数决策方法只利用了最好和最坏的状态，充分利用了所有状态所提供的信息，也是一种既稳妥又积极的决策方法。

等概率决策方法也不是最好的决策方法，也有它适用的范围，一般只适用于有限状态的参数空间（状态参数只取有限个值）的情形，对无法估计的无限状态则无能为力。另外，人为假设状态出现的概率相等，这个假设带有很强的主观性，很难与事实发展相吻合。同时，这种决策方法掩盖了状态发生的主次，决策者不分情况使用，不可避免地增加某些情形下的决策后悔值。

“好中求好”决策方法（乐观准则）认为对于每个方案出现最好状态的概率是 1，其他状态的概率是 0；“坏中求好”决策方法（悲观准则）认为出现最坏状态的概率是 1，而其他状态的概率是 0；α 系数决策方法（折中准则）虽然克服了上述两种极端思想，导入乐观系数，调整了最好状态和最坏状态的概率估计，但认为好状态为 α ，坏状态为 $1-\alpha$ ，而中间的状态被认为是 0；等概率决策方法克服了 α 系数决策方法忽视其他状态提供的信息，将它们发生的各种状态的概率视为等同机会，将所有状态信息纳入选择方案的决策中。

5.4 风险型决策

对于存在两个或两个以上自然状态的决策问题，每一个行动方案对应着多个结果，即每一个行动方案的结果值是一个随机变量，但们的概率分布是已知的，这类决策问题为风险型决策。本书介绍完全信息价值、决策树、效用函数决策方法。

5.4.1 完全信息价值（EVPI）

完全信息价值是指决策者完全能肯定未来哪个自然状态会出现。不能够肯定哪种自然状态出现，是因为决策者没有获得全部的信息。但要获得完全的信息是要支付一定的费用的。在决定是否要支付这笔费用之前，决策者应首先能估算出这些信息的价值。完全信息的价值等于因获得了这项信息而使决策者的收益期望值增加的数值。如果完全信息价值小于所支付的费用，那就得不偿失了。因而，完全信息价值给出了支付信息费的上限。公式为：

$$\underset{\text{(EVPI)}}{\text{完全信息价值}} = \underset{\text{(EVWPI)}}{\text{完全信息条件下的期望值}} - \underset{\text{(EMV)}}{\text{最大收益期望值}}$$

例 5—7[①]：某一专门从事海底石油钻探的公司要对是否进行某一海底钻探决策。据统计，钻出石油的概率为 0.4，钻不出石油的概率为 0.6。若钻出石油将获利 100 万元，若钻不出石油将亏损 50 万元。现有一海底石油勘探公司建议先勘探后再决定钻与不钻。为此石油公司可能支付给勘探公司的最高报酬是多少？

解：现将数据输入 Excel 表，相关单元格的公式如图 5—13 所示，计算各方案的收益值。

经计算 EVPI 为 30 万元，即石油公司可能支付给勘探公司的最高报酬是 30 万元。

5.4.2 决策树

决策树是风险型决策分析中经常使用的一种模型。它是用图形来表示决策方案的损益

① 参见彭代武等主编：《市场调查·商情预测·经营决策》，北京，经济管理出版社，2002。

	A	B	C	D	E	F	G	H	I
1		出油概率	收益	不出油概率	收益	期望收益	EMV	EVWPI	EVPI
2	钻探	0.4	100	0.6	-50	=B2*C2+D2*E2	=MAX(F2:F3)	=B2*C2+D3*E3	=H2-G2
3	不钻探	0	0	1	0	=B3*C3+D3*E3			
4									

图 5—13　完全信息价值方法公式输入显示

情况。由于这种图形很类似树枝，所以称为决策树。利用决策树表示整个决策过程，可以使决策问题更加直观和便于理解。如果备选方案和自然状态较多时，决策树就过于庞大和复杂，使用决策表和决策矩阵就比较方便，根据决策的问题是否具有阶段性，将决策树法分为单级决策树法和多级决策树法。决策树的结构如图 5—14 所示。

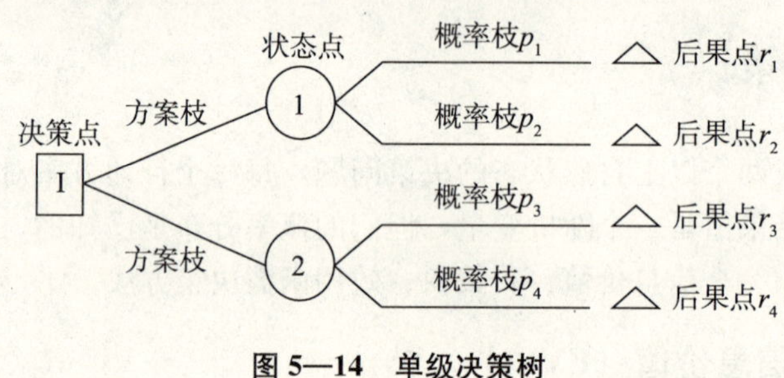

图 5—14　单级决策树

决策树的图形说明：

□表示决策点，从它引出的分枝称为决策枝或方案枝，每个决策枝代表一个方案。

○表示每个方案的状态点，其上方的数字表示该方案的期望值，从它引出的分枝称为概率枝或状态枝，在每条分枝上标明自然状态及其概率。

△表示后果点，旁边的数字是每一个方案在相应的自然状态下的损益值。

1. 单级决策树法

单级决策树法是指决策问题只需要进行一次决策活动，就可选出理想方案。单级决策树一般只有一个决策点。

步骤：

第一步，画出决策树形图。

画决策树形图的过程是拟订各种可行方案的过程，也是进行状态分析和估算方案条件结果值的过程。画图时应按图的结构由左向右逐步绘制。

第二步，计算各状态点的期望值（*EMV*），公式为：

$$EMV_i = \sum_j r_{ij} p_j$$

式中，r_{ij} 表示备选方案 i 在第 j 个自然状态下的收益；p_j 表示第 j 个自然状态的概率。

按照期望值的计算方法，从图的右端向左端逐步计算，并将计算结果标注在状态节点上方。

第三步，修枝选定方案。

根据不同方案期望值的大小，从右向左（逆推法）进行修枝选优。舍弃收益期望值小的方案，保留收益期望值大的方案。在舍去的方案在图上标明修枝符号，最后得出最满意方案。

例 5—8[①]：某商业企业要确定下一计划期内的订货量。根据历史经验，产品销售情况有畅销、销量一般、销量较低三种情况，相应的概率分别为 0.4、0.5、0.1。产品进货量可以采用大量、适量、少量三种进货方案。请决策应选择怎样进货收益最大。

解：第一步，画出决策树形图（见图 5—15）。

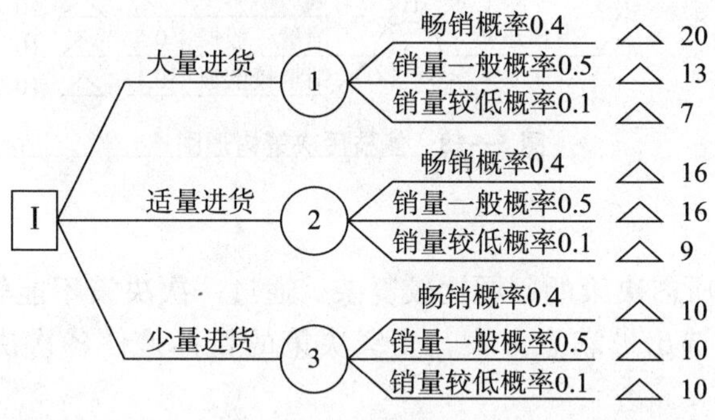

图 5—15 决策树形图

第二步，计算各状态点的收益期望值。各状态收益期望值计算如图 5—16 所示。

SUMX2MY2 ▾ × ✓ fx =B2*C2+D2*E2+F2*G2

	A	B	C	D	E	F	G	H
1	方案	产品畅销概率	畅销收益值	产品销量一般概率	销售量一般收益值	产品销量较低概率	销售较低收益值	各方案的期望值
2	大量进货	0.4	20	0.5	13	0.1	7	=B2*C2+D2*E2+F2*G2
3	适量进货	0.4	16	0.5	16	0.1	9	
4	少量进货	0.4	10	0.5	10	0.1	10	

图 5—16 各状态收益期望值计算公式显示

将计算得出的各状态的收益期望值标注在决策树图形上，如图 5—17 所示。

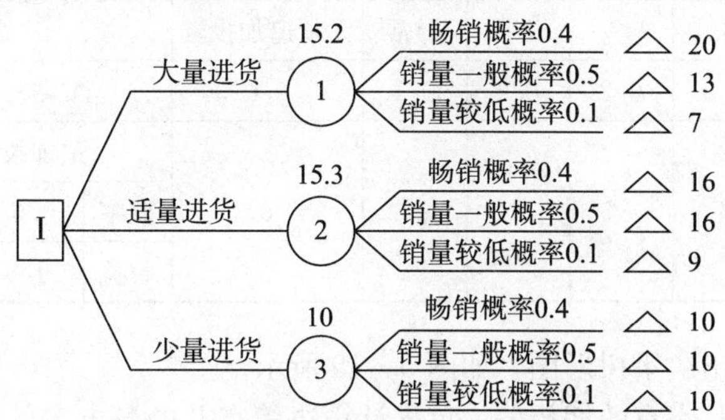

图 5—17 有概率及收益期望值的决策树形图

第三步，修枝选定方案。在图 5—17 上舍弃收益期望值小的方案，保留收益期望值大的方案（见图 5—18）。选择最大收益期望值 15.3 对应的方案适量进货为最满意方案。

---

① 参见彭代武等主编：《市场调查·商情预测·经营决策》，北京，经济管理出版社，2002。

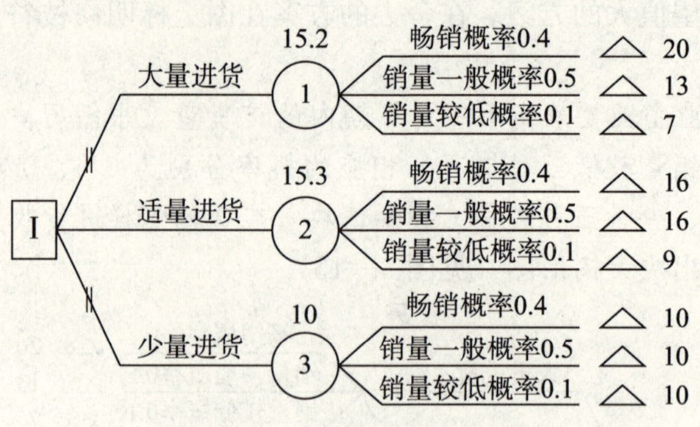

图 5—18　修枝后决策树形图

2. 多级决策树法

多级决策树法是所需决策的问题比较复杂，通过一次决策不能解决，要通过一系列相互联系的决策才能选出最满意方案。多级决策的目标是使各次决策的整体效果达到最优。

多级决策树法和单级决策树法的步骤大致相同。

例 5—9①：某企业有一笔 50 万元的闲置资金，企业管理层想充分利用资源，进行对外投资或直接在企业内部投资新项目。对外投资有两种方案：可以进行债券投资或股票投资。若企业内部投资新项目，则具有一定的不确定性，可能出现两种情况：一种是这次投资以后无须再追加任何投资；另一种是项目发展到一定阶段还需要追加投资，但这种情况的期望收益比前一种情况高，风险也高。请问管理层应怎样定夺？相关数据如表 5—10 所示。

表 5—10　　相关的投资数据

<table>
<tr><td>方案</td><td colspan="3">投资股票</td><td colspan="2">投资债券</td><td colspan="6">对内投资</td></tr>
<tr><td>自然状态</td><td>好</td><td>中</td><td>差</td><td>正常</td><td>异常</td><td>无须追加投资</td><td colspan="5">需追加投资</td></tr>
<tr><td>出现的概率</td><td>0.5</td><td>0.3</td><td>0.2</td><td>0.9</td><td>0.1</td><td>0.6</td><td colspan="5">0.4</td></tr>
<tr><td rowspan="3">各自然状态下的收益</td><td rowspan="3">10</td><td rowspan="3">4</td><td rowspan="3">−5</td><td rowspan="3">5</td><td rowspan="3">−3</td><td rowspan="3">6</td><td colspan="3">追加投资</td><td colspan="2">退出</td></tr>
<tr><td>概率</td><td>0.6</td><td>0.4</td><td>0.7</td><td>0.3</td></tr>
<tr><td>收益</td><td>18</td><td>−15</td><td>4</td><td>−10</td></tr>
</table>

解：第一步，画出决策树形图，如图 5—19 所示。

第二步，计算各状态点的期望值。首先计算决策点Ⅱ的各方案的期望值，如图 5—20 中 E3 单元格显示公式，同理可计算出退出方案的期望值。将期望值标注在 4 和 5 节点上方（见图 5—21）。

经比较，舍弃期望值是−0.2 的方案，保留期望值是 4.8 的方案。将 4.8 标注在决策点Ⅱ的上方。

① 参见彭代武等主编：《市场调查·商情预测·经营决策》，北京，经济管理出版社，2002。

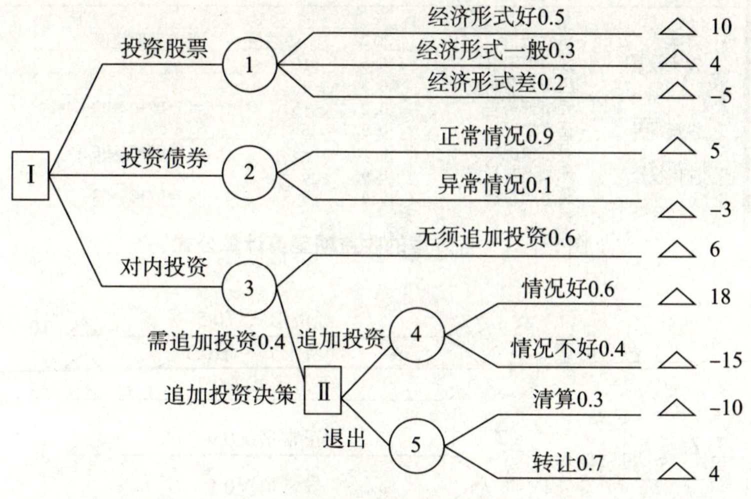

图 5—19 决策树形图

SUMX2MY2 =C2*D2+C3*D3

	A	B	C	D	E
1	方案	自然状态	概率	收益值	各方案期望值
2	追加投资	情况好	0.6	18	
3		情况不好	0.4	-15	=C2*D2+C3*D3
4	退出	清算	0.3	-10	
5		转让	0.7	4	

图 5—20 输入计算各方案期望值的公式显示

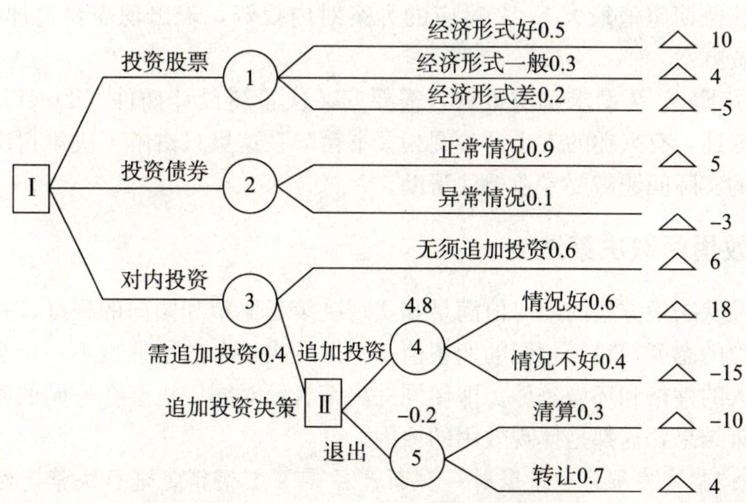

图 5—21 标注收益期望值的决策树形图（一）

其次计算决策点Ⅰ各方案的期望值，如图 5—22 所示的公式。

将期望值标注在 1、2 和 3 节点上方，如图 5—23 所示。

第三步，修枝选定方案，在图 5—23 上舍弃收益期望值小的方案，保留收益期望值大

	A	B	C	D	E
1	方案	自然状态	概率	收益值	各方案期望值
2	投资股票	经济形势好	0.5	10	
3		经济形势一般	0.3	4	
4		经济形势差	0.2	-5	=C2*D2+C3*D3+C4*D4
5	投资债券	正常情况	0.9	5	
6		异常情况	0.1	-3	=C5*D5+C6*D6
7	对内投资	无须追加投资	0.6	6	
8		需追加投资	0.4	4.8	=C7*D7+C8*D8

图 5—22　各方案的收益期望值计算公式

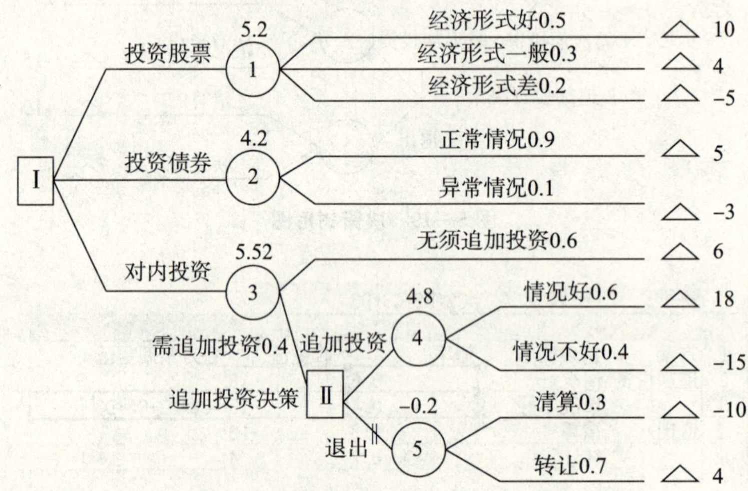

图 5—23　标注收益期望值的决策树形图（二）

的方案。选择收益期望值最大 5.52 对应的方案对内投资，若出现需要追加投资的情况，则选择追加投资方案。

如果想使用 Excel 帮助求解决策树，需要安装决策树设计插件（TreePlan），太过复杂，这里不再叙述，有兴趣的人士请参阅相关书籍。在这里只讲解了决策树决策原理，如果要解决复杂的实际问题需要专业软件帮助。

5.4.3　效用函数决策法

效用，是反映决策方案的结果值满足和实现决策者愿望和倾向的程度。在这里效用代表决策者对风险的态度，对于相同的期望值，不同的决策者的选择也不一定会相同，这取决于决策者个人的性格和环境条件。即使同一决策者面对同一机会在不同的时间和地点也会有不同的决策结果，这都是体现效用的原因。

例 5—10[①]**：**某零售采购小组需对一种新产品是否上架销售进行决策，经对比相似商品的销售情况发现，这种新产品畅销和滞销的概率为 0.4 和 0.6。现需要决策的是大批进货销售还是小批量试销，或者断然拒绝销售。表 5—11 为各方案在各种自然状态下的收益值。

① 参见彭代武等主编：《市场调查·商情预测·经营决策》，北京，经济管理出版社，2002。

表 5—11　　各方案在各种自然状态下的收益值

自然状态 概率 方案	畅销	滞销
	0.45	0.55
大批经营	20 万元	−15 万元
小批试销	10 万元	−1 万元
不销售	0	0

解：计算各方案的收益期望值，将数据输入 Excel 表格中，如图 5—24 输入公式，回车，并下拉到 F4 单元格。

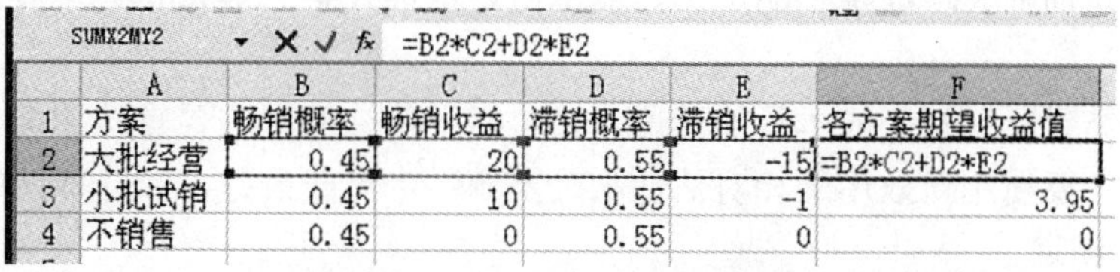

SUMX2MY2　▾ ✕ ✓ fx　=B2*C2+D2*E2

	A	B	C	D	E	F
1	方案	畅销概率	畅销收益	滞销概率	滞销收益	各方案期望收益值
2	大批经营	0.45	20	0.55	-15	=B2*C2+D2*E2
3	小批试销	0.45	10	0.55	-1	3.95
4	不销售	0.45	0	0.55	0	0

图 5—24　各方案的收益期望值计算公式显示

得到各方案的收益期望值，如表 5—12 所示。

表 5—12　　各方案的收益期望值

自然状态 概率 方案	畅销	滞销	收益期望值
	0.45	0.55	
大批经营	20 万元	−15 万元	0.75
小批试销	10 万元	−1 万元	3.95
不销售	0	0	0

小批试销的收益期望值最大，因而选择小批试销作为行动方案。

倘若采购小组得到新的管理层批示，新产品销售的盈余部门可留下 20%作为奖金，亏损由企业负担。这样的信息会不会影响到采购小组的决策呢？显而易见，会选择大批经营作为行动方案，这就是由效用的体现造成的，因为决策后果对企业的威胁不同。如果决策后果对企业不会产生严重威胁，就可以采用收益期望标准或其他标准决策；如果决策后果对企业产生严重的威胁，一般就要采用效用期望标准来决策。

在使用效用期望标准进行决策时，希望获得最大的期望效用，效用可以用具体的方法测定。但是测定效用的绝对值是困难的，因为没有固定的计量单位。如何使其量化？一般要通过比较求出它的相对数量表现，是相对估计的办法。

例 5—11[①]：广州某一培训机构有两个等级培训师：高级培训师和中级培训师。有一企业想委托该培训机构进行内训。经过与受训企业的人力资源部沟通后发现该受训企业员

① 参见彭代武等主编：《市场调查 · 商情预测 · 经营决策》，北京，经济管理出版社，2002。

工对培训师挑剔的概率为 0.45，包容性强的概率为 0.55。考虑到成本问题，培训机构应派高级还是中级培训师？

解：现有四种可能：

(1) 中级培训师去培训包容性强的员工，成本低，培训效果良好，受训企业满意，信誉好。

(2) 高级培训师去培训挑剔的员工，成本高，培训效果良好，受训企业很满意，信誉非常好。

(3) 高级培训师去培训包容性强的员工，成本高，培训效果良好，受训企业很满意，信誉非常好。

(4) 中级培训师去培训挑剔的员工，成本低，培训效果一般，企业不甚满意，信誉受影响。

以上四种结果既包括了成本量的计量，又包括了信誉的影响，直接用金额来计算没有全面反映问题，要使用对效用的相对估计来确定哪一个可能最好，即计算期望效用值。

1. 效用的测定

效用计量一般用 1 表示最大效用值，用 0 表示最小效用值，其他效用值介于 0 与 1 之间。现以例 5—11 为例，说明效用的测度。最好的结果是第二种可能，作为比较的基础，效用值为 1；最不好的结果是第四种可能，效用值为 0；第一种可能比第三种可能要好，效用值评价为 0.8，第三种可能的效用值评为 0.4。

在上面的效用测定的基础上计算效用期望值。将数据将数据输入 Excel 表格中，如图 5—25 所示，在 F2 单元格中输入公式，按回车，并下拉到 F3 单元格。

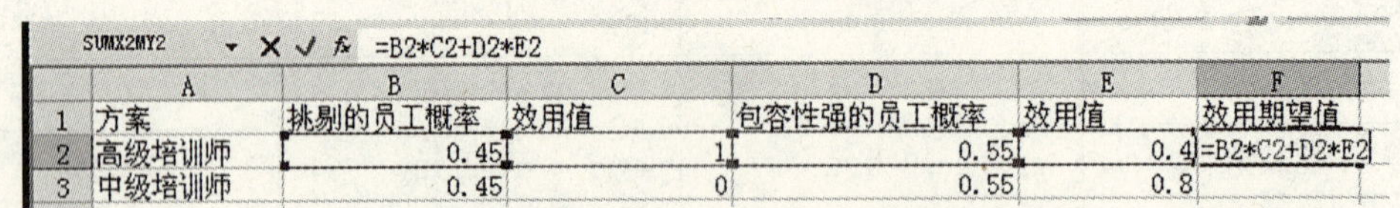
SUMX2MY2 =B2*C2+D2*E2

	A	B	C	D	E	F
1	方案	挑剔的员工概率	效用值	包容性强的员工概率	效用值	效用期望值
2	高级培训师	0.45	1	0.55	0.4	=B2*C2+D2*E2
3	中级培训师	0.45	0	0.55	0.8	

图 5—25　效用期望值计算公式显示

得到派高级培训师的效用期望值是 0.67，派中级培训师的效用期望值是 0.44，应选择派高级培训师。

2. 效用函数

效用函数也称效用曲线。由于决策者对不同风险程度的相同期望值有不同的效用值，可以用平面曲线，即横坐标表示损益值、纵坐标表示效用值的平面坐标系，画出决策者对风险态度的曲线，称为该决策者的效用曲线。不同决策者对风险的态度不同，效用曲线也不同。

下面采用心理实验法介绍效用曲线的画法。

例 5—12①：假设决策者有一个机会，可以选择两种收入方案：第一种方案：以 0.5 的概率可以得到 600 元，0.5 的概率损失 250 元；第二种方案：无条件地得到 50 元的收

① 参见彭代武等主编：《市场调查·商情预测·经营决策》，北京，经济管理出版社，2002。

入。决策者将选择哪一个方案?

解：任何人都想得到 600 元，因而收益值为 600 元对应的效用值为 1；任何人都不想损失 250 元，因而收益值为－250 元时对应的效用值为 0（见图 5—26)。

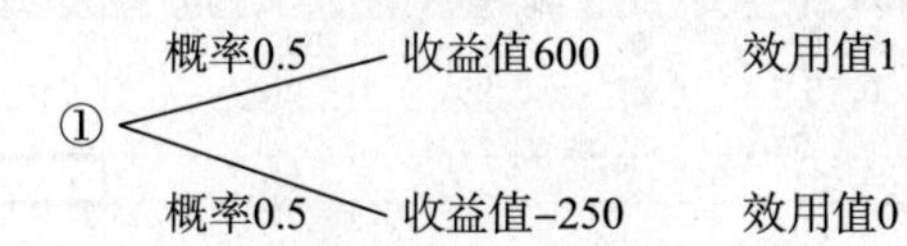

图 5—26　收益值 600 元与收益值－250 元的效用值

第一方案的效用期望值为：0.5×1＋0.5×0＝0.5。

下面用回答问题的方式测算效用值与收益值的对应关系：

(1) 目前情况下，如选择方案 2，说明方案 2 的效用值高于方案 1 的效用期望值。

(2) 将方案 2 的 50 元降低到 20 元，仍然选择方案 2，说明方案 2 的效用值高于方案 1 的效用期望值。

(3) 降低方案 2 的收益值，直到决策者感觉选择方案 1 和方案 2 没有差别时，说明方案 2 的效用值与方案 1 的效用期望值相等。假定决策者认为方案 2 的收益值为 0 时，选择方案 1 和方案 2 都无所谓，收益值为 0 时对应的效用值为 0.5。

以 0.5 的概率获益 600 元、以 0.5 的概率获益 0 元为机会，如图 5—27 所示，在 0～600 元之间找出一个收益值与该效用期望值相对应。

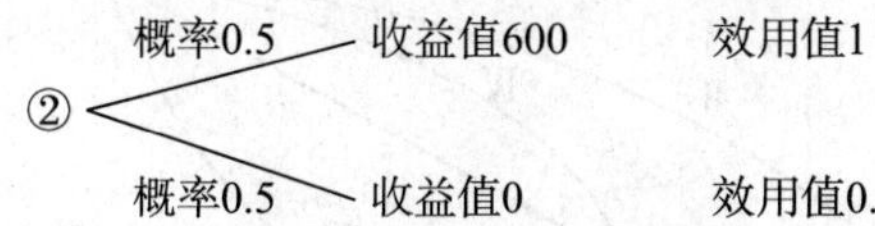

图 5—27　收益值 600 元与收益值 0 元的效用值

效用期望值为：0.5×1＋0.5×0.5＝0.75。

重复上面的提问，直到找到一个收益值与选择收益期望值是 0.75 的方案无差别。假如收益值为 100 元，即选择直接获得 100 元与选择有 0.5 的概率获得 600 元或有 0.5 的概率什么也得不到的方案没有差别，选择哪一个都可以，这时 100 元的收益值对应的效用期望值为 0.75。

再次以 0.5 的概率获益 0 元、以 0.5 的概率损失 250 元为机会，如图 5—28 所示，在－250～0 元之间找出一个收益值与效用期望值相对应。

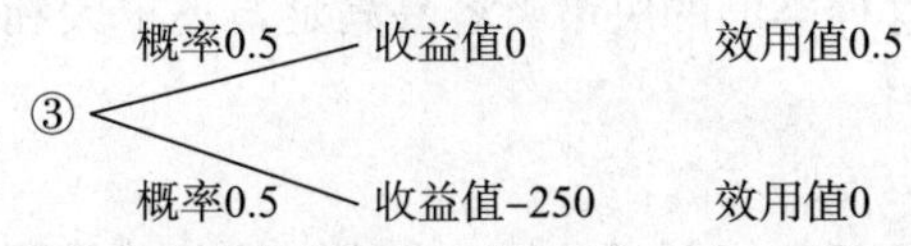

图 5—28　收益值 0 元与收益值－250 元的效用值

效用期望值为：0.5×0.5＋0.5×0＝0.25。

重复上面的过程，最后找出收益值为－120 元的效用值与上面的效用期望值相对应。

通过上面的步骤已经得到以下几点：（600，1)、(100.0.75)、(0.0.5)、(－120，0.25)、(－250，0)。

以横坐标为收益值、纵坐标为效用值，画出效用曲线。将数据输入 Excel 表格中，做“散点图”，在右边图形中选择“无数据点平滑线散点图”，如图 5—29 所示。

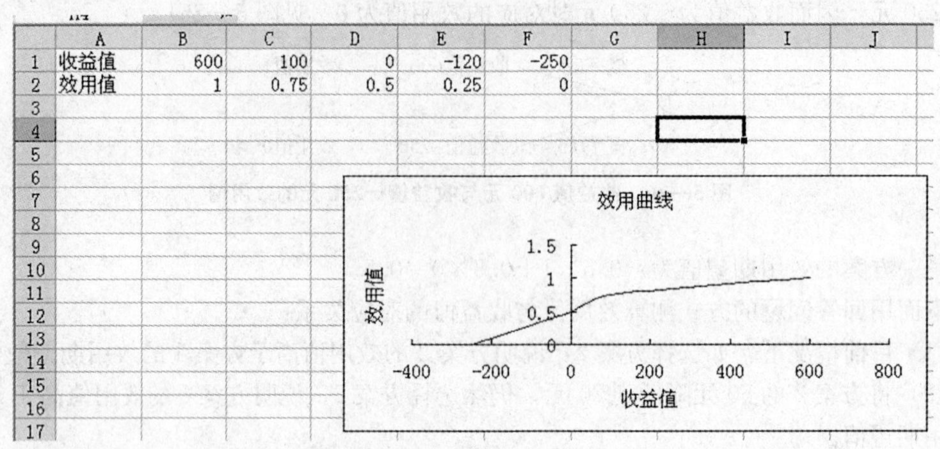

	A	B	C	D	E	F
1	收益值	600	100	0	-120	-250
2	效用值	1	0.75	0.5	0.25	0

图 5—29　某人的效用曲线

3. 效用曲线

效用曲线类型有四种情况，如图 5—30 所示。

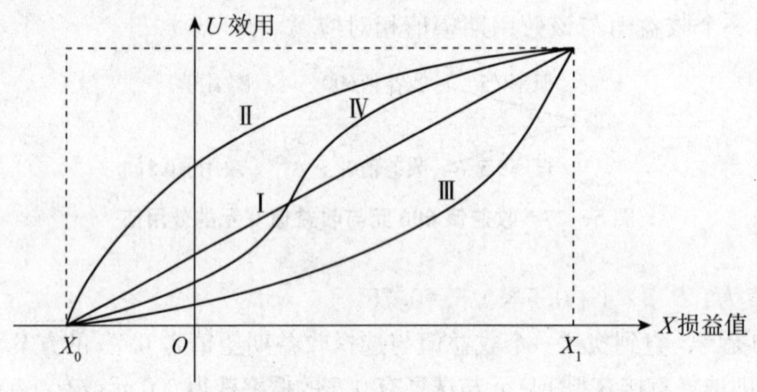

图 5—30　四种效用曲线

(1) 保守型效用曲线。

图 5—30 中的曲线Ⅱ严格上凸（下凹），表示决策者对于损失特别敏感，而大的收益对他的吸引力不是很大，这种类型的决策者容易满足，不求大利，只求避风险，属于保守型决策者，厌恶风险。

(2) 激进型效用曲线。

图 5—30 中的曲线Ⅲ是下凸（上凹）的，曲线中间部分呈下凹形状，表示决策者专注于想获得大的收益而不十分关心损失，宁愿选取有风险的期望值大的决策方案，这种类型的决策者不易满足，喜欢冒险，属于激进型决策者。

(3) 中间型效用曲线。

图 5—30 中的直线Ⅰ表示决策的效用与决策期望值的货币效果呈线性关系，对应于这种效用函数的决策者对决策风险抱中立态度，他或是认为决策的后果对大局无严重影响，

或者因为该项决策可以重复进行，从而获得平均意义上的成果，所以对决策的某项后果不予特别关注。由于这类效用函数是线性关系，所以效用期望值最大的方案也已是收益期望值的最大方案。此时，一个非确定型决策确定的价值就等于它的期望收益。

（4）混合型效用曲线。

图 5—30 中的曲线Ⅳ表示决策者在收损益额不太大时具有一定的冒险胆略，追求风险，属于激进型；但当损益额增大到一定数量时，他就转化为厌恶风险的决策者，变为保守型。其实这种类型更符合实际。

一般在一定的损益水平条件下，决策者认为效用越大，越倾向于保守型；反之，决策者认为效用越小，越倾向于风险型。

有了效用曲线，找出收益值对应的效用值，就可进行比较决策。

4. 效用函数的应用

例 5—13[①]：某企业经营某类新商品，因为市场前景不明朗，企业高层制定了两种经营策略：一种是大批购进，另一种是小批试销。请专业的市场调研公司预测市场情况，产品销路好的概率为 0.8，销路差的概率是 0.2。这两个策略的年度损益值估计如表 5—13 所示。应选择哪种经营策略？

表 5—13 **年度损益值估算表** 单位：万元

状态	概率	大批经营	小批试销
销路好	0.8	150	60
销路差	0.2	－30	25

解：根据表 5—12 画出决策树，如图 5—31 所示。

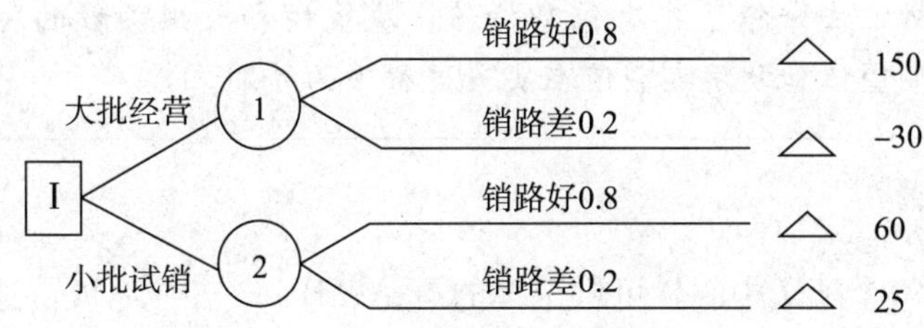

图 5—31 新商品决策树形图

根据历史资料，经过一系列的提问得知该企业决策者的效用值与损益值的对应关系，得到效用曲线，如图 5—32 所示。

按照效用曲线就可以找到损益值为 60 万元对应的效用值为 0.9，25 万元对应的效用值为 0.6，得到效用决策树，如图 5—33 所示。

计算效用期望值：

大批经营的效用期望值为：0.8×1＋0.2×0＝0.8。

小批试销的效用期望值为：0.8×0.6＋0.2×0.9＝0.84。

应选择小批试销。

---

① 参见彭代武等主编：《市场调查·商情预测·经营决策》，北京，经济管理出版社，2002。

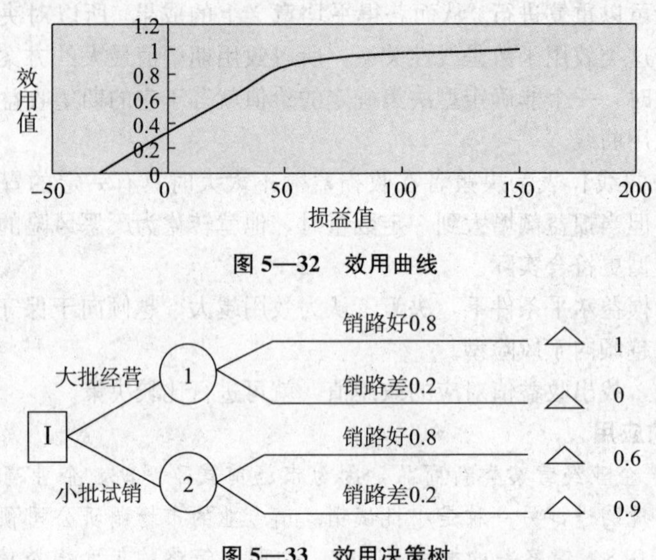

图 5—32　效用曲线

图 5—33　效用决策树

本章小结

本章介绍的决策分析技术主要是按照对自然状态的知与不知，以及对发生各种自然状态的概率的知与不知，分成确定型决策、不确定型决策及风险型决策。

不确定型决策分析方法主要介绍了“好中求好”决策方法、“坏中求好”决策方法、“最小最大后悔值”决策方法、α 系数决策方法、等概率决策方法及 Excel 求解过程，并对它们进行了对比分析。

风险型决策分析方法介绍了完全信息价值、决策树和效用函数的决策方法及求解过程，并分析了收益期望值和效用期望值在决策过程中的差别。

复习思考题

1. 某公司欲建一个配送中心，可供选择的有 A、B、C 三个地址，选址中有三个指标极其重要，即运输费、征收土地费和劳动力资源情况。公司对这三个指标赋予不同的权重，针对各地点的这三个指标打分，见表 5—14。应选择哪个地址建设配送中心？

表 5—14　　A、B、C 三个地址的权重及资源情况

指标	权重	可供选择的方案		
		A	B	C
运输费	0.5	6	4	10
征收土地费	0.2	6	9	5
劳动力资源	0.3	7	6	4

2. 某工程队承担一座桥梁的施工任务。因夏季雨多，需停工三个月。停工期间该工程队可将施工机械搬走或留在原处。如搬走，需搬运费 1 800 元。如留在原处，一种方案是花

500 元建筑一条防护堤，防止河水上涨发生高水位的侵袭。若不筑防护堤，发生高水位侵袭时将损失 10 000 元。如下暴雨发生洪水，则不管是否筑防护堤，施工机械留在原地都将可能受到 60 000 元的损失。根据历史经验得到，该地区夏季发生高水位危险的概率为 25%，发生洪水的概率是 2%。请分析该施工队是否需要将施工机械搬走以及是否筑防护堤。

3. 出口某产品，存在竞争的概率是 0.7，无竞争的概率是 0.3，有关条件概率和相应收益见表 5—15。应选择哪种出口策略？

表 5—15　　出口数据

<table>
<tr><th colspan="2" rowspan="2">未来状况
方案</th><th colspan="3">存在竞争 0.7</th><th>无竞争概率 0.3</th></tr>
<tr><th>高价竞争</th><th>中价竞争</th><th>低价竞争</th><th>得利</th></tr>
<tr><td rowspan="2">高价出口</td><td>概率</td><td>0.4</td><td>0.5</td><td>0.1</td><td rowspan="2">65</td></tr>
<tr><td>利润</td><td>15</td><td>−5</td><td>−25</td></tr>
<tr><td rowspan="2">中价出口</td><td>概率</td><td>0.1</td><td>0.6</td><td>0.3</td><td rowspan="2">45</td></tr>
<tr><td>利润</td><td>20</td><td>5</td><td>−10</td></tr>
<tr><td rowspan="2">低价出口</td><td>概率</td><td>0.1</td><td>0.2</td><td>0.7</td><td rowspan="2">25</td></tr>
<tr><td>利润</td><td>15</td><td>5</td><td>−5</td></tr>
</table>

4. 某公司需要决定是建大厂还是建小厂来生产一种新产品，该产品的市场寿命为 10 年。建大厂的投资费用为 280 万元，建小厂的投资费用为 140 万元。估计 10 年内销售状况的概率分布为：市场需求高的概率为 0.5，市场需求一般的概率为 0.3，市场需求低的概率为 0.2。公司进行了“成本—产量—利润”分析，对不同的工厂规模和市场需求量进行组合，算出了它们的年收益，如表 5—16 所示。

表 5—16　　各种情况的收益值

	市场需求高	市场需求中等	市场需求低
建大厂	100	60	−20
建小厂	25	45	55

要求：

(1) 试用收益期望值标准进行决策（10 年）。

(2) 假如采用效用期望标准进行决策，在对该公司经理进行了一系列询问之后，得到如下回答：

a. “以 0.5 的概率得到 720 万元，以 0.5 的概率损失 480 万元”和“肯定损失 120 万元”，二者对他来说是一样的；

b. “以 0.5 的概率得到 720 万元，以 0.5 的概率损失 120 万元”和“肯定得到 180 万元”，二者对他来说是一样的；

c. “以 0.5 的概率得到 480 万元，以 0.5 的概率损失 120 万元”和“肯定损失 340 万元”，二者对他来说是一样的。

试根据以上询问结果，求出该公司经理对此问题的最优决策。

第 6 章　最优化模型

学习目标

◎ 理解线性规划的一般形式和 Excel 求解方法
◎ 掌握线性规划的对偶和灵敏度分析
◎ 掌握整数规划的建模方法及 Excel 求解分析
◎ 掌握目标规划的建模方法及 Excel 求解

案例：怎样说服销售总监

金鹏公司是生产日常消费品的小企业，现有两种新产品即将投放市场，企业在寻找最优生产计划时，预测了两种产品的销售利润，求得了最优生产计划，即 A 产品生产 20 单位、B 产品生产 24 单位。当第一批产品投放市场后，A 产品与生产前预测的情况吻合，而 B 产品市场反应良好，供不应求。企业管理者决定加价销售 B 产品，这样销售每单位 B 产品由原来的利润 120 元上升到 160 元，可在短时间内赚取更多的利润。销售经理向总经理建议，既然 B 产品卖得好，且比以前利润每单位多出 40 元，应加大 B 产品的生产数量，减少 A 产品的产量。总经理同意，但是生产经理坚决反对减少 A 产品的生产数量，强烈要求保持原来的生产方案。销售经理在与生产经理的激烈争执中，暗示生产经理想逃避重新制定生产方案的麻烦，当然维持原来不变的生产方案的确是个简单的事。但生产经理辩解，原来的生产方案依旧可以在 B 产品提价后使企业获得最高的利润，远比减少 A 产品节省出资源来生产 B 产品获得的利润高。总经理面对如此激烈的争执，一时无法定夺，只好请生产经理提供一份他的意见报告。

生产经理回到办公室，用了一个简单的模型将数据计算出来，呈给了总经理，结果总经理同意了生产经理的方案。

生产经理就是使用了本章中介绍的线性规划模型及灵敏度分析。

6.1　最优化问题概述

最优化问题是在给定条件下寻找最佳方案的问题。最佳的含义各种各样：成本最小、收益最大、利润最多、距离最短、时间最少、空间最小等，即在资源给定时寻找最好的目标，或在目标确定下使用最少的资源。生产、经营和管理中几乎所有问题都可以认为是最优化问题，比如产品原材料组合问题、人员安排问题、运输问题、选址问题、资金管理问题、预测模型中的最佳参数确定等问题。

最优化问题根据有无约束条件可以分为无约束条件的最优化问题和有约束条件的最优化问题。无约束条件的最优化问题是有约束条件的最优化问题的特例。实际问题一般都是在有一定约束条件下寻找最优方案的。

根据最优化问题中决策变量在目标函数与约束条件中出现的形式可分为线性规划问题和非线性规划问题。如果决策变量在目标函数与约束条件中只出现一次方的形式，即目标函数与约束条件函数都是线性的，称该规划问题为线性规划问题。如果决策变量在目标函数或约束条件中只出现一次方以外（二次方、三角函数、指数等）的形式，即目标函数或约束条件函数是非线性的，称该规划问题为非线性规划问题。

线性规划问题是最简单的规划问题，也是最常用的规划问题，可以找到全局最优解。非线性规划问题形式多样、求解复杂，需要数学知识和一些专业软件方可获得结果。本书不介绍关于非线性规划问题，有兴趣的人士可参见一些相关书籍介绍。线性规划问题是非线性规划问题的一种特例。

6.2 线性优化问题的模型、求解与应用

在生产管理和经营活动中常常提出这样一类问题，即如何合理地利用有限的人力、物力、财力及时间等资源，以便得到最好的经济效果。这类问题大部分可以表示为如下的规划问题：在一定的约束条件下，使得某一目标函数取得最大（或最小）值。当规划问题的目标函数与约束条件都是线性函数时，便称为线性规划问题。

6.2.1 线性规划的一般形式

目标函数：

$$\max(\text{或} \min)\ z = c_1x_1 + c_2x_2 + \cdots + c_nx_n$$

约束条件（s. t.）：

$$\begin{aligned} & a_{11}x_1 + a_{12}x_2 + \cdots a_{1n}x_n \leqslant (= \geqslant)\ b_1 \\ & a_{21}x_1 + a_{22}x_2 + \cdots a_{2n}x_n \leqslant (= \geqslant)\ b_2 \\ & \qquad \vdots \\ & a_{m1}x_1 + a_{m2}x_2 + \cdots a_{mn}x_n \leqslant (= \geqslant)\ b_n \end{aligned}$$

非负性约束：

$$x_1 \geqslant 0,\ x_2 \geqslant 0,\ \cdots,\ x_n \geqslant 0$$

6.2.2 线性规划解的性质

对于一般线性规划问题，求解可能会出现以下几种情况：

1. 多个最优解

有时出现多个可选择最优解的情况，这不是问题，不影响求解问题的最优解，事实上有时还很希望出现可选最优解的情况。使用计算机方法求解，只给出了用图解法求解时图形边缘的一个顶点为最优解。

2. 无界解

目标函数值趋向于正无穷大或最小趋于负无穷小时，该线性规划问题有可行解，但没有最优解。

3. 无可行解

没有可行解也就没有最优解。当求解结果出现第二、第三种情况时，说明建立的线性规划模型有缺陷或错误。例如前后有相互矛盾的约束条件、缺少一个或几个约束条件，或错误书写了约束条件中的大于、小于和等于符号，应对模型进行修改。对于第三种情况，去掉或放松约束或许可以获得最优解。

6.2.3 线性规划问题及 Excel 求解

例 6—1：某公司饲养试验用动物以供出售。已知这些动物的成长对饲料中的三种元素特别敏感，我们称之为营养元素 A、B 和 C。已求出这些动物每天至少需要 700 克营养元素 A、30 克营养元素 B、200 毫克营养元素 C，不够和过量都是有害的。现在有五种饲料可供选用，各种饲料每千克所含的营养元素及单价如表 6—1 所示。为了避免过多使用某种饲料，规定混合饲料中各种饲料的最高含量分别为 50、60、50、70、40 千克。如何在上述条件下选择一个组合满足动物需要而费用最低的饲料配方？

表 6—1　　各种饲料的营养成分要求

饲料	营养元素 A（克）	营养元素 B（克）	营养元素 C（毫克）	价格（元/千克）
1	3	1.0	0.5	2
2	2	0.5	1.0	7
3	1	0.2	0.2	4
4	6	2.0	2.0	9
5	18	0.5	0.8	5

解：建立模型：设 x_i（$i=1, 2, \cdots, 5$）为每天混合饲料内包含的第 i 种饲料的千克数。

目标函数：$\min z = 2x_1 + 7x_2 + 4x_3 + 9x_4 + 5x_5$

s. t.
$$3x_1 + 2x_2 + x_3 + 6x_4 + 18x_5 \geqslant 700$$
$$x_1 + 0.5x_2 + 0.2x_3 + 2x_4 + 0.5x_5 \geqslant 30$$
$$0.5x_1 + x_2 + 0.2x_3 + 2x_4 + 0.8x_5 = 200$$
$$x_1 \leqslant 50,\ x_2 \leqslant 60,\ x_3 \leqslant 50,\ x_4 \leqslant 70,\ x_5 \leqslant 40$$
$$x_i \geqslant 0,\ i=1, 2, \cdots, 5$$

利用 Excel 进行求解。

第一，将数据按照图 6—1 输入 Excel 表格。

饲料配方的初始解都设为 0，在 B3：F3 各单元格内输入 0。在单元格 A5 输入 min 表示求最小值，将目标函数系数分别输入 B5：F5 单元格里。单元格 G5 表示目标单元格，输入公式“＝SUMPRODUCT（B5：F5，B3：F3）”。

在区域 B7：F9 输入约束条件的系数矩阵，在单元格 G7 中输入公式“＝SUMPRODUCT（B7：F7，＄B＄3：＄F＄3）”，按回车，并下拉到 G9 单元格。

	A	B	C	D	E	F	G	H	I
1	营养问题（初始解为								
2		饲料1	饲料2	饲料3	饲料4	饲料5			
3	饲料配方	0	0	0	0	0			
4							总费用		
5	min	2	7	4	9	5	=SUMPRODUCT(B5:F5,B3:F3)		
6	s.t.						总含量		需要量
7	营养元素A	3	2	1	6	18	=SUMPRODUCT(B7:F7,$B$3:$F$3)	>=	700
8	营养元素B	1	0.5	0.2	2	0.5	=SUMPRODUCT(B8:F8,$B$3:$F$3)	>=	30
9	营养元素C	0.5	1	0.2	2	0.8	=SUMPRODUCT(B9:F9,$B$3:$F$3)	=	200
10									
11		饲料1	饲料2	饲料3	饲料4	饲料5			
12		<=	<=	<=	<=	<=			
13	最大用量	50	60	50	70	40			

图 6—1　饲料问题的 Excel 模型

第二，利用规划求解工具，设置规划求解参数。

点击菜单栏中的“数据”，再选取“分析”中“规划求解参数”，输入数据，如图 6—2 所示。

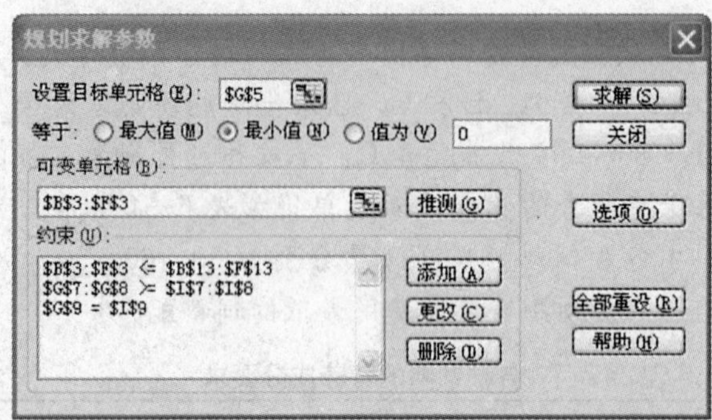

图 6—2　“规划求解参数”输入

选取“选项”，弹出“规划求解选项”对话框。选择“采用线性模型”（提示：Excel 使用有效的单纯形法求解）和“假定非负”，若没有该项选择，则必须在约束条件内输入“B3：F3＞＝0”，如图 6—3 所示。选择“确定”返回“规划求解参数”对话框。

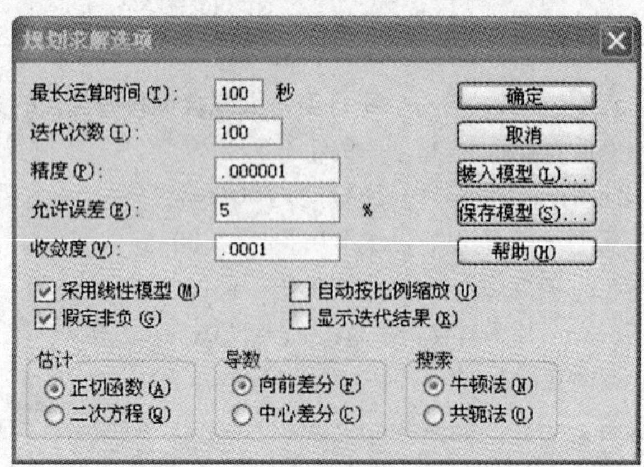

图 6—3　选择假定非负和采用线性模型

第三，对问题进行求解。

选择“求解”钮。规划求解程序开始运算，弹出“规划求解结果”对话框，如图 6—4 所示。若选取“保存规划求解结果”，则图 6—4 的工作表中可变单元格 B3：F3 和目标单元格 G5 分别显示最优解和最优值。

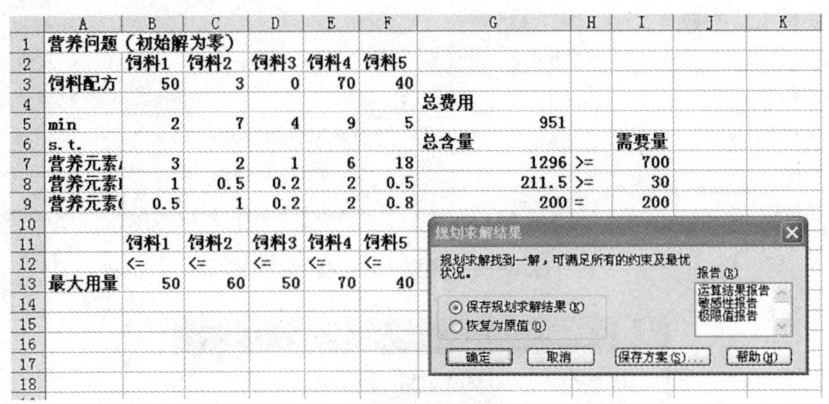

图 6—4　求解结果

6.2.4　线性规划的对偶问题与灵敏度分析

1. 对偶问题

对偶理论是线性规划的重要组成部分，主要内容是：每一个线性规划问题都伴随着一个被称为其对偶问题的线性规划问题。它们之间有着十分密切的关系，并具有一些很有价值的性质。由对偶问题引申出来的对偶最优解是进一步揭示线性规划模型经济含义的重要工具。通过下面的例子详细解释对偶问题。

例 6—2：某工厂在计划期内要安排生产 A、B 两种产品（假定产品畅销）。已知生产单位产品的利润和所需的劳动力、设备台时及原材料的消耗如表 6—2 所示。问产品 A 和 B 产量的变化范围在多大程度上影响总利润？

表 6—2　　**产品的利润及资源限额**

	产品 A	产品 B	资源限额
劳动力	9	4	360 工时
设备台时	4	5	200 台时
原材料	3	10	300 千克
单位产品利润（元）	70	120	

解：第一步，按照图 6—5 将数据输入到 Excel 表格中，产量初始解设定为 0。

第二步，利用规划求解工具，设置规划求解参数。按图 6—6 所示输入数据。

第三步，对问题进行求解，得出如图 6—7 所示的结论。产品 A 产量为 20 单位，产品 B 为 24 单位。

现在从另一个角度来讨论。假设该工厂管理者决定不生产产品 A 和 B，而将所有资源

	A	B	C	D	E	F
2		产品A	产品B			
3	产品产量	0	0			
4	价格	70	120			
5	总利润	=SUMPRODUCT(B3:C3, $B$4:$C$4)				
6						
7	S.T			消耗	约束	资源量
8	劳动力	9	4	=SUMPRODUCT($B$3:$C$3, B8:C8)	≤	360
9	设备	4	5	=SUMPRODUCT($B$3:$C$3, B9:C9)	≤	200
10	原材料	3	10	=SUMPRODUCT($B$3:$C$3, B10:C1(	≤	300

图 6—5 建立 Excel 模型

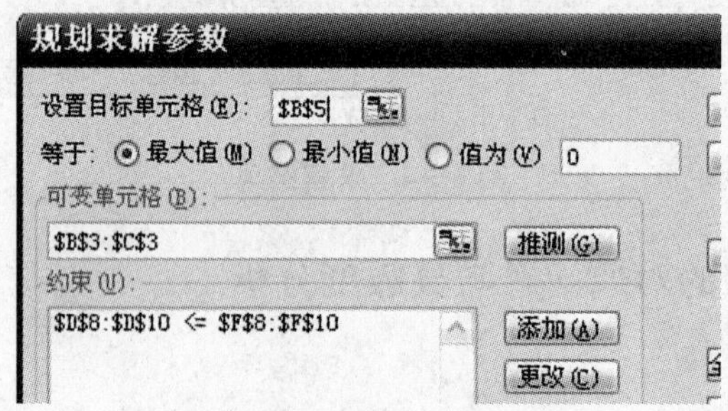

图 6—6 参数的输入

	A	B	C	D	E	F
1	生产计划					
2		产品A	产品B			
3	产品产量	20	24			
4	价格	70	120			
5	总利润	4280				
6						
7	S.T			消耗	约束	资源量
8	劳动力	9	4	276	≤	360
9	设备	4	5	200	≤	200
10	原材料	3	10	300	≤	300

图 6—7 求解结果显示

出租或外售，管理者面临的一个问题是：对资源定什么价格能不低于用这些资源生产产品所产生的利润，这个价格既要保证一定的利润又要具有市场竞争力。

基于这种考虑，建立如下数学模型：

设 y_1、y_2、y_3 分别表示出租单位劳动力、设备台时的租金和出让单位原材料的附加额(附加额＝出售价格－成本)。管理者应当考虑到出租和出让资源所得到的收入应不低于用这些资源进行生产所得到的利润。具体说，若用 9 个单位劳动力、4 个单位设备台时和 3

个单位原材料可以生产1单位产品A而获利70元，同理若用4个单位劳动力、5个单位设备台时和10个单位原材料可以生产1单位产品B而获利120元，因此：

$9y_1+4y_2+3y_3\geqslant 70$ A产品的利润

$4y_1+5y_2+10y_3\geqslant 120$ B产品的利润

把工厂所有的资源都出租和出让，其总收入为 $\omega=360y_1+200y_2+300y_3$。考虑到市场竞争力的问题，不是 ω 越大越好，应在约束条件下获取尽可能小的收益，资源定价才富有竞争力。总结以上内容建立数学模型如下：

目标函数：$\min\omega=360y_1+200y_2+300y_3$

s. t. $9y_1+4y_2+3y_3\geqslant 70$

$4y_1+5y_2+10y_3\geqslant 120$

$y_1\geqslant 0, y_2\geqslant 0, y_3\geqslant 0$

经计算得出：$y_1=0$，$y_2=13.6$，$y_3=5.2$

以上两个模型都是出于提高企业经济效益，从两个不同角度出发而形成的一对线性规划问题，称之为互为对偶问题。

对于一对对偶问题，只要解出其中的一个，另一个的解也得出。因此，在解决实际问题中如果要寻求的问题比较复杂，不妨试试从它的对偶问题谋求答案。在实际运算中发现，解一个线性规划所需要的时间更多地取决于约束条件的数目而不是变量的数目。在对偶问题中彼此的约束条件和变量数是互换的。原问题的约束条件数是对偶问题的变量数，原问题的变量数是对偶问题的约束条件数。因此应当选择约束条件少的问题进行求解。

2. 对偶最优解的经济解释——影子价格

一般说来，在其他条件不变的情况下，第 i 种资源的限额 b_i 增加一个单位所引起的目标最优值的改变量称为该资源的影子价格。继续前面的例题分析，y_1、y_2、y_3 分别表示了单位劳动力、单位设备台时和单位原材料的影子价格。

对于 $y_1=0$，表示增加或减少1单位劳动力，对于目标最优值 ω 增加或减少值为0。

对于 $y_2=13.6$，表示增加或减少1单位设备台时，对于目标最优值 ω 增加或减少值为13.6。

对于 $y_3=5.2$，表示增加或减少1单位原材料，对于目标最优值 ω 增加或减少值为5.2。

影子价格不是真正代表了资源的市场价格，仅代表了该种资源对本企业的重要程度或稀缺程度，具体说明了三个问题：

(1) 该种资源对于企业的紧缺程度。影子价格越高意味着这种资源对企业越紧缺。影子价格为零，意味着该种资源有富余量，增加或减少该种资源，目标值不变。

(2) 该种资源的最低出租价格。当把该种资源出租时，因为减少1单位资源会带来目标值的减少，企业为了弥补目标值的减少，就要将出租该资源的价格高于目标值的损失，因而可以确定该资源可接受的最低出租价格，即大于等于该资源的影子价格。

(3) 假如企业额外获得一笔资金，可用于扩大再生产，应将资金投放到影子价格最高的资源上，相同的投入会获得最高的回报。

3. 灵敏度分析

我们一直从静态的角度来讨论线性规划问题中系数和约束条件的右端常数项，但在现实中这些可能存在不断变化，使得一些系数具有不确定性。为了提高线性规划模型及其求解结果的可靠性和可用性，有必要研究这些系数发生变化时对最优解的影响，这就是灵敏度分析和优化后分析的有关内容。

（1）目标函数系数变化的灵敏度分析。

假定目标函数只有一个系数 c_j 发生变化，模型中其他系数保持不变。那么要寻找出系数 c_j 在怎样一个范围内变化，模型的最优解不变，这是目标函数系数的灵敏度分析。

（2）约束条件右端项变化的灵敏度分析。

假定约束条件右端常数项只有一个参数 b_i 发生变化，模型中其他系数保持不变。那么要寻找出系数 c_j 在怎样一个范围内变化，对应资源的影子价格保持不变，这是约束条件右端常数项灵敏度分析。

（3）多个参数变化的灵敏度分析及其他形式的灵敏度分析。

在灵敏度分析中，前两种情况都是只有一个参数变化，还有可能存在两个及两个以上参数都发生变化的情况。还有增加新变量、增加新的约束条件或系数 a_{ij} 发生变化时灵敏度分析，都比较复杂，这里不详细讲述，可参见相关书籍进一步探讨。

下面通过举例分析前两种灵敏度分析方法。

例 6—3：以例 6—2 为背景。当第一批产品投放市场后，产品 A 与生产前预测的情况吻合，而产品 B 市场反应良好，供不应求。企业管理者决定加价销售产品 B，这样销售每单位产品 B 由原来的利润 120 元上升到 160 元。第二批生产方案是否改变？

解：建立模型，目标函数中产品 B 的价值系数仍选择 120 元。

设变量 x_1、x_2 分别表示在计划期内产品 A、B 的产量。

目标函数：$\max z = 70x_1 + 120x_2$

$$
\text{s.t.}\quad \begin{cases} 9x_1 + 4x_2 \leqslant 360 \\ 4x_1 + 5x_2 \leqslant 200 \\ 3x_1 + 10x_2 \leqslant 300 \\ x_1 \geqslant 0,\ x_2 \geqslant 0 \end{cases}
$$

求解过程第一、二步与例 6—2 相同。

第三步，对问题进行求解。

选择“求解”，再选定“保存规划求解结果”，同时选择“敏感性报告”，如图 6—8 所示。点击“确定”，在转换后的页面下面选择“敏感性报告 2”，弹出如图 6—9 所示的界面。

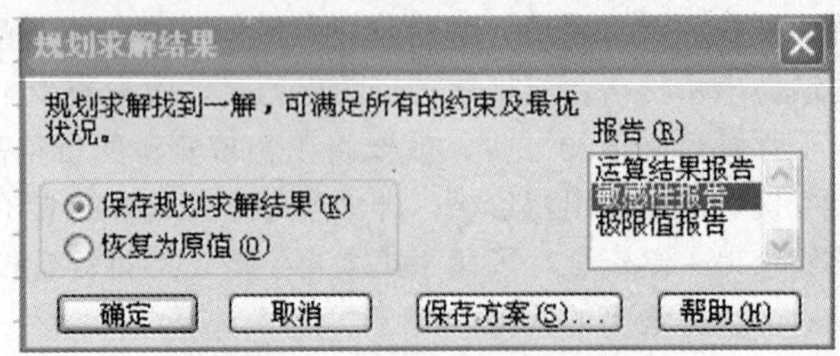

图 6—8　“规划求解结果”对话框

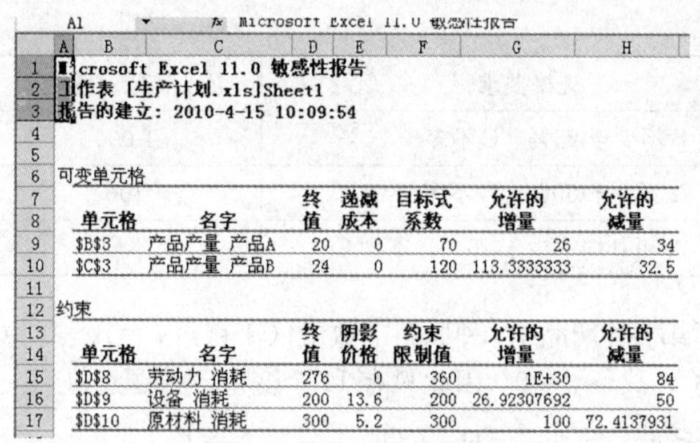

Microsoft Excel 11.0 敏感性报告
工作表 [生产计划.xls]Sheet1
报告的建立：2010-4-15 10:09:54

可变单元格

单元格	名字	终值	递减成本	目标式系数	允许的增量	允许的减量
$B$3	产品产量 产品A	20	0	70	26	34
$C$3	产品产量 产品B	24	0	120	113.3333333	32.5

约束

单元格	名字	终值	阴影价格	约束限制值	允许的增量	允许的减量
$D$8	劳动力 消耗	276	0	360	1E+30	84
$D$9	设备 消耗	200	13.6	200	26.92307692	50
$D$10	原材料 消耗	300	5.2	300	100	72.4137931

图 6—9 敏感性报告

分析图 6—9 所示经济意义。终值代表产品 A、B 的产量，即最优解。

目标函数系数变化灵敏度分析：

（1）允许的增量表示产品 A 的价值系数最高可达到 70＋26＝96，允许的减量表示最低可降到 70－34＝36，即在［36，96］的范围内变动，模型中其他参数保持不变的情况下，最优解不变。

（2）同理，产品 B 在［120－32.5，120＋113.333］的范围内变动，模型中其他参数保持不变的情况下，最优解不变。

约束条件右端项变化的灵敏度分析：

（1）劳动力资源的约束量最多可以增加到正无穷，最少可以减到 360－84＝276，即在［276，∞）范围内，模型中其他参数保持不变的情况下，劳动力的影子价格不变。本题中只使用了 276（终值）单位劳动力。

（2）设备台时资源的约束量最多可以增加到 200＋26.923＝269.923，最少可以减到 200－50＝150，即在［150，269.923］范围内，模型中其他参数保持不变的情况下，设备台时的影子价格 13.6 不变。本题中使用了 200（终值）单位设备台时量，用尽该种资源。

（3）原材料资源的约束量最多可以增加到 300＋100＝400，最少可以减到 300－72.41＝227.59，即在［227.59，400］范围内，模型中其他参数保持不变的情况下，原材料的影子价格 5.2 不变。本题中使用了 300（终值）单位原材料，用尽该种资源。

从上面的灵敏度报告还可得出：

设备台时的影子价格在三种资源的影子价格中最高，它对于企业的稀缺程度最高。每增加 1 单位设备台时可对利润增加产生 13.6 的利润贡献量。增加或减少的量一定在可变范围内，超出范围，影子价格会发生变化，需重新计算影子价格。

6.2.5 线性规划模型的应用

例 6—4：一家化工厂要将四种原材料 A、B、C、D 混合调配出三种产品，表 6—3 是制造各种产品的数据。三种产品的销售价格分别是每千克 9 元、8.5 元和 8 元；各种原料 A、B、C、D 的供应量分别是 1 000 千克、1 000 千克、750 千克和 800 千克，单价分别是每千克 5 元、6 元、4 元和 4.5 元。问该厂应如何安排生产才能获得最大利润？

表 6—3

产品	规格要求	最小需求（千克）	最大需求（千克）
1	含 B 不少于 25%，C 不多于 20%	1 000	2 500
2	含 A 不少于 50%，D 不多于 25%	100	不限
3	含 A 和 B 均不少于 25%，不含 C	不限	不限

解：设 x_{ij} 表示第 j 种产品中 i 种原料的数量（千克），i = A、B、C、D；j = 1，2，3。由于产品 3 不含有 C，故 $x_{c3}=0$，因此只有 11 个变量。由题意得到：

产品 1 的产量：$x_{A1}+x_{B1}+x_{C1}+x_{D1}$

产品 2 的产量：$x_{A2}+x_{B2}+x_{C2}+x_{D2}$

产品 3 的产量：$x_{A3}+x_{B3}+x_{D3}$

原料 A 的使用量：$x_{A1}+x_{A2}+x_{A3}$

原料 B 的使用量：$x_{B1}+x_{B2}+x_{B3}$

原料 C 的使用量：$x_{C1}+x_{C2}$

原料 D 的使用量：$x_{D1}+x_{D2}+x_{D3}$

目标函数：利润最大，利润＝总销售收入－总成本

$$\max z=9(x_{A1}+x_{B1}+x_{C1}+x_{D1})+8.5(x_{A2}+x_{B2}+x_{C2}+x_{D2})+8(x_{A3}+x_{B3}+x_{D3})-5(x_{A1}+x_{A2}+x_{A3})-6(x_{B1}+x_{B2}+x_{B3})-4(x_{C1}+x_{C2})-4.5(x_{D1}+x_{D2}+x_{D3})$$

化简后：

$$\max z=4x_{A1}+3x_{B1}+5x_{C1}+4.5x_{D1}+3.5x_{A2}+2.5x_{B2}+4.5x_{C2}+4x_{D2}+3x_{A3}+2x_{B3}+3.5x_{D3}$$

s. t.

规格约束：

$x_{B1}\geqslant 0.25(x_{A1}+x_{B1}+x_{C1}+x_{D1})$

$x_{C1}\leqslant 0.2(x_{A1}+x_{B1}+x_{C1}+x_{D1})$

$x_{A2}\geqslant 0.5(x_{A2}+x_{B2}+x_{C2}+x_{D2})$

$x_{D2}\leqslant 0.25(x_{A2}+x_{B2}+x_{C2}+x_{D2})$

$x_{A3}\geqslant 0.25(x_{A3}+x_{B3}+x_{D3})$

$x_{B3}\geqslant 0.25(x_{A3}+x_{B3}+x_{D3})$

化简后 ⇒

$x_{A1}-3x_{B1}+x_{C1}+x_{D1}\leqslant 0$

$-x_{A1}-x_{B1}+4x_{C1}-x_{D1}\leqslant 0$

$-x_{A2}+x_{B2}+x_{C2}+x_{D2}\leqslant 0$

$-x_{A2}-x_{B2}-x_{C2}+3x_{D2}\leqslant 0$

$-3x_{A3}+x_{B3}+x_{D3}\leqslant 0$

$x_{A3}-3x_{B3}+x_{D3}\leqslant 0$

原材料供应量约束：

$x_{A1}+x_{A2}+x_{A3}\leqslant 1\,000$

$x_{C1}+x_{C2}\leqslant 750$

化简后 ⇒

$x_{B1}+x_{B2}+x_{B3}\leqslant 1\,000$

$x_{D1}+x_{D2}+x_{D3}\leqslant 800$

需求限制量：

$x_{A1}+x_{B1}+x_{C1}+x_{D1}\geqslant 1\,000$

$x_{A2}+x_{B2}+x_{C2}+x_{D2}\geqslant 100$

$x_{ij}\geqslant 0$

化简后 ⇒

$x_{A1}+x_{B1}+x_{C1}+x_{D1}\leqslant 2\,500$

计算机求解过程及结果，如图 6—10 至图 6—12 所示。

	A	B	C	D	E	F	G	H	I	J	K	L	M	N	O
1															
2		XA1	XB1	XC1	XD1	XA2	XB2	XC2	XD2	XA3	XB3	XD3			
3	使用量	0	0	0	0	0	0	0	0	0	0	0			
4															
5	目标函数系数	4	3	5	4.5	3.5	2.5	4.5	4	3	2	3.5			
6	MAX												=SUMPRODUCT(B3:L3,B5:L5)		
7															约束量
8	约束条件	1	-3	1	1	0	0	0	0	0	0	0	=SUMPRODUCT($B$3:$L$3,B8:L8)	≤	0
9		-1	-1	4	-1	0	0	0	0	0	0	0	=SUMPRODUCT($B$3:$L$3,B9:L9)	≤	0
10		0	0	0	0	-1	1	1	1	0	0	0	=SUMPRODUCT($B$3:$L$3,B10:L10)	≤	0
11		0	0	0	0	-1	-1	-1	3	0	0	0	=SUMPRODUCT($B$3:$L$3,B11:L11)	≤	0
12		0	0	0	0	0	0	0	0	-3	1	1	=SUMPRODUCT($B$3:$L$3,B12:L12)	≤	0
13		0	0	0	0	0	0	0	0	1	-3	1	=SUMPRODUCT($B$3:$L$3,B13:L13)	≤	0
14		1	0	0	0	1	0	0	0	1	0	0	=SUMPRODUCT($B$3:$L$3,B14:L14)	≤	1000
15		0	1	0	0	0	1	0	0	0	1	0	=SUMPRODUCT($B$3:$L$3,B15:L15)	≤	1000
16		0	0	1	0	0	0	1	0	0	0	0	=SUMPRODUCT($B$3:$L$3,B16:L16)	≤	750
17		0	0	0	1	0	0	0	1	0	0	1	=SUMPRODUCT($B$3:$L$3,B17:L17)	≤	800
18		1	1	1	1	0	0	0	0	0	0	0	=SUMPRODUCT($B$3:$L$3,B18:L18)	≥	1000
19		1	1	1	1	0	0	0	0	0	0	0	=SUMPRODUCT($B$3:$L$3,B19:L19)	≤	2500
20		0	0	0	0	1	1	1	1	0	0	0	=SUMPRODUCT($B$3:$L$3,B20:L20)	≥	100
21															

图 6—10　原料问题的 Excel 模型

规划求解参数

设置目标单元格(E): $M$6

等于: ⊙最大值(M) ○最小值(N) ○值为(V) 0

可变单元格(B): $B$3:$L$3

约束(U):

$M$18 >= $O$18
$M$19 <= $O$19
$M$20 >= $O$20
$M$8:$M$17 <= $O$8:$O$17

求解(S)　关闭　推测(G)　选项(O)　添加(A)　更改(C)　删除(D)　全部重设(R)　帮助(H)

图 6—11　参数输入显示

R14

	A	B	C	D	E	F	G	H	I	J	K	L	M	N	O
1															
2		XA1	XB1	XC1	XD1	XA2	XB2	XC2	XD2	XA3	XB3	XD3			
3	使用量	475	725	500	800	525	275	250	0	0	-0	0			
4															
5	目标函数系数	4	3	5	4.5	3.5	2.5	4.5	4	3	2	3.5			
6	MAX												13825		
7															约束量
8	约束条件	1	-3	1	1	0	0	0	0	0	0	0	-400	≤	0
9		-1	-1	4	-1	0	0	0	0	0	0	0	0	≤	0
10		0	0	0	0	-1	1	1	1	0	0	0	0	≤	0
11		0	0	0	0	-1	-1	-1	3	0	0	0	-1050	≤	0
12		0	0	0	0	0	0	0	0	-3	1	1	-5.68E-14	≤	0
13		0	0	0	0	0	0	0	0	1	-3	1	1.705E-13	≤	0
14		1	0	0	0	1	0	0	0	1	0	0	1000	≤	1000
15		0	1	0	0	0	1	0	0	0	1	0	1000	≤	1000
16		0	0	1	0	0	0	1	0	0	0	0	750	≤	750
17		0	0	0	1	0	0	0	1	0	0	1	800	≤	800
18		1	1	1	1	0	0	0	0	0	0	0	2500	≥	1000
19		1	1	1	1	0	0	0	0	0	0	0	2500	≤	2500
20		0	0	0	0	1	1	1	1	0	0	0	1050	≥	100
21															

图 6—12　结果显示

例 6—5：一家妇女装饰品公司制作女用流行式产品。根据大量市场调查结果，计划生产七种类型的产品，公司确信能全部售出。财会部门提供了材料与生产费用的资料，市场与销售部门提出了每种产品的批发价格，如表 6—4 所示。

表 6—4　　原材料费用和批发价格

种类	原材料费（元）	批发价格（元）
1	24	50
2	22.5	55.5
3	28.5	51
4	21	50
5	15	48.5
6	16.5	50.5
7	19.5	55.5

生产部门报告有三种控制性资源：针织机工时、环织机工时和检验工时。针织机工时有 42 000 小时/季度可供使用，每小时成本 10 元；环织机工时有 5 000 小时/季度可供使用，每小时成本 20 元；检验工时有 3 600 小时/季度可供使用，每小时成本 30 元。各部门对每类产品所需要的工时与费用如表 6—5 所示。

表 6—5

种类	针织部门		环织部门		检验部门	
	工时	费用（元）	工时	费用（元）	工时	费用（元）
1	0.8	8	0.085	1.7	0.05	1.5
2	0.65	6.5	0.09	1.8	0.03	0.9
3	0.95	9.5	0.09	1.8	0.05	1.5
4	1.1	11	0.095	1.9	0.05	1.5
5	0.6	6	0.1	2	0.04	1.2
6	0.65	6.5	0.08	1.7	0.06	1.8
7	0.8	8	0.09	1.8	0.04	1.2
可用时数	42 000		5 000		3 600	

经验表明，在季度高峰时期每种产品所用的材料要有 1/3 的库存，而公司的政策是无论何时库存的材料价值不得超过 350 000 元。

根据上述资料，公司需要确定每种产品的最佳生产量。销售部门愿为该公司销售全部产品，但必须保证每种产品每季度至少要售出 1 000 单位，目标是公司的季度利润最大。

请根据求解结果回答下列问题：

(1) 季度最优生产方案是否唯一？

(2) 产品 5 的单位价格在哪个范围变动能使现行生产方案保持最优？

(3) 若产品 2 的最低销售量从 1 000 单位减少到 950 单位，总利润有什么改变？

(4) 能否通过增加针织机工时来提高总利润？

(5) 若环织机工时的限额提高到 5 010 小时，最优生产方案有什么变化？

(6) 若产品 1 的单价从 50 元增至 55 元，最优生产方案和总利润有什么变化？

解：设 x_i 为每季度各产品的生产量，$i=1$，2，…，7。

目标函数：$\max z=(50-24-8-1.7-1.5)x_1+(55.5-22.5-6.5-1.8-0.9)x_2$
$+(51-28.5-9.5-1.8-1.5)x_3+(50-21-11-1.9-1.5)x_4$
$+(48.5-15-6-2-1.2)x_5+(50.5-16.5-6.5-1.7-1.8)x_6$
$+(55.5-19.5-8-1.8-1.2)x_7$

化简后： $\max z=14.8x_1+3.8x_2+9.7x_3+14.6x_4+24.3x_5+24x_6+25x_7$

s. t. $0.8x_1+0.65x_2+0.95x_3+1.1x_4+0.6x_5+0.65x_6+0.8x_7\leqslant 42\ 000$

$0.085x_1+0.09x_2+0.09x_3+0.095x_4+0.1x_5+0.08x_6+0.09x_7\leqslant 5\ 000$

$0.05x_1+0.03x_2+0.05x_3+0.05x_4+0.04x_5+0.06x_6+0.04x_7\leqslant 3\ 600$

$\frac{1}{3}\times 24x_1+\frac{1}{3}\times 22.5x_2+\frac{1}{3}\times 28.5x_3+\frac{1}{3}\times 21x_4+\frac{1}{3}\times 15x_5+$

$\frac{1}{3}\times 16.5x_6+\frac{1}{3}\times 19.5x_7\leqslant 350\ 000$

$x_i\geqslant 1\ 000$

求解过程及敏感性报告如图 6—13 至图 6—15 所示。

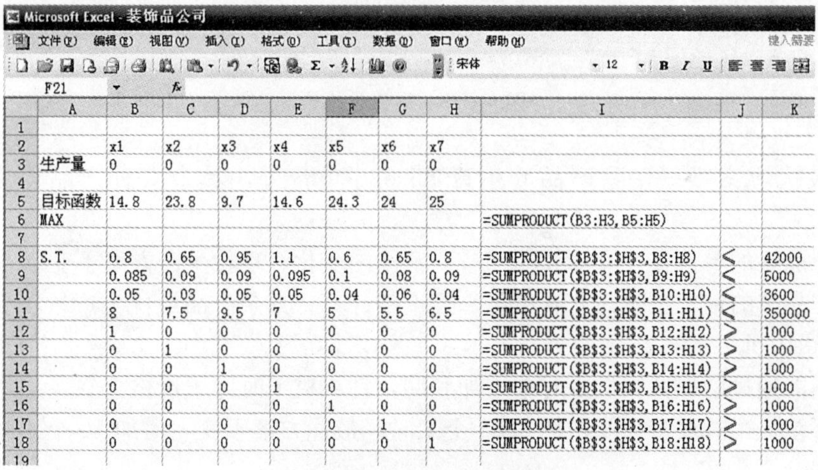

Microsoft Excel - 装饰品公司

文件(F) 编辑(E) 视图(V) 插入(I) 格式(O) 工具(T) 数据(D) 窗口(W) 帮助(H)

F21

	A	B	C	D	E	F	G	H	I	J	K
1											
2		x1	x2	x3	x4	x5	x6	x7			
3	生产量	0	0	0	0	0	0	0			
4											
5	目标函数	14.8	23.8	9.7	14.6	24.3	24	25			
6	MAX								=SUMPRODUCT(B3:H3,B5:H5)		
7											
8	S.T.	0.8	0.65	0.95	1.1	0.6	0.65	0.8	=SUMPRODUCT($B$3:$H$3,B8:H8)	≤	42000
9		0.085	0.09	0.09	0.095	0.1	0.08	0.09	=SUMPRODUCT($B$3:$H$3,B9:H9)	≤	5000
10		0.05	0.03	0.05	0.05	0.04	0.06	0.04	=SUMPRODUCT($B$3:$H$3,B10:H10)	≤	3600
11		8	7.5	9.5	7	5	5.5	6.5	=SUMPRODUCT($B$3:$H$3,B11:H11)	≤	350000
12		1	0	0	0	0	0	0	=SUMPRODUCT($B$3:$H$3,B12:H12)	≥	1000
13		0	1	0	0	0	0	0	=SUMPRODUCT($B$3:$H$3,B13:H13)	≥	1000
14		0	0	1	0	0	0	0	=SUMPRODUCT($B$3:$H$3,B14:H14)	≥	1000
15		0	0	0	1	0	0	0	=SUMPRODUCT($B$3:$H$3,B15:H15)	≥	1000
16		0	0	0	0	1	0	0	=SUMPRODUCT($B$3:$H$3,B16:H16)	≥	1000
17		0	0	0	0	0	1	0	=SUMPRODUCT($B$3:$H$3,B17:H17)	≥	1000
18		0	0	0	0	0	0	1	=SUMPRODUCT($B$3:$H$3,B18:H18)	≥	1000
19											

图 6—13 建立 Excel 模型

规划求解参数

设置目标单元格(E)：$I$6

等于：⊙最大值(M) ○最小值(N) ○值为(V) 0

可变单元格(B)：

$B$3:$H$3

约束(U)：

$I$12:$I$18 >= $K$12:$K$18
$I$8:$I$11 <= $K$8:$K$11

求解(S) 关闭 推测(G) 选项(O) 添加(A) 更改(C) 删除(D) 全部重设(R) 帮助(H)

图 6—14 参数输入

Microsoft Excel 11.0 敏感性报告

可变单元格

单元格	名字	终 终值	递减 成本	目标式 系数	允许的 增量	允许的 减量
$B$3	生产量 x1	1000	0	14.8	10.7	1E+30
$C$3	生产量 x2	1000	0	23.8	3.2	1E+30
$D$3	生产量 x3	1000	0	9.7	17.3	1E+30
$E$3	生产量 x4	1000	0	14.6	13.9	1E+30
$F$3	生产量 x5	1000	0	24.3	5.7	3.25561E+16
$G$3	生产量 x6	55625	0	24	1E+30	1.777777778
$H$3	生产量 x7	1000	0	25	2	9.73903E+15

约束

单元格	名字	终 值	阴影 价格	约束 限制值	允许的 增量	允许的 减量
$I$8	S.T.	41056.25	0	42000	1E+30	943.75
$I$9		5000	300	5000	3.333333333	4370
$I$10		3597.5	0	3600	1E+30	2.5
$I$11		349437.5	0	350000	1E+30	562.5
$I$12		1000	-11	1000	260.8695652	181.8181818
$I$13		1000	-3.2	1000	428.5714286	66.66666667
$I$14		1000	-17	1000	169.8113208	142.8571429
$I$15		1000	-14	1000	1200	117.6470588
$I$16		1000	-5.7	1000	43700	71.42857143
$I$17		55625	0	1000	54625	1E+30
$I$18		1000	-2	1000	1800	90.90909091

敏感性报告 1 / Sheet1 / Sheet2 / Sheet3

图 6—15　敏感性报告

(1) 最优方案唯一，除产品 6 生产 55 625 单位外，其余 6 种产品均生产 1 000 单位。

(2) 产品 5 的单价在［0，24.5+5.7］范围内变化，现行生产方案不变。

(3) 产品 2 的销售量减为 950 单位，经重新计算，其余产品最优生产量不变，利润减少到 1 446 010 元。

(4) 不能通过增加针织机工时来增加利润，针织机工时影子价格为 0。

(5) 环织机工时最多只能增加 3.33 个工时，最优方案不变，增加 10 个工时需重新计算最优方案。

(6) 产品 1 的目标系数增加量在 10.7 以内，最优方案不变，现增加量为 5，所以生产量保持不变，但利润增加 5×1 000=5 000 元。

6.3　优化问题的扩展

6.3.1　整数规划

在进行决策或做规划时，若要求决定的是机器的台数、参加工作的人数等，就要求它们的求解变量是整数。整数规划问题的建模与线性规划的方式相同，唯一不同点是它的某些或全部变量必须是整数值。

例 6—6： 某医院根据日常工作统计，每昼夜 24 小时中至少需要如表 6—6 所示数量的护士。

表 6—6　　　　　　　　24 小时需要的护士数量

序号	时段	需要护士的最少人数
1	6：00—10：00	60
2	10：00—14：00	70
3	14：00—18：00	60
4	18：00—22：00	50
5	22：00—2：00	20
6	2：00—6：00	30

护士们分别在各时段开始时上班，并连续工作 8 小时。问应如何安排各个时段开始上班工作的人数，才能使护士的总人数最少？

解：设第 j 时段开始上班的人数为 x_j，$j=1$，…，6，则 $\sum_{j=1}^{6} x_j$ 为护士的总人数，因此有如下模型：

目标函数：$\min z=x_1+x_2+x_3+x_4+x_5+x_6$

$$
\begin{aligned}
\text{s. t.}\quad & x_1+x_2 \geqslant 70 \\
& x_2+x_3 \geqslant 60 \\
& x_3+x_4 \geqslant 50 \\
& x_4+x_5 \geqslant 20 \\
& x_5+x_6 \geqslant 30 \\
& x_6+x_1 \geqslant 60 \\
& x_j \geqslant 0 \text{ 且为整数}，j=1，2，\cdots，6
\end{aligned}
$$

利用 Excel 进行求解。

按照图 6—16 将数据输入 Excel 表格，并赋初始值为零。在区域 B5：G5 输入目标函数的价值系数，将单元格 H5 作为目标单元格，输入公式“＝SUMPRODUCT（B5：G5，B3：G3）”，表示所需护士的总人数。在区域 B7：G12 输入变量的系数矩阵，在单元格 H7 里输入公式“＝SUMPRODUCT（B7：G7，$B$3：$G$3）”，按回车，下拉到 H12。

	A	B	C	D	E	F	G	H	I	J	K
1	整数规划（初始解为零）										
2		x1	x2	x3	x4	x5	x6				
3		0	0	0	0	0	0				
4											
5	min	1	1	1	1	1	1	=SUMPRODUCT(B5:G5, B3:G3)			
6											
7		1	1	0	0	0	0	=SUMPRODUCT(B7:G7, $B$3:$G$3)	≥	70	
8		0	1	1	0	0	0	=SUMPRODUCT(B8:G8, $B$3:$G$3)	≥	60	
9		0	0	1	1	0	0	=SUMPRODUCT(B9:G9, $B$3:$G$3)	≥	50	
10		0	0	0	1	1	0	=SUMPRODUCT(B10:G10, $B$3:$G$3)	≥	20	
11		0	0	0	0	1	1	=SUMPRODUCT(B11:G11, $B$3:$G$3)	≥	30	
12		1	0	0	0	0	1	=SUMPRODUCT(B12:G12, $B$3:$G$3)	≥	60	

图 6—16　护士值班问题的数学模型及数据表

用规划求解方法求解最优值。在“规划求解参数”对话框的“设置目标单元格”一栏里选择单元格 H5，在“等于”一栏里选中“最小值”，在“可变单元格”内选中区域 B3：G3，如图 6—17 所示。

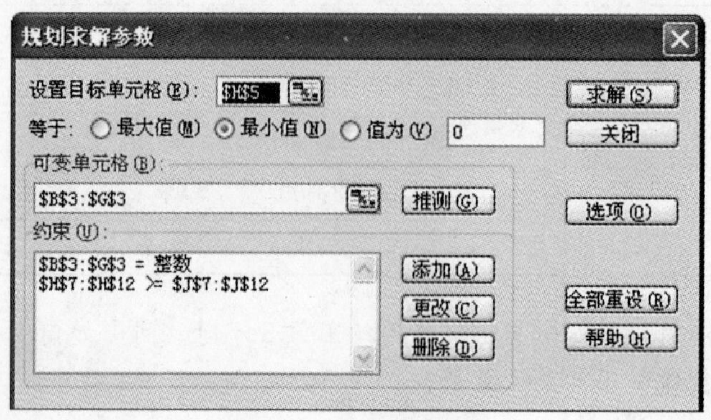

图 6—17　参数输入

单击对话框右侧一栏“选项”选项卡，选中“假定非负”和“采用线性模型”选项。点击“确定”，返回“规划求解参数”对话框页面。

对问题进行求解。按“求解”选项，即可求出本题的解。如图 6—18 所示，最少需要护士 150 人，其中从各时段的人数分别为 45 人、25 人、35 人、15 人、15 人、15 人。同时，弹出“规划求解结果”对话框，选择默认的“保存规划求解结果”，点击“确定”即可。

1	整数规划(初始解为零)								
2		x1	x2	x3	x4	x5	x6			
3		45	25	35	15	15	15			
4										
5	min	1	1	1	1	1	1	150		
6										
7		1	1	0	0	0	0	70	≥	70
8		0	1	1	0	0	0	60	≥	60
9		0	0	1	1	0	0	50	≥	50
10		0	0	0	1	1	0	30	≥	20
11		0	0	0	0	1	1	30	≥	30
12		1	0	0	0	0	1	60	≥	60

图 6—18　求解结果显示

1. 0—1 规划

应用最广泛的整数规划问题是各种类型的决策问题，决策者往往要面对是否执行某些问题、在什么时间或什么地点执行决策等问题。回答这类“是—否”或“有—无”问题可借助整数规划中的 0—1 整数变量。0—1 整数变量只有两个选择，因此，可以用 1 代表“有”或“是”，而用 0 代表“无”或“否”。

例 6—7：某公司有 5 个项目被列入投资计划，各项目的投资额和期望的投资额收益表如表 6—7 所示。该公司只有 600 万元资金可用于投资，由于技术上的原因，投资受到以下约束：

(1) 在项目 1、2 和 3 中必须只有一项被选中；

表 6—7　　　　　某公司各项目的投资额与期望的投资收益

项目	投资额（万元）	投资收益（万元）
1	210	160
2	300	210
3	150	60
4	130	80
5	260	180

(2) 项目 3 和 4 中必须且只能选中一项；

(3) 项目 5 被选中的前提是项目 1 必须被选中。

如何在上述条件下选择一个最好的投资方案，使投资收益最大？

解：建立模型：

设 $x_i=\begin{cases}1 & \text{项目 } i \text{ 被选中}\\0 & \text{项目 } i \text{ 未被选中}\end{cases}$ $(i=1，2，3，4，5)$

目标函数：$\max z=160x_1+210x_2+60x_3+80x_4+180x_5$

s. t. $\quad 210x_1+300x_2+150x_3+130x_4+260x_5\leqslant 600$

$$x_1+x_2+x_3=1$$

$$x_3+x_4=1$$

$$x_5\leqslant x_1$$

$$x_i=0 \text{ 或 } 1，i=1，2，\cdots，5$$

利用 Excel 进行求解。

第一，按照图 6—19 将数据输入 Excel 表格。

项目 1、2、3、4、5 的初始解都设为 0。

	A	B	C	D	E	F	G	H	I
1		0-1规划求解（初始解为0）							
2		1	2	3	4	5			
3	项目	0	0	0	0	0			
4							总收益		
5	Max	160	210	60	80	180	=SUMPRODUCT(B5:F5,B3:F3)		
6	s.t.								
7		210	300	150	130	260	=SUMPRODUCT(B7:F7,$B$3:$F$3)	<=	600
8		1	1	1	0	0	=SUMPRODUCT(B8:F8,$B$3:$F$3)	=	1
9		0	0	1	1	0	=SUMPRODUCT(B9:F9,$B$3:$F$3)	=	1
10		-1	0	0	0	1	=SUMPRODUCT(B10:F10,$B$3:$F$3)	<=	0
11									

图 6—19　项目选择问题的数学模型及数据表

第二，利用规划求解工具，设置规划求解参数。

单击菜单栏的"工具"，选择"规划求解"选项，弹出对话框：在"设置目标单元格"的选框中单击 G5，在"等于"一栏里选择"最大值"，在"可变单元格"一栏里拖入 B3：F3 区域。单击"添加"按钮，在"单元格引用位置"里单击单元格 G7，然后选择符号

“<=”，在“约束值”里选择单元格 I7。继续点击“添加”按钮，添加其余约束条件。在“单元格引用位置”处拖入可变区域 B3：F3，然后直接在“符号”处选择“bin”，表示变量只有 0 和 1 两个字符。点击“确定”，返回“规划求解参数”对话框，如图 6—20 所示。点击“选项”选项卡，可以进行有关参数设置操作，选中“假定非负”和“采用线性模型”，点击“确定”，返回“规划求解参数”对话框。

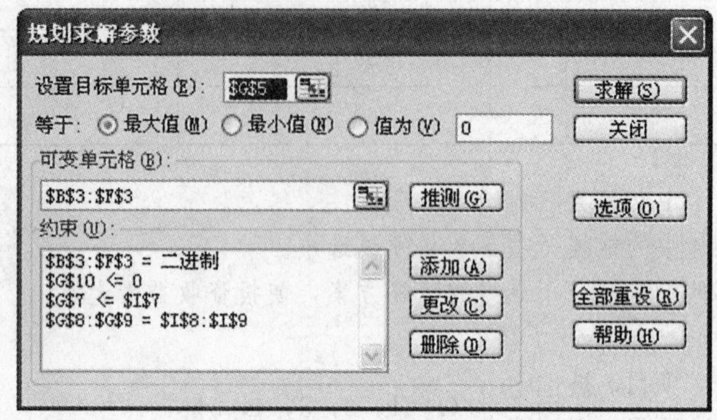

图 6—20 “规划求解参数”对话框

第三，对问题进行求解。

点击“求解”选项，得出本题的解。由图 6—21 可看出，所得解为选中项目 1、4、5，可获得最大收益 420 万元。

	A	B	C	D	E	F	G	H	I
1	0-1规划求解（初始解为0）								
2		1	2	3	4	5			
3	项目	1	0	0	1	1			
4							总收益		
5	Max	160	210	60	80	180	420		
6	s.t.								
7		210	300	150	130	260	600	<=	600
8		1	1	1	0	0	1	=	1
9		0	0	1	1	0	1	=	1
10		-1	0	0	0	1	0	<=	0

图 6—21 项目选择问题的求解结果

2. 指派问题

生活中经常会遇到这样的问题，某单位需完成 n 项任务，恰好有 n 个人可以承担这些任务。由于每个人的专长不同，完成 n 项任务的效率不同（或所需时间不同）。决策者总希望能够找到总体安排效率最高（或所需总时间最少）的分配任务方案，这样的问题称为指派问题。指派问题是一种特殊的 0—1 规划问题。

例 6—8： 有 A、B、C、D 四项任务需分派给甲、乙、丙、丁四个人去做，这四个人都能承担上述四项任务，但完成任务所需要的时间如表 6—8 所示。问如何分派任务，可使完成四项任务的总工时最少？

表 6—8　　四人完成任务所需时间

人＼任务	A	B	C	D
甲	9	17	16	7
乙	12	7	14	16
丙	8	17	14	17
丁	7	9	11	9

解：对应每个指派问题，都有类似的效率矩阵或系数矩阵，其元素 $c_{ij}>0$（i，$j=1$，2，…，n）表示指派第 i 人去完成第 j 项任务时的效率（或时间、成本等）。解题时需要引入变量 x_{ij}，其取值只能为 0，1。

设 $x_{ij}=\begin{cases}1 & \text{当指派第 } i \text{ 人去完成第 } j \text{ 项任务}\\ 0 & \text{当不指派第 } i \text{ 人去完成第 } j \text{ 项任务}\end{cases}$ $(i，j=1，2，\cdots，n)$

目标函数：$\min z=\sum\limits_{i=1}^{4}\sum\limits_{j=1}^{4}c_{ij}x_{ij}$

s. t.　$\sum\limits_{i=1}^{4}x_{ij}=1，j=1，2，3，4$

$\sum\limits_{j=1}^{4}x_{ij}=1，i=1，2，3，4$

$x_{ij}=0$ 或 1

第一，按照图 6—22 将数据输入 Excel 表格，设变量初始值为 0。A3：D3 区域表示变量最优解。B9：E13 区域表示某人做某工作需要的时间矩阵。

	A	B	C	D	E	F	G
1		指派问题（初始解为0）					
2		A	B	C	D	Σ	
3	甲	0	0	0	0	=SUM(B3:E3)	
4	乙	0	0	0	0	=SUM(B4:E4)	
5	丙	0	0	0	0	=SUM(B5:E5)	
6	丁	0	0	0	0	=SUM(B6:E6)	
7	Σ	=SUM(B3:B6)	=SUM(C3:C6)	=SUM(D3:D6)	=SUM(E3:E6)		
8						Min	=SUMPRODUCT(B10:E13,B3:E6)
9		A	B	C	D		
10	甲	9	17	16	7		
11	乙	12	7	14	16		
12	丙	8	17	14	17		
13	丁	7	9	11	9		

图 6—22　指派问题的 Excel 模型

第二，利用规划求解工具，设置规划求解参数，如图 6—23 输入数据。单击对话框右侧的“选项”按钮，选中“假定非负”和“采用线性模型”选项。点击“确定”，返回“规划求解参数”页面。

第三，规划求解。结果如图 6—24 所示，将 A 任务分配给丙、B 任务分配给乙、C 任务分配给丁、D 任务分配给甲，这时所需的总工时最少，为 33。

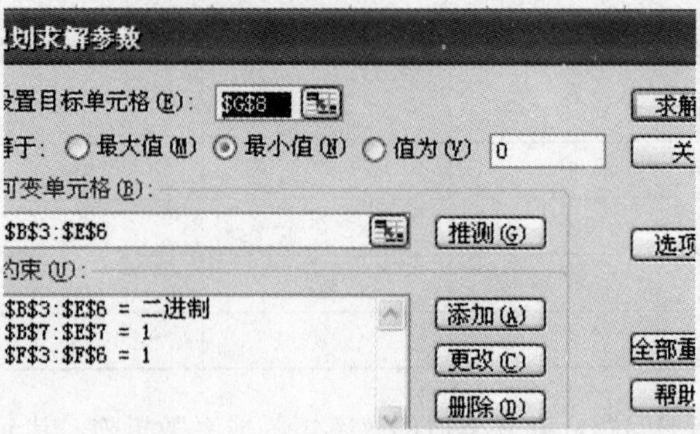

划求解参数

设置目标单元格(E): $G$8

等于: ○最大值(M) ⊙最小值(N) ○值为(V) 0

可变单元格(B):

$B$3:$E$6 推测(G)

约束(U):

$B$3:$E$6 = 二进制
$B$7:$E$7 = 1
$F$3:$F$6 = 1

添加(A) 更改(C) 删除(D)

求解 关 选项 全部重 帮助

图 6—23 参数输入

	A	B	C	D	E	F	G
1	指派问题（初始解为0）						
2		A	B	C	D	Σ	
3	甲	0	0	0	1	1	
4	乙	0	1	0	0	1	
5	丙	1	0	0	0	1	
6	丁	0	0	1	0	1	
7	Σ	1	1	1	1		
8						Min	33
9		A	B	C	D		
10	甲	9	17	16	7		
11	乙	12	7	14	16		
12	丙	8	17	14	17		
13	丁	7	9	11	9		

图 6—24 指派问题结果显示

6.3.2 运输问题

运输问题是一类应用广泛的特殊线性规划问题。它的一般提法是：设某种物资有 m 个产地 A_i ，其产量分别为 a_i ，$i=1, 2, \cdots, m$ ；另外，有 n 个销地 B_j ，其销量分别为 b_j ，$j=1, 2, \cdots, n$ 。已知由产地 A_i 向销地 B_j 运输单位物资的运价为 C_{ij} 。要确定总运费最小的物资调运方案。

运输问题常用运输表的形式来表示，每一行对应一个产地，每一列对应一个销地。在 A_i 行和 B_j 列的表格记为（i，j），它对应于变量 x_{ij} 。

运输问题模型的一般形式为：

目标函数：$\max z$ 或 $\min z=\sum_{i=1}^{3}\sum_{j=1}^{4} c_{ij}x_{ij}$

$$\text{s. t.}\quad \begin{cases}\sum_{j=1}^{4} x_{ij} \leqslant a_i \\ \sum_{i=1}^{3} x_{ij} \geqslant b_j \\ x_{ij} \geqslant 0\end{cases}$$

例 6—9： 某建材公司有三个水泥厂 A_1、A_2、A_3 生产水泥运往四个销售点 B_1、B_2、B_3、B_4。已知各水泥厂的日产量（百吨）、各销售点的日销量（百吨）以及各水泥厂到各销售点的单位运价（百元/百吨）如表6—9所示。问该公司应如何调运产品，在满足各销售点销量的前提下，使总运费最小？

表6—9 某建材公司的日销量和单位运价

销售点 运价 水泥厂	B_1	B_2	B_3	B_4	产量
A_1	8	7	3	2	1
A_2	4	7	5	1	9
A_3	2	4	9	6	4
销量	3	2	4	5	

解：首先对此运输问题进行建模：

令 x_{ij} 表示从 A_i 到 B_j 的运量，$i=1,2,3$，$j=1,2,3,4$，c_{ij} 为从 A_i 到 B_j 的运费，a_i 表示 A_i 的产量，b_j 表示 B_j 的销量。

目标函数：$\min z=\sum_{i=1}^{3}\sum_{j=1}^{4}c_{ij}x_{ij}$

s. t.
$$\sum_{j=1}^{4}x_{ij}\leqslant a_i$$
$$\sum_{i=1}^{3}x_{ij}\leqslant b_j$$
$$x_{ij}\geqslant 0$$

利用Excel进行求解。

第一，按照图6—25将数据输入Excel工作表。

将B3：E5区域定义为初始单元格区域，表示由各水泥厂运往各销售点的运输量，赋初始值为0。在F3单元格中输入公式“＝SUM（B3：E3）”，按回车，下拉至F5单元格。在单元格B6中输入公式“＝SUM（B3：B5）”，横拉至E6单元格。在单元格区域B13：E15中录入各水泥厂至各销售点的运输费率。选中目标单元格F10，输入公式“＝SUMPRODUCT（B13：E15，B3：E5）”，表示所选运输总费用。

	A	B	C	D	E	F	G	H
1	运输问题（初始解为零）							
2		B1	B2	B3	B4	产量		
3	A1	0	0	0	0	=SUM(B3:E3)	≤	1
4	A2	0	0	0	0	=SUM(B4:E4)	≤	9
5	A3	0	0	0	0	=SUM(B5:E5)	≤	4
6	销量	=SUM(B3:B5)	=SUM(C3:C5)	=SUM(D3:D5)	=SUM(E3:E5)			
7		≥	≥	≥	≥			
8		3	2	4	5			
9						总费用		
10					Min	=SUMPRODUCT(B13:E15, B3:E5)		
11								
12		B1	B2	B3	B4			
13	A1	8	7	3	2			
14	A2	4	7	5	1			
15	A3	2	4	9	6			

图6—25 运输问题的Excel模型

第二，利用规划求解工具，设置规划求解参数。如图6—26所示输入数据。

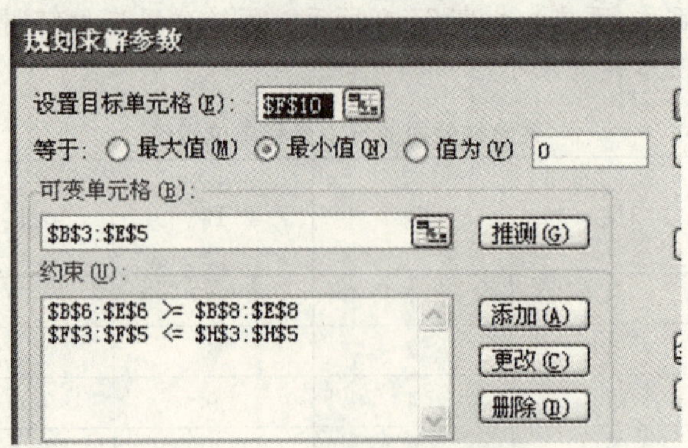

图 6—26 运输问题参数输入

第三，进行求解。

点击“求解”按钮，即可求出该运输问题的解。由图 6—27 可以看出，该运输问题的最优方案为：由 A_1 运往 $B_3$100 吨；A_2 运往 $B_1$100 吨、$B_3$300 吨、$B_4$500 吨；A_3 运往 $B_1$200 吨、$B_2$200 吨。此时总运输费用最少，为 3 900 元。

	A	B	C	D	E	F	G	H
1	运输问题（初始解为零）							
2		B_1	B_2	B_3	B_4	产量		
3	A_1	0	0	1	0	1	≤	1
4	A_2	1	0	3	5	9	≤	9
5	A_3	2	2	0	0	4	≤	4
6	销量	3	2	4	5			
7		≥	≥	≥	≥			
8		3	2	4	5			
9						总费用		
10					Min	39		
11								
12		B_1	B_2	B_3	B_4			
13	A_1	8	7	3	2			
14	A_2	4	7	5	1			
15	A_3	2	4	9	6			

图 6—27 运输问题求解结果

例 6—10：设有三个煤矿给四个地区供应煤炭。各煤矿的产量、各地区的需求量以及从各煤矿运送煤炭到各地区的单价如表 6—10 所示。求出能将产量分配完且总运费最低的煤炭调运方案。

表 6—10 煤炭产需量与运价

地区 / 运价 / 煤矿	甲	乙	丙	丁	产量（万吨）
A	16	13	22	17	50
B	14	13	19	15	60
C	19	20	23	—	50
最低需求（万吨）	30	70	0	10	
最高需求（万吨）	50	70	30	不限	

解：该例为需求在一定范围内波动的产销不平衡问题。其模型大致与例 6—9 类似，这里不再建模。

第一，将数据按图 6—28 输入 Excel 表格中。

区域 B3：E5 为可变区域，单元格 F10 为目标单元格，在其中输入公式“＝SUMPRODUCT（B13：E15，B3：E5）”，表示运输的总费用。在区域 B13：E15 输入由各煤矿到各销售地的运输费率，其中因为 C 煤矿不能运往丁地，所以将它的费率设为 M，取 M＝10 000。

然后输入约束条件：选中单元格 B6，在其中输入公式“＝SUM（B3：B5）”，向右拖至 E6，表示运往各地的运输量。选中区域 B8：E8 输入约束值，再在区域 B7：E7 中插入相应的符号。同理，从煤矿的角度来看，选中单元格 F3，向下拖至 H3 单元格，表示各煤矿运往销售地的运输量。接着在区域 H3：H5 输入约束值，根据题中要求将产量分配完，因此在区域 G3：G5 中均插入“＝”号。最终输入结果的公式审核模式如图 6—28 所示。

	A	B	C	D	E	F	G	H
1	产销不平衡问题（初始解为零）							
2		甲	乙	丙	丁	产量		
3	A	0	0	0	0	=SUM(B3:E3)	=	50
4	B	0	0	0	0	=SUM(B4:E4)	=	60
5	C	0	0	0	0	=SUM(B5:E5)	=	50
6	销量	=SUM(B3:B5)	=SUM(C3:C5)	=SUM(D3:D5)	=SUM(E3:E5)			
7		≥ ≤	=	≤	≥			
8		30, 50	70	30	10			
9						总费用		
10					Min	=SUMPRODUCT(B13:E15,B3:E5)		
11								
12		甲	乙	丙	丁			
13	A	16	13	22	17			
14	B	14	13	19	15			
15	C	19	20	23	10000			

图 6—28　煤炭运输问题 Excel 模型

第二，利用规划求解工具，设置规划求解参数。

如图 6—29 所示，约束条件添加完毕后，点击“确定”，返回“规划求解参数”页面。点击“选项”按钮，选中“假定非负”，点击“确定”，返回“规划求解参数”界面。

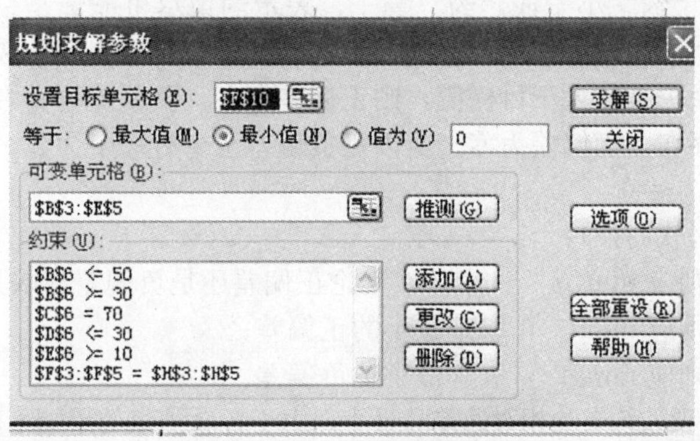

图 6—29　煤炭运输问题参数输入

第三，模型求解。

单击右上角的“求解”按钮，即可得出的结果。如图 6—30 所示，最终运输方案为：

由C煤矿运往甲地50万吨，由A煤矿和B煤矿分别运往乙地50万吨和20万吨，由B煤矿运往丁地40万吨，最终运输成本为2 460万元。

	A	B	C	D	E	F	G	H
1	产销不平衡问题（初始解为零）							
2		甲	乙	丙	丁	产量		
3	A	0	50	0	0	50	=	50
4	B	0	20	0	40	60	=	60
5	C	50	0	0	0	50	=	50
6	销量	50	70	0	40			
7		≥ ≤	=	≤	≥			
8		30,50	70	30	10			
9						总费用		
10					Min	2460		
11								
12		甲	乙	丙	丁			
13	A	16	13	22	17			
14	B	14	13	19	15			
15	C	19	20	23	10000			

图6—30　煤炭运输问题求解结果

6.3.3　目标规划

前面所研究的优化模型，是假定决策者力求在一些约束条件下优化单一目标。但是现实世界很复杂，许多决策情况仅考虑一个目标是不够的。如一家工厂的生产计划问题除了考虑利润目标外，还要考虑降低成本、充分利用劳动力、减少污染等。通常，决策者考虑到的各个目标，其中有些是相互补充的，另外一些是相互抵触的。目标规划方法是解决多目标决策问题的有效工具，在目标规划中，决策者的所有目标可按其重要程度的顺序在模型中加以考虑。目标规划的解是对每一个决策变量，根据各个目标与预定目标值的偏差量为最小的方式来赋予数值。如果所有的目标不能同时得到满足，目标规划技术能够按优先级来满足各个目标。此外，目标规划还可以方便地以同一形式来处理目标和约束条件（实际问题中目标和约束条件有时是难以明显区分的），并处理存在相互矛盾的约束条件的规划问题。

在目标规划中有一些约束是不能违背的，称为硬约束。还有一类称为软约束，它可以表达为“约”大于、“约”小于或“约”等于，表示约束尽可能满足，如果满足不了，离目标值的偏差尽量小。用 d^{+} 表示超过目标值的部分，叫正偏差；d^{-} 表示低于目标值的部分，叫负偏差。要么决策值大于目标值，则正偏差存在，负偏差不存在；要么决策值小于目标值，则负偏差存在，正偏差为零。所以正负偏差至少有一个为零，即：

$$d_i^{+} \times d_i^{-} = 0$$

对于一个目标（软约束）：

$g_i(x) = b_i$，则应 $\min(d_i^{+} + d_i^{-})$，无论正偏差还是负偏差都取其最小的；

$g_i(x) \leqslant b_i$，则应 $\min d_i^{+}$，取其最小的正偏差；

$g_i(x) \geqslant b_i$，则应 $\min d_i^{-}$，取其最小的负偏差。

目标函数是求各项软约束的相对偏差和最小。由于各软约束的量纲不同，偏差的量纲也不同，无法相加，故采用相对偏差的概念，即偏差除以目标值，去掉量纲，再求和的最小值。

下面以例题说明及求解。

例6—11：某厂生产A、B两种产品，生产过程必须经过两个车间，有关数据如表6—11所示。

表 6—11 **A、B 两种产品的利润及资源消耗量**

	利润（元）	生产时间（小时）	
		车间 1	车间 2
产品 A	80	2	1
产品 B	100	1.5	2

如果车间 1 和车间 2 每周正常工作时间分别为 50 小时和 40 小时。决策者在车间 1 的生产时间受到严格限制的基础上考虑：首先是产品 B 的产量不超过 10 单位；其次是利润额不低于 1 600 元；最后是充分利用车间 2 的正常生产时间，不加班。求决策方案。

解：设变量为产品 A 的产量为 x_1，产品 B 的产量为 x_2。

目标函数：$\min z=\dfrac{d_1^+}{10}w_1+\dfrac{d_2^-}{1\,600}w_2+\dfrac{d_3^-}{40}w_3+\dfrac{d_3^+}{40}w_3$

s. t　$x_2\leqslant 10\rightarrow x_2+d_1^- - d_1^+ = 10$　　求 $\min d_1^+$

$80x_1+100x_2\geqslant 1\,600\rightarrow 80x_1+100x_2+d_2^- - d_2^+ = 1\,600$　　求 $\min d_2^-$

$x_1+2x_2=40\rightarrow x_1+2x_2+d_3^- - d_3^+ = 40$　　求 $\min(d_3^+ + d_3^-)$

$2x_1+1.5x_2\leqslant 50$

$x_1+2x_2\leqslant 40$

$x_1, x_2\geqslant 0, d_i^+, d_i^-\geqslant 0$，对所有的 i

w_i 代表的是权重，本题设为 1。

将数据按照图 6—31 输入 Excel 表格中。输入的公式，如图 6—32 所示。

Microsoft Excel - 多目标

	A	B	C	D	E	F	G	H
1		产品A	产品B					
2	产量	0	0					
3	利润	80	100					
4								
5								
6	约束条件			负偏差	正偏差	实际值		目标值
7	产品B	0	1	0	0	0	=	10
8	利润	80	100	0	0	0	=	1600
9	工时	1	2	0	0	0	=	40
10	工时	2	1.5			0	≤	50
11								
12	相对偏差			相对负偏差	相对正偏差			
13			产品B	0	0			
14			利润	0	0			
15			工时	0	0			
16								
17	权重			负偏差	正偏差			
18			产品B	0	1			
19			利润	1	0			
20			工时	1	1			
21	目标函数	0						

图 6—31　目标规划的 Excel 模型

	A	B	C	D	E	F	G	H
1		产品A	产品B					
2	产量	0	0					
3	利润	80	100					
4								
5								
6	约束条件			负偏差	正偏差	实际值		目标值
7	产品B	0	1	0	0	=C2+D7-E7	=	10
8	利润	80	100	0	0	=SUMPRODUCT(B8:C8,$B$2:$C$2)+D8-E8	=	1600
9	工时	1	2	0	0	=SUMPRODUCT(B9:C9,$B$2:$C$2)+D9-E9	=	40
10	工时	2	1.5			=SUMPRODUCT(B2:C2,B10:C10)	<	50
11								
12				相对负偏差	相对正偏差			
13			产品B	=D7/$H$7	=E7/$H$7			
14			利润	=D8/$H$8	=E8/$H$8			
15			工时	=D9/$H$9	=E9/$H$9			
16								
17	权重			负偏差	正偏差			
18			产品B	0	1			
19			利润	1	0			
20			工时	1	1			
21	目标函数	=SUMPRODUCT(D13:E15,D18:E20)						

图 6—32　目标规划的 Excel 模型公式显示

区域 B2：C3 和区域 D7：E9 是决策变量。区域 B7：E9 是软约束系数矩阵，区域 B10：C10 是硬约束系数矩阵。

规划求解参数输入如图 6—33 所示，点击“选项”选择“线性规划”。求解得到结果如图 6—34 所示。

图 6—33　目标规划的“规划求解参数”输入

	A	B	C	D	E	F	G	H
1		产品A	产品B					
2	产量	17.5	10					
3	利润	80	100					
4								
5								
6	约束条件			负偏差	正偏差	实际值		目标值
7	产品B	0	1	0	0	10	=	10
8	利润	80	100	0	800	1600	=	1600
9	工时	1	2	2.5	0	40	=	40
10	工时	2	1.5			50	<	50
11								
12	相对偏差			相对负偏差	相对正偏差			
13			产品B	0	0			
14			利润	0	0.5			
15			工时	0.0625	0			
16								
17	权重			负偏差	正偏差			
18			产品B	0	1			
19			利润	1	0			
20			工时	1	1			
21	目标函数	0.0625						
22								

图 6—34　目标规划的求解结果

本章小结

本章介绍这线性规划的一般形式和 Excel 求解方法，重点解释了线性规划中对偶和灵敏度分析，这在生产经营中尤其有意义。最优化问题根据决策变量是否要求取整数可分为整数规划问题和任意规划问题。整数规划问题中决策变量只能取整数，是任意规划问题的一种特殊形式。整数规划问题中如果决策变量只能取 0 或 1，则称为0—1 规划问题，并衍生出指派问题和运输问题，本章介绍了它们的 Excel 求解方法。前面几种方法都是针对单一目标的建模方法，最后介绍了含几个目标约束的目标规划的建模方法及 Excel 求解。

复习思考题

1. 一家工厂把从四个不同地点运来的铁矿石混合起来，产生一种配料。这种配料对三种基本元素 A、B、C 有一个最低需要量。表 6—12 给出了从各个地点运来的每吨矿石所含各基本元素的千克数、每吨最终配料对各种基本元素的最低需要量和各个地点运来的矿石每吨成本。

表 6—12　　每吨配料各基本元素的最低需要量及运输成本

基本元素＼地点	1	2	3	4	每吨配料最低需要量（千克）
A	10	3	8	2	5
B	90	150	75	175	100
C	45	25	20	37	30
每吨矿石成本（元）	800	400	600	500	

计算：

（1）求成本最低的配料的配比。

（2）每吨最优配料中各种基本元素的含量是多少？

（3）若把每吨配料中基本元素 A 的最低需要量降低到 4.75 千克或者提高到 8 千克，最优配料的成本各有什么变化？

（4）降低配料中基本元素 B 的最低需要量能否降低成本？

（5）若从地点 2 运来的矿石的成本从 400 元增加到 450 元，最优配料的配比和总成本有什么变化？

（6）从地点 4 运来的矿石的成本要降低到多少才能使最优配料中含有该种矿石？

2. 某厂按合同规定须于当年每个季度末分别提供 10、15、25、20 台同一规格的柴油机，已知该厂各季度的生产能力及生产每台柴油机的成本如表 6—13 所示。如果生产的柴油机在当季不交货，则每台柴油机积压一个季度需储存、维护等费用共 0.15 万元。要求在完成合同的情况下，求出该厂全年生产（包括储存、维护）的费用最小方案。

表 6—13　　各季度生产能力及交货要求

季度	生产能力	交货要求	单位成本（万元/台）
一	25	10	10.8
二	35	15	11.1
三	30	25	11.0
四	10	20	11.3

3. 某电子公司制造 A、B、C 三种产品，它们都在同一生产线上进行制造、装配及检验。三种产品每部在生产过程中所消耗的时间分别为 5 小时、8 小时和 12 小时。生产线每月正常运转时间是 170 小时。这三种产品每部的利润：A 为 100、B 为 144、C 为 252，单位都是千元。该公司确定的经营目标为：

（1）充分利用工时。

（2）为满足主要客户的需求，A、B、C 的产量必须分别达到 5 部、5 部、8 部，并依产品单位工时的利润比例确定权数。

（3）生产线的加班时间每月不宜超过 16 小时。

（4）A、B、C 的月销售指标分别定为 10 部、12 部、10 部，并依其单位工时的利润比例确定权数。

请建立数学模型并求解。

4. 为了解决污水对河流的污染问题，某市计划修建污水处理站。备选的站址有 3 个，其投资技术经济参数如表 6—14 所示。

表 6—14　　各站污水处理能力及成本

	投资（万元）	水处理能力（万吨/年）	水处理成本（元/万吨）	水处理指标（吨/万吨）	
				污染物 1	污染物 2
站址 1	400	800	200	80	60
站址 2	300	500	300	50	40
站址 3	250	400	400	40	50

表 6—14 中的投资已折算到年。按照环保部门的要求，每年要从污水中清除 8 万吨污染物 1 和 6 万吨污染物 2。请建立模型，在满足环保部门要求的前提下使投资和运行费用最少。

第7章 图论、网络分析与优化

学习目标

- 理解图的概念和树图结构
- 掌握最小支撑树、最短路问题、最大流问题、最小费用流问题的建模
- 掌握网络分析与网络优化的方法及 Excel 求解
- 理解 PERT 评审技术

案例：小王一家的今夏之旅

在广州安家的小王 2013 年夏天荣升双胞胎的父亲，他在 2014 春节已决定在孩子一岁时回北京老家看望自己的父母，分享快乐。考虑到从广州到北京路途遥远，孩子尚小，只能选择飞机为交通工具，但是夏季广州到北京是热门航线，直达往往是全价，成人票一张要2 000元，全家四口人单程要花费 5 000 元，着实吃不消。同事小李提醒他可以考虑转机，转到不热门的航线，往往折扣很低，例如可以从广州到西安，再从西安到北京。小王觉得很有道理，要好好筹划一下今年夏天的旅程，因为从广州到北京有很多可以转程的线路。

以上小王考虑的问题就是图论中最短路问题。

7.1 图论

图论见诸文献的开端性研究之一是瑞士数学家欧拉关于哥尼斯堡城的七桥问题的研究。在 18 世纪普鲁士有一条普雷格尔河穿过哥尼斯堡城，河中有两个河心岛，有七座桥将小岛与河岸连接起来，如图 7—1 所示。市民们猜测能否从河岸或岛屿的任一陆地出发，经过每座桥一次且仅一次，最后回到出发点。这就是七桥问题。

1736 年欧拉经过对七桥问题的研究，发表了第一篇有关图论的论文，他将四块陆地

用平面的四个点来表示，两块陆地间有一座桥相连，就在两个相应的点间连一条边，获得如图 7—2 所示的一个图，这样七桥问题转化为一个图论问题。在图 7—2 中从任一顶点出发，经过每条边恰好一次回到出发点，是否可能？经研究是不可能的。

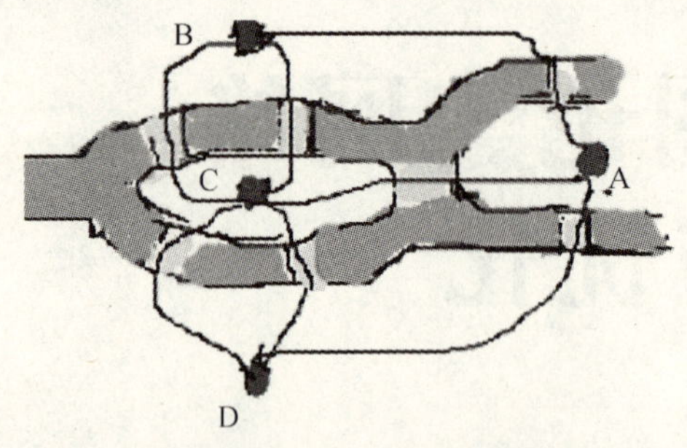

图 7—1 哥尼斯堡城七桥位置

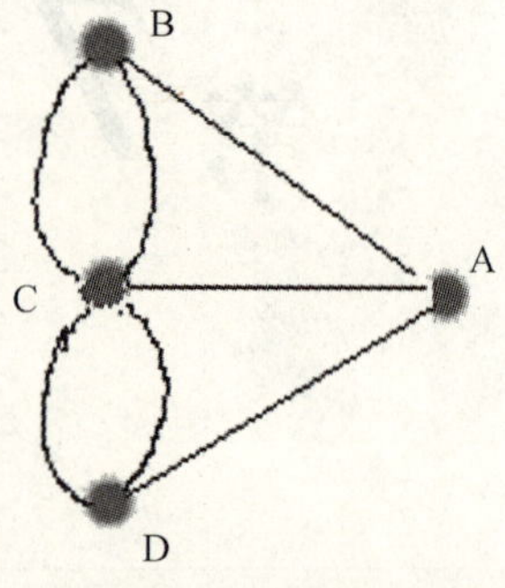

图 7—2 欧拉图

7.1.1 图的基本概念及模型

一个图是由一些点及一些点之间的连线所组成的。两点之间不带箭头的连线称为边，带箭头的连线称为弧。点和边组成的图称为无向图，点和弧组成的图称为有向图。

图是一个二元组 $G=(V,E)$，其中集合 V 称为顶点集，集合 E 是 V 中元素组成的某些无序对的集合，称为边集。$G=(V,A)$，集合 A 称为弧集。

通常，图的顶点可用平面上的一个点来表示，边可用平面上的线段来表示（直线或曲线），这样画出的平面图形称为图的图示。

图的图示直观易懂，在本书以后叙述中说到一个图，我们总是画出它的一个图示来表示。

链：在由点和边构成的图（v_{i1}，v_{i2}，…，v_{ik}）中，若没有任何两个点相等，则称之为一个链。

圈：在由点和边构成的图（v_{i1}，v_{i2}，…，v_{ik}）中，若 $v_{i1}=v_{ik}$，则称之为一个圈。

在图 $G=(V,E)$ 中，若任何两点之间至少有一条链，则称 G 是连通图；否则，称为不连通图。

权：对图上每条边赋以一个实数，称为边的权。权在不同的问题中有不同的含义。例如，在交通网络中，权可能表示运费、里程或道路造价等实际意义，根据所要解决问题的需要来标注权。

赋权图：每条边都赋有权的图称为赋权图。

7.1.2 树图结构及最小支撑树

一个无圈的连通图称为树。树图具有以下性质：

(1) 任何树必有次为 1 的节点，称之为树叶；

(2) 树是无圈连通图，因而任意两点之间有且仅有一条通路，任意去掉一条树枝，该树就被分割成两个互相不连通的图；

(3) 树的任意两个顶点间添加一条边，就构成一个圈，此连通图就不能再称为树；

(4) 一连通图具有很多树，这些树都是原连通图的部分图，即包括了原连通图的所有顶点。

7.2 网络分析

网络在各种实际背景问题中以各种各样的形式存在。交通、电子和通讯网络遍及人们日常生活中的各个方面，网络分析也广泛应用于解决不同领域中的问题，如生产、分配、厂址选择等。

网路中只有出弧而没有入弧，称为发点（供给点）；仅有入弧而无出弧，称为收点（需求点）。网络中每一个节点的净供给或净需求由每个节点附近标出的正数或负数给出。正数代表给定节点的需求，负数代表一个节点可能的供给。发点的流出量等于收点的流入量，任意顶点的流入量等于该点的流出量，称此规则为流量守恒方程。

网络模型的决策变量是由多少流量通过每条弧线，即每一条弧线代表了一个决策变量。确定每一条弧线上的最优流量与确定相应决策变量的最优值是等价的。一般是用一组连续的整数节点数字区分网络流问题的节点，这样可以准确地表达建立线性规划模型所需要的决策变量。例如，x_{45} 表示节点 4 到节点 5 的流量为 x 。

在网络流问题中，从节点 i 到节点 j 的流量的每个单位会产生一些成本，用 c_{ij} 表示。这个成本可能表现为货币、距离或其他的成本形式。大多数网络流问题的目标函数是使解决问题必然产生的总成本、总距离或其他总代价最小，如最短路问题、最小费用流问题，这样的问题称为最小成本网络流问题。还有求解网络流能够通过的流量最大的目标函数，如最大流问题。

正如网络中数字弧线的数量决定网络流线性规划模型中决策变量的数量，节点的数量决定了约束条件的数量。一个节点一个约束。依照流量守恒方程构建最小成本网络流问题的约束规则如表 7—1 所示。

表 7—1　　最小成本网络流问题的约束规则

最小成本网络流	流量守恒方程应用于每个节点
总供给＞总需求	流入量－流出量≥供给或需求
总供给＜总需求	流入量－流出量≤供给或需求
总供给 ＝总需求	流入量－流出量＝供给或需求

在本书中我们只讨论最后一种情况，即：总供给＝总需求。

约束条件中还有决策变量应该非负，负流量不能出现在弧线上，即 $x_{ij} \geqslant 0$。

网络分析有四种类型：最小支撑树问题、最短路问题、最小费用流和最大流问题。下面分节介绍最短路问题、最小费用流和最大流问题的建模和 Excel 求解。

7.2.1 最小支撑树问题

最小支撑树可以解决很多实际中的问题，例如：

（1）低负荷运输网络的设计（铁路、公路网）。

（2）连接多个场所的管道网络设计。

（3）电信网络的设计（计算机网络、电话专用线网络、有线电视网络等）、高压输电线路网络的设计等。

最小支撑树的算法很多，以下介绍常见的两种求法：避圈法和破圈法。

1. 避圈法

也称 Kruskal 法。步骤：将连通图所有边按权数从小到大排序，每步从未选的边中选一条权最小的边，逐条衔接，但不能接成圈。在每一步中，如果有两条或两条以上的边都是权最小的边，可以任选一条。直至所有的点都与边相连。

2. 破圈法

步骤：任取一个圈，从圈中去掉一条权最大的边，如果有两条或两条以上的边都是权最大的边，可以任选一条。再重新找一个圈，去掉一条权最大的边，重复此过程，直至得到一个不含圈的图为止。

例 7—1：欲建设一个连接 5 座城市的光纤通信网络。各城市之间线路的造价如图7—3所示。求一个总造价最少的线路建设方案。

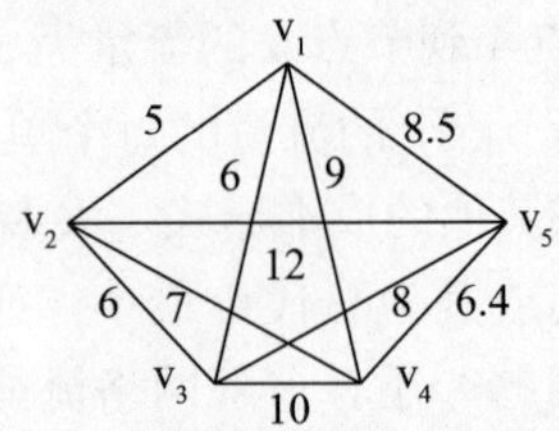

图 7—3　5 座城市的光纤通信网络及造价

解：先用避圈法，步骤如图 7—4 至图 7—7 所示。

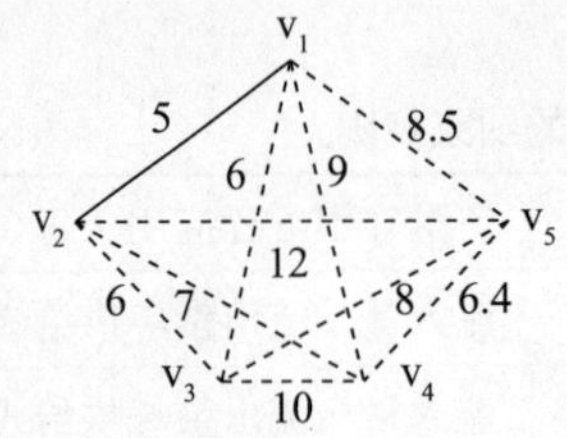

在所有边中v_1v_2边的权最小，选中

图 7—4

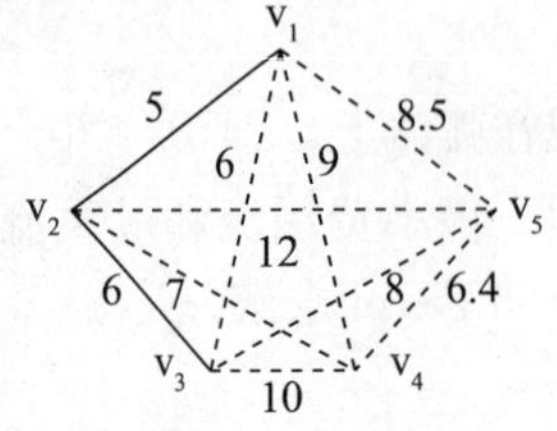

在剩余未选边中v_1v_3边和v_2v_3边的权最小且相等，任选不成圈的一条边即可，选中v_2v_3

图 7—5

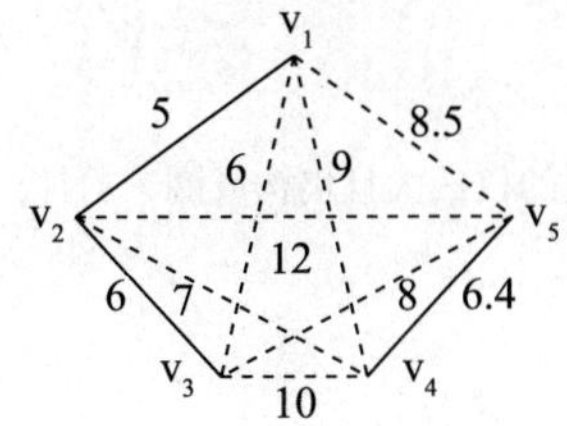

在剩余未选边中 v_4v_5 边的权最小且不构成圈，选中

图 7—6

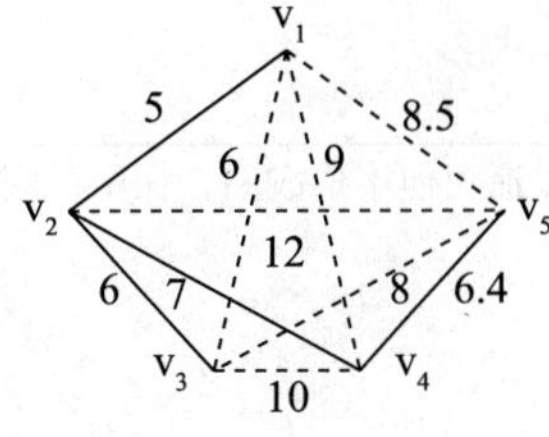

在剩余未选边中 v_2v_4 边的权最小且不构成圈，选中

图 7—7

然后用破圈法，步骤如图 7—8 至图 7—12 所示。

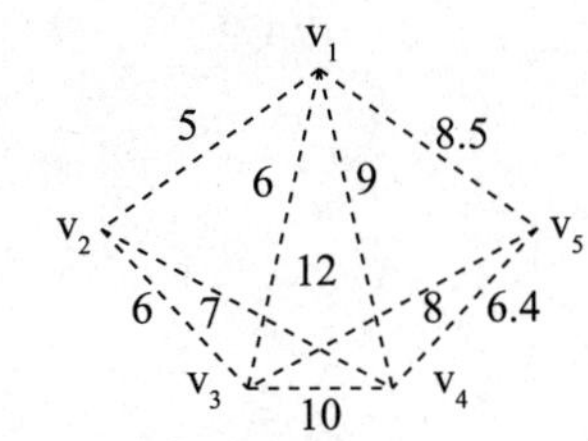

在所有边中 v_1v_5 边的权最大，选中剪掉

图 7—8

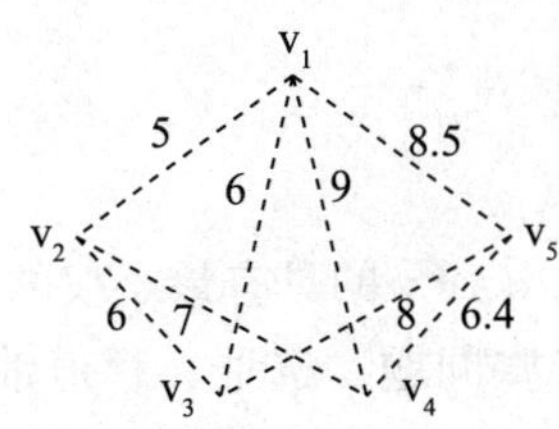

在剩余未剪边中 v_3v_4 边的权最大且仍构成圈，剪掉

图 7—9

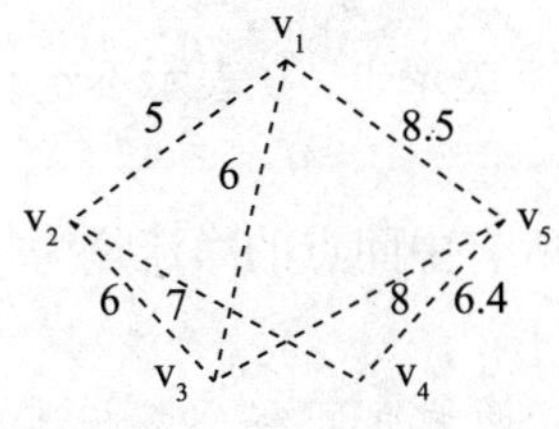

在剩余未剪边中 v_1v_4 边的权最大且仍构成圈，剪掉

图 7—10

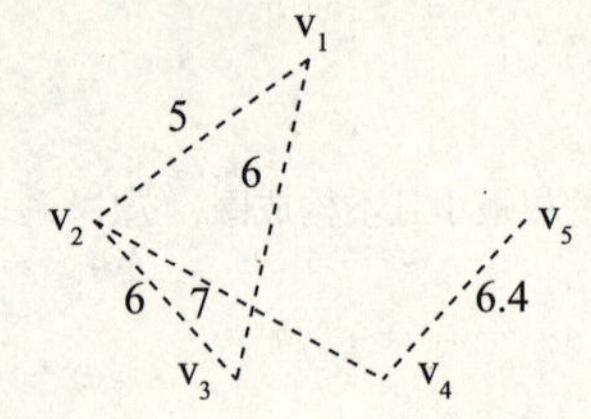

在剩余未剪边中v_1v_5边的权最大且仍构成圈，剪掉；同理剪掉v_3v_5边

图 7—11

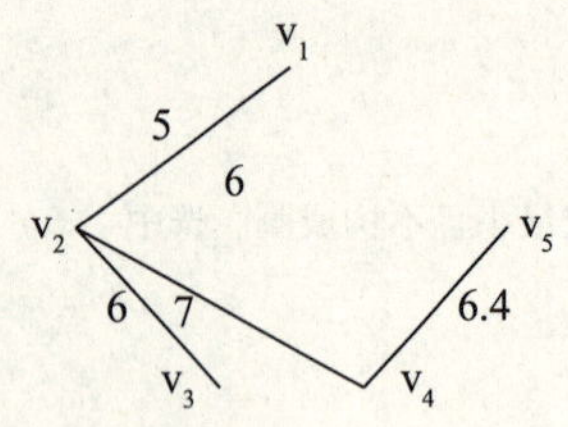

在剩余未剪边中v_2v_4边的权最大但不构成圈，保留；同理保留v_4v_5边

图 7—12

在剩余未剪边中 v_1v_3 边和 v_1v_3 边的权最大且相等并仍构成圈，任剪一条即可。剩余边都不构成圈，最小支撑树得到，如图 7—13 所示。

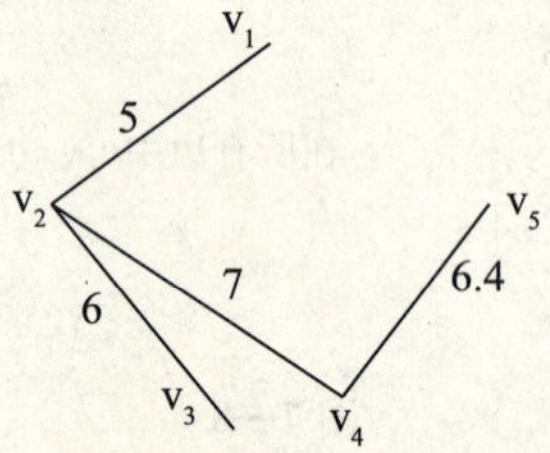

图 7—13　最小支撑树图例

7.2.2　最短路问题

最短路问题是：给定赋权图 G 及 G 中两点 u、v，求 u 到 v 的具有最小权的路。

在实际的网络中，“距离”可以是时间、费用等。有些问题，选址、管道铺设的线路选择、设备更新、投资、某些整数规划和动态规划问题也可以归结为求最短路问题。因此求最短路问题在生产实际中有着广泛的应用。

最短路问题的数学模型：

决策变量：设 x_{ij} 为弧（节点 i 到节点 j ）是否走（1 表示走，0 表示不走）。

目标函数：从出发点到目标地的最短路。

约束条件：一个出发点：净流量为 1（表示开始）；所有中间点的净流量为零；一个目的地：净流量为−1（表示结束）；x_{ij} 非负。

例 7—2：在 A 城的某公司要到 B 城运送一批货物，两城之间有公路相连，见图 7—14，其中有若干的中转站，各点连线的数字表示相邻站点间的距离。请找出连接 A、B 两点的最短路径。

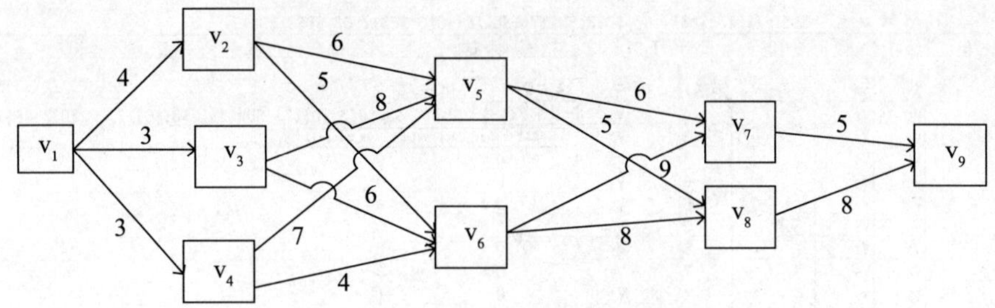

图 7—14　A 城到 B 城运的路线图

解：建立模型：

决策变量：设 x_{ij} 为弧（节点 i 到节点 j ）是否走（1 表示走，0 表示不走）

目标函数：$\min z=4x_{12}+3x_{13}+3x_{14}+6x_{25}+5x_{26}+8x_{35}+6x_{36}+7x_{45}+4x_{46}$
$+6x_{57}+5x_{58}+9x_{67}+8x_{68}+5x_{79}+8x_{89}$

约束条件：$x_{12}+x_{13}+x_{14}=1$

对于中间点 v_2：$x_{25}+x_{26}-x_{12}=0$

对于中间点 v_3：$x_{35}+x_{36}-x_{13}=0$

对于中间点 v_4：$x_{45}+x_{46}-x_{14}=0$

对于中间点 v_5：$x_{57}+x_{58}-x_{25}-x_{35}-x_{45}=0$

对于中间点 v_6：$x_{67}+x_{68}-x_{26}-x_{36}-x_{46}=0$

对于中间点 v_7：$x_{79}-x_{57}-x_{67}=0$

对于中间点 v_8：$x_{89}-x_{58}-x_{68}=0$

一个目的地：$0-(x_{79}+x_{89})=-1$

$x_{ij}\geqslant 0$

用 Excel 求解：

第一，将数据按图 7—15 输入 Excel 表格。

D3：D17 为决策变量单元格，H3：H11 为约束条件单元格，E18 为目标函数单元格。在 H3 单元格内输入公式“＝SUMIF（$B$3：$B$17，G3，$D$3：$D$17）－SUMIF（$C$3：$C$17，G3，$D$3：$D$17）”，并下拉到 H11 单元格。在 E18 单元格内输入公式“＝SUMPRODUCT（D3：D17，E3：E17）”。

公式解释：H3 单元格“＝SUMIF（从，节点，流量）－ SUMIF（到，节点，流量）”，本例是“是否走”代替“流量”。

第一个 SUMIF 函数将区域 B3：B17 中的数值与 G3 中的数值进行比较，如果匹配，则对 D3：D17 相应的数值求和。第二个 SUMIF 函数将区域 C3：C17 中的数值与 G3 中的数值进行比较，如果匹配，则对 D3：D17 相应的数值求和。

通过这个公式很容易计算问题中每个节点的总流量减去总流出量。这些约束单元格的右侧值在 J3：J11 区域给出。

第二，利用规划求解工具，设置规划求解参数。

输入必要的数据，如图 7—16 所示，点击“选项”，选择“采用线性模型 ”和“假定非负”，求解。结果如图 7—17 所示。

SUM ▾ × ✓ fx =SUMIF($B$3:$B$17,G3,$D$3:$D$17)-SUMIF($C$3:$C$17,G3,$D$3:$D$17)

	A	B	C	D	E	F	G	H	I	J
1										
2		从	到	是否走	距离		节点	净流量		供应/需求
3		V_1	V_2		4		V_1	=SUMIF($B$3:$B$17,G3,$D$3:$D$17)-SUMIF($C$3:$C$17,G3,$D$3:$D$17)		
4		V_1	V_3		3		V_2	SUMIF(range, criteria, [sum_range])		
5		V_1	V_4		3		V_3	0	=	0
6		V_2	V_5		6		V_4	0	=	0
7		V_2	V_6		5		V_5	0	=	0
8		V_3	V_5		8		V_6	0	=	0
9		V_3	V_6		6		V_7	0	=	0
10		V_4	V_5		7		V_8	0	=	0
11		V_4	V_6		4		V_9	0	=	-1
12		V_5	V_7		6					
13		V_5	V_8		5					
14		V_6	V_7		9					
15		V_6	V_8		5					
16		V_7	V_9		5					
17		V_8	V_9		9					
18				总距离	0					

图 7—15　最短路问题 Excel 模型

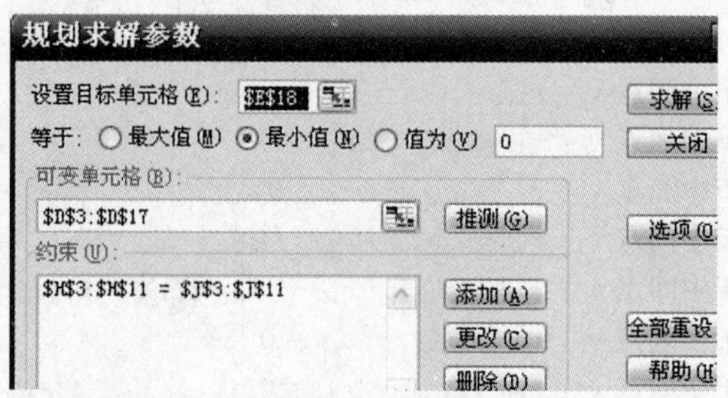

图 7—16　最短路问题参数输入

I20 ▾ fx

	A	B	C	D	E	F	G	H	I	J
1										
2		从	到	是否走	距离		节点	净流量		供应/需求
3		V_1	V_2	1	4		V_1	1	=	1
4		V_1	V_3	0	3		V_2	0	=	0
5		V_1	V_4	0	3		V_3	0	=	0
6		V_2	V_5	1	6		V_4	0	=	0
7		V_2	V_6	0	5		V_5	0	=	0
8		V_3	V_5	0	8		V_6	0	=	0
9		V_3	V_6	0	6		V_7	0	=	0
10		V_4	V_5	0	7		V_8	0	=	0
11		V_4	V_6	0	4		V_9	-1	=	-1
12		V_5	V_7	1	6					
13		V_5	V_8	0	5					
14		V_6	V_7	0	9					
15		V_6	V_8	0	5					
16		V_7	V_9	1	5					
17		V_8	V_9	0	9					
18				总距离	21					
19										

图 7—17　最短路问题求解结果

最短路径为 21 个单位，最短路径是：$v_1v_2 \to v_2v_5 \to v_5v_7 \to v_7v_9$。

例 7—3：已知新产品计划 20 个月后投放市场，目前还有四个没有时间重叠的阶段没有完成，管理层给这四个阶段的预算拨款为 3 000 万元。每个阶段的实施可以从正常状态提高到优先或应急状态，使之加快完成，但消耗的成本不同。因其他原因最后三个阶段只能提高实施状态，不能在正常状态完成，而第一阶段可以正常也可以加速完成。表 7—2、表 7—3 分别列出了三种状态下各阶段所需的时间和费用。求最短路径。

表 7—2 **新产品各阶段所需时间** 单位：月

状态	剩下研究	研制	制造系统设计	开始生产和分销
正常	5	—	—	—
优先	4	3	5	2
应急	2	2	3	1

表 7—3 **新产品各阶段所需费用** 单位：万元

状态	剩下研究	研制	制造系统设计	开始生产和分销
正常	5	—	—	—
优先	4	3	5	2
应急	2	2	3	1

解：先画网络图，如图 7—18 所示。

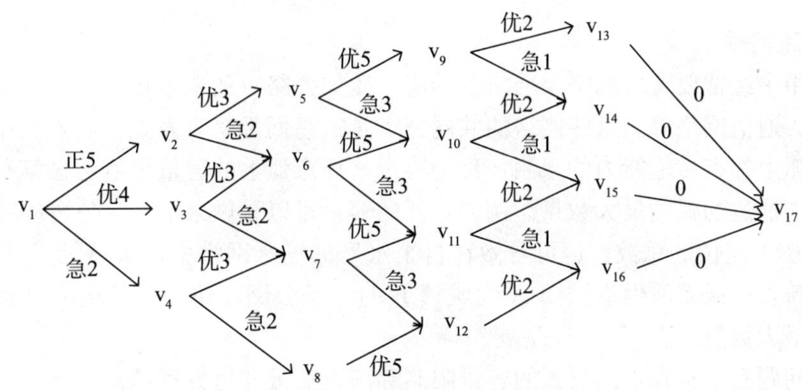

图 7—18 研制新产品的网络图

网络图说明：最短路是使得完成所有阶段的总时间最短的方案；节点 v_8 和 v_{12} 由于资金问题，不能采用应急水平；当网络中有多个实际目的地时，在每个实际目的地和虚拟目的地之间插入一条长度为 0 的弧，从而使网络中仍然只有一个目的地。如果网络中有多个实际出发地，可以增加一个虚拟出发地，虚拟出发地到实际出发地的弧长也是 0。

Excel 求解略，结论如下：

最短路径为：$v_1 v_4 \to v_4 v_7 \to v_7 v_{12} \to v_{12} v_{16} \to v_{16} v_{17}$，所用时间为 10 周，费用共计3 000

万元。

如果最短路径是寻找在 20 个月内完成工作又花费用最少，则最短路径为 $v_1v_2 \to v_2v_5 \to v_5v_9 \to v_9v_{13} \to v_{13}v_{17}$，所用费用 2 100 万元，完成时间 15 个月。

本例中由于四个阶段都要完成且仅完成一次，也可用 0—1 整数规划模型求解。

可设 x_{ij} 为阶段 i 是否采用 j 水平，$i=1, 2, 3, 4$，分别代表"研究"、"研制"、"设计"、"生产"四个阶段；$j=1, 2, 3$，分别代表"正常"、"优先"、"应急"状态。

目标是使产品尽快上市，即时间最短。

目标函数：$\min z = (5x_{11}+4x_{12}+2x_{13}) + (3x_{22}+2x_{23}) + (5x_{32}+3x_{33}) + (2x_{42}+x_{43})$

约束条件：$300x_{11}+600x_{12}+900x_{13}+600x_{22}+900x_{23}+900x_{32}+1\,200x_{33}+300x_{42}+600x_{43} \leqslant 3\,000$

$x_{11}+x_{12}+x_{13}=1$

$x_{22}+x_{23}=1$

$x_{32}+x_{33}=1$

$x_{42}+x_{43}=1$

$x_{11}, x_{12}, x_{13}, x_{22}, x_{23}, x_{32}, x_{33}, x_{42}, x_{43}=0, 1$

有些指派问题、0—1 规划和运输问题都可以转化成网络流优化问题，本例即是一例。

7.2.3 网络最大流与最小费用流问题

1. 最大流问题

现实应用中经常要考虑网络及网络上的流，比如公路货运或客运网络、输电网络、油气管线网络、通信网络等。这些网络的共同特点是：它们都是有发点、收点、中转点的有向图，每条弧上都有传输能力的限制，称为容量。任意弧上的容量可以看做某种物质在单位时间内允许通过的弧的最大数量。例如，弧的容量可以看做某个航空公司从城市 A 到城市 B 直飞航班上座位的总数；也可看做在自来水厂的输水网络中，从 A 点到 B 点的一条管道的最大流量；或者看做沿城镇 A 到城镇 B 的一条公路，单位时间内允许通过的各种机动车辆的最大数量。

最大流问题是要求在不超过弧的容量限制和满足流量守恒方程的前提下，求出网络中两个指定顶点间的最大流。

最大流问题的假设：

(1) 网络中所有流起源于发点，所有流终止于收点。

(2) 其余的节点叫做转运点。

(3) 通过每一条弧的流只允许沿着弧的箭头方向流动。

最大流问题的数学模型：

决策变量：设 x_{ij} 为通过弧（节点 i 到节点 j）的流量。

目标函数：使通过网络的总流量最大，即从发点流出的总流量最大。

约束条件：所有转运点的净流量为零；所有弧的流量 x_{ij} 受到弧的容量限制；所有弧

的流量 x_{ij} 非负。

例 7—4：某石油公司经营一个油田和一家炼油厂。将从油田抽出的原油用水泵输入并经若干子泵站网络到达距油田 500 千米外的炼油厂，如图 7—19 所示。由于不同的管道直径不同，图中弧线旁给出的数字表示不同管道可以流过的最大石油数量（单位：千桶/小时）。求每小时可以从油田输送到炼油厂的最大桶数。

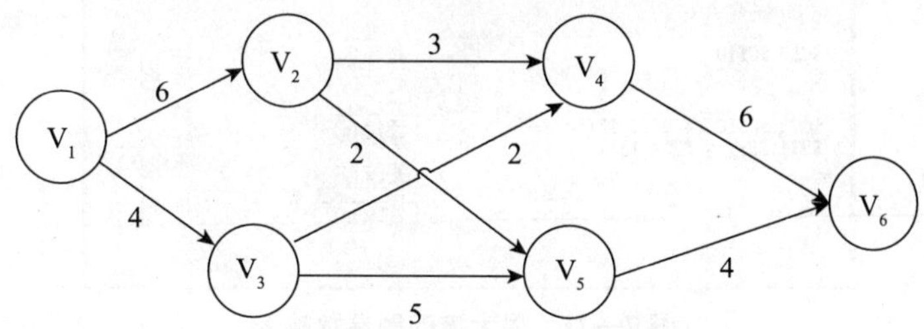

图 7—19　原油运输网络图

解：决策变量：设 x_{ij} 为通过弧（节点 i 到节点 j）的流量。

目标函数：使通过网络的总流量最大，即从发点 v_1 流出的总流量最大。

$$\max z = x_{12} + x_{13}$$

约束条件：对于转运点 V_2：$(x_{24} + x_{25}) - x_{12} = 0$

对于转运点 V_3：$(x_{34} + x_{35}) - x_{13} = 0$

对于转运点 V_4：$x_{46} - (x_{24} + x_{34}) = 0$

对于转运点 V_5：$x_{56} - (x_{25} + x_{35}) = 0$

弧的容量限制：$x_{ij} \leqslant c_{ij}$ ：（c_{ij} 表示节点 i 到节点 j 的容量限制）

非负：$x_{ij} \geqslant 0$

第一，按照图 7—20 将数据输入 Excel 表格中。

SUM　× ✓ fx　=SUMIF($A$3:$A$10,G3,$C$3:$C$10)-SUMIF($B$3:$B$10,G3,$C$3:$C$10)

	A	B	C	D	E	F	G	H	I	J
1										
2	从	到	流量		容量		节点	净流量		供应/需求
3	V1	V2	0	≤	6		V1	=SUMIF($A$3:$A$10,G3,$C$3:$C$10)-SUMIF($B$3:$B$10,G3,$C$3:$C$10)		
4	V1	V3	0	≤	4		V2	0	=	0
5	V2	V4	0	≤	3		V3	0	=	0
6	V2	V5	0	≤	2		V4	0	=	0
7	V3	V5	0	≤	5		V5	0	=	0
8	V3	V4	0	≤	2		V6	0		
9	V4	V6	0	≤	6					
10	V5	V6	0	≤	4					
11										
12	最大流	0								

图 7—20　最大流问题 Excel 模型

变量初始值设定为 0。

在 H3 单元格内输入公式"＝SUMIF（$A$3：$A$10，G3，$C$3：$C$10）－SUMIF（$B$3：$B$10，G3，$C$3：$C$10）"，并下拉到 H8。在 B12 单元格内选择 H3 单元格。

第二，利用规划求解工具，设置规划求解参数。

输入必要的数据，如图 7—21 所示，点击“选项”，选择“采用线性模型”和“假定非负”。求解，结果如图 7—22 所示。

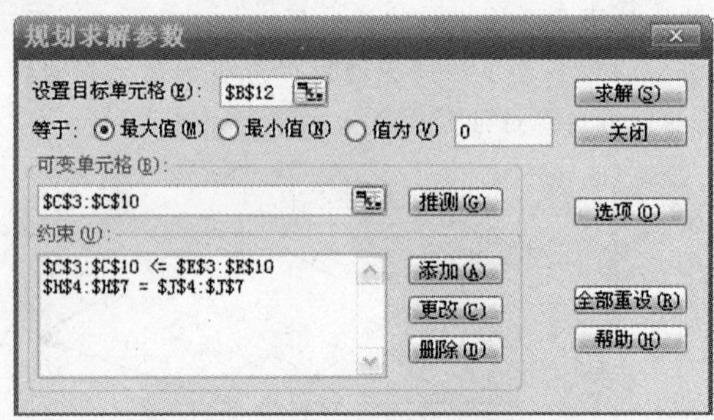

图 7—21 最大流问题参数输入

	A	B	C	D	E	F	G	H	I	J
1										
2	从	到	流量		容量		节点	净流量		供应/需求
3	V_1	V_2	5	≤	6		V_1	9		
4	V_1	V_3	4	≤	4		V_2	0	=	0
5	V_2	V_4	3	≤	3		V_3	0	=	0
6	V_2	V_5	2	≤	2		V_4	0	=	0
7	V_3	V_5	2	≤	5		V_5	0	=	0
8	V_3	V_4	2	≤	2		V_6	-9		
9	V_4	V_6	5	≤	6					
10	V_5	V_6	4	≤	4					
11										
12	最大流	9								

图 7—22 最大流问题求解结果

最优解为：x_{12} 流量为 5；x_{13} 流量为 4；x_{24} 流量为 3；x_{25} 流量为 2；x_{34} 流量为 2；x_{46} 流量为 5；x_{56} 流量为 4。最大流量为 9。

例 7—5：某市即将迎来某一大型运动会的召开，市政工程面临任务重、时间紧的考验。现有 4 项工程按市府要求公开招标，要求在规定时间内完成的任务如表 7—4 所示。现有一工程公司想进行投标，该公司目前的状态是有劳动力 120 人，因为涉及住宿、卫生、餐饮问题，工程发标单位规定一个月内任一工程的劳动力投入不能超过 80 人。该工程公司能不能投标？

表 7—4　　工程内容及资源需求

工程	工期	共需要劳动力（人）
A. 一条地下通道	5—7 月	100
B. 人行天桥	6—7 月	80
C. 新建道路	5—8 月	200
D. 道路维修	8 月	80

解：先画网络图（见图 7—23）。

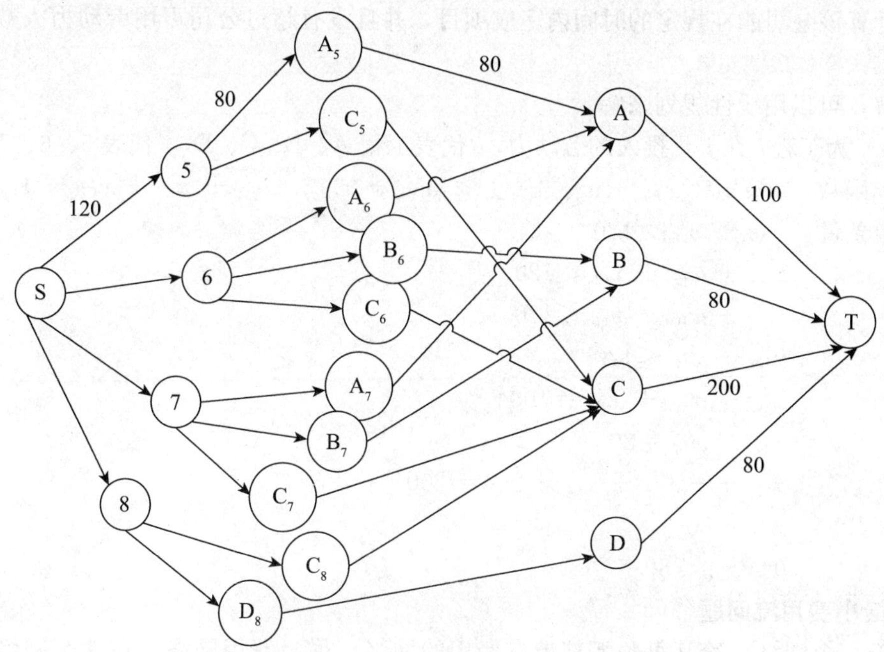

图 7—23　完成工程的网络图

图 7—23 中节点 5、6、7、8 分别表示 5—8 月份，A_i、B_i、C_i、D_i 表示工程 i 个月内完成的部分。用弧表示某月完成某项工程的状态，流量为投入的劳动力，弧上数字表示弧的容量：

从 S 开始的弧，容量为该公司共有劳动力 120 人；

从节点 5、6、7、8 开始的弧以及到节点 A、B、C、D 的弧，容量为任一工程在一个月内的劳动力投入不能超过 80 人；

收点 T 的弧，容量为每个工程所需劳动力。

决策变量：设 x_{ij} 为通过弧（节点 i 到节点 j）的流量，即使用的劳动力。

目标函数：使通过网络的总流量最大，即从发点 S 流出的总流量最大。

$$\max z = x_{s5} + x_{s6} + x_{s7} + x_{s8}$$

约束条件：不再一一罗列。

用 Excel 求解得到如表 7—5 所示劳动力分配结果。

表 7—5　各项目的劳动力分配结果　单位：人

月份	投入劳动力（人）	工程 A	工程 B	工程 C	工程 D
5	100	20		80	
6	120		40	80	
7	120	80	40		
8	120			40	80
合计	460	100	80	200	80

经计算该公司能在规定的时间内完成项目，并且没有超过公司可用劳动力人数，能够投标。

另解，可以用线性规划来解。

设 x_{ij} 为工程 i 在 j 月投入的劳动力，i 代表工程 A、B、C、D，j 代表 5、6、7、8 月。

目标函数：$\min z = x_{A5} + x_{C5} + x_{A6} + x_{B6} + x_{C6} + x_{A7} + x_{B7} + x_{C7} + x_{C8} + x_{D8}$

约束条件：$x_{A5} + x_{C5} \leqslant 120$

$x_{A6} + x_{B6} + x_{C6} \leqslant 120$

$x_{A7} + x_{B7} + x_{C7} \leqslant 120$

$x_{C8} + x_{D8} \leqslant 120$

$x_{A5} + x_{A6} + x_{A7} = 100$

$x_{B6} + x_{B7} = 80$

$x_{C5} ++ x_{C6} + x_{C7} + x_{C8} = 200$

$x_{D8} = 80$

$0 \leqslant x_{ij} \leqslant 80$

2. 最小费用流问题

对于一个网络，给其每条弧都带有费用的网络，称为费用网络。在这个网络中对于给定的一个流量，求网络中流量为给定流量且费用最小的可行流，这是最小费用流问题。

最小费用流问题的假设：

(1) 至少有一个供应点。

(2) 至少有一个需求点。

(3) 剩下的都是转运点。

网络中有足够的弧提供足够容量，使得所有供应点中产生的流都能够到达需求点。

在流的单位成本已知的前提下，通过每一条弧的流的成本和流量成正比。

在以上的假设下，当且仅当所提供的流量总和等于需求点所需要的流量总和时（即平衡条件），最小费用流问题有可行解。

最小费用流问题的数学模型：

决策变量：设 x_{ij} 为通过弧（节点 i 到节点 j ）的流量。

目标函数：使通过网络供应的总成本最小。

约束条件：所有供应点：净流量（总流出减总流入）为正；所有转运点：净流量为零；所有需求点：净流量为负；所有弧的流量 x_{ij} 受到弧的容量限制；所有弧的流量 x_{ij} 非负。

例 7—6： 某公司有两个工厂生产产品，这些产品需要运送到两个仓库中，其配送网络图如图 7—24 所示。现需确定一个运输方案，使通过配送网络的运输成本最小。

在图 7—24 中，F_1 和 F_2 代表两个工厂，为供应点；W_1 和 W_2 代表两个仓库，为需求点；DC 表示配送中心，为转运点。F_1 生产 80 个单位，F_2 生产 70 个单位，W_1 需要 60 个单位，W_2 需要 90 个单位，F_1 到 DC、F_2 到 DC、DC 到 W_1、DC 到 W_2 的最大运输量均为 50 单位。单位运输成本 F_1 到 DC 为 300、F_2 到 DC 为 900、DC 到 W_1 为 200、DC 到

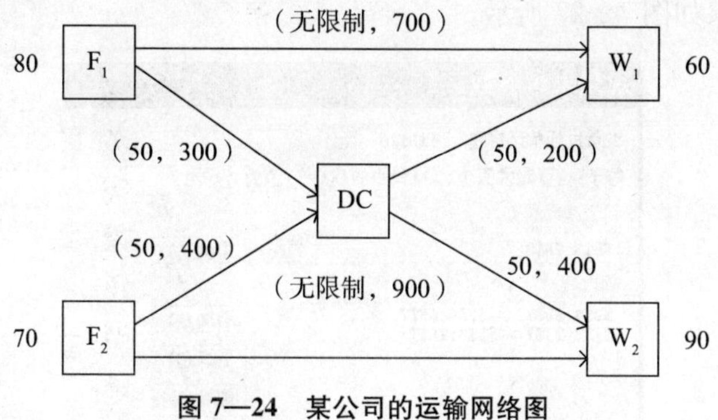

图 7—24　某公司的运输网络图

W_2 为 400、F_1 到 W_1 为 700、F_2 到 W_2 为 900。弧旁边括号内的数值意义为（容量，单位运输成本）。

解：决策变量：设 x_{ij} 为通过弧（节点 i 到节点 j ）的流量。

目标函数：运输成本最小。

$$\min z = 700x_{F_1\to W_1} + 300x_{F_1\to DC} + 200x_{DC\to W_1} + 400x_{F_2\to DC} + 900x_{F_2\to W_2} + 400x_{DC\to W_2}$$

约束条件：

$$x_{F_1\to W_1} + x_{F_1\to DC} = 80$$

$$x_{F_2\to DC} + x_{F_2\to W_2} = 70$$

$$x_{DC\to W_1} + x_{DC\to W_2} - (x_{F_1\to DC} + x_{F_2\to DC}) = 0$$

$$0 - (x_{F_1\to W_1} + x_{DC\to W_1}) = -60$$

$$0 - (x_{DC\to W_2} + x_{F_2\to W_2}) = -90$$

$$x_{F_1\to DC},\ x_{F_2\to DC},\ x_{DC\to W_1},\ x_{DC\to W_2} \leqslant 50$$

$$x_{F_1\to W_1},\ x_{F_1\to DC},\ x_{DC\to W_1},\ x_{F_2\to DC},\ x_{F_2\to W_2},\ x_{DC\to W_2} \geqslant 0$$

第一，按照图 7—25 将数据输入 Excel 表格。

=SUMIF($B$3:$B$8, I3, $D$3:$D$8)-SUMIF($C$3:$C$8, I3, $D$3:$D$8)

	B	C	D	E	F	G	I	J	K	L
1										
2	从	到	流量		容量	单位成本	节点	净流量		供应/需求
3	F1	W1	0			700	F1	=SUMIF($B$3:$B$8, I3, $D$3:$D$8)-SUMIF($C$3:$C$8, I3, $D$3:$D$8)		
4	F1	DC	0	≤	50	300	F2			
5	DC	W1	0	≤	50	200	DC	0	=	0
6	DC	W2	0	≤	50	400	W1	0	=	-60
7	F2	DC	0	≤	50	400	W2	0	=	-90
8	F2	W2	0			900				
9										
10		总成本	0							

图 7—25　最小费用流的 Excel 模型

在 J4 单元格内输入公式“＝SUMIF（$B$3：$B$8，I3，$D$3：$D$8）－SUMIF（$C$3：$C$8，I3，$D$3：$D$8）”，并下拉到 J7。在 D10 单元格内输入公式“＝SUMPRODUCT（D3：D8，G3：G8）”。

第二，利用规划求解工具，设置规划求解参数。

输入必要的数据，如图 7—26 所示，点击“选项”，选择“采用线性模型 ”和“假定非负”。求解，结果如图 7—27 所示。

图 7—26 最小费用流参数输入

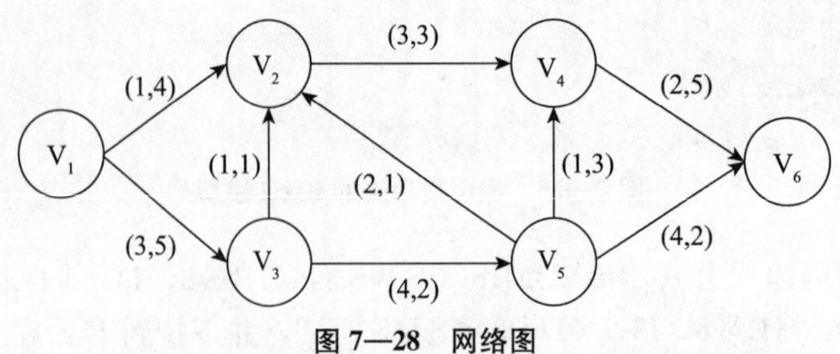

	A	B	C	D	E	F	G	H	I	J	K	L
1												
2		从	到	流量		容量	单位成本		节点	净流量		供应/需求
3		F_1	W_1	30			700		F_1	80	=	80
4		F_1	DC	50	≤	50	300		F_2	70	=	70
5		DC	W_1	30	≤	50	200		DC	0	=	0
6		DC	W_2	50	≤	50	400		W_1	-60	=	-60
7		F_2	DC	30	≤	50	400		W_2	-90	=	-90
8		F_2	W_2	40			900					
9												
10			总成本	110000								

图 7—27 最小费用流求解结果

最优解为：F_1 到 W_1 的运量为 30，F_1 到 DC 的运量为 50；DC 到 W_1 的运量为 30；DC 到 W_2 的运量为 50；F_2 到 DC 的运量为 30；F_2 到 W_2 的运量为 40。这样的运输成本最低为 110 000。

3. 最小费用最大流问题

给定一个带收点和发点的网络，对每一条弧，除了给出容量外，还给出了这条弧的单位流量的费用，要求寻找一个最大流，并使得总的运输费用最小。

例 7—7：求如图 7—28 所示的网络的最小费用最大流。弧上的数字是（单位成本，容量）。

图 7—28 网络图

解：先求网络的最大流，计算方法同例 7—4，经计算网络的最大流为 5。

在网络最大流的情况下，求网络系统的最小费用，经计算最小费用为 37。

7.3　网络计划及其优化

7.3.1　网络计划

用网络分析的方法编制的计划称为网络计划。它是 20 世纪 50 年代末发展起来的一种编制大型工程进度计划的有效方法。这种计划借助于网络表示各项工作与所需时间，以及各项工作的相互关系，通过网络分析研究研究工程费用与工期的相互关系，并找出在编制计划及计划执行过程中的关键路线，这种方法称为主关键路线法（CPM）。

网络计划包括绘制网络图、计算时间参数、确定关键路线及网络优化等工作。

1. 网络图的组成

可用两种方式画一张网络图，第一种是 AOA 法（双代号法），如图 7—29 所示。

（1）节点：表示一项活动的开始或结束，用圆圈和里面的数字表示。数字表示节点的编号，例如①、③等。

（2）弧：表示一个工序，用→表示。一项活动可以分解为许多工序，每个工序有具体的名称，一般用代号标在弧上。代号一般习惯用 A、B、C 等大写英文字母表示。

（3）权：表示完成某个工序所需要的时间或资源等数据，通常标注在弧的下面或其他合适的位置。

（4）虚工序与先行（后续）作业：网络图中的虚箭线（弧）表示虚活动，是既不消耗资源也不占用时间的活动，仅仅表示前后工序的衔接关系。

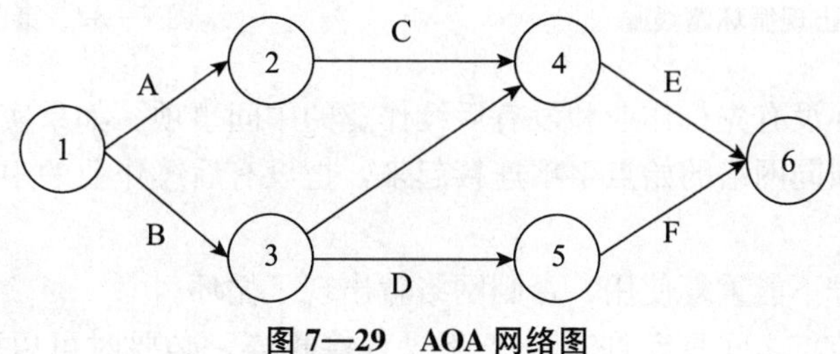

图 7—29　AOA 网络图

图 7—29 表示的活动关系为：A 是 C 的先行作业（又称仅前工序）；D 和 C 是平行作业；E 是 C 和 B 的后续作业（又称紧后工序）。

节点①，…，⑥分别表示某一或某些工序的开始和结束。在一幅网络图上，只能有始点和终点两个节点分别表示工程的开始和结束。其他节点既表示上一个（或若干个）工序的结束，又表示下一个（或若干个）工序的开始。例如，②表示工序 A 的结束和工序 C 的开始。

第二种方法画网络图是 AON 法（单代号法），如图 7—30 所示。

（1）节点：节点表示一项活动，用圆圈和里面的字母表示。字母表示工序的编号，例如Ⓐ等。

（2）弧：表示工序或节点之间的相互顺序。用→表示。

（3）权：表示完成某个工序所需要的时间或资源等数据，通常标注在节点上面的位置。

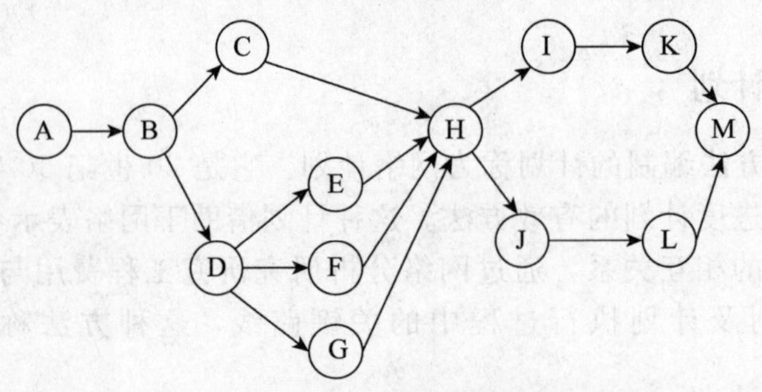

图 7—30　AON 网络图

2. 网络规则

在绘制网络图中，为了准确表达工程中各个工序的相互关系，应遵循一些规则：

（1）在网络图中不能出现循环线路，即箭线不能从某个节点出发，又回到同一节点。如图 7—31 所示。

（2）在网络图中，每一条箭线的头尾都必须有节点，不能从一条箭线的中间引出另一条箭线。如图 7—32 所示。

图 7—31　出现循环路线　　　　图 7—32　错误的箭线

（3）不允许出现没有先行作业和没有后续作业的中间事项。如果实际出现时，把没有先行作业的中间事项同网络的始点事项连接起来，把没有后续作业的中间事项同网络的终点事项连接起来。

（4）节点的编号不能重复使用，否则网络就出现了循环。

（5）相邻两个节点之间只允许有一条箭线直接相连，必要时可以引入虚箭线，如图 7—33 所示。

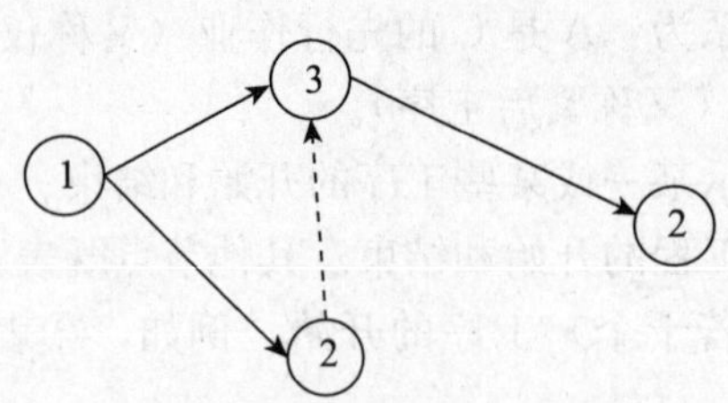

图 7—33　有虚工序的网络图

（6）方向、时序和节点编号一般遵循从左向右、从上到下、从小到大的原则。

例 7—8：某项工程的工序名称、工序时间以及工序之间的逻辑关系如表 7—6 所示，请绘制该工程项目的网络图。

表 7—6　　某项工程的工序顺序

工序（作业）名称	A	B	C	D	E	F	G	H	I
紧前工序	—	—	A	B	B	C，D	C，D	E，F	G
工序时间	4	6	6	7	5	9	7	4	8

解：该工程项目的网络如图 7—34 所示。

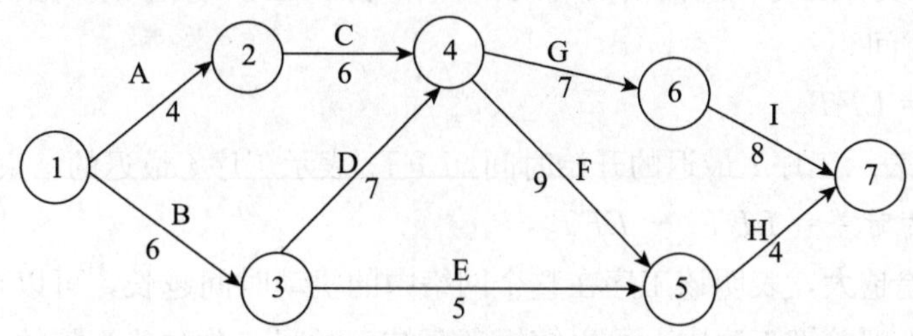

图 7—34　某项工程的网络图

3. 网络时间、关键路线与关键工序

在网络图中，从始点开始，按照各个工序的顺序，连续不断地到达终点的一条通路称为路线。如图 7—34 中共有四条路线。四条路线的组成及所需的时间如表 7—7 所示。

表 7—7　　四条路线的组成及所需的时间

路线	路线组成	各工序所需的时间之和
1	①→②→④→⑥→⑦	4＋6＋7＋8＝25
2	①→③→④→⑥→⑦	6＋7＋7＋8＝28
3	①→③→④→⑤→⑦	6＋7＋9＋4＝26
4	①→③→⑤→⑦	6＋5＋4＝15

完成各个工序需要时间最长的路线称为关键路线。关键路线上的工序为关键工序。如果能缩短完成关键工序的时间，就可以缩短工程的完工时间。

编制网路计划的基本思想就是在一个庞大的网络图中找出关键工序，优先安排资源，挖掘潜力，采取相应的措施，尽量压缩所需的时间。而对于非关键工序，只要在不影响工程完工时间的条件下，抽出适当的资源用在关键工序上，以达到缩短工程工期、合理利用资源等目的。在执行计划过程中，可以明确工作重点，对各个关键工序加以有效的控制和调度。关键路线是相对的，采取一些措施后，关键路线与非关键路线是能够改变的。

网络图中的网络时间有两个含义：一是活动的延续时间；二是活动的开始或结束时间的某一时刻。任何一个工序都必须在其紧前工序结束后才能开始。紧前工序最早结束时间即工序最早可能开始时间，简称为工序的最早开始时间。最早结束时间等于工序最早开始时间加上该工序的作业时间。在不影响工程最早结束时间的条件下，工序最迟必须结束的时间，简称为工序最迟结束时间。在不影响工程最早结束时间的条件下，工序最迟必须开始的时间，简称为工序最迟开始时间，它等于工序最迟结束时间减去工序的作业时间。在不影响工程最早结束时间的条件下，工序最早开始（或结束）时间可以推迟的时间，称为该工序的总时差。公式为：

工序时差＝最迟结束时间－最早结束时间

$$EFT_i = EST_i + t_i$$

式中，t_i 表示完成工序 i 所需要的时间；EST_i 表示工序 i 最早的开始时间；EFT_i 表示工序 i 最早结束时间。

$$LST_i = LFT_i - t_i$$

式中，LST_i 表示工序 i 最迟的开始时间，LFT_i 表示工序 i 最迟的结束时间。

工序 i 的时差＝ $LFT_i - EFT_i$

工序的总时差越大，表明该工序在整个网络中的机动时间越长，可以在一定范围内将该工序的资源投入到关键工序中，可以缩短工序结束时间。总时差为零的工序组成的路线即为关键路线，这些工序也就是关键工序。

例 7—9：请计算例 7—8 的工序时间及时差。

解：将数据录入 Excel 表格，如图 7—35 所示。

	A	B	C	D	E	F	G	H
1	工序名称	紧前工序	工序时间	EST	EFT	LST	LFT	时差
2	A		4					
3	B		6					
4	C	A	6					
5	D	B	7					
6	E	B	5					
7	F	C, D	9					
8	G	C, D	7					
9	H	E, F,	4					
10	I	G	8					

图 7—35 建立的 Excel 模型

在图 7—35 中的 Excel 表中，公式设置如表 7—8 所示。

表 7—8 在相应单元格输入的公式

单元格	输入内容
D2	＝MAX（IF（ISERR（FIND（＄A＄2：＄A＄10，B2）），0，＄E＄2：＄E＄10）） （按 Ctrl＋Shift＋Enter 确认） 下拉到 D10
E2	＝D2＋C2 下拉到 E10
F2	＝G2－C2 下拉到 F10
G2	＝MIN（IF（ISERR（FIND（A2，＄B＄2：＄B＄10）），MAX（＄E＄2：＄E＄10），＄F＄2：＄F＄10）） （按 Ctrl＋Shift＋Enter 确认） 下拉到 G10
H2	＝G2－E2 下拉到 H10

公式说明："＝MAX（IF（ISERR（FIND（$A$2：$A$10，B2）），0，$E$2：$E$10））"，录入的是数组公式，一定要用 Ctrl＋Shift＋Enter 来确认。数组公式会在电子表格中引起"循环引用"。当一个单元格的值引用另外一个单元格的值，同时另外一个单元格又引用该单元格时，就会产生"循环引用"。

对于工序 A 的最早开始时间来说，D2 单元格的公式首先使用了公式 FIND 来从单元格 A2：A17 的工序中寻找工序 A 的紧前工序，填进单元格 B2 中。工序 A 没有紧前工序，所以 FIND 函数返回一个错误值，函数 ISERR 返回值为"真"（True），函数 IF 返回的值为 0，这是工序 A 的 EST 值。当把公式写入 EST 列时，要相应参考 B2 的变化，以对后面的每一个工序进行正确的计算。当 FIND 函数在 A2：A10 的工序中找到应当写入 B 列的紧前工序时，数组公式就从 E2：E10 对应的 EFT 返回其中的最大值。

在 Excel 工作表，点击页面左上角的图标，在下拉菜单中右下角点击"Excel 选项"，选择左边"公式"，在右边选中"启用迭代计算"。

点击菜单栏上"公式"，在"计算"子菜单点击开始计算，得到如图 7—36 所示的结果。

	A	B	C	D	E	F	G	H
1	工序名称	紧前工序	工序时间	EST	EFT	LST	LFT	时差
2	A		4	0	4	3	7	3
3	B		6	0	6	0	6	0
4	C	A	6	4	10	7	13	3
5	D	B	7	6	13	6	13	0
6	E	B	5	6	11	19	24	13
7	F	C, D	9	13	22	15	24	2
8	G	C, D	7	13	20	13	20	0
9	H	E, F,	4	22	26	24	28	2
10	I	G	8	20	28	20	28	0
11								

图 7—36　迭代计算后的结果

7.3.2　网络计划的优化

网络计划优化的基本方法是利用时间差，不断改善网络计划的最初方案，使之获得最佳工期、最低成本和对资源的最合理利用。逐次优化，时差便逐次减少，直至大部分或全部消失，求得最优方案。网络计划优化主要有两个方面的内容：一是时间—资源优化；二是时间—成本优化。

1. 时间—资源优化

在一定的工期条件下，通过平衡资源，求得工期与资源的最佳结合。具体做法是：

（1）优先安排关键工序所需要的资源。

（2）利用非关键工序的总时差，错开各工序的开始时间，拉开资源需要量的高峰。

（3）在确实受到资源限制，或者在考虑综合经济效益的条件下，也可以适当推迟工程的完工时间。

例 7—10： 某项研制新产品工程的各个工序与所需时间以及它们之间的相互关系已知，完成其中几个工序的机械加工工人数有限制，如表 7—9 所示。已知现有机械加工工人数为 65 人，假定这些工人可以完成这几个工序中的任何一个工序。怎样优化使得资源使用最佳？

表 7—9　　研制新产品工程的工序顺序

工序	工序代号	紧后工序	所需时间	所需的机械加工工人数
产品设计与工艺设计	A	B、C、D、E	60	
外购配套件	B	I	45	
下料、锻件	C	F	10	
工装制造 1	D	G、H	20	58
木模、铸件	E	H	40	
机械加工 1	F	I	18	22
工装制造 2	G	K	30	42
机械加工 2	H	I	15	39
机械加工 3	K	I	25	26
装配调试	I		35	

解：先画出网络图（见图 7—37）。

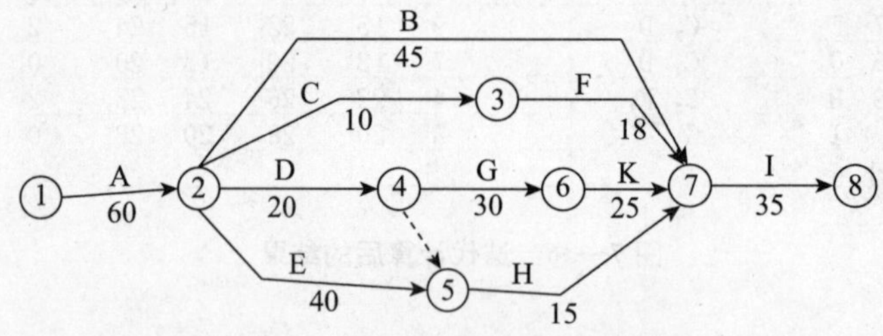

图 7—37　研制新产品工程的网络图

计算 D、F、G、H、K 各工序的起始时间、结束时间，如表 7—10 所示。

表 7—10　　工序的时间及所需工人人数

工序代号	起始时间	所需时间	结束时间	延续时间	所需加工工人数
D	60	20	80	不可延续	58
F	70	18	88	135	22
G	80	30	110	不可延续	42
H	100	15	115	135	39
K	110	25	135	不可延续	26

若上述工序均按最早开始时间安排，在完成各关键工序的 75 天中，所需要的机械加工工人数如图 7—38 所示。显然资源负荷是不均匀的，其中两段时间所需要的工人数都超过了现有工人人数，还有两段时间工人数远少于现有工人数。

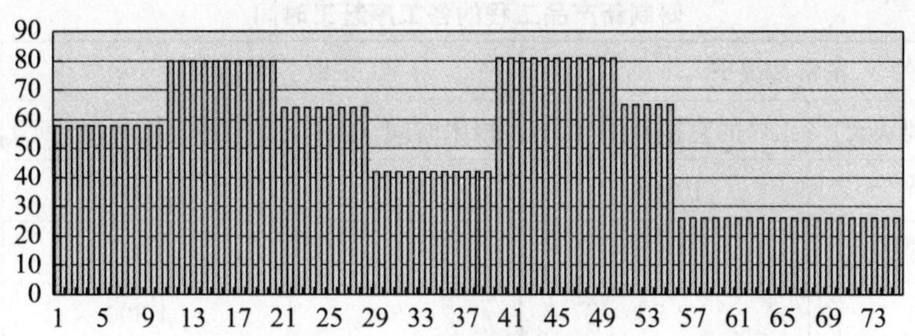

图 7—38　人力资源负荷图

若各工序都按最迟开始时间安排，则从 117 天到 135 天的期限内，需要的机械加工工人数为 87 人，也超过现有的工人数。

若利用非关键工序 F、H 的总时差，工序 F 从第 80 天开始，工序 H 从第 120 天开始，就可以拉开资源负荷的高峰，这样能在现有资源条件下完成任务，使资源得到合理的应用。具体安排如图 7—39 所示。

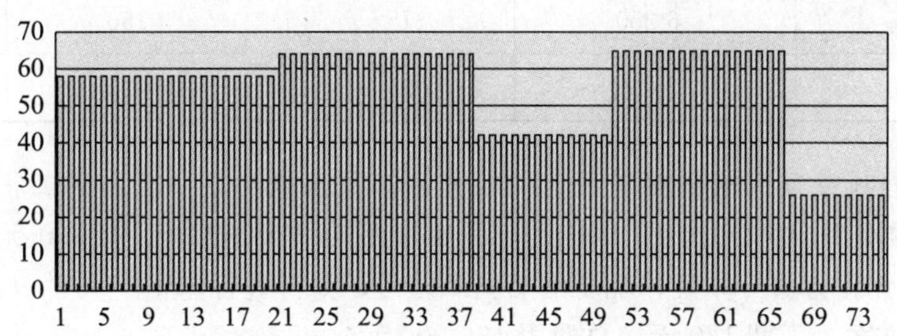

图 7—39　优化后的人力资源负荷图

通过例 7—10 说明利用非关键工序总时差拉平资源负荷高峰，经过若干次调整，得到一个可行的最有计划方案。

2. 时间—费用优化

在编制网络计划的过程中，研究如何使得工程完工的时间短、费用少；或者在保证既定工程完工时间的条件下，所需的费用最少；或在限制费用的条件下，工程完工时间最短。这是时间—费用优化所要研究和解决的问题。

完成一项工程需要的费用分为两大类：

（1）直接费用：包括直接生产工人的工资及附加费，设备能源、工具及材料消耗等直接与完成工序有关的费用。在一定条件下，工序的作业时间越短，直接费用越多。

（2）间接费用：包括管理人员的工资、办公费等。间接费用通常按照施工时间的长短分摊，在一定的生产规模内，工序的作业时间越短，分摊的间接费用越多。

例 7—11： 在例 7—10 中，已知各道工序正常情况下的作业时间和极限时间。对应于正常时间、极限时间各工序所需要的直接费用和每缩短一天工期需要增加的费用如表 7—11 所示。

表 7—11　研制新产品工程的各工序赶工时间

工序	正常情况下		采取各种措施后		直接费用变动率（元/天）
	正常时间（天）	工序的直接费用（元）	极限时间（天）	工序的直接费用（元）	
A	60	10 000	60	10 000	∞
B	45	4 500	30	6 300	120
C	10	2 800	5	4 300	300
D	20	7 000	10	11 000	400
E	40	10 000	35	12 500	500
F	18	3 600	10	5 440	230
G	30	9 000	20	12 500	350
H	15	3 750	10	5 750	400
K	25	6 250	15	9 150	290
I	35	12 000	35	12 000	∞

又已知工程项目每天的间接费用为 400 元，工程工期为 170 天，则工程的直接费用（各工序的直接费用之和）为 68 900 元，间接费用为 170×400＝68 000 元，总费用为 136 900元。以此作为第一方案，现要缩短完工时间，如何进行优化？

解：第一方案：工期 170 天，总费用 136 900 元。

优化步骤：缩短工期首先缩短关键路线上直接费用变动率最低的工序作业时间，工序 K 的直接费用变动率最低，工序作业时间可缩短 10 天，总工期缩短到 160 天。

总费用＝直接费用＋间接费用

＝68 900＋290×10＋160×400＝71 800＋6 400＝135 800（元）

第二方案：工期 160 天，总费用 135 800，比第一方案节约 1 100 元。关键路线不变。

工序 G 可以缩短 10 天。

总费用＝71 800＋350×10＋150×400＝75 300＋60 000＝135 300（元）

第三方案：工期 150 天，总费用 135 300，比第二方案节约 400 元。关键路线变为两条：①→②→④→⑥→⑦→⑧与①→②→⑤→⑦→⑧。

如果再缩短工程周期，要同时缩短两条关键路线上的工序才可。如再缩短 5 天时间，则需工序 D 和工序 H 同时缩短（H 工序职能缩短 5 天），则：

总费用＝75 300＋400×5＋400×5＋400×145＝79 300＋58 000＝137 300（元）

第四方案：工期 145 天，总费用 137 300 元，比第三方案费用高 2 000 元，换来 5 天的提前工期。

例 7—12：有一住宅项目建设的工程，因为面临雨季的到来，希望能加快工程进度，现需要计算相关成本以权衡赶工时间。工序安排及各种成本如表 7—12 所示。

表 7—12　　工序、成本及赶工费用表

活动名称	工序代号	紧前工序	需正常时间（天）	赶工时间（天）	工序成本（元）	工序赶工费用（元/天）
土方挖掘	A	—	3		5 000	1 000
打地基	B	A	4		12 000	3 000
铅垂定线	C	B	3		3 000	500
架构	D	B	10		20 000	1 250
外饰	E	D	8		8 000	667
安装 HVAC	F	D	4		11 000	1 000
电气设备初装	G	D	6		3 500	500
吊顶	H	C、E、F、G	8		5 000	500
安装橱柜	I	H	5		8 000	750
油漆	J	H	5		4 000	500
管道最后安装	K	I	4		7 000	750
电气设备最后安装	L	J	2		2 000	500
铺地板	M	K、L	4		10 000	1 000

解：计算最短完工时间和成本：

将数据按照图 7—40 输入 Excel 表格。

L12

	A	B	C	D	E	F	G	H
1								
2								
3								
4	工序	紧前工序	工序时间	EST	EFT	LST	LFT	时差
5	A		3					
6	B	A	4					
7	C	B	3					
8	D	B	10					
9	E	D	8					
10	F	D	4					
11	G	D	6					
12	H	C、E、F、G	8					
13	I	H	5					
14	J	H	5					
15	K	I	4					
16	L	J	2					
17	M	K、L	4					

图 7—40　建立 Excel 模型

单元格公式设置如表 7—13 所示，计算 EST、EFT、LST、LFT 等值。

表 7—13　　相对应单元格输入的公式

单元格	输入内容
E5	=MAX（IF（ISERR（FIND（$A$5：$A$17，B5）），0，$E$5：$E$17）） （按 Ctrl+Shift+Enter 确认）　　下拉到 D17
F5	=D5+C5　　下拉到 E17
G5	=G5−C5　　下拉到 F17
H5	= MIN（IF（ISERR（FIND（A5，$B$5：$B$17）），MAX（$E$5：$F$17），$F$5：$F$17）） （按 Ctrl+Shift+Enter 确认）　　下拉到 G17
I5	=G5−E5　　下拉到 H17

在 Excel 工作表，点击页面左上角的"图标，在下拉菜单中右下角点击“Excel 选项”，选择左边“公式”，在右边选中“启用迭代计算”，得到如图 7—41 所示的结果。

J20

	A	B	C	D	E	F	G	H
1								
2								
3								
4	工序	紧前工序	工序时间	EST	EFT	LST	LFT	时差
5	A		3	0	3	0	3	0
6	B	A	4	3	7	3	7	0
7	C	B	3	7	10	22	25	15
8	D	B	10	7	17	7	17	0
9	E	D	8	17	25	17	25	0
10	F	D	4	17	21	21	25	4
11	G	D	6	17	23	19	25	2
12	H	C、E、F、G	8	25	33	25	33	0
13	I	H	5	33	38	33	38	0
14	J	H	5	33	38	35	40	2
15	K	I	4	38	42	38	42	0
16	L	J	2	38	40	40	42	2
17	M	K、L	4	42	46	42	46	0

图 7—41　求解结果

用线性规划方法来优化时间和工期：

目标函数：$\min z = T_M + t_M - C_M$

s. t.　$T_B - T_A \geqslant t_A - C_A$

$T_C - T_B \geqslant t_B - C_B$

$T_D - T_B \geqslant t_B - C_B$

$T_E - T_D \geqslant t_D - C_D$

$T_F - T_D \geqslant t_D - C_D$

$T_G - T_D \geqslant t_D - C_D$

$T_H - T_C \geqslant t_C - C_C$

$T_H - T_E \geqslant t_E - C_E$

$$T_H - T_F \geqslant t_F - C_F$$
$$T_H - T_G \geqslant t_G - C_G$$
$$T_J - T_H \geqslant t_H - C_H$$
$$T_K - T_I \geqslant t_I - C_I$$
$$T_L - T_J \geqslant t_J - C_J$$
$$T_M - T_K \geqslant t_K - C_K$$
$$T_M - T_L \geqslant t_L - C_L$$
$C_i \leqslant$工序 i 允许缩短的完成时间

T_i，$C_i \geqslant 0$，对所有的 i

式中，T_i 为工序 i 开始的时间；t_i 为工序 i 的常规时间；C_i 为完成工序 i 缩短的时间。

按照图 7—42 将数据输入 Excel 表格 sheet4 中，在单元格 F5 中输入公式“＝D5＋H5 * G5”，并下拉到 F17 单元格。

	A	B	C	D	E	F	G	H	I
1									
2									
3	赶工								
4		工序	正常时间	正常费用	极限时间	费用	赶工时间	单日赶工费用元/天	
5		A	3	5000	2	6000	1	1000	
6		B	4	12000	3	15000	1	3000	
7		C	3	3000	2	3500	1	500	
8		D	10	20000	6	25000	4	1250	
9		E	8	8000	5	10000	3	667	
10		F	4	11000	3	12000	1	1000	
11		G	6	3500	4	4500	2	500	
12		H	8	5000	5	6500	3	500	
13		I	5	8000	3	9500	2	750	
14		J	5	4000	2	5500	3	500	
15		K	4	7000	2	8500	2	750	
16		L	2	2000	1	2500	1	500	
17		M	4	10000	2	12000	2	1000	

图 7—42　输入已知参数

按照图 7—43 所示将数据输入到 sheet5 中。D5：D17 为变量单元格，初始值设定为 0。E5：E17 及 I5：I20 为约束单元格，目标单元格是 E19。

	A	B	C	D	E	F	G	H	I	J	K
2											
3									实际	最小	
4		工序	正常时间	开始时间	赶工数量		从	到	开工时间间隔	开工时间间隔	
5		A	3	0	0		A	B	0	3	
6		B	4	0	0		B	C	0	4	
7		C	3	0	0		B	D	0	4	
8		D	10	0	0		C	H	0	3	
9		E	8	0	0		D	E	0	10	
10		F	4	0	0		D	F	0	10	
11		G	6	0	0		D	G	0	10	
12		H	8	0	0		E	H	0	8	
13		I	5	0	0		F	H	0	4	
14		J	5	0	0		G	H	0	6	
15		K	4	0	0		H	I	0	8	
16		L	2	0	0		H	J	0	8	
17		M	4	0	0		I	K	0	5	
18							J	L	0	5	
19				结束时间	4		K	M	0	4	
20							L	M	0	2	
21				总费用	0						

图 7—43　建立 Excel 模型

各单元格公式设置如表 7—14 所示。

表 7—14　　主要单元格公式

单元格	输入内容
E19	=D17+C17−E17
E21	=SUMPRODUCT（E5：E17，'sheet4'! H5：H17）
I5	=VLOOKUP（H5，$B$5：$D$17，3）−VLOOKUP（G5，$B$5：D17$，3）下拉到 I20
J5	=VLOOKUP（G5，$B$5：$C$17，2）−VLOOKUP（G5，$B$5：E17$，4）下拉到 J20

公式解释：I5 单元格中第一个 VLOOKUP 函数对应着 T_B 的值。第一个 VLOOKUP 函数把单元格 H5 的内容——字母 B 和 $B$5：D6F 范围内的第一列的值进行比对（单元格 B6 的值是匹配的），然后返回值给上述单元格范围第三列的值，即单元格 D6 的值。单元格 D6 对应着 T_B。

第二个 VLOOKUP 函数情况类似，返回的是 T_A 的值。两个 VLOOKUP 函数值的差就是表示工序 A 和工序 B 开始时间之差。

线性规划求解，点击"工具"菜单，选择"规划求解"命令，在弹出的对话框中输入数据，如图 7—44 所示。

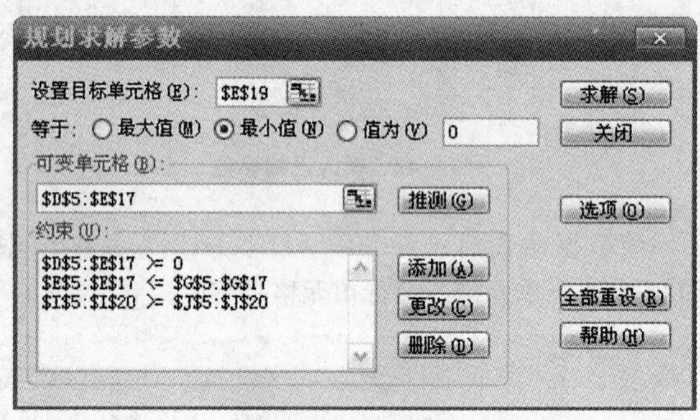

图 7—44　参数输入

第二个约束条件应为$E$5：$E$17≤'Sheet4'! $G$5：$G$17，添加约束条件后点击"确定"。在选项中选择"线性规划"，结果如图 7—45 所示。

项目可以在 28 天完成，但费用增长到 19 001 元。

计算赶工成本最小的进度安排：

假定该工程项目要在 35 天内完成，寻找一个最低成本的进度安排。

要想达到 35 天完成的要求，把这个要求当做一个约束条件，求成本最小。新的线性规划求解参数对话框如图 7—46 所示。在选项中选择"线性规划"，结果如图 7—47 所示。

工程项目在 35 天完成，需要最少的费用是 8 501 元。

L16

	A	B	C	D	E	F	G	H	I	J
2										
3									实际	最小
4		工序	正常时间	开始时间	赶工数量		从	到	开工时间间隔	开工时间间隔
5		A	3	0	1		A	B	2	2
6		B	4	2	1		B	C	11	3
7		C	3	13	0		B	D	3	3
8		D	10	5	4		C	H	3	3
9		E	8	11	3		D	E	6	6
10		F	4	12	0		D	F	7	6
11		G	6	11	1		D	G	6	6
12		H	8	16	3		E	H	5	5
13		I	5	21	2		F	H	4	4
14		J	5	21	2		G	H	5	5
15		K	4	24	2		H	I	5	5
16		L	2	24	0		H	J	5	5
17		M	4	26	2		I	K	3	3
18							J	L	3	3
19				结束时间	28		K	M	2	2
20							L	M	2	2
21				总费用	19001					

图 7—45　求解结果

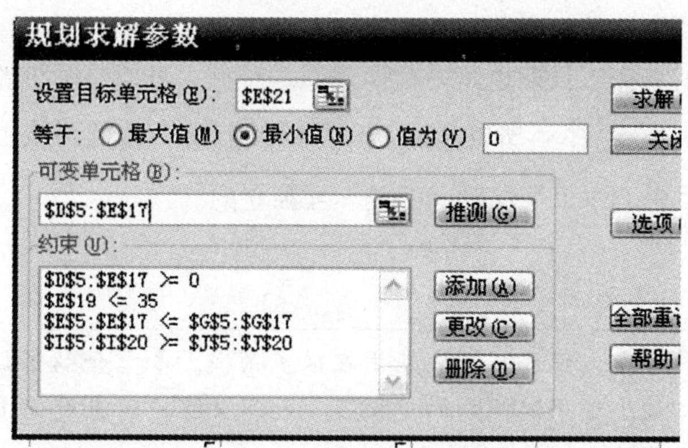

图 7—46　参数输入

	A	B	C	D	E	F	G	H	I	J
2										
3									实际	最小
4		工序	正常时间	开始时间	赶工数量		从	到	开工时间间隔	开工时间间隔
5		A	3	0	1		A	B	2	2
6		B	4	2	0		B	C	16	4
7		C	3	18	0		B	D	4	4
8		D	10	6	0		C	H	3	3
9		E	8	16	3		D	E	10	10
10		F	4	16	0		D	F	10	10
11		G	6	16	1		D	G	10	10
12		H	8	21	3		E	H	5	5
13		I	5	26	0		F	H	5	4
14		J	5	26	0		G	H	5	5
15		K	4	31	2		H	I	5	5
16		L	2	31	0		H	J	5	5
17		M	4	33	2		I	K	5	5
18							J	L	5	5
19				结束时间	35		K	M	2	2
20							L	M	2	2
21				总费用	8501					

图 7—47　求解结果

7.3.3 PERT 评审技术

在对 CPM 的讨论中，都假定完成项目的时间是已知的，没有不确定性。这在实际应用网路技术时遇到了难题，即当工序时间难以估计时，怎样控制项目的时间问题。

PERT 不同于 CPM 之处在于 PERT 并不要求确切知道完成工序的时间，它假设完成工序的时间是有一个期望值和方差的随机变量，但并没有给出每个工序指定均值和方差，而是对项目中的每个工序给出三种估计量：最短时间（乐观的，a）、最长时间（保守的，b）和最可能时间（m）条件。显然，最可能时间比最短时间和最长时间的加权重得多。因而一个工序的期望时间和方差可计算如下：

$$t_e = \frac{a + 4m + b}{6}$$

$$\sigma_e^2 = \left(\frac{b - a}{6}\right)^2$$

PERT 的计算方法：求出每道工序工作的平均期望时间 t_e 和方差 σ_e^2 后，就可以同 σ_e^2 确定网络图一样，计算有关时间参数及总完工日期 T_E 。由于各道工序本身包含着随机因素，所以整个任务的总完工日期也是一个期望值。总完工日期是关键路线上各道工序的平均工时之和，即 $T_E = \sum t_e$ ，所以总完工日期的方差就是关键路线上所有工序的方差之和 $\sum \sigma_e^2$ 。假定项目中的每个工序时间都是相互独立的。

本章小结

图论是运筹学的分支，现已广泛地应用在很多领域。本章介绍了最小支撑树、最短路问题、最大流问题、最小费用流问题的建模及 Excel 求解，同时对比上述方法解答线性规划中运输、指派等问题。

网络技术是 20 世纪 50 年代发展起来的一种编制大型工程进度计划的有效方法。本章主要介绍了网络图的构成及网络计划建模的原则、方法，网络计划参数的 Excel 计算方法。在此基础上介绍了主关键路线的求解方法、网络优化的 Excel 计算方法等。最后简要介绍了 PERT 评审技术。

复习思考题

1. 根据图 7—48 试求最短路。

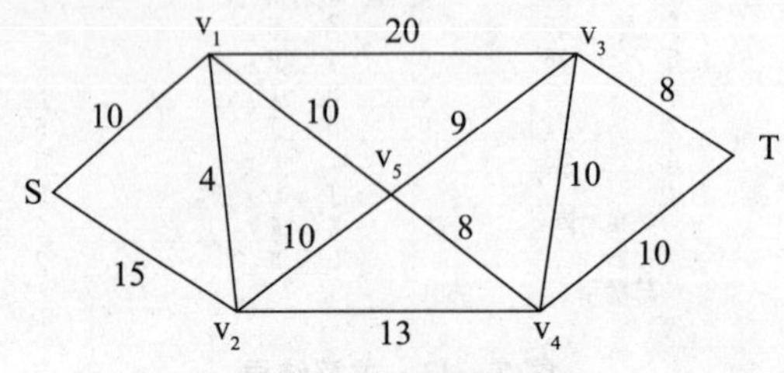

图 7—48 最短路网络图

2. 世界上著名的六大城市：伦敦（L）、墨西哥城（MC）、纽约（NY）、巴黎（Pa）、北京（BJ）和东京（T），它们之间的航线距离（以百英里作单位）如表 7—17 所示。请寻找最小支撑树。

表 7—15 **六个城市之间的距离** 单位：千米

	伦敦	墨西哥城	纽约	巴黎	北京	东京
伦敦	—	5 558	3 469	214	5 074	5 959
墨西哥城	5 558	—	2 090	5 725	7 753	7 035
纽约	3 469	2 090	—	3 636	6 844	6 757
巴黎	214	5 725	3 636	—	5 120	6 053
北京	5 074	7 753	6 844	5 120	—	1 307
东京	5 959	7 035	6 757	6 053	1 307	—

3. 某设备今后五年的价格预测分别是（5，5，6，7，8）千元，若该设备连续使用，其第 i 年的维修费分别为（1，2，3，5，6）千元。某单位今年购进一台，问如何使用可使 5 年里总支出最小？

4. 已知某工程有关资料如表 7—16 所示，求出该工程的最低成本日程。

表 7—16 **工序的顺序及费用**

工序	工序时间	紧前工序	正常完成进度的直接费用（元）	赶进度一天所需费用（元）
A	4	—	2 000	500
B	8	—	3 000	400
C	6	B	1 500	300
D	3	A	500	200
E	5	A	1 800	400
F	7	A	4 000	700
G	4	B、D	1 000	300
H	3	E、F、G	1 500	600
合计			15 300	
工程的间接费用（元/天）			500	

第8章 成本决策与模型分析

学习目标

- 掌握用Excel建立盈亏平衡分析模型的方法，公式计算、查表加内插值和规划求解等寻找盈亏平衡点的多种方法，理解各种管理参数的变化对盈亏平衡点的影响
- 理解安全边际和安全边际率的概念、扩展的盈亏平衡分析模型的建立方法
- 掌握经营杠杆、财务杠杆和复合杠杆的基本原理及其在企业经营管理决策分析中的作用
- 掌握在Excel中以图形和控件相结合的方式来直观地反映各个模型中相关变量参数间的影响关系

案例：毅然决然 or 左右为难——沉没成本与企业决策

故事一：

后汉时期有一位叫孟敏的人，有一天，他不小心把一口瓦锅掉在地上摔碎了。眼见那锅摔成碎片，孟敏“不顾而去”，丝毫没有表现出惋惜和后悔的样子。旁边有个叫郭泰的人，对孟敏的举动很是不解，“遂问其意”。孟敏答道：“甑已破矣，视之何益?”(锅已经破了，后悔又有什么用?)

故事二：

中国航空工业第一集团公司在2000年8月决定此后民用飞机不再发展干线飞机，而转向发展支线飞机。这一决策立时引起广泛争议。

该公司与美国麦道公司于1992年签订合同合作生产MD90干线飞机。1997年项目全面展开，1999年双方合作制造的首架飞机成功试飞，2000年第二架飞机再次成功试飞，并且两架飞机很快取得美国联邦航空局颁发的单机适航证。这显示中国在干线飞机制造和总装技术方面已达到20世纪90年代的国际水平，并具备了小批量生产能力。

就在此时，MD90项目下马了。在各种支持或反对的声浪中，讨论的角度不外乎两大方面：一是基于中国航空工业的战略发展；二是基于项目的经济因素考虑。此处不就

前一角度展开讨论，在这方面航空专家最有发言权。单从经济角度看，干线项目上下马之争可以说为“沉没成本”提供了最好的案例。

许多人反对干线飞机项目下马的一个重要理由就是，该项目已经投入数十亿元巨资，上万人倾力奉献，耗时六载，在终尝胜果之际下马造成的损失实在太大了。这种痛苦的心情可以理解，但丝毫不构成该项目应该上马的理由，因为不管该项目已经投入了多少人力、物力、财力，对于上下马的决策而言，其实都是无法挽回的沉没成本。

故事三：

QC 公司是世界上最大的食品生产企业之一。1990 年，QC 公司瞄准发展中的中国饮用水行业，投资近 2 亿元人民币在天津兴建矿泉水厂。1998 年又耗资 4 000 万元人民币收购上海某饮料厂，并增加投资 3 亿元人民币扩建成年产 5 亿升纯净水的现代化生产基地。然而，QC 公司饮用水面临的困难是，相对于国内很多竞争对手缺少价格优势，相对于如达能集团这样的国际竞争对手又缺少规模优势。在这个背景下，虽然 QC 公司凭借其成功的中国营销队伍、优质品牌效益可以吸引一部分高端客户群并占有一定市场，然而维持低价销售且无法达到规模产量，长期亏损则不可避免，退出似乎成为不得不考虑的选择。

实际上，由于存在巨大的沉没成本，QC 公司想要退出也不容易。QC 公司在华饮用水项目固定投资巨大，上海、天津两家工厂总投资迄今超过 5.4 亿元人民币，再加上每年大约3 000万元人民币的广告投入，累计达 3 亿元人民币。如果退出，厂房、土地、通用机器设备虽有可能部分收回，但资产处置时间很长，针对饮用水的广告成本完全付之东流，沉没成本总计超过 8 亿元人民币。

经过全面的市场调研和缜密分析，QC 公司董事会决定继续饮用水工厂的生产经营，提出利用 QC 公司在中国的成功营销网络和经验，继续扩大市场和销售。同时公司还实施减少外籍人员、加快管理人员本地化，压缩广告开支等节流措施，努力降低亏损额。从 2002 年的情况看，公司销售业绩与 2001 年大体持平，但是管理费用和销售费用明显下降，净亏损大幅度下降，董事会维持亏损经营决策得到了较好贯彻。

资料来源：http://blog.sina.com.cn/s/blog_598986320100hqmj.html。

成本决策是企业为实现预定的目标成本，在预测的基础上，结合本单位的内部条件和外部环境，通过缜密的调查研究，根据成本预测及有关成本资料，借助于成本效益分析原理和专门的技术，做出的决策和判断，抉择最佳成本方案的过程。成本决策贯穿于整个企业的生产经营过程，涉及面广，主要包括日常经营中的成本决策和可行性研究中的成本决策。前者以现有资源的充分利用为前提，以合理且最低的成本支出为标准，属于日常经营管理中的决策范畴，包括合理生产批量的成本决策、产品薄利多销的成本决策、零部件自制或外购的决策、存货成本决策等；而后者是以投资大量的资金为前提来研究项目的成本，因此这类成本决策与财务管理的关系更加紧密，主要表现为投资决策中的一部分内容。

本章将对企业日常经营管理决策中经常用到的三种成本决策分析的模型及其应用方法进行介绍。

8.1　盈亏平衡分析模型

8.1.1　盈亏平衡分析的作用

盈亏平衡分析是在一定的生产能力条件下，研究分析项目成本费用与收益平衡关系的一种方法。随着某些因素的变化，企业的盈利与亏损会有一个转折点，称为盈亏平衡点（Break Even Point，简称 BEP）。在这一点上，营业收入减去营业税金及附加等于总成本费用。盈亏平衡分析就是要找出盈亏平衡点，考察项目对市场的适应能力和抗风险能力。盈亏平衡点越低，说明项目盈利的可能性越大，亏损的可能性越小，因而项目有较大的抗经营风险能力。因为盈亏平衡分析是分析产量（销量）、成本与利润的关系，所以盈亏平衡分析法也被称为本量利分析（Cost-Volume-Profit Analysis，简称 CVP 分析），或量本利分析（VCP 分析）。

盈亏平衡分析是会计、财务管理中的基础性分析方法，它在变动成本计算模式的基础上，可以数学化的会计模型与图文来揭示固定成本、变动成本、销售量、单价、销售额、利润等变量之间的内在规律性的联系，为项目的经济效果的预测决策和规划提供必要的财务信息。它也是项目不确定性分析的重要方法之一，通过盈亏平衡分析可以判断当不确定性因素发生不利的变化时，项目是处于盈利状态还是亏损状态，找到各个不确定性因素使项目处于盈亏平衡状态的临界值，进而结合我们预测的各个不确定性元素可能的变动范围，对项目的风险情况及项目对各个因素不确定性的承受能力进行科学判断，提高项目投资决策的科学性和可靠性。

8.1.2　盈亏平衡分析法的基本模式

在经营分析中，盈亏平衡点的表达形式有多种，它可以用实物产量、单位产品售价、单位产品可变成本以及年固定成本总量表示，也可以用生产能力利用率（盈亏平衡点率）等相对量表示。其中产量与生产能力利用率，是进行项目不确定性分析中应用较广的。根据生产成本、销售收入与产量（销售量）之间是否呈线性关系，盈亏平衡分析可分为：线性盈亏平衡分析和非线性盈亏平衡分析。

独立方案盈亏平衡分析的目的是通过分析产品产量、成本与方案盈利能力之间的关系找出投资方案盈利与亏损在产量、产品价格、单位产品成本等方面的界限，以判断在各种不确定因素作用下方案的风险情况。

投资项目的销售收入与产品销售量（如果按销售量组织生产，产品销售量等于产品产量）的关系有两种情况：线性和非线性。

1. 线性盈亏平衡分析

即分析销售收入、生产成本与产品产量的关系。

此种分析模式的运用必须具备以下假设前提：

（1）产量等于销售量，销售量变化，销售单价不变，销售收入与产量呈线性关系，企业主管不会通过降低价格增加销售量。

（2）假设项目正常生产年份的总成本可划分为固定和可变成本两部分，其中固定成本不随产量变动而变化，可变成本总额随产量变动呈比例变化，单产品可变成本为一常数，总可变成本是产量的线性函数。

(3) 假定项目在分析期内，产品市场价格、生产工艺、技术装备、生产方法、管理水平等均无变化。

(4) 假定项目只生产一种产品，或当生产多种产品时，产品结构不变，且都可以换算为单一产品计算。

该项目的生产销售活动不会明显地影响市场供求状况，假定其他市场条件不变，产品价格不会随该项目的销售量的变化而变化，可以看做一个常数；销售收入与销售量呈线性关系，即：

销售收入＝销量×单价

或

$$B=PQ \tag{8—1}$$

式中，B 为销售收入；P 为单位产品价格；Q 为产品销售量。

在生产销售活动中，根据发生的成本费用与产量的关系可以将总成本费用分解为：固定成本、可变成本和半可变（或半固定）成本。

固定成本是指在一定的产量范围内不受产品产量及销售量影响的成本。如工资及福利费（计件工资除外）、折旧费、修理费、无形资产及其他资产摊销费，借款利息视为固定成本。

可变成本是随产品产量及销售量的增减而成正比例变化的各项成本，如原材料、燃料、动力费、包装费和计件工资。

半可变成本是指介于固定成本和可变成本之间，随产量增长而增长，但不成正比例变化的成本，如与生产批量有关的某些消耗性材料费用、工模具费及运输费。

由于半可变成本通常在总成本中所占比例很小，在经济分析中一般可以近似地认为它也随产量成正比例变动。

总成本是固定成本与可变成本之和，它与产品产量的关系也可以近似地认为是线性关系，即：

总成本＝固定成本＋可变成本

或

$$C=C_f+C_vQ \tag{8—2}$$

式中，C 为总成本；C_f 为固定成本；C_v 为单位可变成本。

所以，成本、收入与利润间的关系可表示为：

$$\pi=BQ-C=BQ-(C_f+C_vQ)$$

式中，π 为利润，在同一坐标图上表示出来，即可以构成线性量本利分析图（见图 8—1）。

图 8—1 中纵坐标表示销售收入与产品成本，横坐标表示产品产量。销售收入线 B 与总成本线 C 的交点称盈亏平衡点（Break Even Point，简称 BEP），也就是项目盈利与亏损的临界点。在 BEP 的左边，总成本大于销售收入，项目亏损；在 BEP 的右边，销售收入大于总成本，项目盈利；在 BEP 点上，项目不亏不盈。

在销售收入及总成本都与产量呈线性关系的情况下，可以很方便地用解析方法求出以

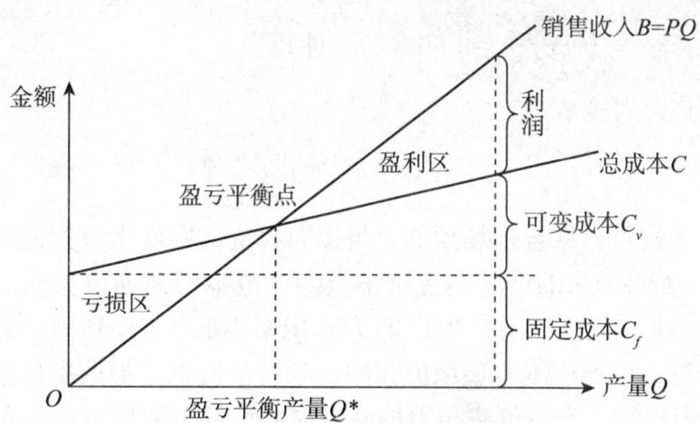

图8—1　盈亏平衡（或量本利）分析图

产品产量、生产能力利用率、产品销售价格、单位产品变动成本等表示的BEP。在BEP上，销售收入B等于总成本C，设对应于BEP的产量为Q^*，则有：

$$B^*=PQ^*=C_f+C_vQ \tag{8—3}$$

盈亏平衡产量：

$$Q^*=\frac{C_f}{P-C_v} \tag{8—4}$$

若项目设计生产能力为Q_c，则盈亏平衡生产能力利用率：

$$E^*=\frac{Q^*}{Q_c}\times100\%=\frac{C_f}{(P-C_v)\ Q_c}\times100\% \tag{8—5}$$

若按设计能力进行生产和销售，则盈亏平衡销售价格：

$$P^*=\frac{B}{Q_c}=\frac{C}{Q_c}=C_v+\frac{C_f}{Q_c} \tag{8—6}$$

若按设计能力进行生产和销售，且销售价格已定，则盈亏平衡单位产品变动成本：

$$C_v^*=P-\frac{C_f}{Q_t} \tag{8—7}$$

例8—1：某工业项目年设计生产能力为生产某种产品3万件，单位产品售价3 000元/件，总成本费用为7 800万元，其中固定成本3 000万元，总可变成本与产品产量成正比例关系。求以产量、生产能力利用率、销售价格、单位产品可变成本表示的盈亏平衡点。

解：首先计算单位产品可变成本：

$$C_v=\frac{(7\ 800-3\ 000)\ \times10^4}{3\times10^4}=1\ 600\ (\text{元/件})$$

盈亏平衡产量：

$$Q^*=\frac{3\ 000\times10^4}{3\ 000-1\ 600}=21\ 400\ (\text{件})$$

盈亏平衡生产能力利用率：

$$E^*=\frac{3\ 000\times10^4}{(3\ 000-1\ 600)\times3\times10^4}\times100\%=71.43\%$$

盈亏平衡销售价格：

$$P^{*}=1\,600+\frac{3\,000\times10^{4}}{3\times10^{4}}=2\,600\text{（元/件）}$$

盈亏平衡单位产品可变成本：

$$V_{v}^{*}=3\,000-\frac{3\,000\times10^{4}}{3\times10^{4}}=2\,000\text{（元/件）}$$

通过计算盈亏平衡点，结合市场预测，可以对投资方案发生亏损的可能性做出大致判断。在例 8—1 中，如果未来的产品销售价格及生产成本与预期值相同，项目不发生亏损的条件是年销售量不低于21 400件，生产能力利用率不低于 71.43%。如果按设计能力进行生产并能全部销售，生产成本与预期值相同，项目不发生亏损的条件是产品价格不低于2 600元/件；如果销售量、产品价格与预期值相同，项目不发生亏损的条件是单位产品可变成本不高于2 000元/件。

2. 非线性盈亏平衡分析

在生产实践中，由于产量扩大到一定水平，会引起原材料、动力供应价格上涨等原因造成项目生产成本并非与产量呈线性关系；也由于市场容量的制约，当产量增长后，产品售价也会引起下降，价格与产量呈某种函数关系。因此，销售收入与产量就呈非线性关系（见图 8—2）。

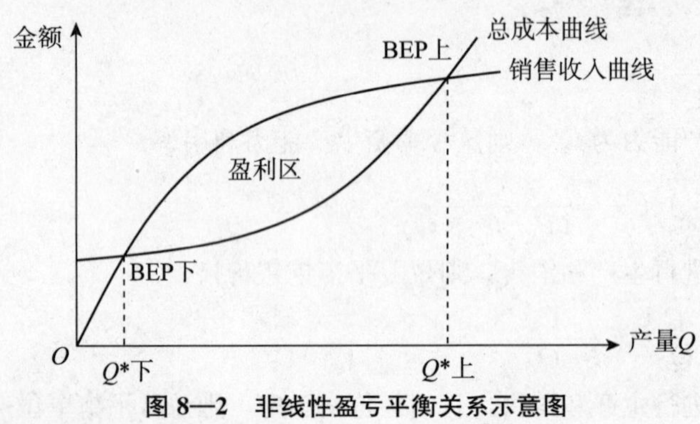

图 8—2　非线性盈亏平衡关系示意图

3. 成本结构与经营风险的关系

销售量、产品价格及单位产品可变成本等不确定因素发生变动所引起的项目盈利额的波动称为项目的经营风险（Business Risk）。由销售量及成本变动引起的经营风险的大小与项目固定成本占总成本的比例有关。

设对应于预期的年销售量 Q_c 和预期的年总成本 C_c，固定成本占总成本的比例为 S，则固定成本：

$$C_f=C_c\cdot S \tag{8—8}$$

单位产品可变成本：

$$C_v=\frac{C_c(1-S)}{Q_c} \tag{8—9}$$

当产品价格为 P 时，盈亏平衡产量：

$$Q^{*}=\frac{C_cS}{P-\dfrac{C_c(1-S)}{Q_c}}=\frac{Q_cC_c}{\dfrac{1}{S}(PQ_c-C_c)+C_c} \tag{8—10}$$

盈亏平衡单位产品可变成本：

$$C_v^* = P - \frac{C_c S}{Q_c} \tag{8—11}$$

可以看出，固定成本占总成本的比例越大，盈亏平衡产量越高，盈亏平衡单位产品可变成本越低。高的盈亏平衡产量和低的盈亏平衡单位产品可变成本会导致项目在面临不确定因素的变动时发生亏损的可能性增大。

设项目的年净收益为 NB，对应于预期的固定成本和单位产品可变成本：

$$NB = PQ - C_f - C_v Q = PQ - C_c S - \frac{C_c(1-S)}{Q_c} Q \tag{8—12}$$

$$\frac{d(NB)}{dQ} = P - \frac{C_c(1-S)}{Q_c} \tag{8—13}$$

显然，当销售量发生变动时，S 越大，年净收益的变化率越大。也就是说，固定成本的存在扩大了项目的经营风险，固定成本占总成本的比例越大，这种扩大作用越强。这种现象称为运营杠杆效应（Operating Leverage）。

固定成本占总成本的比例取决于产品生产的技术要求及工艺设备的选择。一般来说，资金密集型的项目固定成本占总成本的比例比较高，因而经营风险也比较大。

8.1.3 盈亏平衡法的扩展模式分析

在企业日常运营中，虽然管理人员通过了解盈亏平衡点之后可以对企业在下一个周期中预定的产品销量或项目产能下是否能够做到不亏损有了明确的概念，但是公司管理人员在对未来的经营状态进行计划时，如果仅根据下一时期的计划销量超过盈亏平衡点就乐观地认为不会发生亏损的话，那将是很危险的。因为市场上存在着许多不确定的因素，实际情况完全可能达不到事先的计划值，这时如果该计划销量不是比盈亏平衡销量高出许多的话，就很可能会出现亏损。因此，为了保险起见，人们在做计划决策时必须争取使销量达到超过盈亏平衡销量一个较大的“边际”量，即进行安全边际分析（Safe Margin Analysis）。

1. 基本概念及公式推导

（1）安全边际。

安全边际（Margin of Safety），也可译作安全幅度，是根据实际或预计的销售业务量与保本业务量的差量确定的定量指标。在财务管理中，安全边际是指正常销售额超过盈亏临界点销售额的差额，它表明销售量下降多少企业仍不致亏损。它标志着从现有销售量或预计可达到的销售量到盈亏临界点还有多大的差距。此差距说明现有或预计可达到的销售量再降低多少，企业才会发生损失。差距越大，则企业发生亏损的可能性就越小，企业的经营就越安全。

在价值投资领域中，安全边际是一个重要的核心概念，被界定为：实质价值或内在价值与价格的顺差。另一种说法是：安全边际就是价值与价格相比被低估的程度或幅度。根据此定义，只有当价值被低估的时候才存在安全边际或安全边际为正，当价值与价格相当的时候安全边际为零，而当价值被高估的时候不存在安全边际或安全边际为负。价值投资者只对价值被低估特别是被严重低估的对象感兴趣。安全边际不保证能避免损失，但能保证获利的机会比损失的机会更多。

（2）安全边际率。

安全边际率是安全边际与目标销量之间的比例，它反映的是产品盈利的安全程度，即安全边际率越高，该产品盈利的安全系数越大。它也可看做是安全边际指标的一种相对数的表现形式，主要用于企业分析其经营的安全程度。

(3) 计算公式推导。

根据定义有：

安全边际＝现有销售量－盈亏临界点销售量

或

$$S=Q-Q^{*} \tag{8—14}$$

安全边际率＝安全边际/现有销售量

＝（现有销售量－盈亏临界点销售量）/现有销量

或

$$S=\frac{S}{Q}=\frac{Q-Q^{*}}{Q}=\frac{B-B^{*}}{B} \tag{8—15}$$

因为只有盈亏临界点以上的销售额（即安全边际部分）才能为企业提供利润，所以如果目标利润用 π_0 来表示，则目标销量 Q_0、目标销售收益 B_0 和安全边际的计算公式为：

$$Q_0=\frac{C_f+\pi}{P-C_v} \tag{8—16}$$

$$B_0=\frac{C_f+\pi_0}{k} \tag{8—17}$$

公式（8—17）中，k 为边际贡献率，即边际贡献（单价与可变动成本之差）占单价之比，公式为：

$$k=\frac{P-C_v}{P}=1-\frac{C_v}{P} \tag{8—18}$$

$$S=Q-Q^{*}=\frac{\pi_0}{P-C_v} \tag{8—19}$$

此外，以盈亏临界点为基础，还可得到另一个辅助性指标，即达到盈亏临界点作业率。其计算公式为：

达到盈亏临界点的作业率＝盈亏临界点的销售量/正常开工的作业量

当企业作业率低于盈亏临界点的作业率时就会亏损。所以，该指标对企业的生产安排具有一定的指导意义。

2. 安全边际应用分析

安全边际量或安全边际额的数值越大，企业发生亏损的可能性就越小，企业也就越安全。很显然上述指标属于绝对数指标，不便于不同企业或不同行业之间进行比较。

同样的，安全边际率数值越大，企业发生亏损的可能性就越小，说明企业的业务经营也就越安全。指标属于相对数指标，便于不同企业或不同行业之间进行比较。西方企业评价安全程度的经验标准如表 8—1 所示。

表 8—1　　企业安全性经验标准

安全边际率	10%以下	11%～20%	21%～30%	31%～40%	41%以上
安全程度	危险	值得注意	比较安全	安全	很安全

例 8—2：假定某企业的盈亏临界点的销售量为2 000件，单位售价为 10 元，预计的销售量可达到3 000件，判断企业目前的经营情况是否安全。

安全边际＝3 000－2 000＝1 000（件）

安全边际率＝1 000÷3 000＝33.33％

或

安全边际＝3 000×10－20 000＝10 000（元）

安全边际率＝10 000÷30 000＝33.33％

故，由结果可知，该企业目前经营情况是安全的。

8.1.4 基于Excel的盈亏平衡模型分析示例

根据前面的理论分析，在Excel中可以按基本模式下的计算公式来计算盈亏平衡销量与盈亏平衡销售收益，并推导计算出其他指标。

1. 在Excel中建立盈亏平衡模型的基本原则

在Excel中建立模型的基本原则一般包括三个方面：

（1）正确性。模型的逻辑（即模型公式中各种变量之间的关系）必须正确和完备。在一个单元格中输入的公式应该能够计算出正确值，尤其在使用IF函数进行分档计算时，应该能够正确计算出各个条件下的结果数据，正确进行四舍五入操作。

（2）可读性。模型的基本含义与结论应该便于创建者和其他使用者正确理解。模型应提供多方面的配套分析数据和图形以便决策者从各个方面去深入理解它所提供的含义与性质。

（3）易维护性。模型应该让使用者在问题发生变化时可以方便地进行修改。应将问题中的所有已知参数集中安排在模型工作表的一个区域，在模型的计算过程中应通过对参数区域中的单元格引用来使用给定参数值，对于计算结果不应该以数字的形式直接使用任何参数值，而应采用单元格引用、公式和函数完成。

2. 在Excel中进行盈亏平衡分析计算的基本步骤

（1）在Excel工作表中建立盈亏平衡分析模型的框架，并在相应的单元格中输入产品单价、单位变动成本、固定成本等参数的值。

（2）在给定的销量下，利用公式计算成本、销售收益和利润等值。

（3）为了对于产品销量对利润的影响有一个完整而直观的认识，可以绘制一个利润随销量（或销售收益）变化的*XY*散点图，观察当销量（或销售收益）大致为多少时企业可以达到盈亏平衡。可以利用模拟运算表产生绘制图形所使用的数据。

（4）在Excel单元格中计算产品的盈亏平衡点，进而确定作为当前销量或计划销量与盈亏平衡销量之差的“安全边际”。盈亏平衡点的计算可以使用如下方法：

a. 直接用公式计算；

b. 单变量求解法（Excel提供有单变量求解（Goal Seeking）工具）；

c. 规划求解法（Excel提供有规划求解（Solve）工具）；

d. 查表加内插值法（在灵敏度分析，即模拟运算表的基础上生成销量—利润对照表，再进行查表加内插值的方法）。

（5）进一步探讨问题中的各种经营管理参数（如单价）的变化对盈亏平衡点的影响。此时，可以在第三步产生的图表中添加一个可以对参数（如单价）进行调节的“微调器”，通过对“微调器”的调节，观察参数（如单价）的变化对盈亏平衡点的影响。

（6）根据预定的目标利润值确定为实现该利润值所应达到的产品销量。

(7) 研究一种产品（或一个项目）的盈亏平衡点与其“经营杠杆”之间的联系。

3. 在 Excel 中进行盈亏平衡分析计算的举例说明

下面将举例说明利用 Excel 进行盈亏平衡分析的方法和步骤。

例 8—3：仍引用例 8—1 的资料：某工业项目年设计生产能力为生产某种产品 3 万件，单位产品售价3 000元/件，总成本费用为 7 800 万元，其中固定成本 3 000 万元，总可变成本与产品产量成正比例关系，即单位产品可变成本为 1 600 元/件，当前的销量为 2.5 万件。现在公司管理层需要建立一个决策模型用于盈亏平衡分析，模型应包含以下功能：

(1) 计算单位边际贡献及边际贡献率。

(2) 计算销售收益、总成本及利润。

(3) 计算盈亏平衡销量及盈亏平衡销售收益。

(4) 假定公司希望获得 2 400 万元利润，计算为达到利润目标所需要的销量及销售收益。

(5) 提供反映公司的销售收益、总成本、利润等数据的本量利图形，通过图形动态反映出销量从 8 000 件按 2 000 件变化到 3 万件时利润的变化情况及“盈利”、“亏损”、“保本”的决策信息。

(6) 考虑到销售价格受市场影响可能有波动，用图形形式反映销售价格从 1 000 元/件按 500 元/件的增量变化到 4 000 元/件，盈亏平衡销量和盈亏平衡销售收益的相应变化。

解：第一步，根据前面介绍的计算基本步骤在 Excel 中建立盈亏平衡分析模型，计算出单位边际贡献、单位边际贡献率、销售收益、总成本、利润、盈亏平衡销量及盈亏平衡销售收益。模型结构如图 8—3 中的单元格 B2：C16 所示。

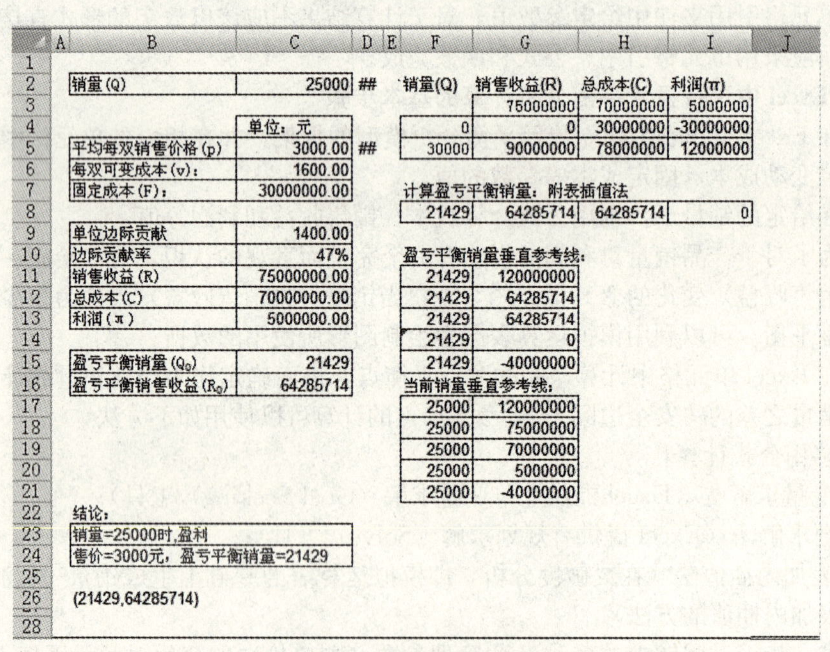

	A	B	C	D	E	F	G	H	I	J
1										
2		销量(Q)	25000	##		销量(Q)	销售收益(R)	总成本(C)	利润(π)	
3							75000000	70000000	5000000	
4			单位：元			0	0	30000000	-30000000	
5		平均每双销售价格(p)	3000.00	##		30000	90000000	78000000	12000000	
6		每双可变成本(v)：	1600.00							
7		固定成本(F)：	30000000.00			计算盈亏平衡销量：附表插值法				
8						21429	64285714	64285714	0	
9		单位边际贡献	1400.00							
10		边际贡献率	47%			盈亏平衡销量垂直参考线：				
11		销售收益(R)	75000000.00			21429	120000000			
12		总成本(C)	70000000.00			21429	64285714			
13		利润(π)	5000000.00			21429	64285714			
14						21429	0			
15		盈亏平衡销量(Q_0)	21429			21429	-40000000			
16		盈亏平衡销售收益(R_0)	64285714			当前销量垂直参考线：				
17						25000	120000000			
18						25000	75000000			
19						25000	70000000			
20						25000	5000000			
21						25000	-40000000			
22		结论：								
23		销量=25000时,盈利								
24		售价=3000元，盈亏平衡销量=21429								
25										
26		(21429,64285714)								
28										

图 8—3　盈亏平衡分析模型

在相关的单元格中输入的公式如表 8—2 所示。

表 8—2　　　　相关单元格及公式

单元格	输入内容
C9	=C5－C6
C10	=C9/C5
C11	=C2 * C5
C12	=C7＋C2 * C6
C13	=C11－C12
C15	=C7/C9
C16	=C15 * C5

第二步，利用单变量求解方法快速求解出目标利润对应的目标销量和目标销售收益。

这里因为假定该公司目标利润为 2 400 万元，选中单元格 C13，选择“数据”—“数据工具”—“假设分析”—“单变量求解”命令，在“单变量求解”对话框中“目标值”中输入 24 000 000，选择可变单元格 C2（如图 8—4 所示），点击“确定”后，模型中的单元格 C2 的值变为 38 571，同时单元格 C11 销售收益的值为 115 714 285.71。

图 8—4　“单变量求解”对话框

这里需注意的是，在单元格 C2 中不能采用公式（即没有等号开头）。因为使用单变量求解或规划求解来求解目标销量的方法所求得的值是作为一个常量值出现在销量单元格 C2 中的。

第三步，根据公司的销售收益、总成本、利润等数据，绘制本量利图形；通过图形动态反映出销量从 8 000 件按 2 000 件变化到 3 万件时利润的变化情况及“盈利”、“亏损”、“保本”的决策信息，完成第（5）项要求的具体操作步骤如下：

（1）采用模拟运算表准备作图数据。

以销量作为自变量，同时对销售收益、总成本、利润三个函数进行一维模拟运算。如图 8—3 中的单元格 F3：I5 所示。注意，在单元格 F4：F5 输入自变量的各个值，因为本例是一个线性问题，所以只需输入自变量销量的起始值（0）和终止值（30 000）。对于非线性问题必须采用多个自变量值。因为在非线性问题中，两个自变量值间的增量越小且自变量值越多，非线性曲线就越平滑、越精确。在单元格 G3：I3 中分别引用 C11、C12 和 C13 中的销售收益、总成本和利润的计算公式。

进行灵敏度分析即求解模拟运算表的步骤：选取单元格 F3：I5，选择菜单栏“数据”中“数据工具”的选项卡，点击“数据表”命令，因为本例采用纵向放置（列引用）自变量的各个值，在模拟运算表（在 Microsoft Office 2007 中，改名为“数据表”）对话框的“输入引用列的单元格”文本框中，选择模型中的单元格 C2。数据表（即模拟运算表）的含义是用自变量 F4 和 F5 的值来替代 C2 值，分别计算出对应的销售收益、总成本和利润的值，并将计算结果放置在单元格 G4：I5 区域。

(2) 利用数据表（即模拟运算表）的数据绘制图形，以图形方式来反映盈亏平衡模型。

图形能够使人们更直观、更清晰地理解模型的信息。图形虽然可用折线图、饼图、柱形图表示，但在大多数情况下采用的是 *XY* 散点图而不采用折线图，因为种种原因坐标值（*X*，*Y*）在 *XY* 散点图上的各点是重叠的，而折线图不会重叠。一般而言，常使用 *XY* 散点图来反映自变量是数值（不是时间、各类名称或序号等）的函数值图形。本例利用单元格 F2：I2 及 F4：I5 的数据绘制一个 *XY* 散点图的图形，然后编辑图形，对 *X* 轴和 *Y* 轴的刻度固定，以图形方式反映销售收益、总成本、利润三者间的关系，图形效果如图 8—5 中所示的销售收益、总成本和利润三条直线。

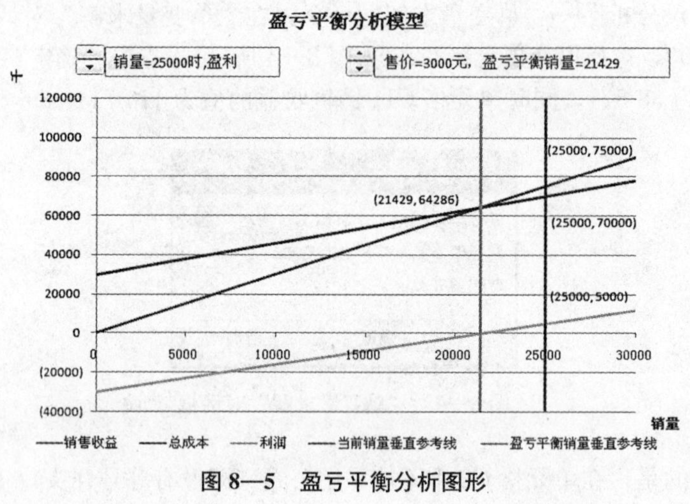

图 8—5　盈亏平衡分析图形

(3) 计算盈亏平衡销量。

计算盈亏平衡销量可采用公式法、单变量求解法、规划求解法和查表加内插值法等多种方法计算。其中规划求解法已在第 6 章最优化模型中做了详细介绍，本章将主要介绍其余三种方法。

a. 采用公式法。如图 8—3 中的单元格 C15 就是采用公式（8—4）得到的结果。公式法实际就是将利润公式中的利润设为 0，求解方程以后得到计算公式（见 8.1.2 中公式（8—4）的说明）。求解方程的方法可用于求解相对盈亏平衡点即两条线条交点的值。但是当公式很复杂、计算繁琐或无法使用公式来计算时，只能采用其他两种方法。

b. 采用单变量求解法。此方法的特点是只有一个自变量，在求解目标利润和目标销量时已经介绍。选中单元格 C13，选择菜单栏“数据”中“数据工具”的选项卡，点击“单变量求解”命令，在“单变量求解”对话框中“目标值”中输入 0，选择可变单元格 C2，点击“确定”后，在模型的单元格 C2 中的值变为 21 429，与单元格 C15 中的盈亏平衡公式计算结果一样。需要指出的是，使用单变量求解或规划求解来求解盈亏平衡销量的方法存在着缺点，它所求得的盈亏平衡销量作为一个特定的销量数值出现在销量单元格中，但是这个单元格中的数值在模型其他参数发生变化时，所求得的盈亏平衡点值不会自动随之改变，不适用于可调图形的参考线和参考点的绘制。此方法一般用于验证公式计算的结果或只要求解具体的数值。

c. 采用查表加内插值法。此法实际上采用了线性等比方法。假定已知曲线上两点坐标 $A(X_1, Y_1)$ 和 $B(X_2, Y_2)$，且已知两点之间 $P(X', Y')$ 的坐标中 X'或 Y'的值，求解 Y'或 X'的值。这时可将求解曲线上的点 P 的坐标（X'，Y'）问题转化成求解直线上的点 P'的坐标（X，Y）中的 X 或 Y 的值问题，求出的解（X，Y）是（X'，Y'）的近似解。若两点 A 和 B 的坐标越接近，则其之间的 P 点与 P'就越接近，用查表加内插值法求得的解就越精确（如图 8—6 所示）。所以在用内插值公式之前需要用查表法查出最接近于（X，Y）的两个坐标点（X_1，Y_1）和（X_2，Y_2）。

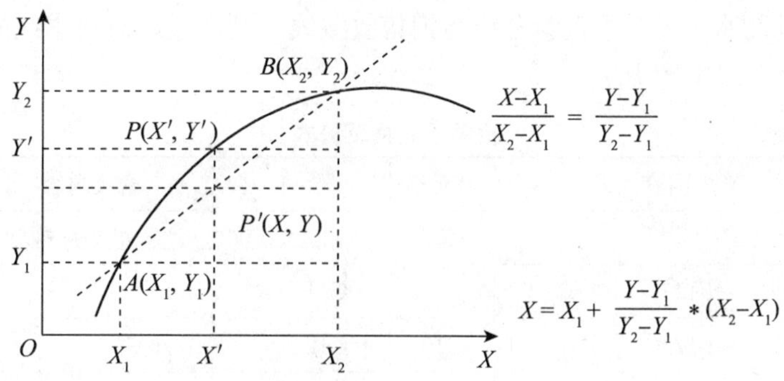

图 8—6　查表加内插值法分析图形

由于例 8—3 中的利润函数本身就是直线函数，所以不管两点坐标 $A(X_1, Y_1)$ 和 $B(X_2, Y_2)$ 有多远，用查表加内插值法求得的解都是精确的。

查表加内插值法的操作步骤如下：

在 F4：I5 区域的以销量为自变量，销售收益、总成本、利润为函数的一维数据表基础上，将 F4 单元格看作 X_2，将 I4 单元格看作 Y_2；将 F5 单元格看作 Y_1，将 I5 单元格看作 Y_2；将 I8 单元格看作 Y；在单元格 I8 中输入“0”，求解 X，即单元格 F8 的值。在单元格 F8 中输入公式“＝F4＋(I8－I4)＊(F5－F4)/(I5－I4)”。查表加内插值公式的含义是根据单元格 I8 值（利润为 0）采用等比法计算得到盈亏平衡销量单元格 F8 的值 21 429。用同样的方法可分别算出达到盈亏平衡销量时的销售收益为 64 285 714（公式为：“＝G4＋(I8－I4)＊(G5－G4)/(I5－I4)”）和总成本为 64 285 714（公式为：“＝H4＋(I8－I4)＊(H5－H4)/(I5－I4)”）。

（4）使用 IF 函数得到决策结论文字。

IF 函数是常用的分支函数，使用 IF 函数能够判断数据的不同情况，得到不同的决策结论。具体地：

在单元格 B23 中输入公式“＝“销量＝“&ROUND(C2，0)&”时，”& IF(C13>0，“盈利”，IF(C13＝0，“保本”，“亏损”））”，公式中的 ROUND 函数是四舍五入函数。当销量为 30 000 时，计算结果如图 8—3 所示。在销量为 10 000，单元格 B23 中将显示的结果是“销量=10 000 时，亏损”。另一种决策结论的写法是，在单元格 B24 中输入公式“=“售价=”&C5&”元，盈亏平衡销量=“&ROUND(C15，0）”，计算结果如图 8—3 所示。

（5）制作动态可调图形进行可视化的如果“如果—怎样（What-If）”分析。

可调图形是采用控件按钮、文本框和图表三者相结合来实现如果—怎样（What-If）分析的，它的可视化效果能够明显提高决策者进行分析的有效性，如图 8—5 所示。

制作该图形的具体操作如下：

a. 在第二步建立的 *XY* 散点图形上添加垂直参考线。其中一条是反映当前销量的垂直参考线及销售收益、总成本、利润与当前销量相交的参考点及数据；另一条是反映盈亏平衡销量的垂直参考线及销售收益、总成本、利润与盈亏平衡销量相交的参考点及数据。

首先，在单元格 F17：G21 中设置销量垂直参考线需要引用的交点数据，以反映在当前销量 25 000 件的水平下，垂直参考线与销售收益线、利润线、总成本线的交点情况。单元格中公式设置如表 8—3 所示。

表 8—3　　相关单元格及公式

单元格	输入内容	单元格	输入内容
F17	=C2	G17	=120 000 000（注：纵坐标轴刻度上的最大值）
F18	=C2（或：=F17）	G18	=C11
F19	=C2（或：=F17）	G19	=C12
F20	=C2（或：=F17）	G20	=C13
F21	=C2（或：=F17）	G21	=−40 000 000（注：纵坐标轴刻度上的最小值）

然后，选择单元格 F17：G21，单击“复制”按钮，再单击图形，先打开菜单“开始”中的“剪贴板”选项卡，然后选择“选择性粘贴”命令，便出现如图 8—7 所示对话框。在该对话框中进行参数设置后，点击“确定”，便会出现经过销量为 25 000 件时的一条垂直线。此时，点中该垂直线，右键单击，便会出现如图 8—8 所示的命令选项卡，选中“添加数据标签”后，该垂直线上便会出现相应的交点值。此时，还可以再点中该垂直线，右键单击，就会出现“设置数据标签格式”的选项，就可根据需要设置是否显示 *X* 轴或 *Y* 轴值等标签格式了。

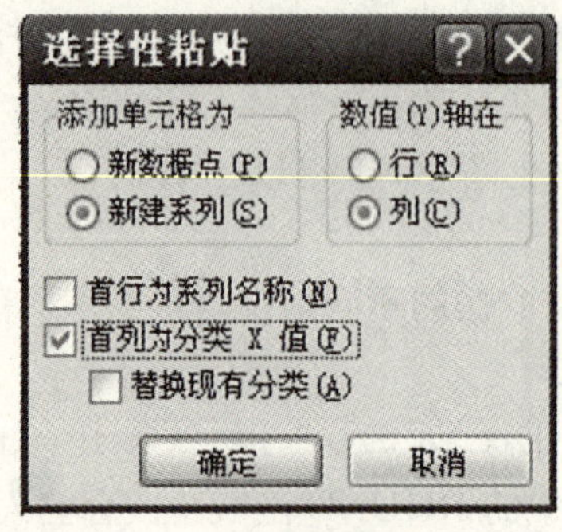

图 8—7　“选择性粘贴”对话框

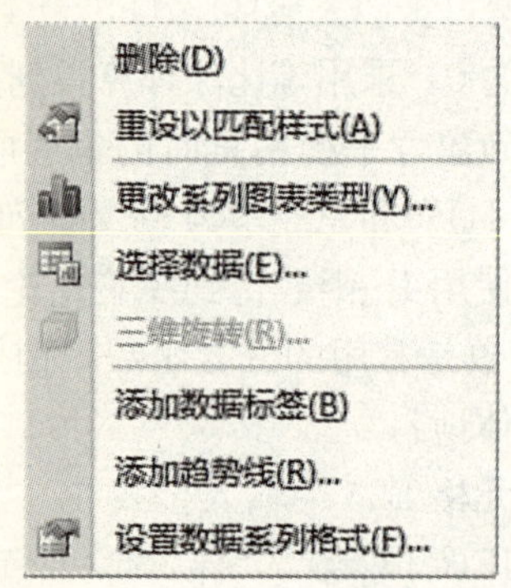

图 8—8　“添加数据标签”选项

最后，在单元格 F11：G15 中设置盈亏平衡销量的垂直参考线需要引用的交点数据，以反映在盈亏平衡销量 21 429 件的水平下，垂直参考线与销售收益线、利润线、总成本线的交点情况。步骤同前所述，其中，单元格中公式设置如表 8—4 所示。

表 8—4　相关单元格及公式

单元格	输入内容	单元格	输入内容
F11	=F8	G11	=120 000 000（注：纵坐标轴刻度上的最大值）
F12	=F8（或：=F11）	G12	=G8
F13	=F8（或：=F11）	G13	=H8
F14	=F8（或：=F11）	G14	=I8
F15	=F8（或：=F11）	G15	=−40 000 000（注：纵坐标轴刻度上的最小值）

b. 添加制作可以改变参数值的控件按钮，并利用文本框与单元格链接的功能制作可随控件值动态可变的结论文字和数据。具体操作要点是：

首先，在图形中画一个空白文本框，点击选中这个文本框，然后将光标定位在编辑栏中输入“=”，再单击被链接的单元格 B23（或 B24），最后按 Enter 键即可。这里需注意的是，在使用文本框与单元格链接文字之前，必须先在单元格 B23 或 B24 中使用函数及公式将决策结论组织好，然后才能使用链接。

然后，打开“控件”工具栏（如果常用工具栏上没有此选项，则需要打开 Excel 的选项卡，在自定义菜单中选中“开发工具选项卡”进行添加），如图 8—9 所示，选择表单控件里的“微调器”，在前面设置的文本框左边绘制“微调器”控件，右击该控件，选择“设置控件格式”，进行参数设置：链接单元格为 C2（或 C5），销量从最小值 8 000 到 30 000按步长 2 000 变化（或单价从最小值 1 000 到 4 000 按步长 500 变化）。点击确定后，从而建立了一个微调器控件。

图 8—9　控件选项卡

最后，将控件、文本框和图形组合，设置并调整相关格式后，便形成了如图 8—5 所示的可调图形。在该图形上进行可调操作后，出现的效果即可满足例题中所提出的要求。

8.2　经营杠杆分析模型

8.2.1　经营杠杆分析

根据成本性态，在一定的产销量范围内，产销量的增加一般不会影响固定成本总额，但会使单位产品固定成本降低，从而提高单位产品利润，并使利润增长率大于产销量增长率；反之，产销量减少，会使单位产品固定成本升高，从而降低单位产品利润，并使利润下降率大于产销量的下降率。所以，产品只有在没有固定成本的条件下，才能使贡献毛收益等于经营利润，使利润变动率与产销量变动率同步增减。但这种情况在现实中是不存在的。

这种在某一固定成本比重的作用下，销售量变动对利润产生的作用，或者说，这种在企业生产经营中由于存在固定成本而使利润变动率大于产销量变动率的规律就被称为经营杠杆（Operating Leverage），又称营业杠杆或营运杠杆，由于经营杠杆对经营风险的影响最为综合，所以常常被用来衡量经营风险的大小，而且在企业的财务管理和管理会计中就常根据计划期产销量变动率来预测计划期的经营利润。

1. 原理及公式推导

为了对经营杠杆进行量化，企业财务管理和管理会计中把息税前利润（EBIT）变动率相当于产销量（或销售收益）变动率的倍数称为“经营杠杆系数”，或“经营杠杆率”(Degree of Operating Leverage，DOL)[①]，即：

经营杠杆系数=息税前利润变动率/产销业务量变动率

若用 R 表示销售收益，Q 表示销量，P 表示销售单价，C_f 表示固定成本，C_v 表示单位变动成本，π 表示为利润，Δ 表示增量，则计算经营杠杠系数 $DOL(\eta)$ 的数学公式推导如下：

$$DOL=\frac{\dfrac{\Delta EBIT}{EBIT}}{\dfrac{\Delta Q}{Q}} \tag{8—20}$$

$$\eta=\frac{\Delta\pi\%}{\Delta Q\%}=\frac{\Delta\pi\%}{\Delta R\%} \tag{8—21}$$

因为 $\pi=Q(P-C_v)-C_f$，且根据前面有关边际贡献率 k 和安全边际率 s 的分析，所以有：

$$\frac{\Delta\pi}{\pi}=\frac{\Delta Q(P-C_v)}{Q(P-C_v)-C_f}=\frac{\Delta Q}{Q}\times\frac{Q(P-C_v)}{Q(P-C_v)-C_f}$$

$$\eta=\frac{\dfrac{\Delta\pi}{\pi}}{\dfrac{\Delta Q}{Q}}=\frac{Q(P-C_v)}{Q(P-C_v)-C_f}=\frac{kR}{kR-C_f}=\frac{\pi+C_f}{\pi} \tag{8—22}$$

$$s=\frac{\Delta Q}{Q}=\frac{Q-Q_0}{Q}=\frac{\dfrac{\pi}{P-C_v}}{\dfrac{\pi+C_f}{P-C_v}}=\frac{\pi}{\pi+C_f}=\frac{1}{\eta} \tag{8—23}$$

从以上公式可以看出：

(1) 经营杠杆系数是大于 1 的，而且它随着固定成本 C_f 的增大而增大。由公式

① 息税前利润（EBIT），可视作边际贡献（毛利）减去固定成本，在前面的例子中简称为利润（π）。

（8—23）可知，经营杠杆系数=边际贡献/(边际贡献－固定成本)，因为分母还要减去一个固定成本，分母总是小于分子的，所以当其他条件不变时，固定成本对利润的相对变化率有一种“放大”的作用，就像物理学中的杠杆一样能够将一个较小的销量（销售收益）相对变化率“放大”为一个较大的利润变化率，这就是所谓的经营杠杆效应。

（2）同理，从公式（8—23）中也可看出，单价和销售量增加，边际贡献就会增加，同时增加一个数值时，相对于金额较大的分子来说，它增加的幅度相对较小；而相对于金额较小的分母来说，它增加的幅度相对要大。所以分母增加比例越大，则整个式子越小，即经营杠杆系数越小。

例如：边际贡献=100，固定成本=20，则经营杠杆系数=100/(100－20)=1.25，当由于单价上升而使边际贡献增加 20 时，即边际贡献=120，固定成本不变，则 120/(120－20)=1.2<1.25，即经营杠杆系数变小，两者呈反方向变化，其他也一样分析。

经营杠杆系数越大则经营风险越大，如果单价和销售量增加，相当于可以得到更多的利润，经营风险就会越小，经营杠杆系数也会越小，所以其与经营杠杆系数呈反方向变化。

（3）在产品特定销售收益下的经营杠杆系数正好与该项销售收益下的安全边际率互为倒数。这里需要强调的是，经营杠杠系数的计算以基期的销量为准，并非以增加变动后的销量为准。但是，有时出于统计数据报告期数的考虑，经营杠杆系数也可以用简化的公式表示为：

报告期经营杠杆系数=基期边际贡献/基期息税前利润

这样，在求得经营杠杆系数以后，假定固定成本不变，即可用下列公式预测计划期的经营利润：

计划期经营利润=基期经营利润×(1+产销量变动率×经营杠杆系数)

2. 经营杠杆的作用

（1）反映企业的经营状况。

规模大的企业的固定成本很高，这就决定了其利润变动率远远大于销售变动率。业务量越高，固定成本总额越大，经营杠杆越大。企业要想提高盈利能力，就必须要不断增加销售，就可以成倍获取利润。单位变动成本较高，销售单价较低，经营杠杆同样会偏大，利润变动幅度仍然大于销售变动幅度。也就是说，获得能力与利润增长的快慢之间不存在直接的关系。

（2）反映企业的经营风险。

在较高经营杠杆率的情况下，当业务量减少时，利润将以经营杠杆率的倍数成倍减少；业务量增加时，利润将以经营杠杆率的倍数成倍增长。这表明经营杠杆率越高，利润变动越剧烈，企业的经营风险越大；反之，经营杠杆率越低，利润变动越平稳，企业的经营风险越小。通常情况下，经营杠杆高低只反映企业的经营风险大小，不能直接代表其经营成果的好坏。在业务量增长同样幅度的前提下，企业的获利水平不同；但在业务量减少同样幅度的情况下，企业利润的下降水平也不同。无论经营杠杆高低，增加业务量是企业获利的关键因素。

(3) 预测企业未来的业绩。

通过计算企业的经营杠杆可以对企业未来的利润以及销售变动率等指标进行合理的预测。通过计算企业计划期的销售变动率来预测企业的销售量。这有利于进行较快的预测。与此同时，可以进行差别对待，针对不同的产品来预测不同的销售变动率，有利于企业进行横向和纵向的比较。

在计算预测保证目标利润实现的预期销售变动率时，通过如下公式进行计算：

$$保证目标利润实现的预算销售变动率=\frac{计划目标利润-基期利润}{基期利润\times 经济杠杆系数}$$

由于基期利润与经营杠杆系数属于已知资料，所以只要计划期目标利润确定了，即可以计算出保证目标利润实现的预算销售变动率。

(4) 用于企业未来的经营决策。

由于经营杠杆系数的高低代表企业经营风险的高低，所以企业在进行经营决策时，通常都通过计算经营杠杆的大小来进行风险分析。可直接用经营杠杆率及业务量变化率相乘来计算利润变动率，然后在基期利润基础上计算备选方案的预期利润，最后从备选方案中确定一个最优的方案。这样便可获得一个最佳的经营决策，对提升企业的市场竞争力有很大的帮助。

经营杠杆的作用具有两面性：当销售收入减少时，经营杠杆会发挥消极作用，造成息税前利润比同期销售收入减少的速度更快；当销售收入增加时，经营杠杆会发挥积极作用，使息税前利润比同期销售收入增长的速度更快。这一点充分表明了其两面性。

例 8—4：某企业生产 A 产品，固定成本为 60 万元，变动成本率为 40%，当企业的销售额分别为 400 万元、200 万元、100 万元时，分别计算经营杠杆系数。

解：$DOL\ (1)=\frac{400-400\times 40\%}{400-400\times 40\%-60}=1.33$

$DOL\ (2)=\frac{200-200\times 40\%}{200-200\times 40\%-60}=2$

$DOL\ (3)=\frac{100-100\times 40\%}{100-100\times 40\%-60}=\infty$

从上述的计算结果可以分析出如下一些问题：

第一，在固定成本不变的情况下，经营杠杆系数说明了销售额增长（减少）所引起利润增长（减少）的幅度。比如，*DOL*（1）说明在销售额 400 万元时，销售额的增长（减少）会引起利润 1.33 倍的增长（减少）；*DOL*（2）说明在销售额 200 万元时，销售额的增长（减少）将引起利润 2 倍的增长（减少）。

第二，在固定成本不变的情况下，销售额越大，经营杠杆系数越小，经营风险也就越小；反之，销售额越小，经营杠杆系数越大，经营风险也就越大。比如，当销售额为 400 万元时，以 *DOL*（1）为 1.33；当销售额为 200 万元时，*DOL*（2）为 2。显然后者利润的不稳定性大于前者，故而后者的经营风险大于前者。

第三，在销售额处于盈亏临界点前的阶段，经营杠杆系数随销售额的增加而递增；在销售额处于盈亏临界点后的阶段，经营杠杆系数随销售额的增加而递减，当销售额达到盈亏临界点时，经营杠杆系数趋近于无穷大。如 *DOL*（3）的情况，此时企业经营只能保本，若销售额稍有增加便可出现盈利，若销售额稍有减少便会发生亏损。

企业一般可以通过增加销售额、降低产品单位变动成本、降低固定成本比重等措施使经营杠杆系数下降，降低经营风险，但这往往要受到条件的制约。

8.2.2　财务杠杆分析

一般地讲，企业在经营中总会发生借入资金。企业负债经营，不论利润多少，债务利息是不变的。于是，当利润增大时，每一元利润所负担的利息就会相对地减少，从而使投资者收益有更大幅度的提高。这种债务对投资者收益的影响被称作财务杠杆（Financial Leverage）效应。合理运用财务杠杆给企业权益资本带来的额外收益是一种财务杠杆利益。由于财务杠杆受多种因素的影响，在获得财务杠杆利益的同时，也伴随着不可估量的财务风险，即企业要承担其全部资本中债务资本比率的变化所带来的风险。当债务资本比率较高时，投资者将负担较多的债务成本，经受较多的负债作用所引起的收益变动的冲击，从而加大财务风险；反之，当债务资本比率较低时，财务风险就小。因此，认真研究财务杠杆并分析影响财务杠杆的各种因素，搞清其作用、性质以及对企业权益资金收益的影响，合理运用财务杠杆。

1. 定义及公式推导

财务杠杆是一个应用很广的概念，同经营杠杆一样，它也借用了物理学中的“杠杆”原理，即在物理学中，利用一根杠杆和一个支点，就能用很小的力量抬起很重的物体。那么，如何定义财务杠杆？它有何作用呢？从西方的理财学到我国目前的财会界对财务杠杆的理解，大体有以下几种观点：

（1）将财务杠杆定义为“企业在制定资本结构决策时对债务筹资的利用”。因而财务杠杆又可称为融资杠杆、资本杠杆或者负债经营。这种定义强调财务杠杆是对负债的一种利用。

（2）认为财务杠杆是指在筹资中适当举债，调整资本结构给企业带来额外收益。如果负债经营使得企业每股利润上升，便称为正财务杠杆；如果使得企业每股利润下降，通常称为负财务杠杆。显而易见，在这种定义中，财务杠杆强调的是通过负债经营而引起的结果。

（3）有些财务学者认为财务杠杆是指在企业的资金总额中，由于使用利率固定的债务资金而对企业主权资金收益产生的重大影响。与第二种观点对比，这种定义也侧重于负债经营的结果，但其将负债经营的客体局限于利率固定的债务资金。

综合以上观点，财务杠杆就是指由于债务的存在而导致普通股每股利润（EPS）变动大于息税前利润（EBIT）变动的一种杠杆效应，是企业可以利用负债来调节权益资本收益的一种手段。

对财务杠杆计量的主要指标是财务杠杆系数（Degree of Financial Leverage，简称DFL），表示为普通股每股利润的变动率相当于息税前利润变动率的倍数，计算公式为：

$$\text{财务杠杆系数}=\frac{\text{普通股每股利润变动率}}{\text{息税前利润变动率}}=\frac{\text{基期息税前利润}}{\text{基期息税前利润}-\text{基期利息}}$$

即：

$$DFI=\frac{\frac{\Delta EPS}{EPS}}{\frac{\Delta EBIT}{EBIT}}=\frac{EBIT}{EBIT-\mathrm{I}} \tag{8—24}$$

式中，ΔEPS 为普通股每股收益变动额；EPS 为变动前的普通股每股收益；$\Delta EBIT$ 为息税前盈余变动额；$EBIT$ 为变动前的息税前盈余；I 为债务利息。

从公式（8—24）可以看出，财务杠杆的作用与经营杠杆作用类似，财务杠杆系数越大，表明财务杠杆作用越大，财务风险也就越大；财务杠杆系数越小，表明财务杠杆作用越小，财务风险也就越小。在资本结构不变的前提下，$EBIT$ 值越大，DFL 的值就越小；在资本总额、息税前利润相同的条件下，负债比率越高，财务风险越大。

2. 财务杠杆的作用

财务杠杆作用是负债和优先股筹资在提高企业所有者收益中所起的作用，是以企业的投资利润与负债利息率的对比关系为基础的。不同的财务杠杆将在不同的条件下发挥不同的作用，从而产生不同的后果。

（1）投资利润率大于负债利息率。此时企业盈利，企业所使用的债务资金所创造的收益（即息税前利润）除债务利息之外还有一部分剩余，这部分剩余收益归企业所有者所有。因此，当负债在全部资金所占比重很大，从而所支付的利息也很大时，此时的财务杠杆将发生积极的作用，其作用结果是企业所有者获得更大的额外收益。这种由财务杠杆作用带来的额外利润就是财务杠杆利益。

（2）投资利润率小于负债利息率。企业所适应的债务资金所创造的利益不足以支付债务利息，对不足以支付的部分企业便需动用权益性资金所创造的利润的一部分来加以弥补，这样便会降低企业使用权益性资金的收益率。因此若出现投资利润率小于负债利息率时，财务杠杆将发生负面的作用，其作用结果是企业所有者承担更大的额外损失。这些额外损失便构成了企业的财务风险，甚至导致破产。这种不确定性就是企业运用负债所承担的财务风险。

通常我们把利息成本对额外收益和额外损失的效应称为财务杠杆的作用。

3. 财务杠杆分析举例

例 8—5： A、B、C 为三家经营业务相同的公司，它们的财务情况如表 8—5 所示。请对三家公司进行财务杠杆分析。

表 8—5　　A、B、C 三家公司的财务数据表

项目公司	A	B	C
普通股本	2 000 000	1 500 000	1 000 000
发行股数	20 000	15 000	10 000
债务（利率 8%）	0	500 000	1 000 000
资本总额	2 000 000	2 000 000	2 000 000
息税前盈余	200 000	200 000	200 000

续前表

项目公司	A	B	C
债务利息	0	40 000	80 000
税前盈余	200 000	160 000	120 000
所得税（税率 33%）	66 000	52 800	39 600
税后盈余	134 000	107 200	80 400
财务杠杆系数	1	1.25	1.67
每股普通股收益	6.7	7.15	8.04
息税前盈余增加	200 000	200 000	200 000
债务利息	0	40 000	80 000
税前盈余	400 000	360 000	320 000
所得税（税率 33%）	132 000	118 800	105 600
税后盈余	268 000	241 200	214 400
每股普通股收益	13.4	16.08	21.44

解：根据表 8—5 的结果分析，说明如下：

第一，财务杠杆系数表明的是息税前盈余增长所引起的每股收益的增长幅度。比如，A 公司的息税前盈余增长 1 倍时，其每股收益也增长 1 倍（13.4/6.7－1）；B 公司的息税前盈余增长 1 倍时，每股收益增长 1.25 倍（16.08/7.15－1）；C 公司的息税前盈余增长 1 倍时，其每股收益增长 1.67 倍（21.44/8.04－1）。

第二，在资本总额、息税前盈余相同的情况下，负债比率越高，财务杠杆系数越高。财务风险越大，但预期每股收益（投资者收益）也越高。比如，B 公司比起 A 公司来，负债比率高（B 公司资本负债率为 500 000/2 000 000×100%＝25%，A 公司资本负债率为 0），财务杠杆系数高（B 公司为 1 .25，A 公司为 1），财务风险大，但每股收益也高（B 公司为 7.15 元，A 公司为 6.7 元）；C 公司比起 B 公司来，负债比率高（C 公司资本负债率为 1 000 000/2 000 000×100%＝50%），财务杠杆系数高（C 公司为 1 .67），财务风险大，但每股收益也高（C 公司为 8.04 元）。

第三，财务杠杆作用的大小主要取决于资本结构，当公司在资本结构中增加负债或优先股筹资比例时，固定的现金流出量就会增加，从而加大了财务杠杆作用度和财务风险。一般来说，财务杠杆系数越大，每股收益因息税前利润变动而变动的幅度就越大；反之就越小。较大的财务杠杆可以为公司带来较强的每股收益扩张能力，但固定筹资费用越多，由此引发的财务风险就越大。

第四，如果公司全部资产收益率低于固定筹资费率，那么普通股收益率就会低于公司投资收益率或出现资本亏损的情况。基于上述理论，说明企业进行融资决策时，既要避免财务风险，又要合理利用财务杠杆，将债务资本和权益资本的比例保持在一个恰当的比例，使得股东财富最大化。

负债比率是可以控制的。企业可以通过合理安排资本结构，适度负债，使财务杠杆收益抵消风险增大所带来的不利影响。

8.2.3 复合杠杆效应

由前面的介绍可知，企业存在固定成本和固定财务费用，就存在杠杆效应。其中，经营杠杆通过扩大销售影响息税前盈余，而财务杠杆通过扩大息税前盈余影响收益。如果两种杠杆共同起作用，那么销售额稍有变动就会使每股收益产生更大的变动。通常我们把这两种杠杆的连锁作用称为总杠杆作用，或者叫复（联）合杠杆效应，它直接反映经营杠杆、财务杠杆对企业的共同影响。一般企业总是存在固定成本的，故经营杠杆分析是研究联合杠杆的前提。要运用好联合杠杆就必须分析经营杠杆和财务杠杆。当经营杠杆的风险增加，财务杠杆的风险也必然增加；当财务杠杆的风险增加，经营杠杆的风险必然受到影响。两个杠杆是相辅相成、相互影响的，存在互逆关系。故筹资和投资时，应相互配合使用，综合考虑它们对企业承担风险能力的影响。

复合总杠杆作用的程度，可用复合杠杆系数（DTL）表示，由于经营杠杆的变动会引起 EBIT 的变动，而 EBIT 的变动又会引起每股净收益的变动，所以如果企业充分使用经营杠杆和财务杠杆作用，那么即便销售额细小的变化最终也会引起 EPS 较大幅度的变动。复合杠杆系数 DTL 即可表示为销售量（额）的变动对每股净收益的影响，实质上就是经营杠杆系数和财务杠杆系数的乘积，其计算公式为：

$$DTL=\frac{\dfrac{\Delta EPS}{EPS}}{\dfrac{\Delta 销售额}{销售额}}=\frac{\dfrac{\Delta EBIT}{EBIT}}{\dfrac{\Delta 销售额}{销售额}}\times\frac{\dfrac{\Delta EPS}{EPS}}{\dfrac{\Delta EBIT}{EBIT}}=DOL\times DFI \tag{8—25}$$

或

$$DTL=\frac{Q(P-C_v)}{Q(P-C_v)-C_f-1}=\frac{B-Q*C_v}{B-Q*C_v-C_f-1} \tag{8—26}$$

例如，甲公司的经营杠杆系数为 2，财务杠杆系数为 1.5，总杠杆系数即为：2×1.5=3。

总杠杆系数的意义在于：首先，能够估计出销售额变动对每股收益造成的影响。比如，上例中销售额每增长（减少）1 倍，就会造成每股收益增长（减少）3 倍。其次，它使我们看到了经营杠杆与财务杠杆之间的相互关系，即为了达到某一总杠杆系数，经营杠杆和财务杠杆可以有很多不同的组合。比如，经营杠杆度较高的公司可以在较低的程度上使用财务杠杆；经营杠杆度较低的公司可以在较高的程度上使用财务杠杆，等等。这有待公司在考虑了各有关的具体因素之后做出选择。

8.2.4 基于 Excel 的经营杠杆分析模型应用示例

例 8—6①：仍引用例 8—1 的资料：某工业项目年设计生产能力为生产某种产品 3 万件，单位产品售价 3 000 元/件，总成本费用为 7 800 万元，其中固定成本 3 000 万元，总可变成本与产品产量成正比例关系，即单位产品可变成本为 1 600 元/件，当前的销量为 2.5 万件。现在公司管理层需要建立一个决策模型用于经营杠杆分析，模型应包含以下功能：

---

① 参见刘兰娟等编著：《经济管理中的计算机应用》，北京，清华大学出版社，2006。

(1) 计算销量为 2 万件时的安全边际、安全边际率、经营杠杆系数;

(2) 绘制销量—经营杠杆系数图形;

(3) 在图形中添加一个微调器，当销量按步长 2 000 件从 10 000 件变化到 30 000 件，销量的垂直参考线随之变化;

(4) 添加盈亏平衡销量的垂直参考线，以反映盈亏平衡销量与经营杠杆系数的关系。

解：第一步，根据前面介绍的计算基本步骤先在 Excel 中建立盈亏平衡分析模型，计算出经营杠杆系数。

根据已知参数值数据，在 Excel 工作表中建立模型结构如图 8—10 所示。在单元格 C5：C7 中输入已知参数的数据，根据前面所介绍的经营杠杆的原理及计算公式推导，相关单元格的公式设置如表 8—6 所示。

	A	B	C	D	E	F	G	H	I
1									
2		销量(Q)	20000	#		销量	经营杠杆系数		
3							-14.00		
4			单位：元			10000	-0.9		
5		平均每件销售价格(p)	3000.00	#		12000	-1.3		
6		每双可变成本(v):	1600.00			14000	-1.9		
7		固定成本(F):	3000000.00			16000	-2.9		
8						18000	-5.3		
9		单位边际贡献	1400.00			20000	-14.0		
10		边际贡献率	47%			21050	-55.6		
11		销售收益(R)	60000000.00			21100	-64.2		
12		总成本(C)	62000000.00			21150	-75.9		
13		利润(π)	-2000000.00			21200	-92.8		
14						21250	-119.0		
15		盈亏平衡销量(Q_0)	21429			21300	-165.7		
16		盈亏平衡销售收益(R_0	64285714			21350	-271.7		
17						21400	-749.0		
18		安全边际(S)	-1428.57			21450	1001.0		
19		安全边际率(s)	-7%			21500	301.0		
20		经营杠杆系数(η)	-14.00			21550	177.5		
21						21600	126.0		
22		销量=20000时，经营杠杆系数=-14				21650	97.8		
23						21700	79.9		
24		盈亏平衡销量垂直参考线				21750	67.7		
25		21429	1100			21800	58.7		
26		21429	-900			21850	51.8		
27						21900	46.5		
28		当前销量垂直参考线				21950	42.1		
29		20000	1100			22000	38.5		
30		20000	-14			24000	9.3		
31		20000	-900			26000	5.7		
32						28000	4.3		
33						30000	3.5		
34									

图 8—10 经营杠杆分析模型

表 8—6 **相关单元格及公式**

单元格	输入内容	单元格	输入内容
C9	=C5－C6	C15	=C7/C9
C10	=C9/C5	C16	=C15 * C5
C11	=C2 * C5	C18	=C2－C15
C12	=C6 * C2＋C7	C19	=C18/C2
C13	=C11－C12	C20	=1/C19

第二步，建立模拟运算数据表，为绘图做准备。

在单元格 F3：G33 中建立以销量为自变量、以经营杠杆系数为因变量的一维模拟运算数据表。这里需注意，为自变量取值时，接近盈亏平衡点的数据可取得较密集一些，远离盈亏平衡点的数据可取得较松散一些。

第三步，绘制经营杠杆系数—盈亏平衡点关系图形。

(1) 利用模拟运算数据表绘制 *XY* 散点图；在图形中做如下设置：将跨越盈亏平衡点两点间的连线设置为“无”。必须固定和设置 *X* 轴刻度的值，因为 *X* 轴刻度变化能起到图形的放大和缩小作用。

(2) 在单元格 B22 中组合文字，输入公式“＝“销量＝” &C2&”时，经营杠杆系数“＝&IF(C2＝C15，“极大”，ROUND(C20，2)）”；选择单元格 B25：C26，在图形上添加一条经过盈亏平衡点的垂直参考线；选择单元格 B29：C31，在图形上添加一条反映当前销量的垂直参考线。

(3) 在图形上添加销量控件、文本框，将控件、文本框与图形组合，则可得到如图 8—11 所示的可调图形。

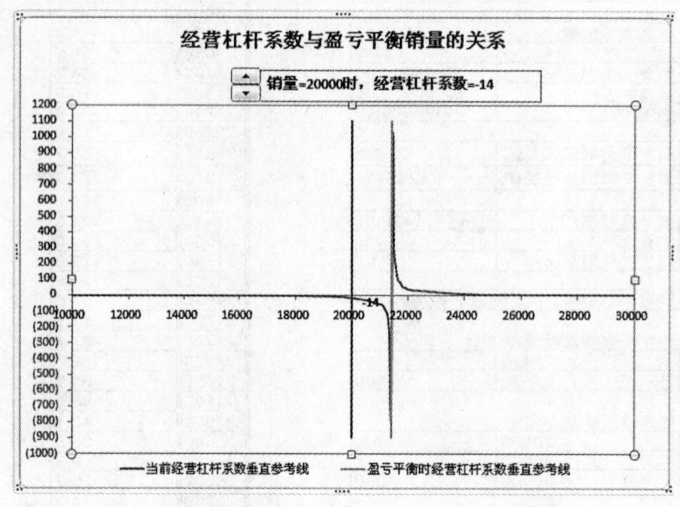

图 8—11　经营杠杆系数—盈亏平衡点关系图形

调节图中的微调器时，可以看出经营杠杆系数与盈亏平衡销量间的关系：在一定固定成本的范围内，经营杠杆系数在销量达到盈亏平衡点之前是递增的，当销量超过盈亏平衡点后是递减的。一般而言，企业销售水平越接近盈亏平衡销量，其经营杠杆系数越大，在达到盈亏平衡点时，其经营杠杆系数达到最大，即为无穷大。这就说明，一个公司销量越接近盈亏平衡点时，就越容易因为销量（销售收益）的下降而发生亏损，因为此时销量（销售收益）还没有足够的缓冲力量来同时化解固定成本和销售收益下降所带来的损失。同样，边际利润越低，单位产品对抵消固定成本的贡献就越小，因而越接近盈亏平衡点。因此，经营杠杆系数高的公司，其销量就越接近盈亏平衡点，利润对销售额的变化也就越敏感。

例 8—7[①]**：** 某公司制造一种高质量运动鞋。公司最大生产能力为 1 500 双，固定成本为 37 800 元，每双可变成本为 36 元，当前的销量为 900 双，平均销售价格为 90 元。公司管理层需要建立一个决策模型用于盈亏平衡分析，模型应包含以下功能：

（1）计算出销量为 800 双时的安全边际、安全边际率、经营杠杆系数；

（2）绘制销量—经营杠杆系数图形；

（3）在图形中添加一个微调器，当销量按步长 10 从 800 双变化到 2 000 双，销量的垂直参考线随之变化；

（4）添加盈亏平衡销量的垂直参考线，以反映盈亏平衡销量与经营杠杆系数的关系；

（5）在上述分析基础上，继续分析安全边际率与经营杠杆系数间的关系变化。

解：首先在 Excel 中建立盈亏平衡分析模型，如图 8—12 所示，计算出安全边际率与经营杠杆系数；然后在单元格 G3：I16 中建立以销量为自变量，以安全边际率、经营杠杆系数分别为因变量的一维模拟运算表；最后根据模拟运算表绘制出安全边际率与经营杠杆系数随销售量变化的曲线图形。

	A	B	C	D	E	F	G	H	I	J
1										
2		销量（Q）	1300				销量	安全边际率	经营杠杆系数	
3								0.5	2.2	
4			单位：元				800.0	0.1	8.0	
5		平均每双销售价格（P）	90				900.0	0.2	4.5	
6		每双可变成本（V）:	36				1000.0	0.3	3.3	
7		固定成本（F）:	37800				1100.0	0.4	2.8	
8							1200.0	0.4	2.4	
9		单位边际贡献	54				1300.0	0.5	2.2	
10		边际贡献率	0.60				1400.0	0.5	2.0	
11		销售收益（R）	117000				1500.0	0.5	1.9	
12		总成本（C）	84600				1600.0	0.6	1.8	
13		利润（π）	32400				1700.0	0.6	1.7	
14							1800.0	0.6	1.6	
15		盈亏平衡销量（Q_0）	700				1900.0	0.6	1.6	
16		盈亏平衡销量收益（R_0）	63000				2000.0	0.7	1.5	
17										
18		安全边际(S)	600							
19		安全边际率（s）	46%				经营杠杆系数水平线			
20		经营杠杆系数（η）	2.17				800	2.17		
21							1300	2.17		
22		安全边际系数=0.46时，经营杠杆系数=2.17					安全边际率水平线			
23							1300	0.46		
24		销售量=1300					2000	0.46		
25							当前销量垂直参考线			
26							1300	9		
27							1300	0		

图 8—12 安全边际率—经营杠杆系数分析模型

由于安全边际率与经营杠杆系数互为倒数，所以对于数据相差较大的系列对比的图形宜采用双轴 XY 散点图。绘制双轴 XY 散点图的主要步骤如下：

（1）选择单元格 G4：I16 数据建立一个 XY 散点图；

（2）图表创建后，选择单元格 G20：H21 的数据在图形上添加反映经营杠杆系数的水平线；选择单元格 G23：H24 的数据在图形上添加反映安全边际率的水平线，在设置完"次坐标轴"以后再加，否则不可见；选择单元格 G26：H27 的数据在图形上添加反映当

① 参见刘兰娟等编著：《经济管理中的计算机应用》，北京，清华大学出版社，2006。

前销量的垂直参考线。

(3) 所有参考线和参考点在图表上添加完成后，选择“安全边际率”系列后右键单击，选择“设置数据系列格式”，将其设置为“次坐标轴”。同样，选择安全边际率水平参考线系列后右键单击，选择“设置数据系列格式”，将其设置为“次坐标轴”。最后，选择主坐标轴对其设置最小值。

添加控件、文本框，并与图表组合即可建成可调图形，如图 8—13 所示。

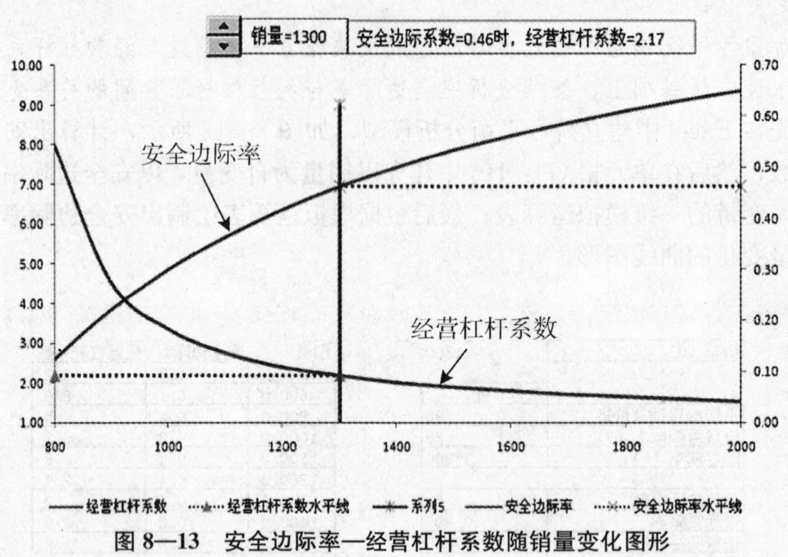

图 8—13　安全边际率—经营杠杆系数随销量变化图形

本章小结

成本决策是指依据掌握的各种决策成本及相关的数据，对各种备选方案进行分析比较，从中选出最佳方案的过程。成本决策与成本预测紧密相连，它以成本预测为基础，是成本管理不可缺少的一项重要职能，它对于正确地制定成本计划、促使企业降低成本、提高经济效益都具有十分重要的意义。成本决策涉及的内容较多，包括可行性研究中的成本决策和日常经营中的成本决策。本章主要介绍了日常经营中管理决策实务涉及比较多的三种成本决策分析模型。具体有：

在盈亏平衡分析模型中主要介绍了如何根据销售收益与成本的关系或边际贡献与固定成本的关系确定盈亏平衡销量，如何根据目标利润确定目标销量及如何确定安全边际与安全边际率。

在经营杠杆分析模型中介绍了经营杠杆是如何通过扩大销售影响息税前盈余，财务杠杆是如何通过扩大息税前盈余影响收益，以及两者同时作用所产生的复合杠杆作用对企业所产生的影响。

本章以 Excel 表格作为模型构建与分析的基础，并且针对每类模型介绍了如何利用 Excel 所提供的强大的图形功能结合模型的研究需求，把图形、控件、文本框、参考线和参考点等对象组合形成可调图形的方法，以更直观的方式，即动态可调的 What-If 决策分析来研究模型各参数对决策方案的影响。

复习思考题

1. 某公司生产销售一种产品，其销售单价为 1 000 元/件，固定成本为 800 000 元，生产一件产品需要用的工时和原材料分别是 3 小时和 5 千克。假设单位工时和原材料的成本分别是 100 和 80 元。试在本工作表中已建好的模型的基础上输入适当的公式，并要求：

(1) 在本工作表中生成一个以销量和工时为自变量的模拟运算表计算相应的利润。其中销量的取值范围是 1 000～5 000，步长为 500；工时的取值范围是 1～3，步长为 0.5。

(2) 绘制一个如图 8—14 所示的、对应各个不同工时值的、利润随销量的变化图形。其中利润线反映的是在当前工时下的利润与销量之间的关系。

(3) 在图 8—14 中绘制各利润线与横坐标轴的交点。

(4) 在图 8—14 中添加一个微调项以调节当前工时的值，使利润线可以随之移动。

(5) 在图 8—14 中添加一个利润线的盈亏平衡垂直参考线以及该参考线与横坐标轴的交点。

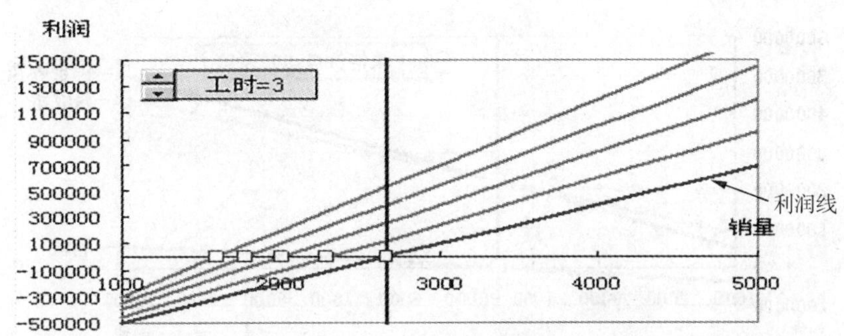

图 8—14 在不同工时下利润随销量的变化图形

2. 某公司销售一种商品，其销售单价为 30 元/件。这种商品需要从供应商处购买，采购价格由采购量（需求量）决定，原价为 20 元，若采购量达到 5 000 件时单价可以降为 17 元。设固定成本为 25 000 元（其中包括雇员的固定工资）。雇员在销售产品时可以提成，提成方式是：每销售一件产品，销售价格的 5%可作为其报酬。本题图形如图 8—15 所示，在本工作表中已建好的模型的基础上输入适当的公式，并要求：

(1) 在销量为 6 000 时，计算单位边际贡献、边际贡献和利润。

(2) 在本工作表中生成必要的数据，然后绘制一个利润随销量变化的图形，其中销量的变化范围是 1 000～10 000。

(3) 在图 8—15 中添加盈亏平衡参考线及该参考线与横坐标轴的交点。

(4) 在图 8—15 中添加一条表示当前年销量的垂直参考线，以及该参考线与利润线的交点，并显示交点处的利润值。

3. 某公司生产销售一种产品，其销售单价为 500 元/件，固定成本为 500 000 元，生产一件产品需要用的工时、电量和原材料分别是 1 小时、2 千瓦和 5 千克。假设单位工时、

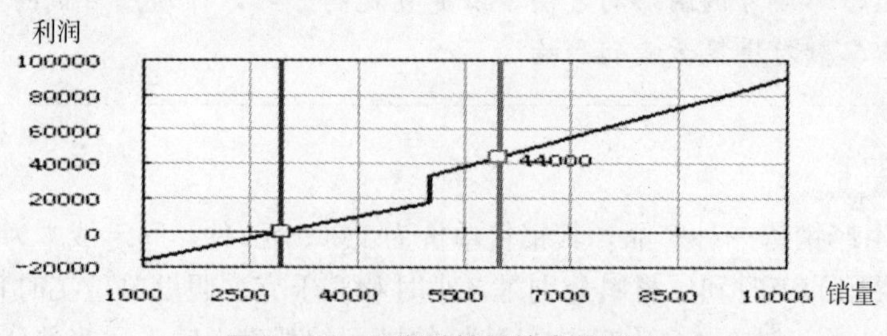

图 8—15　利润随销量的变化图形

用电量和原材料的成本分别是 50 元、20 元和 60 元。本题图形如图 8—16 所示，试在本工作表中已建好的模型的基础上输入适当的公式，并要求：

（1）在本工作表中生成必要的数据，然后绘制一个总成本、销售收益和利润随销量变化的图形。

（2）在图 8—16 中添加一条盈亏平衡参考线，以及该参考线与总成本、销售收益和利润线的交点。

（3）在图 8—16 中添加一个用于调节销售单价的微调项，可调范围为 450～60 元/件，步长为 10 元/件。

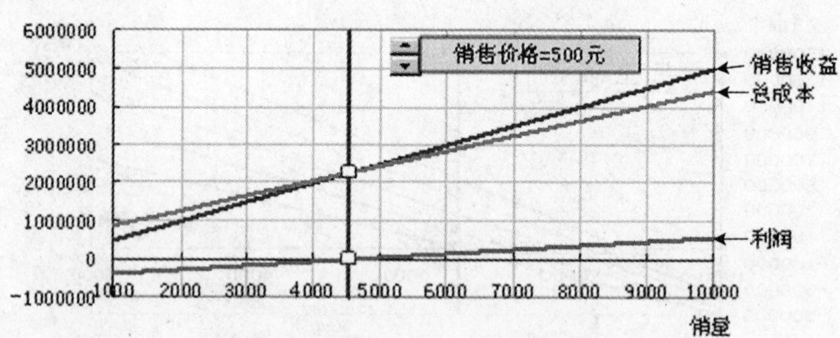

图 8—16　利润等随销量的变化图形

第9章 投资决策与模型分析

学习目标

◎ 理解投资决策的基本概念
◎ 理解资金的时间价值的内涵、现金流量的概念、现金流量图的表示方法
◎ 理解资金的等效值原理，并掌握其常用函数的用法
◎ 掌握投资决策的评价指标及分析方法
◎ 掌握在 Excel 中建立有关投资决策分析模型

案例：利达VCD新建项目投资决策

利达 VCD 制造厂是生产 VCD 的中型企业，该厂生产的 VCD 质量优良、价格合理，长期以来供不应求。为扩大生产能力，厂家准备新建一条生产线。负责这项投资工作的总会计师经过调查研究后，得到如下有关资料：

(1) 该生产线的原始投资额为 12.5 万元，分两年投入。第一年初投入 10 万元，第二年初投入 2.5 万元，第二年末项目完工可正式投产使用。投产后每年可生产 VCD 1 000台，每台销售价格为 300 元，每年可获销售收入 30 万元。投资项目可使用 5 年，残值 2.5 万元，垫支流动资金 2.5 万元，这笔资金在项目结束时可全部收回。

(2) 该项目生产的产品总成本的构成如下：材料费用 20 万元；制造费用 2 万元；人工费用 20 万元；折旧费用 2 万元。

总会计师通过对各种资金来源进行分析，得出该厂加权平均的资金成本成为 10%。同时还计算出该项目的营业现金流量、现金流量、净现值，并根据其计算的净现值，认为该项目可行。有关数据如表 9—1 至表 9—3 所示。

表 9—1 利达 VCD 制造厂投资项目营业现金流量计算表 单位：元

项 目	第一年	第二年	第三年	第四年	第五年
销售收入	300 000	300 000	300 000	300 000	300 000
现付成本	250 000	250 000	250 000	250 000	250 000
其中：材料费用	200 000	200 000	200 000	200 000	200 000
人工费用	30 000	30 000	30 000	30 000	30 000
制造费用	20 000	20 000	20 000	20 000	20 000

续前表

项　目	第一年	第二年	第三年	第四年	第五年
折旧费用	20 000	20 000	20 000	20 000	20 000
税前利润	30 000	30 000	30 000	30 000	30 000
所得税（33%）	9 900	9 900	9 900	9 900	9 900
税后利润	20 100	20 100	20 100	20 100	20 100
现金流量	40 100	40 100	40 100	40 100	40 100

表 9—2　　　　利达 VCD 制造厂投资项目现金流量计算表　　　　单位：元

	投资建设期			经营期				
项目	0	1	2	3	4	5	6	7
初始投资	100 000	25 000						
流动资金投资			25 000					
营业现金流量				40 100	40 100	40 100	40 100	40 100
设备残值								25 000
流动资金回收								25 000
现金流量合计	100 000	25 000	25 000	40 100	40 100	40 100	40 100	90 100

表 9—3　　　　利达 VCD 制造厂投资项目净现值计算表　　　　单位：元

时间	现金流量	10%贴现系数	现值
0	—100 000	1.000 0	—100 000.00
1	—25 000	0.909 1	—22 727.50
2	—25 000	0.826 4	—20 660.00
3	40 100	0.751 3	30 127.13
4	40 100	0.683 0	27 388.30
5	40 100	0.620 9	24 898.09
6	40 100	0.564 5	22 636.45
7	90 100	0.513 2	46 239.32
净现值			7 901.79

（3）厂部中层干部意见如下：

经营副总认为：在项目投资和使用期间，通货膨胀率在10%左右，将对投资项目各有关方面产生影响。

基建处长认为：由于受物价变动的影响，初始投资将增长 10%，投资项目终结后，设备残值也将增加到 37 500 元。

生产处长认为：由于物价变动的影响，材料费用每年将增加 14%，人工费用也将增加 10%。

财务处长认为：扣除折价后的制造费用，每年将增加 4%，折旧费用每年仍为 20 000元。

销售处长认为：产品销售价格预计每年可增加10%。

思考与讨论的问题：

(1) 分析、确定影响利达VCD投资项目决策的各因素；

(2) 根据影响利达VCD投资项目的各因素，重新计算投资项目的现金流量、净现值等；

(3) 根据分析、计算结果，确定利达VCD项目投资决策；

(4) 探讨利达VCD投资决策中为什么要分析计算"现金流量"。

企业在经营管理过程中，各级决策者经常要面临与资本投资相关的重大决策。在面临投资决策时，必须在不同方案之间做出某些选择。确切地说，决策者面临的有关投资决策问题主要表现为：企业的资本投资一般要占用企业大量资金，而这通常将对企业未来的现金流量产生重大影响，尤其是那些要在企业承受好几年现金流出之后才可能产生现金流入的投资；企业很多投资的回收在投资发生时是不能确知的。因此，投资决策存在着风险和不确定性。管理者一旦做出某个投资决策，一般不可能收回该决策，至少这么做代价很大；投资决策对企业实现自身目标的能力产生直接影响。

综上所述，可以看出，投资决策决定着企业的未来，正确的投资决策能够使企业降低风险、取得收益；糟糕的投资决策能置企业于死地。所以，对于管理决策者来说，经过深思熟虑并在正确原理的指导下做出正确而科学的投资决策是至关重要的。

本章将介绍投资决策的基本概念、分析方法及相应的模型建构与应用。

9.1 投资决策概述

9.1.1 投资决策的基本概念

投资是为一定目的而预先垫付资金或实物的行为，所谓投资决策是指投资者为了实现其预期的投资目标，运用一定的科学理论、方法和手段，通过一定的程序，对若干个可行性投资方案进行研究论证，从中选出最满意的投资方案的过程。投资决策分析包括投资规模决策分析、投资方向决策分析和工程项目投资决策分析。前两者属于宏观经济范畴，后者属于微观经济范畴。本书内容主要介绍的是有关企业（投资者）的项目投资决策，属于微观经济范畴。

由于投资项目从筹建、设计、施工、正式投产使用直至报废为止的整个期间内都会发生现金的流入和流出，各期现金的流入流出就形成了该项目的各期现金流量。而项目在一般情况下都有建设周期长、使用寿命长、占用资金多而时间长的特点，在资金时间价值不可忽视的情况下，投资数量多少、占用时间长短不同，方案的经济效益将有明显的不同。因此，对比方案的比较必须考虑到"时间"的概念，必须在时间上有可比性。通常包括两个方面的可比性：

1. 计算期相同—寿命周期相同

不同项目方案的经济效益比较，应该采用相同的计算期作为比较的基础，我们不能对甲方案计算它在五年期间的经济效益，而对乙方案计算它在十年期间内的经济效益，然后对两个方案进行比较，这显然在时间上是不可比的。这是时间方面的第一个可比条件，即对比方案要有相同的计算期，这样方案的经济效益才能相比较。如果对比方案因使用期限不同而分析计算的期限不同时，则必须先用最小公倍数法或其他方法进行修正计算，化为相同的计算期后再加以比较和评价。

2. 考虑资金的时间价值

各种技术方案由于受到外界的技术、经济等各种条件的限制，所以它们在投入的人力、物力、资源和发挥效益的时间上是有所差异的。因此，不能只考虑技术方案所发生的社会产品数量和产值的大小，以及所消耗和占用人力、物力和资源数量及其费用的大小，同时必须考虑到这些社会产品和产值以及人力、物力、资源数量及其费用是在什么时间被生产、占用和消耗的，以及总共生产、占用和消耗了多长时间，即相对比的方案在计算投入费用和产出效益，以及进行经济效益比较和评价时，必须考虑和计算资金的时间价值。

因此，对项目方案进行经济效益比较和评价时，必须基于该项目一定期间内的现金流的时间价值进行考虑与分析，这是投资决策的重要前提，也是关键的环节。当然，也应当指出，在初期设计阶段和方案初步筛选阶段，为了简便起见，有时也可以暂不考虑和计算时间价值，仅用静态指标进行比较。但此时相对比的方案必须保持一致，即都采用静态指标进行比较和评价。但是在最终抉择阶段必须保证时间价值方面有可比性，否则评价结果将是错误的，将造成决策上的严重失误。

9.1.2 资金的时间价值及现金流量

1. 资金的时间价值

(1) 定义。

所谓资金的时间价值，是指资金在扩大再生产及其循环周转中，随着时间变化而产生的资金增值或经济效益。通俗地说，即指同一面额的资金在不同时间点具有不同的价值。在现实生活中，资金的时间价值表现在两个方面：一是通过直接投资，从生产过程中获得收益或效益，如直接投资兴办企业等；二是通过间接投资，出让资金的使用权来获得利息和收益，如存入银行、放贷、购买债券、购买股票等。

(2) 衡量的形式。

一般地，资金时间价值的衡量可采用绝对尺度和相对尺度。其中，绝对尺度的基本表现形式是利息、纯利润、纯收益；而相对尺度的基本表现形式是单位时间内单位投资的利息额、纯利润或纯收益，称为利率、盈利率或收益率，也统称为资本报酬率。

a. 本金、利息与利率。

本金：存入银行或贷出的资金。

利息：投入本金所额外获得的资金，是因占用资金所付出的代价，或因放弃资金的使用权所得到的补偿。

利率：单位时间单位本金获得的利息。

公式为：

$$F=P+I$$

式中，F 为周期末本利和；P 为本金；I 为利息。

$$i=\frac{I_1}{P}\times 100\%$$

式中，i 为利率；I_1 为一个计息单位的利息。

b. 单利和复利。

单利：只以本金计算利息。公式为：

$$F=P(1+n\times i)$$

复利：先前周期中已获得的利息也要计息。技术经济分析中，一般以复利计算。公式为：

$$F=P(1+i)^n$$

式中，n 为计息周期数。

c. 名义利率与实际利率。

在决策分析中，一般把各种利率折算为以年为计息周期的利率，称为名义利率。而在实际经济活动中，计息周期不一定以年为单位。公式为：

$$i=\left(1+\frac{r}{m}\right)^m$$

$$r=m[(1+i)^{1/m}-1]$$

式中，i 为实际利率；r 为名义利率；m 为年计息次数。

例9—1：若银行年利率为12.0%，本金为1 000元，如果按年计息，实际利率为多少？如果按月计息，实际利率应为多少？

解：按年计息：$i=\frac{F-P}{P}=\frac{(1+0.12)P-P}{P}=12\%$

按月计息：$i=\frac{E-P}{P}=\frac{\left(1+\frac{0.12}{12}\right)^{12}P-P}{P}=12.68\%$

可见，按月计息时，实际利率高于名义利率。

2. 现金流量

(1) 定义。

现金流量是现代理财学中的一个重要概念，是指企业在一定会计期间按照现金收付实现制，通过一定经济活动（包括经营活动、投资活动、筹资活动和非经常性项目）而产生的现金流入、现金流出及其总量情况的总称。即：企业一定时期的现金和现金等价物的流入和流出的数量。

现金流量管理中的现金，不是我们通常所理解的手持现金，而是指企业的库存现金和银行存款，还包括现金等价物，即企业持有的期限短、流动性强、容易转换为已知金额现金、价值变动风险很小的投资等。包括现金、可以随时用于支付的银行存款和其他货币资金。一项投资被确认为现金等价物必须同时具备四个条件：期限短、流动性强、易于转换为已知金额现金、价值改动风险小。

现金流量可分为三大类：经营活动现金流量、投资活动现金流量和筹资活动现金流量。经营活动是指直接进行产品生产、商品销售或劳务提供的活动，它们是企业取得净收益的主要交易和事项。投资活动，是指长期资产的购建和不包括现金等价物范围内的投资及其处置活动。筹资活动，是指导致企业资本及债务规模和构成发生变化的活动。本书内容主要涉及的是企业投资活动中的现金流。

（2）构成及特点。

a. 按现金流动方向分：

现金流出量：在每一时点上，项目或系统实际发生的资金支出；

现金流入量：在每一时点上，项目或系统实际发生的资金收入；

现金净流量：同一时点上现金流入量减去现金流出量的净值。

具体地，现金流入是指在每一时点上，项目或系统实际发生的资金流入；现金流出是指在每一时点上，项目或系统实际发生的资金流出；现金流入与现金流出统称为现金流量；同一时点上的现金流入减去现金流出是净现金流量。

b. 按现金流量发生的时间分：

初始现金流量：项目开始时发生的现金流量，主要包括：固定资产投资支出、流动资产投资支出、其他投资费用支出、原有固定资产变价净收入。

营业现金流量：在生产经营过程中发生的现金流量，包括：增加的营业收入（或成本降低额）；付现的营运成本：一是固定资产修理维护费用，二是使用该固定资产需增加的变动成本；所得税支出。

c. 终结现金流量：项目结束时发生的现金流量，包括：固定资产残值收入或中途变价收入；流动资产投资收回。

（3）现金流量的估算。公式为：

$$\begin{aligned}\text{营业现金流量}(NCF) &= \text{营业收入}-\text{付现成本}-\text{所得税}\\ &= \text{营业收入}-(\text{营业成本}+\text{期间费用}-\text{折旧费})-\text{所得税}\\ &= \text{营业收入}-\text{营业成本}-\text{期间费用}-\text{所得税}+\text{折旧费}\\ &=(\text{营业收入}-\text{营业成本}-\text{期间费用})\times(1-\text{所得税率})\\ &\quad+\text{折旧费}\\ &=(\text{营业收入}-\text{付现成本}-\text{折旧费})\times(1-\text{所得税率})+\text{折旧费}\\ &= \text{税后净利}+\text{折旧费}\end{aligned}$$

例 9—2：某公司计划新建一条生产线，建设投资需 500 万元，一年后建成投产，另需追加流动资产投资 200 万元。投产后预计每年可取得营业收入 630 万元，第一年付现成本 250 万元，以后每年增加修理费 20 万元。该项目寿命期为 5 年，采用直线法计提折旧，预计残值为原值的 10%，所得税率为 33%。要求计算各年的现金流量。

解：现金流量计算如表 9—4、表 9—5 所示。

表 9—4　　营业现金流量计算（一）　　单位：万元

现金流量	0	1	2	3	4	5	6
初始	−500	−200	—	—	—	—	—
营业	—	—	284.3	270.9	257.5	244.1	230.7
终结	—	—	—	—	—	—	250
合计	−500	−200	284.3	270.9	257.5	244.1	480.7

年折旧额 = 500×(1－10%)÷5 = 90(万元)

表 9—5　　营业现金流量计算（二）　　单位：万元

项目	2	3	4	5	6
营业收入	630	630	630	630	630
付现成本	250	270	290	310	330
折旧费	90	90	90	90	90
税前利润	290	270	250	230	210
所得税	95.7	89.1	82.5	75.9	69.3
税后利润	194.3	180.9	167.5	154.1	140.7
NCF	284.3	270.9	257.5	244.1	230.7

根据考察的角度和范围不同，现金流包含的内容也不同：不仅包括现钞，也包括其他结算凭证；流入或流出的现金流量都一次性计入发生的时点；部分数值是由预测得到的。

（4）现金流量图。

现金流量图是一种反映经济系统资金运动状态的图，即把经济系统的现金流量绘入一时间坐标图中，表示出各现金流入、流出与相应时间点上的对应关系，它是进行投资决策分析中常用的一种工具。

现金流量图的基本结构特点如下：

a. 以横轴为时间轴，向右延伸表示时间的延续，轴上每一刻度表示一个时间单位，时间间隔相等，可以取年、季、月等；零点表示时间序列的起点，也被通常选为项目建设期的开始点，如：第一年初规定为 0，本期末与下期初重合。比如“2”表示第二年年末、第三年年初，以此类推。例 9—2 的现金流量图如图 9—1 所示。

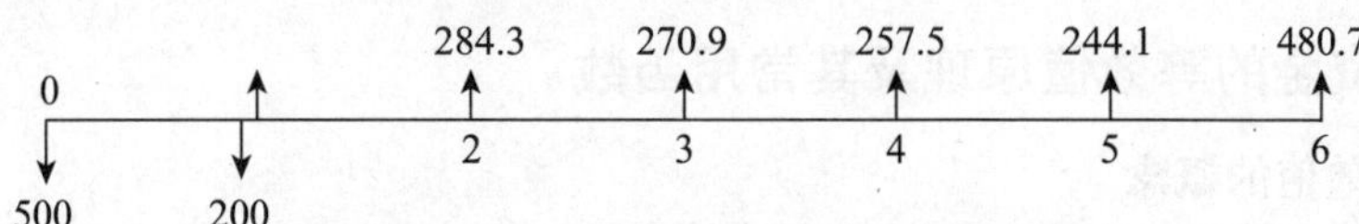

图 9—1　例 9—2 的现金流量图

b. 相对于时间坐标的垂直箭线代表不同时点的现金流量情况，现金流量为正（一般指流入）绘在相应时刻的横轴上方，即箭头向上；现金流量为负（一般指流出）绘在相应时刻的横轴下方，即箭头向下。在各箭线旁注明现金流量的大小。

c. 线段的长短应反映出现金流量的大小，最好成比例。

d. 箭线与时间轴的交点为现金流量发生的时间单位末。通常规定在利息周期发生的现金流量均作为发生在周期末。

现金流量图的画法与观察、分析问题的角度有关。

例 9—3：某厂 2008 年初借 5 000 万元，2009 年末又借 3 000 万元，此两笔借款从 2011 年开始连续 3 年每年末以等金额方式偿还，问每年末应偿还多少？试绘出其现金流量图（设年利率为 10%）。

解：每年末偿还金额与现金流量图如图 9—2 所示。

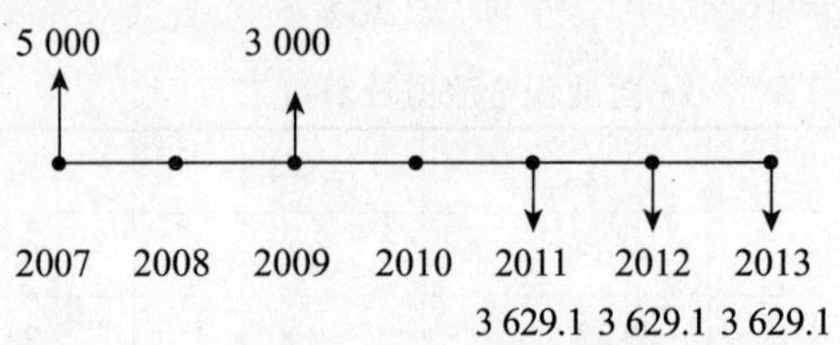

图 9—2　例 9—3 的现金流量图

例 9—4：某化工项目建设周期为 2 年，生产期为 8 年。第一、二年初固定资产投资分别是 800 万元和 500 万元，第三年开始投产，投入流动资金 400 万元。投产后，年经营成本和税金支出为 600 万元。生产期最后一年回收固定资产余值 200 万元和流动资金 400 万元。试绘出其现金流量图。

解：现金流量图如图 9—3 所示。

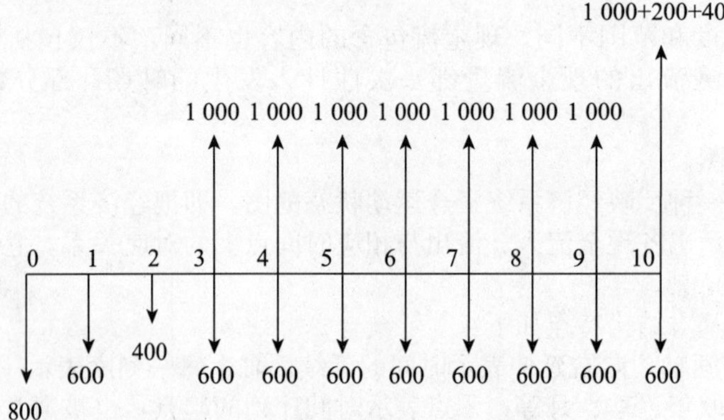

图 9—3　例 9—4 的现金流量图

9.1.3　资金的等效值原理及其常用函数

1. 资金等效值的概念

例 9—5：假设存入 1 000 元，采用复利计息，年利率为 8%，计算 3 年和 5 年后可获得多少资金。

解：3 年后可获得：$1\ 000\times(1+0.08)^3=1\ 259.7$（元）

5 年后可获得：$1\ 000\times(1+0.08)^5=1\ 469.3$(元)

例 9—5 中，不同数额的资金，折算到某一相同时点所具有的实际经济价值是相等的。

(1) 资金等值原理。

某一时点的资金，可按一定的利率换算至另一时点（复利方法），换算后其绝对值虽然不等，但其价值是相等的。或者说：资金等值是指不同时点发生的绝对值不等的资金可能具有相等的价值。这一原理叫做资金等值原理，这一过程叫做等值换算。

资金等值有三个要素：金额、金额发生的时间、利率/折现率。这里的等值，是指具有相同的时间价值，目的是对方案进行经济分析，并不表示两个投资方案相同，或可以相互替换。

理解等值概念时应注意以下两点：

a. 等值仅是一种尺度，即在同一利率下评价不同现金流量方案的一种度量。

b. 等值并不意味着具有相等的用途。方案有相同的现金流量等值并不意味着方案本身是相等的。事实上，各方案之间都存在着差别，这些差别是由它们的现金流量发生在不同的时点上引起的，这种差别是难以用观察的方法进行评价的，而必须通过对方案的综合评价来实现。

（2）相关概念。

a. 资金等值计算：利用等值的概念，可以把在一个时点发生的资金金额换算成另一时点的等值金额。

b. 时值（Time Value）：资金在运动过程中，处在某一时刻的价值。

c. 折现（Discount）：把将来某一时点的资金金额换算成现在时点的等值金额，或称“贴现”。

d. 现值（Present Value；Current Value）：将来时点上的资金折现后的资金金额。“现值”并非专指一笔资金“现在”的价值，它是一个相对的概念。一般地说，将$t+k$时点上发生的资金折现到t时点，所得的等值金额就是$t+k$时点上资金金额的现值。

e. 终值（Future Value/Worth）：与现值等价的将来某时点的资金金额，或称“将来值”。

f. 折现率：进行资金等值计算中使用的反映资金时间价值的参数。

2. 资金等效值的计算

资金等值的计算分为现值的计算和终值的计算两种。具体地，根据具体支付方式的不同可分为：一次支付；多次支付，可分为：等额分付、等差序列、等比序列、自由序列。

（1）一次支付类型等效值的计算。

一次支付又称为整付，指流入和流出现金流量均为一次性发生。一次支付现金流量图如图 9—4 所示。

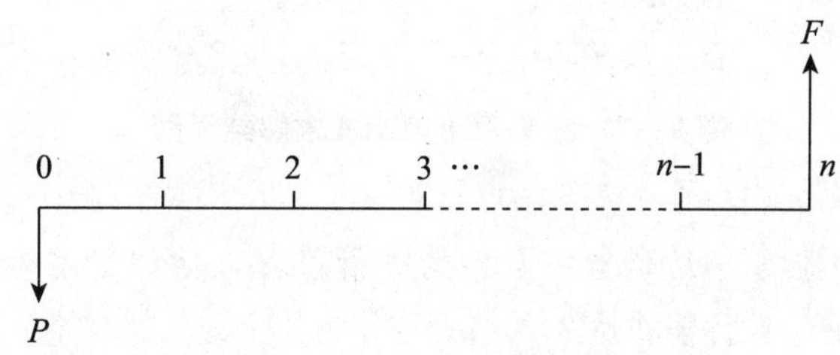

图 9—4 一次支付现金流量图

一次支付终值计算现金流量图如图 9—5 所示。

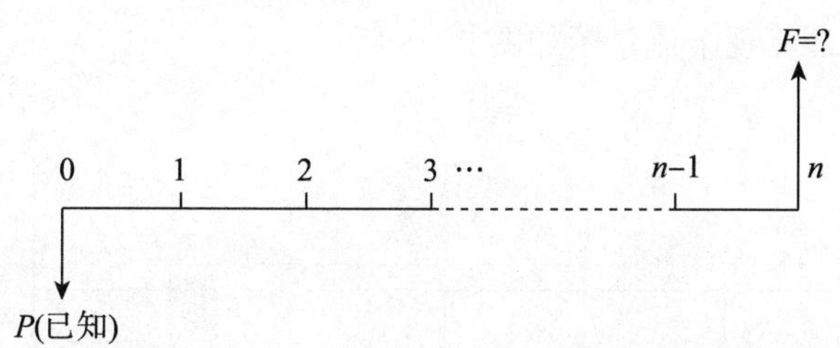

图 9—5 一次支付终值计算现金流量图

终值公式为：

$$F=P(1+i)^n=P(F/P,i,n) \qquad (9—1)$$

式中，F 为资金的终值；P 为资金的现值；n 为计息周期；$(F/P,\ i,\ n)$ 为一次支付终值系数，等于 $(1+i)^n$；i 为折现率，可以是银行利率、投资利润率或社会平均利润率。

一次支付现值计算现金流量图如图 9—6 所示。

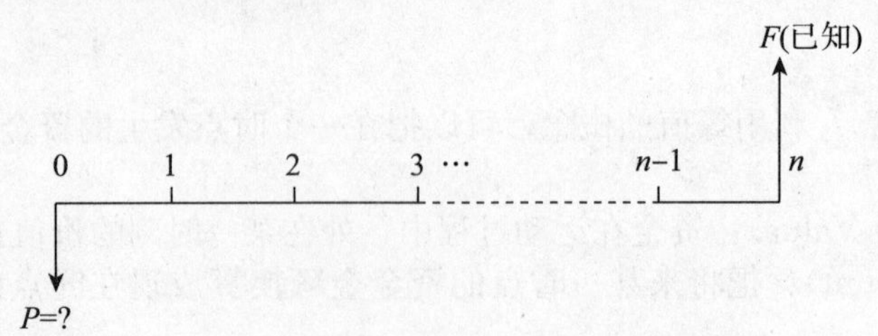

图 9—6　一次支付现值计算现金流量图

一次支付现值公式为：

$$P=\frac{F}{(1+i)^n}=F(P/F,i,n) \tag{9—2}$$

式中，$(P/F,\ i,\ n)$ 为一次支付现值系数，或折现（贴现）系数，等于$\frac{1}{(1+i)^n}$。

例 9—6： 某企业计划开发一项新产品，拟向银行借贷款 100 万元，若年利率为 10%，借期为 5 年。问 5 年后应一次性归还银行的本利和为多少？

解：求解结果如图 9—7 所示。

	A	B	C	D	E	F	G	H
1								
2								
3	现值	100						
4	利率	10.00%						
5	时间	5						
6	终值	￥161.05	=FV(B4,B5,,-B3)					

图 9—7　例 9—6 的 Excel 求解结果图

$F=P(1+i)^n=100\times(1+0.1)^5=161.1$(万元)

例 9—7： 某企业拟在 3 年后购置一台新的分析仪器，估计费用为 2 万元，设银行存款利率为 10%，现在应存入银行多少元？

解：$P=\frac{F}{(1+i)^n}=\frac{2}{(1+0.1)^3}=1.503$(万元)

(2) 等额分付类型等效值的计算。

a. 等额分付终值计算现金流量图如图 9—8 所示。

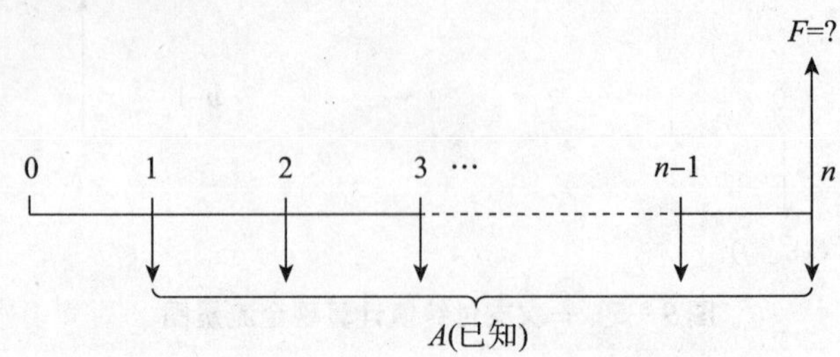

图 9—8　等额分付终值计算现金流量图（期末付款）

等额分付终值（期末付款）公式为：

$$F = A(1+i)^0 + A(1+i)^1 + \cdots A(1+i)^{n-1} \quad (9—3)$$
$$= A[1+(1+i)+(1+i)^2+\cdots+(1+i)^{n-1}]$$

若等比数列为 a_1，a_2，$\cdots a_n$，r 为公比，n 为项数，则等比数列求和公式为：

$$S_n = \sum_i a_i = a_1 \frac{1-r^n}{1-r}$$

$$F = A\left[\frac{(1+i)^n - 1}{i}\right] = A(F/A, i, n) \quad (9—4)$$

若现金流量发生在每个周期的期初，现金流量图如图 9—9 所示。

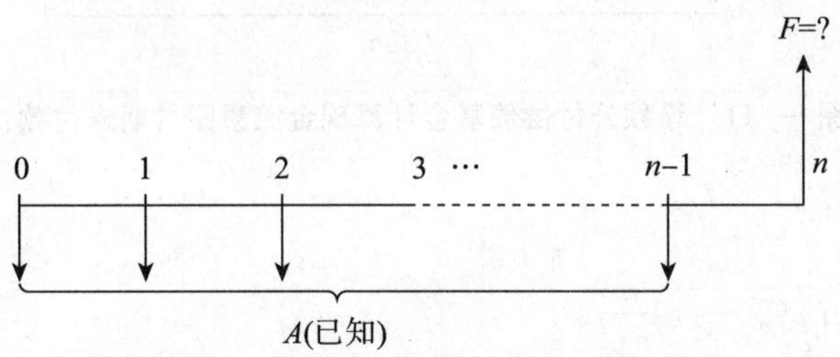

图 9—9 等额分付终值计算现金流量图（期初付款）

等额分付终值（期初付款）公式为：

$$F = A\left[\frac{(1+i)^{n+1} - (1+i)}{i}\right] \quad (9—5)$$

式中，A 为年金；i 为利率；n 为计息周期；$(F/A，i，n)$ 为等额分付序列终值系数。

例 9—8： 某扩产项目的建设期为 4 年，在此期间，每年末向银行借贷 100 万元，银行要求在第四年末一次性偿还全部借款和利息。若年利率为 8%，第四年末一次性偿还的总金额应为多少？若每年初借款，应偿还多少？

解：$F = A\left[\frac{(1+i)^n - 1}{i}\right] = 100 \times \left[\frac{(1+0.08)^4 - 1}{0.08}\right] = 450.61$(万元)

期初借款：

$$F = A\left[\frac{(1+i)^{n+1} - (1+i)}{i}\right] = 100 \times \left[\frac{(1+0.08)^5 - (1+0.08)}{0.08}\right] = 486.66(\text{万元})$$

使用 Excel 计算：年末借款输入公式“＝FV(0.08，4，－100)”，年初借款输入公式“＝FV(0.08，4，－100，1)”，如图 9—10 所示。

	A	B	C	D	E	F	G	H	I
1									
2									
3	年金	100							
4	利率	8.00%							
5	周期数	4							
6									
7	年末借款	￥450.61	"=FV(B4,B5,-B3)"						
8	年初借款	￥486.66	"=FV(B4,B5,-B3,,1)"						

图 9—10 例 9—8 的 Excel 求解结果图

b. 等额分付偿债基金公式。

期末付款公式为：

$$A=F\left[\frac{i}{(1+i)^{n}-1}\right]=F(A/F,\ i,\ n) \tag{9—6}$$

现金流量图如图 9—11 所示。

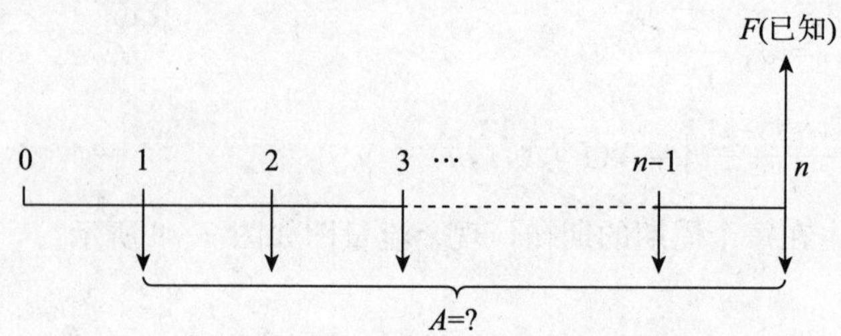

图 9—11　等额分付偿债基金计算现金流量图（期末付款）

期初付款公式为：

$$A=F\left[\frac{i}{(1+i)^{n+1}-(1+i)}\right] \tag{9—7}$$

式中，$(A/F,\ i,\ n)$ 为等额分付偿债基金系数。

现金流量图如图 9—12 所示。

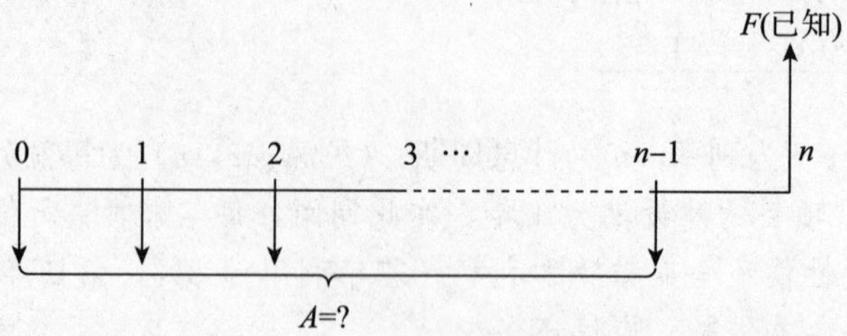

图 9—12　等额分付偿债基金计算现金流量图（期初付款）

例 9—9：某企业计划三年后建一职工俱乐部，估计投资额为 300 万元，欲用每年积累一定数额的专项福利基金解决。设银行存款利率为 8%，问每年末至少应存入多少钱？若期初存款需存入多少？

解：求解结果见图 9—13。

	A	B	C	D	E	F
1						
2						
3						
4	终值	300				
5	利率	8.00%				
6	周期	3				
7	年末存款	¥92.41	"=PMT(B5,B6,,-B4)"			
8	年初存款	¥85.56	"=PMT(B5,B6,,-B5,1)"			

图 9—13　例 9—9 的 Excel 求解结果图

$$A=F\left[\frac{i}{(1+i)^{n}-1}\right]=300\times\left[\frac{0.08}{(1+0.08)^{3}-1}\right]=92.41(\text{万元})$$

$$A=F\left[\frac{i}{(1+i)^{n+1}-(1+i)}\right]=300\times\left[\frac{0.08}{(1+0.08)^{4}-(1+0.08)}\right]=85.56(\text{万元})$$

c. 等额分付资金回收公式。

期末付款，因为：

$$F=P(1+i)^n$$

$$A=F\left[\frac{i}{(1+i)^n-1}\right]$$

得：

$$\begin{aligned}A&=P(1+i)^n\cdot\left[\frac{i}{(1+i)^n-1}\right]\\&=P\left[\frac{i(1+i)^n}{(1+i)^n-1}\right]\\&=P(A/P,\ i,\ n)\end{aligned}\tag{9—8}$$

式中，$(A/P,\ i,\ n)$ 为等额分付资金回收系数。

现金流量图如图 9—14 所示。

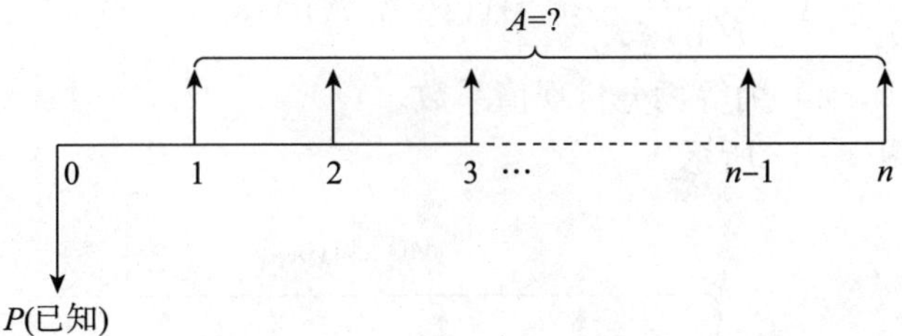

图 9—14　等额分付资金回收计算现金流量图（期末付款）

同理，若期初付款，则：

$$\begin{aligned}A&=P(1+i)^n\cdot\left[\frac{i}{(1+i)^{n+1}-(1+i)}\right]\\&=P\left[\frac{i(1+i)^n}{(1+i)^{n+1}-(1+i)}\right]\\&=P(1/P,i,n)\end{aligned}\tag{9—9}$$

现金流量图如图 9—15 所示。

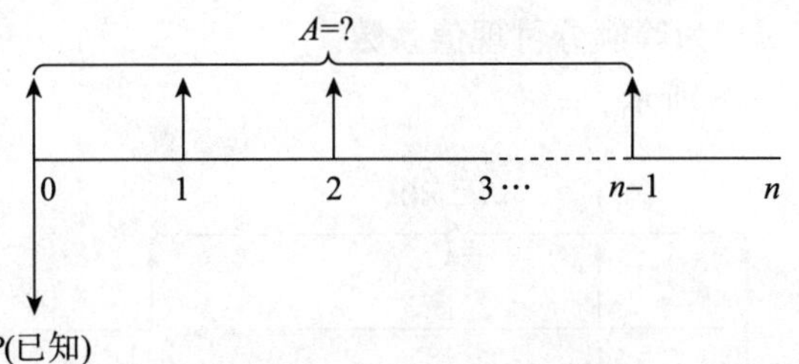

图 9—15　等额分付资金回收计算现金流量图（期初付款）

例 9—10：某企业拟建立一套水循环再利用系统，需投资 10 万元，预计可使用 10 年，设期末无残值。如果在投资收益率不低于 10%的条件下，问该系统投入使用后，每年至少应节约多少费用，该方案才合算？

解：求解结果见图 9—16。

	A	B	C	D	E	F	G
1							
2	现值	100000					
3	利率	10.00%					
4	周期	10					
5	年金	￥16,274.54	"=PMT(B3,B4,-B2)"				

图 9—16　例 9—10 的 Excel 求解结果图

$$A=P(1+i)^n\left[\frac{i}{(1+i)^n-1}\right]=10\times\left[\frac{0.1(1+0.1)^{10}}{(1+0.1)^{10}-1}\right]=1.627(\text{万元})$$

d. 等额分付现值公式。

期末付款公式为：

$$P=\frac{F}{(1+i)^n}=A\left[\frac{(1+i)^n-1}{i(1+i)^n}\right]=A(P/A,i,n) \tag{9—10}$$

式中，$(P/A, i, n)$ 为等额分付现值系数。

现金流量图如图 9—17 所示。

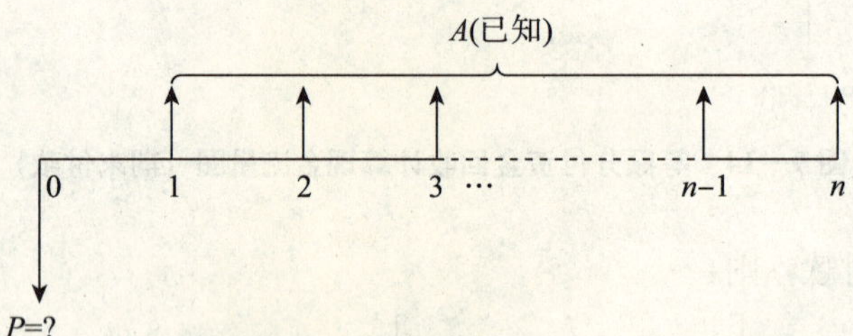

图 9—17　等额分付现值计算现金流量图（期末付款）

期初付款公式为：

$$P=\frac{F}{(1+i)^n}=A\left[\frac{(1+i)^{n+1}-(1+i)}{i(1+i)^n}\right]=A(P/A,i,n) \tag{9—11}$$

式中，$(P/A, i, n)$ 为等额分付现值系数。

现金流量图如图 9—18 所示。

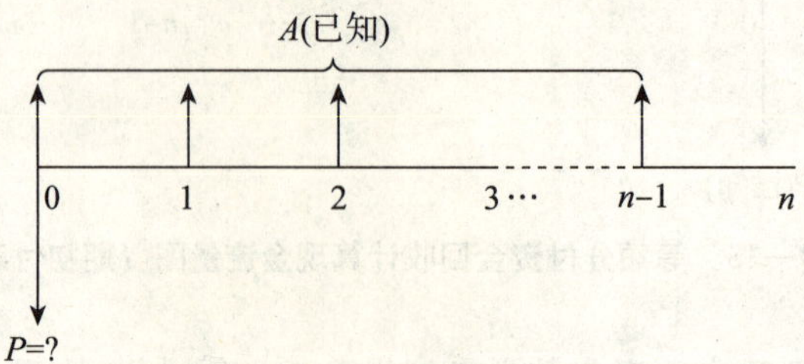

图 9—18　等额分付现值计算现金流量图（期初付款）

例 9—11： 某企业在技术改造中欲购置一台废热锅炉，每年可增加收益 3 万元，该锅炉可使用 10 年，期末残值为 0。若逾期年利率为 10%，问该设备投资的最高限额是多少？若该设备售价为 19 万元，是否应该购买？

解：求解结果见图 9—19。

	A	B	C	D	E	F	G
1							
2							
3	年收益	30000					
4	利率	10.00%					
5	周期	10					
6	现值	￥184,337.01	"=PV(B4,B5,-B3)"				

图 9—19　例 9—11 的 Excel 求解结果图

$$P=A\left[\frac{(1+i)^n-1}{i(1+i)^n}\right]=3\times\left[\frac{(1+0.1)^{10}-1}{0.1(11+0.1)^{10}}\right]=18.43(\text{万元})$$

投资最高限额为 18.43 万元<19 万元，不应购买。

(3) 等差序列公式。

假设现金流量按等差的规律发生变化（见图 9—20）。

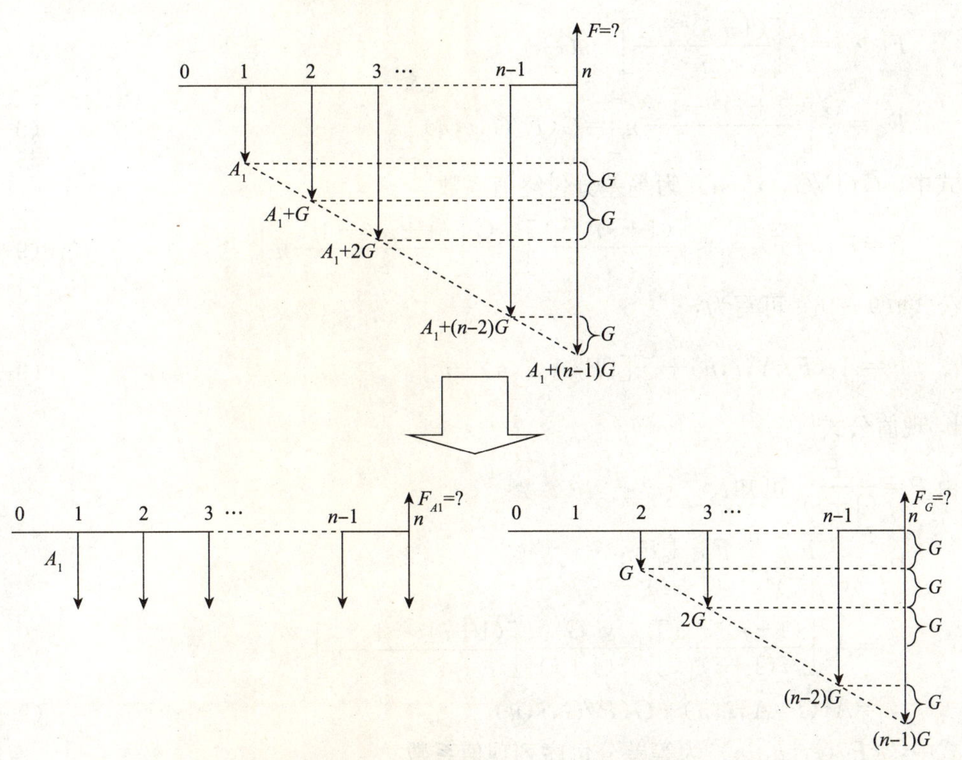

图 9—20　等差序列现金流量分解图

a. 终值的计算。

可以将图 9—20 分解为两个部分：数额为 A_1 的等值年金部分 F_{A1} 和由等差定额 G 构

成的递增等差分付部分 F_G，即：

$$F=F_{A1}+F_G$$

显然，第一部分：

$$F_1=A_1\left[\frac{(1+i)^n-1}{i}\right]=A_1(F/A_1,i,n)$$

第二部分，等差分付序列终值公式：

$$\begin{aligned}F_G&=G(1+i)^{n-2}+2G(1+i)^{n-3}+\cdots+(n-2)G(1+i)^{n-(n-1)}+(n-1)G(1+i)^{n-n}\\&=\sum_{k=1}^{n-1}kG(1+i)^{n-(k+1)}\end{aligned}\tag{9—12}$$

将公式（9—12）等号两边各乘以（$1+i$），得：

$$\begin{aligned}(1+i)F_G&=G(1+i)^{n-1}+2G(1+i)^{n-2}+\cdots+(n-2)G(1+i)^2+(n-1)G(1+i)\\&=\sum_{k=1}^{n-1}kG(1+i)^{n-k}\end{aligned}\tag{9—13}$$

公式（9—12）-（9—13）得：

$$i\cdot F_G=G[(1+i)^{n-1}+(1+i)^{n-2}+\cdots+(1+i)^2+(1+i)^1+1]-nG\tag{9—14}$$

应用等比数列求和公式得：

$$F_G\cdot i=G\left[\frac{(1+i)^n-1}{i}\right]-nG$$

$$F_G=\frac{G}{i}\left[\frac{(1+i)^n-1}{i}-n\right]=G(F/G,i,n)\tag{9—15}$$

式中，$G(F/G,\ i,\ n)$ 为等差分付终值系数。

$$F=F_{A1}+F_G=A_1\left[\frac{(1+i)^n-1}{i}\right]+\frac{G}{i}\left[\frac{(1+i)^n-1}{i}-n\right]\tag{9—16}$$

公式（9—16）可写为：

$$F=A_1(F/A,i,n)+\frac{G}{i}[(F/A,i,n)-n]\tag{9—17}$$

b. 现值公式。

由 $P=\frac{F}{(1+i)^n}$ 可知：

$$\begin{aligned}P&=\frac{F}{(1+i)^n}=\frac{F_{A1}+F_G}{(1+i)^n}\\&=A_1\left[\frac{(1+i)^n-1}{i(1+i)^n}\right]+\frac{G}{i(1+i)^n}\left[\frac{(1+i)^n-1}{i}-n\right]\\&=A_1(P/A,i,n)+G(P/G,i,n)\end{aligned}\tag{9—18}$$

式中，$(P/G,\ i,\ n)$ 为等差分付序列现值系数。

例 9—12：某工厂在技术改造中第一年的收益额 100 万元，其后逐年进行技术改造、优化工艺参数等，使收益逐年递增。设第一年以后至第八年末收益逐年递增额为 3 万元。试求在年利率为 10% 的条件下，该厂 8 年的收益现值及等额分付序列收益年金。

解：$P_A = A\left[\dfrac{(1+i)^n - 1}{i(1+i)^n}\right] = 100\times\left[\dfrac{(1+0.1)^8 - 1}{0.1(1+0.1)^8}\right] = 533$(万元)

$$P_G = \frac{G}{i(1+i)^n}\left[\frac{(1+i)^n - 1}{i} - n\right] = \frac{3}{0.1(1+0.1)^8}\left[\frac{(1+0.1)^8 - 1}{0.1} - 8\right] = 48\text{(万元)}$$

$P = P_A + P_G = 533 + 48 = 581$（万元）

使用 Excel 计算：NPV 函数（见图 9—21）。

	A	B	C	D	E	F	G
1							
2	利率	10.00%					
3	周期	8					
4	初值	100					
5	年递增量	3					
6							
7	1	100					
8	2	103					
9	3	106					
10	4	109					
11	5	112					
12	6	115					
13	7	118					
14	8	121					
15	现值	￥581.58	"=NPV(B2,B7:B14)"				
16	终值	￥1,246.67	"=FV(B2,B3,,-B15)"				

图 9—21 例 9—12 的 Excel 求解结果

(4) 等比序列现值公式。

假设现金流量随时间的增加以（$1+h$）为比率递增。现金流量图如图 9—22 所示。

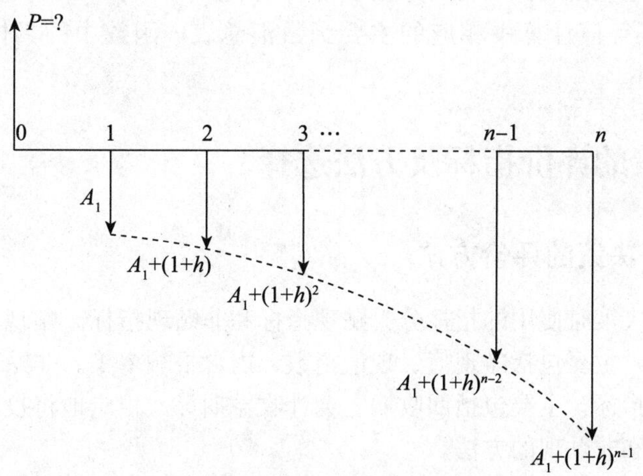

图 9—22 等比序列现金流量图

周期 t 的现金流量为：

$$A_1 = A_1(1+h)^{t-1}$$

其现值为：

$$P_t=\frac{A_t}{(1+i)^t}=\frac{A_1(1+h)^{t-1}}{(1+i)^t} \tag{9—19}$$

总现值为：

$$P=\sum_{t=1}^{n}P_t=\sum_{t=1}^{n}\frac{A_1(1+h)^{t-1}}{(1+i)^t}=A_1\sum_{t=1}^{n}\frac{(1+h)^{t-1}}{(1+i)^t} \tag{9—20}$$

经整理得：

$$P=A_1(P/A,i,n)=\begin{cases}A_1\times\left[\dfrac{1-(1+h)^n(1+i)^{-n}}{i-h}\right] & i\neq h\\ A_1\times\dfrac{n}{1+i} & i=h\end{cases} \tag{9—21}$$

式中，(P/A, i, n) 为等比现值系数。

(5) 混合现金流的现值与终值。

若各期现金流量没有规律可循，则必须使用原始的计算公式来计算现值与终值。公式为：

$$P=\sum_{t=1}^{n}\frac{C_t}{(1+i)^t} \tag{9—22}$$

$$F=P(1+i)^n=\sum_{t=1}^{n}C_t(1+i)^{n-t} \tag{9—23}$$

3. Excel 中常用的内建函数

Excel 提供了丰富的财务类内建函数，在进行投资决策分析时，经常要进行上述资金价值等值的计算。从前面的介绍可以看出这些数学公式是相当繁琐的，利用 Excel 的内建函数可以大大简化这些公式，以提高建立模型的效率。

表 9—6 列示了等值计算中相应的主要函数汇总表，函数中的具体参数说明可详见 Excel 中的帮助文件。

9.2 投资决策的评价指标及方法选择

9.2.1 投资决策的评价方法

投资方案评价决策时使用的指标分为贴现指标和非贴现指标。贴现指标是指考虑了时间价值因素的指标，主要包括净现值、现值指数、内含报酬率等。非贴现指标是指没有考虑时间价值因素的指标，主要包括回收期、会计收益期等。相应地将投资决策分析评价方法分为贴现的方法和非贴现的方法。

1. 非贴现法

(1) 静态投资回收期法。

投资回收期是指收回全部投资所需的时间。

例 9—13：某企业拟投资 100 000 元购买设备，有 A、B 两种方案，设备使用年限为 5 年，无残值，各年净现金流量如表 9—7 所示。求最优方案。

表 9—6 等效值计算公式及 Excel 函数汇总表

类型		已知	求解	计算公式	现金流量图	系数名称及符号	Excel 函数
一次支付	终值公式	现值 P	终值 F	$F=P(1+i)^n$	F=?; 0 1 2 3 … n-1 n; P(已知)	一次支付终值系数 $(F/P,i,n)=(1+i)^n$	$=FV(i,n,P)$
	现值公式	终值 F	现值 P	$P=F/(1+i)^n$	F(已知); 0 1 2 3 … n-1 n; P=?	一次支付现值系数 $(P/F,i,n)=1(1+i)^n$	$=PV(i,n,F)$
等额分付(期末付款)	终值公式	年值 A	终值 F	$F=A\left[\frac{(1+i)^n-1}{i}\right]$	F=?; 0 1 2 3 … n-1 n; A(已知)	等额分付终值系数 $(F/A,i,n)=\left[\frac{(1+i)^n-1}{i}\right]$	$=FV(i,n,A)$
	偿债基金公式	终值 F	年值 A	$A=F\left[\frac{i}{(1+i)^n-1}\right]$	F(已知); 0 1 2 3 … n-1 n; A=?	等额分付偿债基金系数 $(F/G,i,n)=\frac{i}{(1+i)^n-1}$	$=PMT(i,n,F)$

续前表

类型		已知	求解	计算公式	现金流量图	系数名称及符号	Excel 函数
等额分付（期末付款）	现值公式	年值 A	现值 P	$P=A\left[\frac{(1+i)^n-1}{i(1+i)^n}\right]$	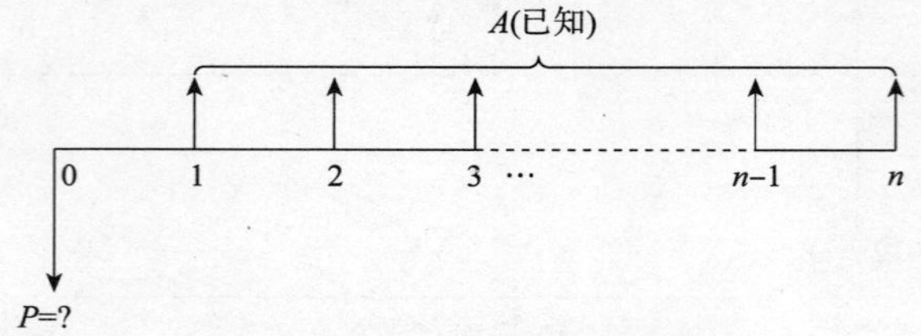 A(已知) 0 1 2 3 … $n-1$ n $P=?$	等额分付现值系数 $(P/A,i,n)=\left[\frac{(1+i)^n-1}{i(1+i)^n}\right]$	$=PV(i,n,A)$
	资金回收公式	现值 P	年值 A	$A=P\left[\frac{i(1+i)^n}{(1+i)^n-1}\right]$	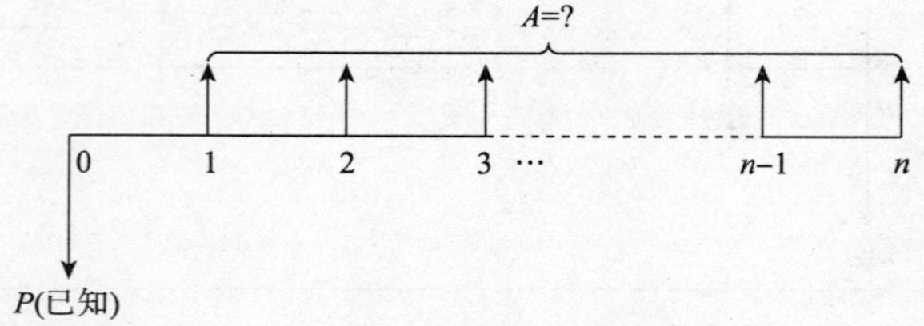 $A=?$ 0 1 2 3 … $n-1$ n P(已知)	等额分付资金回收系数 $(A/P,i,n)=\left[\frac{i(1+i)^n}{(1+i)^n-1}\right]$	$=PMT(i,n,P)$
等差序列	终值公式	差值 G	终值 F	$F_G=\frac{G}{i}\left[\frac{(1+i)^n-1}{i}-n\right]$	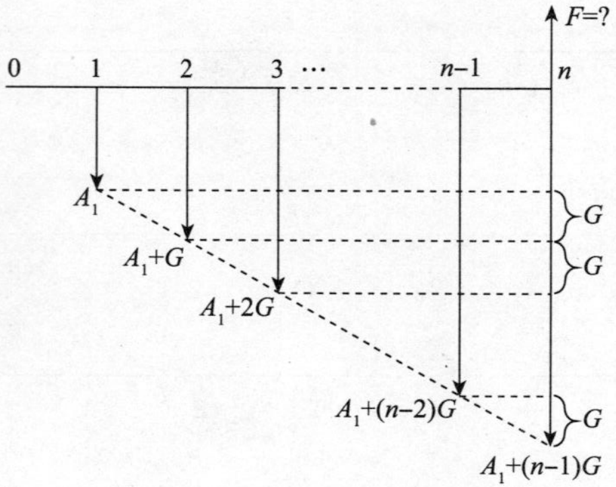 $F=?$ 0 1 2 3 … $n-1$ n A_1 A_1+G A_1+2G $A_1+(n-2)G$ $A_1+(n-1)G$ G G G	等差分付终值系数 $(F/G,i,n)=\frac{1}{i}\left[\frac{(1+i)^{-1}}{i}-n\right]$	$=FV(i,n,NPV\ i,A$ $[1\cdots n]))$ 或 $=FV(i,n,A)+G\times$ $[FV(i,n,1)-n]/i$

续前表

类型		已知	求解	计算公式	现金流量图	系数名称及符号	Excel 函数
等差序列	现值公式	差值 G	现值 P	$P_G=\dfrac{G}{i(1+i)^n\dfrac{(1+i)^n-1}{i}}$	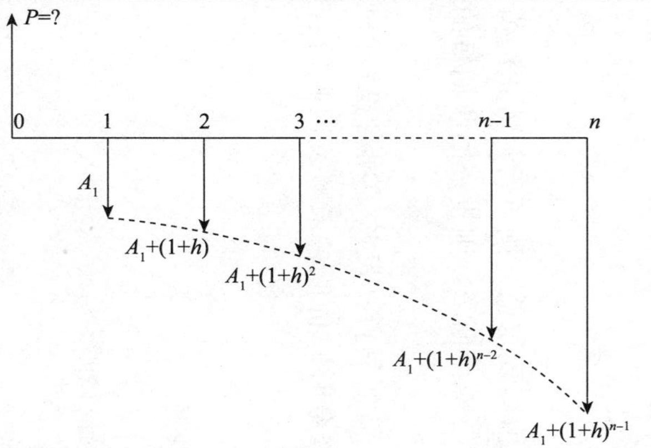 $P=?$; 0, 1, 2, 3 …, $n-1$, n; A_1, $A_1+(1+h)$, $A_1+(1+h)^2$, $A_1+(1+h)^{n-2}$, $A_1+(1+h)^{n-1}$	等差分付现值系数 $(P/G,i,n)=\dfrac{1}{i(1+i)^n\left[\dfrac{(1+i)^n-1}{i}-n\right]}$	$=NPV(i,A[1\cdots n])$
等比序列	现值公式	初值 A_1 比例 h	现值 P	$P=\begin{cases}A_1\times\left[\dfrac{1-(1+h)^n(1+i)^{-n}}{i-h}\right]\\A_1\times\dfrac{n}{1+i}\end{cases}$	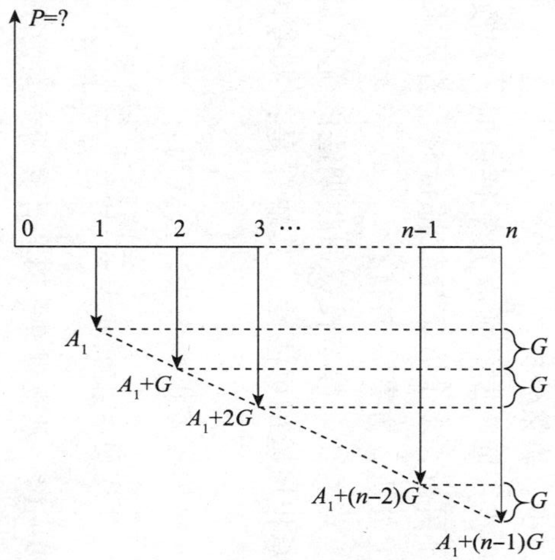 $P=?$; 0, 1, 2, 3 …, $n-1$, n; A_1, A_1+G, A_1+2G, $A_1+(n-2)G$, $A_1+(n-1)G$; G, G, G	等比现值系数 $(P/A,i,n)=\begin{cases}\left[\dfrac{1-(1+h)^n(1+i)^{-n}}{i-h}\right]\\\dfrac{n}{1+i}\end{cases}$	$=NPV(i,A[1\cdots n])$ 或自定义函数

表 9—7　　非贴现法下各年的净现金流量表　　单位：元

年序 方案	0	1	2	3	4	5
A	−100 000	36 000	36 000	36 000	36 000	36 000
B	−100 000	30 000	30 000	35 000	40 000	45 000
累计	−100 000	−70 000	−40 000	−5 000	35 000	80 000

解：第一步，计算投资回收期。

若每年净现金流量相等，则：投资回收期＝原始投资额÷每年净现金流量。

若每年净现金流量不等，则累计净现金流量。

$N_A = 100\ 000 \div 36\ 000 = 2.778$（年）

$N_B = 3 + 5\ 000 \div 40\ 000 = 3.125$（年）

第二步，决策分析。

考察投资回收期，独立方案评价时，若预测值≤要求值，则可行；若预测值＞要求值，则不可行；多个方案比较评价时，若要求值＝寿命期/2，则投资回收期短的方案较优。综上分析，方案 A 较优。

由上可看出，静态投资回收期法的优点是：简便易行；反映了项目投资回收能力；可减少承担风险的可能性。其缺点是：未考虑资金时间价值；未顾及回收期后的现金流量。

(2) 平均投资报酬率法。公式为：

$$平均投资报酬率=\frac{年均现金净流量或净利润}{原始投资}\times 100\%$$

例 9—14：承上例 9—13，计算两方案的平均投资报酬率。

解：$\frac{36\ 000}{100\ 000}\times 100\%=36\%$

$$\frac{(30\ 000+30\ 000+35\ 000+40\ 000+45\ 000)\ \div 5}{100\ 000}\times 100\%=36\%$$

用此方法进行决策分析的标准是：独立方案评价时，若平均投资报酬率预测值≥要求值，则可行；若平均投资报酬率＜要求值，则不可行；多方案比较时，平均投资报酬率高的方案优。

由上可看出，平均投资报酬率法的优点是：简明易懂；考虑了项目整个寿命期内的现金流量。其缺点是：没有顾及货币时间价值。

2. 贴现法

贴现法，是指考虑货币时间价值的分析评价方法。主要方法有：

(1) 动态投资回收期法。

动态投资回收期是指在考虑了资金时间价值的条件下，收回全部投资所需的时间。

例 9—15：承上例 9—14，设折现率为 10%，计算 A、B 两方案的动态投资回收期。

解：A、B 两方案的动态投资回收期的计算见表 9—8。

表9—8　　贴现法下现金流量表　　单位：元

年序	复利现值系数	方案A			方案B		
		NCF	*NCF* 现值	累计额	*NCF*	*NCF* 现值	累计额
0		−100 000			−100 000		
1	0.909	36 000	32 724	−67 276	30 000	27 270	−72 730
2	0.826	36 000	29 736	−37 540	30 000	24 780	−47 950
3	0.751	36 000	27 036	−10 504	35 000	26 285	−21 665
4	0.683	36 000	24 588	14 084	40 000	27 320	5 655
5	0.621	36 000	22 356	36 440	45 000	27 945	33 600
NPV		36 440			33 600		

所以：$N_A = 3 + 10\ 504 \div 24\ 588 = 3.43$（年）

$N_B = 3 + 21\ 665 \div 27\ 320 = 3.79$（年）

由上可以看出，此法虽考虑了资金时间价值，但仍有静态投资回收期的其他缺陷。

（2）净现值法。

这种方法使用净现值作为评价方案优劣的指标。所谓净现值（*NPV*），是指特定方案未来现金流入的现值与未来现金流出的现值之间的差额。净现值（*NPV*）的计算公式为：

$$NPV = \sum_{t=1}^{n} \frac{I_t}{(1+K)^t} - \sum_{t=1}^{n} \frac{O_t}{(1+K)^t} \tag{9—24}$$

式中，n 为投资涉及的年限；I_t 为第 t 年的现金流入量；O_t 为第 t 年的现金流出量；K 为预定的贴现率。

评价单个项目时，若净现值为正数，说明贴现后现金流入大于贴现后现金流出，该投资项目的报酬率大于预定的贴现率，项目是可行的；若净现值为负数，说明贴现后现金流入小于贴现后现金流出，该投资项目的报酬率小于预定的贴现率，项目是不可行的；当评价投资额相同的多个项目方案时，*NPV* 大的方案优。

此法的优点是：考虑了整个寿命期内的收益；考虑了货币时间价值；考虑了最低报酬率。其缺点是：准确测定最低报酬率比较困难；不能反映投资项目的收益水平；不便于比较寿命期不同、投资规模不一的多个项目。

例9—16：承上例9—15，计算两方案的净现值。

解：$NPV_A = 36\ 000 \times (P/A, 10\%, 5) - 100\ 000 = 36\ 000 \times 3.79 - 100\ 000$

$= 136\ 440 - 100\ 000 = 36\ 440$（元）

$NPV_B = 30\ 000 \times (P/S, 10\%, 1) + 30\ 000 \times (P/S, 10\%, 2)$

$+ 35\ 000 \times (P/S, 10\%, 3) + 40\ 000 \times (P/S, 10\%, 4)$

$+ 45\ 000 \times (P/S, 10\%, 5) - 100\ 000$

$= 30\ 000 \times 0.909 + 30\ 000 \times 0.826 + 35\ 000 \times 0.751 + 40\ 000 \times 0.683$

$+ 45\ 000 \times 0.621 - 100\ 000$

$= 133\ 600 - 100\ 000 = 33\ 600$（元）

所以，方案A较优。

(3) 现值指数法。

这种方法使用现值指数作为评价方案的指标。所谓现值指数 (PI),是未来现金流入现值与现金流出现值的比率,亦称现值比率、获利指数、贴现后收益—成本比率等。其计算公式为:

$$PI=\frac{\sum_{t=1}^{n}\frac{I_t}{(1+K)^t}}{\sum_{t=1}^{n}\frac{O_t}{(1+K)^t}} \tag{9—25}$$

式中,n 为投资涉及的年限;I_t 为第 t 年的现金流入量;O_t 为第 t 年的现金流出量;K 为预定的贴现率。

当评价单个项目时,若现值指数大于 1,说明贴现后现金流入大于贴现后现金流出,该投资项目的报酬率大于预定的贴现率,项目是可行的;若现值指数小于 1,说明贴现后现金流入小于贴现后现金流出,该投资项目的报酬率小于预定的贴现率,项目是不可行的;当评价投资额相同的多个项目方案时,PI 大的方案优。

现值指数法的优点是:克服了净现值法不能对不同规模的各方案进行比较。其缺点同净现值法。

例 9—17:承上例 9—16,计算两方案的现值指数。

解:$PI_A=136\ 440\div100\ 000=1.364\ 4$

$PI_B=133\ 600\div100\ 000=1.336$

所以,方案 A 较优。

(4) 内含报酬率法。

内含报酬率法是根据方案本身内含报酬率来评价方案优劣的一种方法。所谓内含报酬率 (IRR),是指能够使未来现金流入量现值等于未来现金流出量的贴现率,或者说是使方案净现值为零的贴现率,又称为内部收益率。

若内含报酬率大于企业所要求的最低报酬率(即净现值中所使用的贴现率),就接受该投资项目;若内含报酬率小于企业所要求的最低报酬率,就放弃该项目。实际上内含报酬率大于贴现率时接受一个项目,也就是接受了一个净现值为正的项目。若多个项目进行评价时,内部报酬率值较大的方案较优。

净现值法和现值指数法虽然考虑了货币时间价值,可以说明方案高于或低于某一特定的标准,但没有揭示方案本身可以达到的真实的报酬率是多少。内含报酬率法是根据方案的现金流量计算出的,是方案本身的真实投资报酬率。

内含报酬率的优点是:不必事先选择贴现率;能反映投资项目的收益水平。其缺点是:现金流量的方向改变超过一次时,IRR 将出现多解,难以判断;再投资报酬率的假设不尽合理。

内含报酬率法的计算,通常需要使用"逐步测试法",计算比较烦琐。不过在 Excel 中提供了计算内含报酬率法的函数 IRR,使计算变得很简单。

9.2.2 投资决策分析的内容及方法选择

投资决策分析评价的内容主要有:

1. 独立项目之间的比较分析

该决策就是接受或拒绝一个投资项目或方案建议。例如：是否开展一项营销活动、是否决定购买某套设备。这些决策主要是看项目方案是否满足决策者在投资回报率、价值附加值等方面的要求。

2. 相关或相容项目的多目标决策

此决策最终被采纳的方案可能不止一个。例如，有一笔投资资金，可同时选择多个项目方案构建投资组合。此时，可对多个方案进行排序，根据预设投资收益标准（如收益率或收益额）及投资预算限额选择方案。

3. 互斥项目之间的比较分析

该决策是从一系列互斥方案中选出较优选择。例如，在四个竞争项目方案中选择一个营销推广计划、为新厂选择地址等。此类型决策通常遵循一些标准排序，并从中选优。

一般说来，在进行项目方案的可行性评价及排序时，前述各种评价方法都是适用的，而且得出的结论也是一致的。但是在进行互斥方案的评价优选时，前述方法可能会导致相互矛盾的结论。采用此方法选择时可注意以下几点：

（1）若投资资本无限量的条件下，可优先考虑采用净现值法，且净现值大的项目方案较优；在资本有限量的条件下，可采用现值指数法，现值指数大的项目方案较优，说明资金得到了更为有效的运用；或采用内含报酬率法，差额内含报酬率大的项目方案较优。

（2）在许多常见的投资项目中，除了初始投资额是一项现金流出量之外，有效期限内其余各年发生的都是现金流入量，这种投资项目被称为“正常投资项目”，其净现值随着贴现率的增大而单调地减小，因而只存在唯一的内部报酬率。很显然，在这种情况下，用净现值法和内部报酬率法的评价标准进行分析决策的结论是等效的。但是有时也会遇到“非正常投资项目”，即除了初始投资额之外，有效期内的其他年需要追加投资而且追加投资额超过投资带来的收益或者当年出现亏损的情况。在这种情况下，净现值不是随贴现率单调变化，可能先增大再减小，也可能先减小后增大再减小。这时，一个投资项目就会具有多个内部报酬率，只能用净现值作为投资评价准则而不能用内部报酬率作为投资评价准则。

9.3　基于Excel的投资决策模型分析示例

9.3.1　一般建模步骤

第一步，整理问题涉及的已知数据，列出项目各期的净现金流。在整理现金流时要注意现金流的方向，一般规定现金收入为正，现金支出为负。

第二步，在Excel中建立投资评价模型框架，使决策者能清楚地看出哪些是已知参数，哪些是可变的决策变量，哪些是反映结果的目标变量。

第三步，利用Excel的内建函数或数学表达式，求出所有投资项目的净现值，找出投资项目中最大的净现值，并利用INDEX和MATCH函数找出最优投资项目名称。

第四步，分别求出每个项目的内部报酬率，通过内部报酬率来分析项目的投资价值。

第五步，建立不同投资项目的净现值随贴现率变化的模拟运算表，从而进行项目净现值对贴现率的灵敏度分析。

第六步，根据模拟运算表的数据，建立各个投资项目净现值随贴现率变化的图形，可直观地观察贴现率的变化对项目净现值的影响。

第七步，建立贴现或其他参数的可调控件，使图形变成动态可调的图形。

第八步，利用 IRR 函数或查表加内插值等法求出两个项目净现值相等的曲线交点，画出垂直参考线。

第九步，分析观察贴现率或其他参数的变化对投资项目选择的影响。

9.3.2 应用举例

例 9—18：某投资公司现有 A、B 与 C 三个互斥投资项目可供选择，假设这三个投资项目的当前（第 0 年）投资金额与今后三年（第一至三年）的预期回报分别如表 9—9 所示。试建立一个决策模型，当公司使用的贴现率在 1%～15%范围内，选出这三个项目中最优的投资项目。

表 9—9　　项目 A、B、C 的投资回报数据

	初始投资额（万元）	预期回报（万元）		
		第一年	第二年	第三年
项目 A	1 800	1 300	900	500
项目 B	1 800	1 200	1 000	1 000
项目 C	200	600	400	200

解：第一步，建立模型框架。

如图 9—23 所示，在 Excel 工作表的单元格 C9：G12 中输入表 9—9 中的数据，并在单元 C3、C4、C5 中输入文字“贴现率”、“最大净现值”和“实现该净现值最大值的项目”。该工作表命名为“投资评价模型”。

	A	B	C	D	E	F	G	H	I	J
1										
2										
3			贴现率					1%	1	
4			最大净现值					1339.01		
5			实现该净现值最大值的项目					项目B		
6										
7										
8										
9				第0年	第1年	第2年	第3年	NPV		
10			项目A	-1800	1300	900	500	854.69		
11			项目B	-1800	1200	1000	1000	1339.01		
12			项目C	-200	600	400	200	980.30		
13										
14										
15			最优项目是项目B							
16										

图 9—23　项目 A、B、C 的投资评价模型

第二步，计算投资项目的净现值，并且显示最优投资项目。在图 9—23 中的 Excel 表中，进行如表 9—10 所示的公式设置。

表 9—10　　相关单元格及公式

单元格	输入内容
I3	任意输入某个整数，例如“1”
H3	=I3/100
H10	=D10+NPV（$H$3，E10：G10）
H11	=D11+NPV（$H$3，E11：G11）
H12	=D12+NPV（$H$3，E12：G12）
H4	=MAX（H10：H12）
H5	=INDEX（C10：C12，MATCH（H4，H10：H12，0））
C15	=IF（H4>0，“最优项目是”&H5，“三个项目均不可取”）

第三步，添加控件。

打开“控件”工具栏（如果常用工具栏上没有此选项，则需要打开 Excel 的选项卡，在自定义菜单中选中“开发工具选项卡”进行添加），如图 9—24 所示。选择“微调器”，在单元格 H3 的左边绘制“微调器”控件，右击该控件，选择“设置控件格式”，设置如图 9—25 所示，点击“确定”，从而建立了贴现率的微调器。

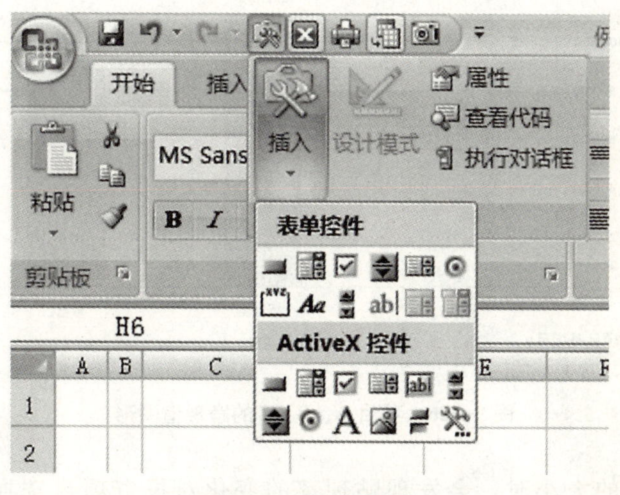

图 9—24　控件选项卡

第四步，绘制图形。

在图 9—23 所示的 Excel 表中选择单元格 C10：C12 和 H10：H12，利用图表工具绘制三个项目的净现值的柱形图。在图形旁边再制作一个贴现率微调器，制作方法同第三步所

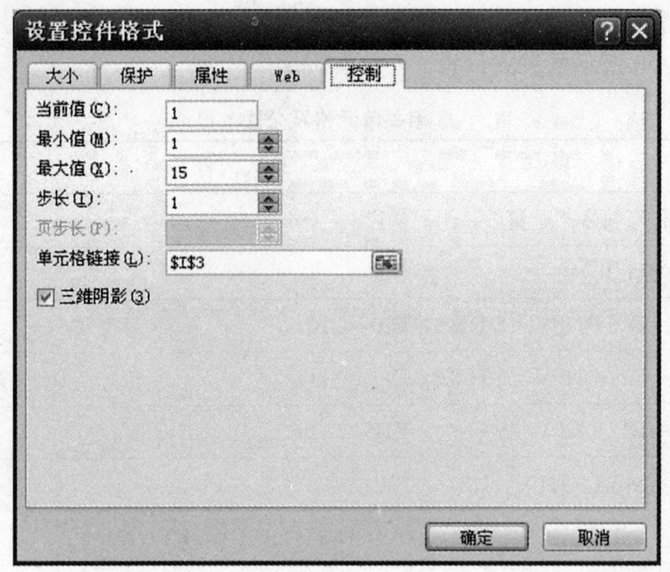

图 9—25 “设置控件格式”对话框

述。在图形旁边插入一个文本框，选中文本框，在编辑栏中输入公式“=投资评价模型!C15!”，用于显示当前最优投资项目。调整微调器和文本框的位置并与图形组合，结果如图 9—26 所示。

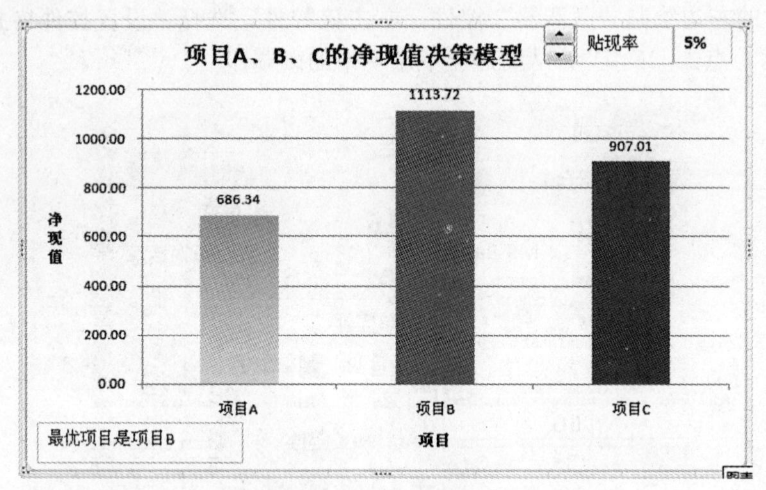

图 9—26 项目 A、B、C 的净现值图形

当调节贴现率的大小时，会发现贴现率的变化对投资项目选择的影响。在本例中，当贴现率较小时，最优投资项目是 B；当贴现率超过 11%时，最优投资项目变为 C。

例 9—19： 某公司现有甲、乙、丙三个投资项目可供选择，这些项目的初始（第 0 年）投资额与第一年继续投入的资金额以及它们在第一、二年的现金收入如表 9—11 所示。

表 9—11 **项目甲、乙、丙的投资回报数据**

	现金付出（元）		现金收入（元）	
	第 0 年	第一年	第二年	第三年
项目甲	－21 000	－50 000	23 000	78 000
项目乙	－50 000	－35 000	10 000	115 000
项目丙	－40 000	－15 000	10 500	80 000

这三个项目在第二年以后将不再获得收入（即它们的有效期都等于两年）。试在公司资本成本率等于 15％的条件下确定三个投资项目中的最优者。此外，如果公司贴现率有可能在 5％～40％范围内变化的话，试分析在此变化过程中最优投资项目的可能变化。

解：第一步，建立模型框架。

如图 9—27 所示，在 Excel 工作表的单元格 C3：G7 中输入表 9—11 中的数据，并将三年的现金支出和现金收入数据整理成一个净现金流量表放在单元格 C9：G13 中，该工作表命名为“投资评价模型”。

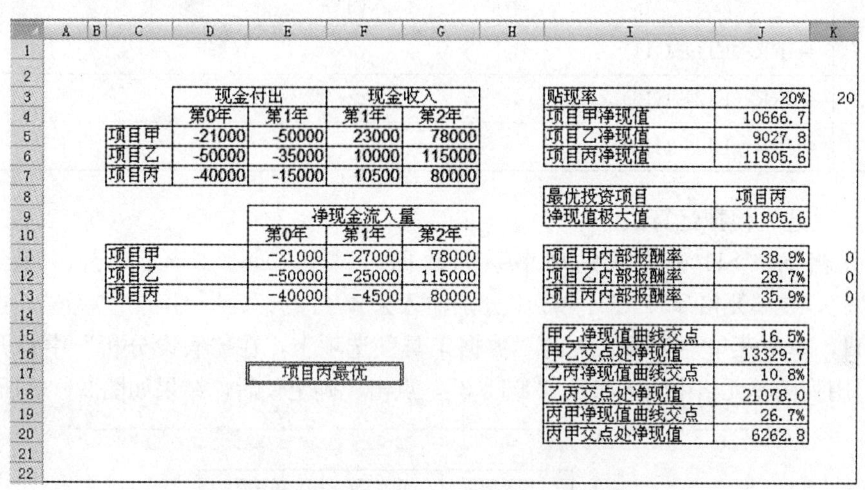

	现金付出		现金收入	
	第0年	第1年	第1年	第2年
项目甲	-21000	-50000	23000	78000
项目乙	-50000	-35000	10000	115000
项目丙	-40000	-15000	10500	80000

	净现金流入量		
	第0年	第1年	第2年
项目甲	-21000	-27000	78000
项目乙	-50000	-25000	115000
项目丙	-40000	-4500	80000

项目丙最优

贴现率	20%	20
项目甲净现值	10666.7	
项目乙净现值	9027.8	
项目丙净现值	11805.6	
最优投资项目	项目丙	
净现值极大值	11805.6	
项目甲内部报酬率	38.9%	0
项目乙内部报酬率	28.7%	0
项目丙内部报酬率	35.9%	0
甲乙净现值曲线交点	16.5%	
甲乙交点处净现值	13329.7	
乙丙净现值曲线交点	10.8%	
乙丙交点处净现值	21078.0	
丙甲净现值曲线交点	26.7%	
丙甲交点处净现值	6262.8	

图 9—27 项目甲、乙、丙的投资评价模型

第二步，计算投资项目的净现值，并且显示最优投资项目。

在图 9—27 所示的 Excel 表中的单元格 I3：I9 中输入相关文本文字后，对应的公式设置如表 9—12 所示。

表 9—12 **相关单元格及公式**

单元格	输入内容
K3	任意输入某个整数，例如“20”
J3	＝K3/100
J4	＝E11＋NPV（$J$3，F11：G11）

续前表

单元格	输入内容
J5	=E12+NPV（$J$3，F12：G12）
J6	=E13+NPV（$J$3，F13：G13）
J8	=INDEX（C11：C13，MATCH（J9，J4：J6，0））
J9	=MAX（J4：J6）
E17	=IF（J9>0，J8 &“最优”，“三个项目均不可取”）

第三步，计算内部报酬率。

利用 IRR 函数分别计算三个项目的内部报酬率，通过内部报酬率来观察分析项目的投资价值。具体做法是：在图 9—27 所示的 Excel 表中的单元格 I11：I13 中输入相关文本文字后，对应的公式设置如表 9—13 所示。

表 9—13　　相关单元格及公式

单元格	输入内容
J11	=IRR（E11：G11）
J12	=IRR（E12：G12）
J13	=IRR（E13：G13）

第四步，建立模拟运算表。

在单元格 S4：S11 中生成贴现率系列数据“5%、10%、15%、20%、25%、30%、35%、40%”，在单元格 T3、U3、V3 中分别输入公式“=J4”、“=J5”、“=J6”，选中单元格 S3：V11，单击菜单“数据”中的“数据工具”选项卡，在“假设分析”中打开“数据表”，在引用列的单元格中输入参数“$J$3”，点击“确定”后，结果如图 9—28 所示。

	R	S	T	U	V	W
1						
2			项目甲	项目乙	项目丙	
3			10666.7	9027.8	11805.6	
4		5%	24034.0	30498.9	28276.6	
5		10%	18917.4	22314.0	22024.8	
6		15%	14500.9	15217.4	16578.4	
7		20%	10666.7	9027.8	11805.6	
8		25%	7320.0	3600.0	7600.0	
9		30%	4384.6	-1183.4	3875.7	
10		35%	1798.4	-5418.4	562.4	
11		40%	-489.8	-9183.7	-2398.0	
12						
13		16.45%	10.82%	26.73%	0	
14		16.45%	10.82%	26.73%	30000	
15						
16		当前贴现率的垂直参考线				
17		20%	0			
18		20%	10666.7			
19		20%	9027.8			
20		20%	11805.6			
21		20%	30000			
22						
23						

图 9—28　项目甲、乙、丙的净现值随贴现率变化的数据

第五步，绘制图形。

选择单元格 S4：V11，建立项目净现值的 *XY* 散点图图形，如图 9—29 所示，每一个曲线代表一个投资项目的净现值，从中可以清楚看到每个项目的净现值随贴现率变化的情况。

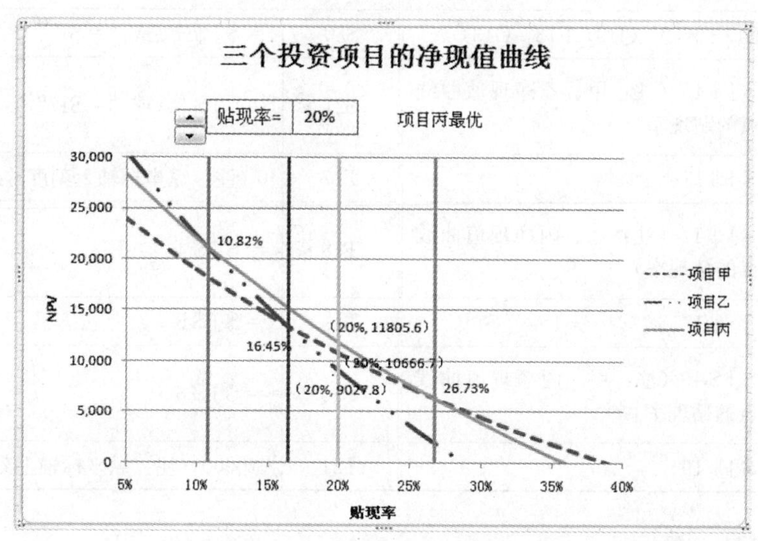

图 9—29　项目甲、乙、丙的净现值随贴现率变化的图形

第六步，添加控件。

在净现值变化图形的旁边建立一个最小值为 5、最大值为 40、步长为 5、链接单元格 K3 的贴现率微调器，并绘制一个显示单元格 E17 决策结论的文本框，当贴现率变化时，该文本框能随时反映当前最优的投资项目，将贴现率微调器和决策结论文本框移到图形上。

第七步，添加垂直参考线。

在单元格 I15：J20 中求出不同投资项目净现值相等贴现率（即净现值曲线交点坐标）；通过设置并选择单元格 S13：S14 和 V13：V14，画出经过甲、乙净现值曲线交点的垂直参考线；设置并选择单元格 T13：T14 和 V13：V14，画出经过乙、丙净现值曲线交点的垂直参考线；设置并选择单元格 U13：U14 和 V13：V14，画出经过甲、丙净现值曲线交点的垂直参考线；设置并选择单元格 S17：T21，画出经过当前贴现率的垂直参考线。在垂直线上添加数据标签，经过格式调整后即可得到最终的可调图形，如图 9—29 所示。

相关单元格的公式设置如表 9—14 所示。

表 9—14　　相关单元格及公式

单元格	输入内容	单元格	输入内容
J15	＝IRR（E11：G11－E12：G12）	V13	0（注：纵坐标轴上刻度的最小值）
J16	＝E11＋NPV（J15，F11：G11）	V14	30 000（注：纵坐标轴上刻度的最大值）
J17	＝IRR（E12：G12－E13：G13）	S17	＝$J$3（注：当前的贴现率）

续前表

单元格	输入内容	单元格	输入内容
J18	=E12+NPV（J17，F12：G12）	S18	=$J$3（或"=S17"）
J19	=IRR（E13：G13-E11：G11）	S19	=$J$3（或"=S17"）
J20	=E13+NPV（J19，F13：G13）	S20	=$J$3（或"=S17"）
S13	=$J$15（注：甲、乙净现值曲线交点的贴现率）	S21	=$J$3（或"=S17"）
S14	=$J$15	T17	0（注：纵坐标轴上刻度的最小值）
T13	=$J$17（注：乙、丙净现值曲线交点的贴现率）	T18	=$J$4
T14	=$J$17	T19	=$J$5
U13	=$J$19（注：甲、丙净现值曲线交点的贴现率）	T20	=$J$6
U14	=$J$19	T21	30 000（注：纵坐标轴上刻度的最大值）

本章小结

本章首先介绍了与投资决策相关的基本概念及原理，包括资金的时间价值、现金流量以及资金的等效值原理和常用函数，充分理解这些概念和原理是掌握本章内容的必要前提条件。其次介绍了有关投资决策的主要评价指标和方法，并针对投资决策的分析内容区别了各评价指标和方法的适用特点。最后介绍了如何在Excel表格中构建投资决策模型及进行分析决策的步骤和技巧，其中涉及的技术包括净现值曲线交点的确定方法、查表加内插值法、利用微调器控件和文本框结合制作动态可调图形的方法。

复习思考题

1. 现有一个2005年记账式国债投资项目，在上海证券交易所挂牌上市，可以在市场上交易买卖。国债的概况和付息情况见表9—15。如果按照今日收盘价102.02元购买该国债，请建立相应模型：

(1) 计算当贴现率为3%时，该国债投资净现值；

(2) 计算该国债的内部报酬率，保留小数点后两位。

表9—15　　国债概况

债券名称：	2005年记账式国债（2005年5月26日上市）
债券简称：	05国债
债券代码：	010505

面值（元）:	100
债券期限（年）:	3
计息方式:	单利
付息日:	每年 5 月 25 日付息
付息金额（元/百元）:	3.37
到期日:	2008－05－25
到期日:	偿还本金 100 元并支付最后一次利息
今日:	2007－01－09
今日收盘价（元）:	102.02

2. 某房地产商现有两个投资项目：项目 A 是旧区改造，项目 B 是征得一块空地造商品房。项目 A 要花 2 年时间进行动迁，每年的动迁费用是 300 万，第三年造商品房需投入 1 000 万元，若后 2 年将房屋全部销售完毕，每年可得 1 200 万元销售额；项目 B 造商品房的初始投资额是 1 500 万元，当年完成征地和造房，第二年开始销售，5 年内均匀地销售完，每年的销售收入是 500 万元，贴现率为 11%。要求：

(1) 建立一个对两个项目进行比较的模型，在两个并列的单元格中分别求出两个投资项目的净现值，在一个单元格中利用 IF 函数给出“项目 A 较优”或“项目 B 较优”的结论。

(2) 将上述模型加以扩充，在两个并列的单元格中分别求出两个项目的内部报酬率。

(3) 在一个单元格中使用一个 Excel 内建函数，求出使两个项目的净现值相等的贴现率。

(4) 利用灵敏度分析生成的自变量—函数对照表中查表加内插的方法，再次求出使两个项目的净现值相等的贴现率。

3. 某投资者有 200 万元资金，现有两个投资项目：项目 A 是基金，项目 B 是股票。项目 A 初始投入 200 万元，根据预测以后每年获得红利 18 万元的投资收益，10 年后该基金的市场价值 240 万元；项目 B 初始投入 200 万元，根据预测该项目第一年可获得红利 10 万元的收益，以后每年的收益在上一年基础上递增 10%，10 年后该股票的市场价值 300 万元，假定贴现率为 6%（见表 9—16）。要求：

表 9—16 **投资项目数据**

	项目 A	项目 B
贴现率	6%	6%
年限	10	10
初始投入	200	200
每年收益	18	—

续前表

	项目 A	项目 B
第一年收益	—	10
以后各年收益增长率	—	10%
收回本金	240	300
净现值		
比较结论		
内部报酬率		
使两种方案净现值相等的贴现率		
查表加内插值方法的贴现率		

(1) 建立一个对两个项目进行比较的模型，分别求出两个投资项目的净现值，在一个单元格中利用 IF 函数给出“项目 A 较优”或“项目 B 较优”的结论。

(2) 分别求出两个项目的内部报酬率。

(3) 在一个单元格中使用一个 Excel 内建函数，求出使项目 A 和项目 B 的净现值达到相等的贴现率。

(4) 利用模拟运算表生成的自变量—函数对照表中查表加内插的方法，再次求出使 A、B 两个项目的净现值相等的贴现率（贴现率的变化范围为 1%～15%，间隔为 1%）。

4. 某投资者在 2011 年以 80 万元的总价购买了一处房产准备出租作为投资，在此后 3 年里该房产每年的租金收入是 2 万元，3 年后该房产的市价已升至 85 万元，故将该房产售出。假定贴现率为 6%。要求：

(1) 建立模型，求出该房产的投资净现值。

(2) 利用函数，给出该房产投资“有利”或“不利”的结论。

(3) 计算该房产投资的年回报率。

(4) 利用函数，求出为使该投资的年回报率正好等于贴现率，每年所应获得的租金。

(5) 利用内插附表法，再次求出为使该投资的回报率正好等于贴现率，每年所应获得的租金。

附录 数据文件

1. 销售报表

产品	客户	第1季度	第2季度	第3季度	第4季度
蒙古大草原绿色羊肉	ANTON	—	￥702.00	—	—
蒙古大草原绿色羊肉	BERGS	￥312.00	—	—	—
蒙古大草原绿色羊肉	BOLID	—	—	—	￥1 170.00
蒙古大草原绿色羊肉	BOTTM	￥1 170.00	—	—	—
蒙古大草原绿色羊肉	ERNSH	￥1 123.20	—	—	￥2 607.15
蒙古大草原绿色羊肉	GODOS	—	￥280.80	—	—
蒙古大草原绿色羊肉	HUNGC	￥62.40	—	—	—
蒙古大草原绿色羊肉	PICCO	—	￥1 560.00	￥936.00	—
蒙古大草原绿色羊肉	RATTC	—	￥592.80	—	—
蒙古大草原绿色羊肉	REGGC	—	—	—	￥741.00
蒙古大草原绿色羊肉	SAVEA	—	—	￥3 900.00	￥789.75
蒙古大草原绿色羊肉	SEVES	—	￥877.50	—	—
蒙古大草原绿色羊肉	WHITC	—	—	—	￥780.00
大茴香籽调味汁	ALFKI	—	—	—	￥60.00
大茴香籽调味汁	BOTTM	—	—	—	￥200.00
大茴香籽调味汁	ERNSH	—	—	—	￥180.00
大茴香籽调味汁	LINOD	￥544.00	—	—	—
大茴香籽调味汁	QUICK	—	￥600.00	—	—
大茴香籽调味汁	VAFFE	—	—	￥140.00	—
上海大闸蟹	ANTON	—	￥165.60	—	—
上海大闸蟹	BERGS	—	￥920.00	—	—
上海大闸蟹	BONAP	—	￥248.40	￥524.40	—
上海大闸蟹	BOTTM	￥551.25	—	—	—
上海大闸蟹	BSBEV	￥147.00	—	—	—

续前表

产品	客户	第1季度	第2季度	第3季度	第4季度
上海大闸蟹	FRANS	—	—	—	¥18.40
上海大闸蟹	HILAA	—	¥92.00	¥1 104.00	—
上海大闸蟹	LAZYK	¥147.00	—	—	—
上海大闸蟹	LEHMS	—	¥515.20	—	—
上海大闸蟹	MAGAA	—	—	—	¥55.20
上海大闸蟹	OTTIK	—	—	¥368.00	—
上海大闸蟹	PERIC	¥308.70	—	—	—
上海大闸蟹	QUEEN	¥26.46	—	¥419.52	¥110.40
上海大闸蟹	QUICK	—	—	¥1 223.60	—
上海大闸蟹	RANCH	¥294.00	—	—	—
上海大闸蟹	SAVEA	—	—	¥772.80	¥736.00
上海大闸蟹	TRAIH	—	¥36.80	—	—
上海大闸蟹	VAFFE	¥294.00	—	—	¥736.00
法国卡门贝干酪	ANATR	—	—	¥340.00	—
法国卡门贝干酪	AROUT	—	—	—	¥510.00
法国卡门贝干酪	BERGS	—	—	¥680.00	—
法国卡门贝干酪	BOTTM	—	—	—	¥1 700.00
法国卡门贝干酪	CHOPS	—	¥323.00	—	—
法国卡门贝干酪	FAMIA	—	¥346.80	—	—
法国卡门贝干酪	FRANK	—	—	¥612.00	—
法国卡门贝干酪	FURIB	¥544.00	—	—	—
法国卡门贝干酪	GOURL	—	—	—	¥340.00
法国卡门贝干酪	LEHMS	—	¥892.50	—	—
法国卡门贝干酪	MEREP	—	—	¥2 261.00	—
法国卡门贝干酪	OTTIK	—	—	¥1 020.00	—
法国卡门贝干酪	QUEEN	—	—	—	¥510.00
法国卡门贝干酪	QUICK	—	¥2 427.60	¥1 776.50	—
法国卡门贝干酪	RICAR	¥1 088.00	—	—	—
法国卡门贝干酪	RICSU	¥1 550.40	—	—	—
法国卡门贝干酪	SAVEA	—	—	¥2 380.00	—
法国卡门贝干酪	WARTH	—	¥693.60	—	—

续前表

产品	客户	第 1 季度	第 2 季度	第 3 季度	第 4 季度
法国卡门贝干酪	WOLZA	—	—	¥510.00	—
王守义十三香	BERGS	—	—	¥237.60	—
王守义十三香	BONAP	—	¥935.00	—	—
王守义十三香	EASTC	—	—	—	¥550.00
王守义十三香	FOLKO	—	¥1 045.00	—	—
王守义十三香	FURIB	¥225.28	—	—	—
王守义十三香	MAGAA	—	—	¥198.00	—
王守义十三香	QUEEN	—	—	—	¥132.00
王守义十三香	QUICK	—	¥990.00	—	—
王守义十三香	TRADH	—	—	¥352.00	—
王守义十三香	WARTH	—	—	¥550.00	—
秋葵汤	MAGAA	—	—	¥288.22	—
秋葵汤	THEBI	—	—	—	¥85.40
馄饨皮	AROUT	—	¥210.00	—	¥56.00
馄饨皮	BERGS	—	—	—	¥175.00
馄饨皮	BLONP	¥112.00	—	—	—
馄饨皮	DUMON	—	—	¥63.00	—
馄饨皮	FAMIA	—	—	—	¥28.00
馄饨皮	LAUGB	—	—	¥35.00	—
馄饨皮	NORTS	—	¥42.00	—	—
馄饨皮	OLDWO	—	—	¥168.00	—
馄饨皮	REGGC	—	—	¥23.80	—
馄饨皮	RICAR	—	¥490.00	—	—
馄饨皮	RICSU	—	—	—	¥420.00
馄饨皮	TOMSP	¥75.60	—	—	—
馄饨皮	VAFFE	—	—	—	¥99.75
馄饨皮	VINET	—	—	—	¥126.00
意大利羊乳干酪	AROUT	—	—	—	¥625.00
意大利羊乳干酪	BLONP	—	¥593.75	—	—
意大利羊乳干酪	BONAP	—	—	—	¥35.62
意大利羊乳干酪	CACTU	—	—	—	¥12.50

续前表

产品	客户	第1季度	第2季度	第3季度	第4季度
意大利羊乳干酪	ERNSH	—	—	—	¥890.00
意大利羊乳干酪	FOLKO	—	—	—	¥18.75
意大利羊乳干酪	GOURL	¥140.00	—	—	—
意大利羊乳干酪	HANAR	—	—	—	¥125.00
意大利羊乳干酪	HILAA	—	—	—	¥250.00
意大利羊乳干酪	HUNGO	—	¥600.00	—	—
意大利羊乳干酪	LEHMS	—	¥250.00	—	—
意大利羊乳干酪	OLDWO	—	—	¥187.50	—
意大利羊乳干酪	PICCO	—	—	—	¥100.00
意大利羊乳干酪	QUEEN	—	—	¥237.50	—
意大利羊乳干酪	QUICK	—	¥584.37	—	—
意大利羊乳干酪	RATTC	—	¥421.25	—	—
意大利羊乳干酪	RICSU	—	¥375.00	—	—
意大利羊乳干酪	SAVEA	—	—	—	¥625.00
意大利羊乳干酪	SUPRD	¥297.50	—	—	—
意大利羊乳干酪	TOMSP	¥27.00	—	—	—
意大利羊乳干酪	TORTU	—	¥250.00	—	—
意大利羊乳干酪	TRADH	—	¥190.00	—	—
意大利羊乳干酪	WANDK	—	—	¥90.00	—
意大利羊乳干酪	WARTH	—	¥375.00	—	—
老奶奶波森梅奶油	GOURL	—	—	—	¥750.00
老奶奶波森梅奶油	MEREP	—	—	¥1 750.00	—
怡保咖啡	ANTON	—	¥586.50	—	—
怡保咖啡	BERGS	—	¥2 760.00	—	—
怡保咖啡	FURIB	¥110.40	—	—	—
怡保咖啡	KOENE	¥552.00	—	—	—
怡保咖啡	MAISD	—	—	—	¥1 035.00
怡保咖啡	OLDWO	—	—	—	¥1 104.00
怡保咖啡	PICCO	—	¥1 150.00	—	—
怡保咖啡	QUICK	—	—	—	¥1 840.00
怡保咖啡	SUPRD	¥736.00	—	—	—

续前表

产品	客户	第1季度	第2季度	第3季度	第4季度
怡保咖啡	WELLI	—	—	¥920.00	—
怡保咖啡	WILMK	—	—	¥276.00	—
新英格兰杰克杂烩	AROUT	—	—	—	¥135.10
新英格兰杰克杂烩	BERGS	¥231.00	—	—	¥96.50
新英格兰杰克杂烩	BLONP	—	¥110.01	—	—
新英格兰杰克杂烩	BOTTM	¥154.00	—	—	—
新英格兰杰克杂烩	CACTU	—	¥96.50	—	—
新英格兰杰克杂烩	FAMIA	—	—	—	¥115.80
新英格兰杰克杂烩	FRANK	—	—	—	¥183.35
新英格兰杰克杂烩	GOURL	—	—	¥38.60	—
新英格兰杰克杂烩	HUNGO	—	¥694.80	—	—
新英格兰杰克杂烩	LAUGB	—	¥154.00	—	—
新英格兰杰克杂烩	OTTIK	—	¥82.51	—	—
新英格兰杰克杂烩	PICCO	—	—	—	¥337.75
新英格兰杰克杂烩	REGGC	—	—	¥154.40	—
新英格兰杰克杂烩	SAVEA	—	—	¥1 389.60	¥405.30
新英格兰杰克杂烩	SEVES	—	¥52.11	—	—
新英格兰杰克杂烩	TOMSP	—	¥135.10	—	—
新英格兰杰克杂烩	VAFFE	—	—	—	¥275.02
新英格兰杰克杂烩	VINET	—	—	—	¥115.80
德国慕尼黑啤酒	FRANK	—	—	¥350.00	—
德国慕尼黑啤酒	LONEP	—	¥98.00	—	—
德国慕尼黑啤酒	PERIC	—	¥420.00	—	—
德国慕尼黑啤酒	THECR	—	—	—	¥42.00
长寿豆腐	FRANS	—	—	—	¥50.00
长寿豆腐	HILAA	¥128.00	—	—	—
长寿豆腐	MEREP	¥240.00	—	—	—
长寿豆腐	QUICK	¥120.00	—	—	—
长寿豆腐	VICTE	—	—	—	¥112.50
长寿豆腐	WARTH	—	—	—	¥350.00
味道美辣椒沙司	BONAP	—	—	—	¥199.97

续前表

产品	客户	第1季度	第2季度	第3季度	第4季度
味道美辣椒沙司	ERNSH	—	¥820.95	—	¥1 299.84
味道美辣椒沙司	FRANR	—	—	¥252.60	—
味道美辣椒沙司	FURIB	—	—	¥268.39	—
味道美辣椒沙司	HANAR	—	¥682.02	—	—
味道美辣椒沙司	HUNGO	—	¥421.00	—	¥842.00
味道美辣椒沙司	LAMAI	—	¥226.80	—	—
味道美辣椒沙司	LINOD	—	—	¥442.05	—
味道美辣椒沙司	OTTIK	—	¥599.92	—	—
味道美辣椒沙司	PICCO	—	—	¥202.08	—
味道美辣椒沙司	QUICK	¥423.36	—	—	¥1 515.60
味道美辣椒沙司	RATTC	¥336.00	—	—	—
味道美辣椒沙司	RICAR	¥588.00	—	—	—
味道美辣椒沙司	RICSU	—	—	¥210.50	—
味道美辣椒沙司	VICTE	—	—	—	¥42.10
味道美五香秋葵荚	ANTON	—	—	¥68.00	—
味道美五香秋葵荚	EASTC	—	¥408.00	—	—
味道美五香秋葵荚	ERNSH	¥816.00	—	—	—
味道美五香秋葵荚	FOLKO	—	—	—	¥850.00
味道美五香秋葵荚	LAMAI	—	¥122.40	—	—
味道美五香秋葵荚	SUPRD	¥693.60	—	—	—
意大利白干酪	BOTTM	—	—	—	¥1 218.00
意大利白干酪	BSBEV	—	¥34.80	—	—
意大利白干酪	CONSH	¥278.00	—	—	—
意大利白干酪	FOLKO	—	¥835.20	—	—
意大利白干酪	GREAL	—	¥313.20	—	—
意大利白干酪	ISLAT	—	—	—	¥348.00
意大利白干酪	LEHMS	—	¥695.00	—	—
意大利白干酪	LINOD	—	—	¥2 088.00	—
意大利白干酪	MAGAA	—	—	—	¥887.40
意大利白干酪	MAISD	—	—	¥522.00	—
意大利白干酪	MORGK	—	¥1 044.00	—	—

续前表

产品	客户	第 1 季度	第 2 季度	第 3 季度	第 4 季度
意大利白干酪	QUICK	—	—	—	¥243.60
意大利白干酪	RICSU	—	¥730.80	—	—
意大利白干酪	SAVEA	—	—	¥417.60	—
意大利白干酪	SIMOB	—	¥835.20	—	—
意大利白干酪	VICTE	¥1 112.00	—	—	—
猪肉酸果曼沙司	BONAP	—	¥340.00	—	—
猪肉酸果曼沙司	GOURL	—	—	—	¥1 600.00
猪肉酸果曼沙司	LEHMS	—	¥960.00	—	—
猪肉酸果曼沙司	QUEEN	—	—	—	¥960.00
猪肉酸果曼沙司	WILMK	—	—	—	¥400.00
味鲜美馄饨	ANTON	—	¥87.75	—	—
味鲜美馄饨	AROUT	—	—	—	¥780.00
味鲜美馄饨	BLAUS	—	¥78.00	—	—
味鲜美馄饨	BONAP	—	—	—	¥204.75
味鲜美馄饨	BSBEV	—	¥117.00	—	—
味鲜美馄饨	PICCO	—	—	¥390.00	—
味鲜美馄饨	TOMSP	¥187.20	—	—	—
味鲜美馄饨	WARTH	¥312.00	—	—	—
野人麦芽酒	ANTON	—	¥560.00	—	—
野人麦芽酒	SAVEA	—	—	—	¥554.40
野人麦芽酒	THEBI	—	—	—	¥140.00
野人麦芽酒	TOMSP	¥179.20	¥105.00	—	—
野人麦芽酒	VAFFE	—	—	—	¥196.00
野人麦芽酒	WHITC	¥372.40	—	—	—
罗德尼橘子果酱	ERNSH	—	¥3 159.00	—	—
罗德尼橘子果酱	HUNGC	—	—	¥1 701.00	—
罗德尼橘子果酱	LEHMS	—	—	¥1 360.80	—
罗德尼橘子果酱	SEVES	—	¥1 093.50	—	—
罗德尼烤饼	BLAUS	—	—	¥80.00	—
罗德尼烤饼	BSBEV	¥112.00	¥150.00	—	—
罗德尼烤饼	CHOPS	—	—	—	¥380.00

续前表

产品	客户	第1季度	第2季度	第3季度	第4季度
罗德尼烤饼	DUMON	—	—	¥60.00	—
罗德尼烤饼	ERNSH	¥400.00	—	—	—
罗德尼烤饼	FOLIG	—	—	—	¥400.00
罗德尼烤饼	FRANK	—	—	¥225.00	¥304.00
罗德尼烤饼	GODOS	—	¥54.00	—	—
罗德尼烤饼	GREAL	—	—	¥108.00	—
罗德尼烤饼	KOENE	¥272.00	—	—	—
罗德尼烤饼	LILAS	¥240.00	—	—	—
罗德尼烤饼	LINOD	—	—	—	¥300.00
罗德尼烤饼	MEREP	—	—	¥420.00	—
罗德尼烤饼	OCEAN	¥96.00	—	—	—
罗德尼烤饼	PRINI	¥126.00	—	—	—
罗德尼烤饼	QUEEN	¥216.00	—	—	—
罗德尼烤饼	QUICK	—	—	¥600.00	—
罗德尼烤饼	RANCH	—	—	—	¥50.00
罗德尼烤饼	SIMOB	—	—	¥240.00	—
罗德尼烤饼	WANDK	—	¥320.00	—	—
罗德尼烤饼	WHITC	—	¥120.00	—	—
金刚烈性黑啤酒	BERGS	¥115.20	—	—	—
金刚烈性黑啤酒	BSBEV	—	¥360.00	—	—
金刚烈性黑啤酒	CACTU	—	¥54.00	—	—
金刚烈性黑啤酒	EASTC	¥504.00	—	—	—
金刚烈性黑啤酒	ERNSH	—	—	¥405.00	—
金刚烈性黑啤酒	FOLIG	—	—	—	¥270.00
金刚烈性黑啤酒	FRANK	—	—	¥486.00	—
金刚烈性黑啤酒	FURIB	—	¥306.00	—	—
金刚烈性黑啤酒	GREAL	—	—	¥72.00	—
金刚烈性黑啤酒	LINOD	—	—	—	¥121.50
金刚烈性黑啤酒	MEREP	¥691.20	—	—	—
金刚烈性黑啤酒	QUEDE	—	—	¥360.00	¥378.00
金刚烈性黑啤酒	VICTE	—	¥540.00	—	—

续前表

产品	客户	第1季度	第2季度	第3季度	第4季度
金刚烈性黑啤酒	WARTH	—	￥108.00	—	—
金刚烈性黑啤酒	WHITC	—	—	—	￥504.00
茶点巧克力软饼	FAMIA	￥124.83	—	—	—
茶点巧克力软饼	FRANK	—	—	￥124.20	—
茶点巧克力软饼	FRANS	—	—	—	￥46.00
茶点巧克力软饼	GODOS	—	￥92.00	—	—
茶点巧克力软饼	GREAL	—	—	￥248.40	—
茶点巧克力软饼	ISLAT	—	—	￥46.00	—
茶点巧克力软饼	LINOD	—	—	—	￥48.30
茶点巧克力软饼	QUEDE	￥24.82	—	￥276.00	—
茶点巧克力软饼	QUEEN	￥36.50	—	—	—
茶点巧克力软饼	QUICK	—	—	—	￥437.00
茶点巧克力软饼	RICAR	￥292.00	—	—	—
茶点巧克力软饼	SAVEA	—	￥257.60	—	￥110.40
茶点巧克力软饼	SUPRD	￥153.30	—	—	—
茶点巧克力软饼	TOMSP	￥166.44	—	—	—
茶点巧克力软饼	TORTU	—	—	￥64.40	—
茶点巧克力软饼	WANDK	—	—	￥82.80	—
茶点巧克力软饼	WARTH	￥146.00	—	—	—
茶点巧克力软饼	WELLI	—	—	—	￥209.76
莱阳御贡干梨	BONAP	—	￥1 275.00	—	—
莱阳御贡干梨	BSBEV	￥720.00	—	—	—
莱阳御贡干梨	FOLIG	—	—	￥1 050.00	—
莱阳御贡干梨	GOURL	—	—	—	￥76.50
莱阳御贡干梨	OTTIK	—	—	—	￥1 050.00
莱阳御贡干梨	QUICK	—	—	—	￥2 700.00
莱阳御贡干梨	SAVEA	—	—	￥1 350.00	—
莱阳御贡干梨	VAFFE	—	—	￥300.00	—
莱阳御贡干梨	VICTE	￥364.80	￥300.00	—	—
蔬菜煎饼	ALFKI	—	—	—	￥878.00
蔬菜煎饼	ERNSH	￥2 281.50	—	—	—

续前表

产品	客户	第1季度	第2季度	第3季度	第4季度
蔬菜煎饼	FOLIG	—	—	—	¥1 317.00
蔬菜煎饼	HUNGO	¥921.37	—	—	—
蔬菜煎饼	MORGK	—	¥263.40	—	—
蔬菜煎饼	PICCO	—	—	—	¥395.10
蔬菜煎饼	WHITC	—	—	¥842.88	—

2. 雇员薪资情况数据

员工编号	目前的工资水平	起始工资	雇用时的工作经验（月）	受教育年限（年）
1	$57 000	$27 000	144	15
2	$40 200	$18 750	36	16
3	$21 450	$12 000	381	12
4	$21 900	$13 200	190	8
5	$45 000	$21 000	138	15
6	$32 100	$13 500	67	15
7	$36 000	$18 750	114	15
8	$21 900	$9 750	0	12
9	$27 900	$12 750	115	15
10	$24 000	$13 500	244	12
11	$30 300	$16 500	143	16
12	$28 350	$12 000	26	8
13	$27 750	$14 250	34	15
14	$35 100	$16 800	137	15
15	$27 300	$13 500	66	12
16	$40 800	$15 000	24	12
17	$46 000	$14 250	48	15
18	$103 750	$27 510	70	16
19	$23 700	$13 500	359	15
20	$26 550	$14 250	61	15
21	$27 600	$15 000	75	12

续前表

员工编号	目前的工资水平	起始工资	雇用时的工作经验（月）	受教育年限（年）
22	\$ 25 800	\$ 15 000	143	12
23	\$ 42 300	\$ 26 250	126	16
24	\$ 30 750	\$ 15 000	451	8
25	\$ 26 700	\$ 12 900	18	12
26	\$ 20 850	\$ 12 000	163	12
27	\$ 35 250	\$ 15 000	54	15
28	\$ 26 700	\$ 15 000	56	15
29	\$ 26 550	\$ 13 050	11	12
30	\$ 27 750	\$ 12 000	11	12
31	\$ 25 050	\$ 12 750	123	16
32	\$ 66 000	\$ 47 490	150	16
33	\$ 52 650	\$ 19 500	20	16
34	\$ 45 625	\$ 23 250	60	16
35	\$ 30 900	\$ 15 000	25	15
36	\$ 29 400	\$ 16 500	24	15
37	\$ 24 900	\$ 11 250	0	12
38	\$ 19 650	\$ 10 950	11	12
39	\$ 22 050	\$ 10 950	9	12
40	\$ 25 500	\$ 12 000	11	12
41	\$ 28 200	\$ 12 750	19	15
42	\$ 23 100	\$ 11 250	13	12
43	\$ 25 500	\$ 11 400	9	12
44	\$ 17 100	\$ 10 200	0	8
45	\$ 68 125	\$ 32 490	29	18
46	\$ 30 600	\$ 15 750	460	12
47	\$ 52 125	\$ 27 480	221	19
48	\$ 61 875	\$ 36 750	199	19
49	\$ 21 300	\$ 11 550	24	8
50	\$ 19 650	\$ 11 250	5	12
51	\$ 22 350	\$ 11 250	5	12
52	\$ 23 400	\$ 11 250	18	12

续前表

员工编号	目前的工资水平	起始工资	雇用时的工作经验（月）	受教育年限（年）
53	$ 24 300	$ 10 950	8	12
54	$ 28 500	$ 11 250	4	12
55	$ 19 950	$ 11 250	8	12
56	$ 23 400	$ 11 250	0	12
57	$ 34 500	$ 17 250	3	16
58	$ 18 150	$ 10 950	0	12
59	$ 21 750	$ 12 450	318	8
60	$ 59 400	$ 33 750	272	12
61	$ 24 450	$ 14 250	117	12
62	$ 103 500	$ 60 000	150	16
63	$ 35 700	$ 16 500	72	12
64	$ 22 200	$ 16 500	7	12
65	$ 22 950	$ 13 950	22	15
66	$ 23 100	$ 12 000	228	12
67	$ 56 750	$ 30 000	15	16
68	$ 29 100	$ 12 750	375	17
69	$ 37 650	$ 15 750	132	12
70	$ 27 900	$ 13 500	32	12
71	$ 21 150	$ 12 000	159	8
72	$ 31 200	$ 15 750	155	12
73	$ 20 550	$ 11 250	154	12
74	$ 20 700	$ 11 250	2	12
75	$ 21 300	$ 11 250	3	12
76	$ 24 300	$ 15 000	121	12
77	$ 19 650	$ 13 950	133	12
78	$ 60 000	$ 32 490	17	17
79	$ 30 300	$ 15 750	55	15
80	$ 61 250	$ 33 000	9	19
81	$ 36 000	$ 19 500	21	19
82	$ 25 200	$ 18 750	344	8
83	$ 30 750	$ 15 000	56	12

续前表

员工编号	目前的工资水平	起始工资	雇用时的工作经验（月）	受教育年限（年）
84	$ 33 540	$ 15 750	47	12
85	$ 34 950	$ 20 250	55	16
86	$ 40 350	$ 16 500	80	15
87	$ 30 270	$ 15 750	80	12
88	$ 26 250	$ 16 050	264	8
89	$ 32 400	$ 15 000	64	15
90	$ 20 400	$ 11 250	0	12
91	$ 24 150	$ 12 750	96	8
92	$ 23 850	$ 13 500	122	15
93	$ 29 700	$ 13 500	26	12
94	$ 21 600	$ 13 500	228	8
95	$ 24 450	$ 15 750	87	12
96	$ 28 050	$ 16 500	84	15
97	$ 100 000	$ 44 100	128	16
98	$ 49 000	$ 20 550	86	15
99	$ 16 350	$ 10 200	163	12
100	$ 70 000	$ 21 750	19	16

3. 市场价值调查数据

序号	所处街区编号	房屋年限	平方米	目前的市场价值（元）
1	1357	33	181.2	1 800 000
2	1358	32	191.4	2 088 000
3	1361	32	184.2	1 866 000
4	1362	33	181.2	1 820 000
5	1365	32	183.6	2 038 000
6	1366	33	202.8	2 170 000
7	1369	32	173.2	1 752 000
8	1370	33	185	1 920 000
9	1373	32	179.1	1 784 000

续前表

序号	所处街区编号	房屋年限	平方米	目前的市场价值（元）
10	1374	33	166.6	1 768 000
11	1377	32	185.2	2 016 000
12	1378	32	162	1 934 000
13	1381	32	169.2	1 750 000
14	1382	32	237.2	2 280 000
15	1385	32	237.2	2 264 000
16	1386	33	166.6	1 750 000
17	1389	32	212.3	2 322 000
18	1390	32	162	1 894 000
19	1393	32	173.1	1 728 000
20	1394	32	166.6	1 742 000
21	1405	28	152	1 668 000
22	1406	27	148.4	1 596 000
23	1409	28	158.8	1 630 000
24	1410	28	159.8	1 742 000
25	1413	28	148.4	1 652 000
26	1414	28	148.4	1 576 000
27	1417	28	152	1 752 000
28	1418	27	170.1	1 884 000
29	1421	28	148.4	1 640 000
30	1425	28	146.8	1 762 000
31	1426	28	152	1 762 000
32	1429	27	152	1 772 000
33	1430	27	148.4	1 532 000
34	1434	28	152	1 688 000
35	1438	27	166.8	1 818 000
36	1442	28	158.8	1 620 000
37	1446	28	178.4	1 826 000
38	1450	27	148.4	1 626 000
39	1453	27	152	2 014 000
40	1454	28	142	1 744 000

续前表

序号	所处街区编号	房屋年限	平方米	目前的市场价值（元）
41	1457	27	168.4	1 934 000
42	1458	27	158.1	2 414 000
43	1459	26	170	2 856 000
44	1460	28	164.8	2 678 000

参考文献

1. 王兴德. 现代管理决策的计算机方法. 北京：中国财政经济出版社，1999.

2. 刘兰娟等编著. 经济管理中的计算机应用：Excel 数据分析、统计预测和决策模拟. 北京：清华大学出版社，2006.

3. 薛声家，左小德主编. 管理运筹学. 广州：暨南大学出版社，2010.

4. [美] 詹姆斯·R·埃文斯，戴维·L·奥尔森著. 杜本峰译. 数据、模型与决策（第 2 版）. 北京：中国人民大学出版社，2006.

5. 吴广谋等编著. 数据、模型与决策. 北京：北京师范大学出版社，2008.

6. 张照贵主编. 管理决策模型、方法与应用. 成都：西南财经大学出版社，2012.

7. 宁宣熙，刘思峰编著. 管理预测与决策方法. 北京：科学出版社，2009.

8. [美] Cliff T. Ragsdale 著. 杜学孔，崔鑫生译. 电子表格建模与决策分析. 北京：电子工业出版社，2006.

9. 彭勇行主编. 管理决策分析. 北京：科学出版社，2000.

10. 王革非. 决策. 广州：广东经济出版社，2003.

11. 徐国祥主编. 统计预测和决策. 上海：上海财经大学出版社，2008.

12. 刘国山等编著. 数据建模与决策. 北京：中国人民大学出版社，2004.

13. 彭代武，肖宪标主编. 市场调查·商情预测·经营决策. 北京：经济管理出版社，2002.

14. [美] 戴维·R·安德森等著. 张建华等译. 商务与经济统计. 北京：机械工业出版社，2012.

15. 蒋长浩编. 图论与网络流. 北京：中国林业出版社，2001.

16. 高随祥编著. 图论与网络流理论. 北京：高等教育出版社，2009.

17. 叶向编著. 实用运筹学：运用 Excel 2010 建模和求解. 北京：中国人民大学出版社，2006.

18. 张智光等编著. 决策科学与艺术. 北京：科学出版社，2006.

图书在版编目（CIP）数据

管理决策实验教程/刘艳，梁云主编．—北京：中国人民大学出版社，2014.6
ISBN 978-7-300-19596-4

Ⅰ.①管…　Ⅱ.①刘…　②梁…Ⅲ.①管理决策-高等学校-教材　Ⅳ.①C934

中国版本图书馆 CIP 数据核字（2014）第 134913 号

21 世纪通识教育系列教材

管理决策实验教程

刘　艳　梁　云　主　编

Guanli Juece Shiyan Jiaocheng

出版发行	中国人民大学出版社		
社　　址	北京中关村大街 31 号	**邮政编码**	100080
电　　话	010－62511242（总编室）		010－62511770（质管部）
	010－82501766（邮购部）		010－62514148（门市部）
	010－62515195（发行公司）		010－62515275（盗版举报）
网　　址	http://www.crup.com.cn		
	http://www.ttrnet.com（人大教研网）		
经　　销	新华书店		
印　　刷	北京七色印务有限公司		
规　　格	185mm×260mm　16 开本	**版　　次**	2014 年 9 月第 1 版
印　　张	17.25	**印　　次**	2014 年 9 月第 1 次印刷
字　　数	400 000	**定　　价**	38.00 元

版权所有　侵权必究　　印装差错　负责调换

教师信息反馈表

为了更好地为您服务，提高教学质量，中国人民大学出版社愿意为您提供全面的教学支持，期望与您建立更广泛的合作关系。请您填好下表后以电子邮件或信件的形式反馈给我们。

<table>
<tr><td>您使用过或正在使用的我社教材名称</td><td colspan="2"></td><td>版次</td><td></td></tr>
<tr><td>您希望获得哪些相关教学资料</td><td colspan="4"></td></tr>
<tr><td>您对本书的建议（可附页）</td><td colspan="4"></td></tr>
<tr><td>您的姓名</td><td colspan="4"></td></tr>
<tr><td>您所在的学校、院系</td><td colspan="4"></td></tr>
<tr><td>您所讲授课程的名称</td><td colspan="4"></td></tr>
<tr><td>学生人数</td><td colspan="4"></td></tr>
<tr><td>您的联系地址</td><td colspan="4"></td></tr>
<tr><td>邮政编码</td><td></td><td>联系电话</td><td colspan="2"></td></tr>
<tr><td>电子邮件（必填）</td><td colspan="4"></td></tr>
<tr><td>您是否为人大社教研网会员</td><td colspan="4">□ 是，会员卡号：____________________
□ 不是，现在申请</td></tr>
<tr><td>您在相关专业是否有主编或参编教材意向</td><td colspan="4">□ 是　　　　□ 否
□ 不一定</td></tr>
<tr><td>您所希望参编或主编的教材的基本情况（包括内容、框架结构、特色等，可附页）</td><td colspan="4"></td></tr>
</table>

我们的联系方式：北京市海淀区中关村大街甲 59 号文化大厦 1508（2）室
中国人民大学出版社教育分社
邮政编码：100872
电话：010-62515905
网址：http://www.crup.com.cn/jiaoyu/
E-mail：llhong 2605@vip.sina.com